# 성경과 한국어

# 성경과 한국어

유경민

전주대학교 출판부

## 추천사

유경민 교수가 자신의 첫 번째 저서 『성경과 한국어』를 세상에 내놓는다고 초고를 보내왔다. 유 교수가 성경 연구에 꽤 오랜 세월을 보내고 내놓는 하나의 결실인 셈이다. 살펴보니 국내에서 이루어진 성경 번역의 역사적 과정을 비롯하여 성경에 반영된 국어자료의 언어사적 가치와 그 의의가 잘 정리되어 있다.

외래적 종교나 사상이 어느 지역에 뿌리를 내리기 위해서는 무엇보다도 먼저 토착어로 번역된 경전이 갖추어져야 한다. 우리나라의 경우, 조선시대로 접어들면서 훈민정음이 창제되자 불경과 유교 경전에 대한 언해가 지속적으로 이루어졌다. 한문본으로 국내에 전해진 저들 경전이 국어로 번역되면서 일반인까지도 그 내용에 접근하거나 이해하기가 훨씬 쉬워졌을 것이다. 그만큼 불교와 유교 사상이 이 땅에 들어와 자리를 잡으면서 널리 보급되기까지는 국어로 번역된 경전의 힘이 컸다고 생각된다. 다만 이들 외래 사상의 국어 번역에는 국가기관의 조력이 적지 않았다. 종교나 사상이 국가의 힘을 빌린 사례에 해당한다.

그러나 천주교나 개신교는 달랐다. 우선, 천주교는 이 땅에 먼저 첫발을 내디뎠지만 극심한 박해 가운데 포교에 목숨까지도 걸어야 했기 때문에 제대로 번역된 경전이나 안정된 교리서를 마련할 여유가 거의 없었다. 이에 반하여 개신교는 일단 박해가 풀리면서 이 땅에 들왔지만 국어로 번역된 성경이나 교리서가 없기는 마찬가지였다. 이에 따라 국내에 첫발을 내디딘 초기의 서양인 선교사들은 무엇보다도 먼저 성경 번역에 매달려야 했다. 그들은 불교나 유교 때와는 달리 국가기관의 조력 없이 개인적 열정과 노력만으로 번역에 나설 수밖에 없었다.

로스와 아펜젤러, 게일과 같은 서양인들이 모두 그랬다. 그러다 보니 번역 성경이 정착되기까지의 과정은 번역과 개역, 또는 개정의 끊임없는 연속이었다.

그런데, 초기의 번역 성경은 국한혼용문체가 주류였다. 이에 대하여 천주교의 교리서는 시종일관 국문 전용의 흐름을 보여준다. 특히 초기의 필사본 교리서는 모두 국문 전용으로 남아 있다. 이에 반하여 개신교 성경의 주류가 국한혼용문체였다는 사실은 번역 과정에 중국어본의 영향이 있었다는 이유도 있겠지만, 시대적으로 볼 때, 당시 문자 표기 방식은 한자와 한문이 절대적이었으므로 성경의 국한문혼용은 피할 수 없는 방식이었다. 거기다가 초기 국한혼용문 성경은 언어 현실과는 상당히 다른 문어체였고, 딱딱한 번역체였으므로 끊임없는 개역과 개정 작업의 필요성이 요구되었을 것이다. 그러한 역사가 이제 1세기를 크게 뛰어넘어 140년을 헤아리게 되었으니 성경은 한국문화사의 일부를 차지하고 있다고 해도 과언이 아니다. 당연히 거기에 축적된 국어자료 또한 문화사의 대상이 될 수밖에 없다.

어찌 되었건, 그동안 성경에 차곡차곡 누적되어 온 국어라는 언어는 단순히 종교적 교리를 전하는 수단에 그치지 않고, 언어의 사적 연구라는 측면에서도 지극히 중요한 가치를 지닌다. 실제로 신구약 성경 66권에 담긴 국어자료는 방대한 분량에 이른다. 유 교수는 이번 저서에서 주로 신약성경의 번역 과정과 거기에 축적된 국어의 이모저모를 언어구조적, 언어사적 전문 안목으로 넓고 깊게 잘 살피고 있다. 역대의 개역본에 다양하게 반영된 국어자료의 대비를 통하여 표기와 음운 현상, 형태와 문법, 방언과 고어, 한자어와 고유어, 그리고 그들의 상호 교체, 국한혼용문체와 번역문체, 우리의 속담과 수수께끼에 대한 초기 서양선교사들의 인식, 외래적 고유명사의 국어 표기 등에 이르기까지 세세하게 분석하면서 그때그때 적절하고도 새로운 견해를 내놓고 있다.

한 가지 개인적인 견해를 내세우자면 이 저서에서 유난히 눈에 띄는 점은 국어사에 대한 문화사적 접근이라고 할 수 있다. 독자들은 특히 이 점을 높이 평가해야 할 것이다. 언어사 가운데에는 어휘 체계에 나타나는 번역어나 번역문체처럼 문화사와 밀접하게 관련되어 있는 측면이 분명히 존재한다. 유 교수는 이 점에 주목한 것이다. 다시 말하지만 초기의 번역 성경은 국한혼용문체가 주류를 이루었다. 이를 두고 유 교수는 이번 저서의 서문에서 국어사적으로 중요한 의미를 지니고 있는 국한혼용문체 성경의 성립 과정과 그 의의를 밝히기 위하여 노력하였다고 밝히고 있다.

기왕의 성경번역사에는 성경에 나타나는 국한혼용문체를 두고 한문에 우리말식 토를 달아 번역한 결과로 해석하는 경우가 일반적이었다. 이러한 견해를 유 교수는 단호히 부정한다. 한문본 성경과 국어번역본의 대비 없이 섣불리 내린 결론이라는 것이다. 이를 뒷받침하기 위하여 유 교수는 이 책과 나란히 간행되는 『한국어 성경의 변천』을 내세운다. 여기에는 일본성서협회 소장 『新約全書』(1864, 蘇松上海美華書館藏版)에 포함되어 있는 중국어본 '馬可傳福音書'와 일본어 성경 『マルコによる福音書』(1956), 그리고 역대의 국어 번역본 '마가복음' 12종이 절별(節別)로 꼼꼼하게 대비되어 있다.

이 대비를 통하여 국어의 시대별, 번역본별 차이를 확인하고, 그 영향 관계를 살펴본다면 국한혼용문 성경이 단순히 '한문에 토'를 단 결과가 결코 아니라는 사실을 금방 확인할 수 있다. 이로써 성경의 국한혼용문체가 중국어본에 토를 단 정도에 그침으로써 마치 번역 성경이 하루아침에 손쉽게 이루어진 것처럼 여겨왔던 기존의 견해를 수정할 수 있게 되었다. 이 점이야말로 유 교수가 『한국어 성경의 변천』으로 거둔 중요하고도 커다란 성과가 아닐 수 없다.

끝으로 유 교수가 이번 저서에서 보여준 국어학적 성과를 요약하자면, 번역 성경에 나타나는 방대한 국어자료를 국어사 측면에서 조목조목 유기적으로 해명했다는 점, 여기에 특히 문화사적 관점을 가미했다는 점이라고 할 수 있다. 앞으로도 유 교수의 훌륭한 연구 성과가 학계에 계속 공표되기를 기대한다.

송 민

국민대학교 명예교수

# 추천사

우리 민족은 종교심이 강한 민족이라고 한다. 특히 종교 경전에 대한 열정이 대단하다. 팔만대장경과 같은 불경(佛經)의 집대성도 그러하고 유가(儒家) 경전의 연구도 심오하다. 단군신화에서는 우리 민족이 천손민족(天孫民族)이라는 이야기가 전하고 하늘에 제사 지내는 제천신앙(祭天信仰)의 기록도 전해 '하늘 경배'의 종교적 신앙도 유구하다.

놀랍게도 특정하게 만든 우상이 없이 창조주 신을 믿는 고백이 우리말 '하늘님'에서 나온 '하느님, 하나님'이란 말에 담겨져 전해 왔고 우리의 양심을 지켜오는 힘이 되었다. 근대 계몽기(개화기) 초기인 1870년대 말 영국의 만주 선교사 로스(J. Ross) 목사는 이응찬, 백홍준, 서상륜 등 조선 청년들과 신약성경을 번역하면서 조선 민족의 '하ᄂᆞ님'이란 말이 성경적이라 보고 중국어 용어인 '샹뎨(上帝), 텬쥬(天主)'의 채택을 거부하였다.

성경의 신명(神名)을 번역하는 것에 가장 치열하게 고민한 미국 북장로회 선교사 언더우드(H. G. Underwood) 목사는 처음에 'ᄒᆞᄂᆞ님'이란 말이 토속 신앙적이라고 보아 '샹뎨, 텬쥬, 신, 춤신' 등에 호의적이었으나 결국은 '하ᄂᆞ님'을 채택하는데 그가 주목한 것은 하늘과 땅의 자연물이나 인간의 형상을 만들지 않고 순수하게 백성들이 마음속에 '하나님'을 믿어온 사실이었다. 이런 믿음이 있었기에 선교사가 이 땅에 들어오기 전에 자발적으로 성경 번역에 참여하고 복음을 전파해 자생적으로 교회를 먼저 세우게 된 것이라 하겠다.

이처럼 우리 민족은 '하나님' 믿음을 우리말로 전승해 왔고 성경이 전래되면서 성경의 '여호와'를 '하ᄂᆞ님, 하나님, 하느님'으로 번역해 순식간에 근대 한국의 개혁 신앙으로 수용하고 민족을 일깨웠으며, 개인의 자유와 책임을 중시한 기독교 입국의 정신으로 자유민주주의 체제의 대한민국을 기적적으로 세우게 되었다. 이러한 성경 번역과 대한민국 건국의 과정은 하나님이 한민족에게 베풀어 주신 축복이었지만 학문적으로 성경의 번역 과정, 한국어와 성경이 주고받은 영향 관계, 성경 번역의 문화사적 의미에 대한 연구는 아직도 중세국어의 불경언해, 사서삼경 언해류 연구에 비하면 체계적 연구가 미흡하다.

이런 속에서도 전주대 국어교육과 유경민 교수가 한글 성경 번역 연구사에 중요한 기여를 하게 될 연구 논문을 그동안 지속적으로 발표해 주목을 받아 왔는데, 이번에 이론 실증적인 『성경과 한국어』와 자료 실증적인 『한국어 성경의 변천』을 세상에 내놓게 되었다. 두 저서는 근대 계몽기 국어사 연구와 한글 성경 번역사 연구에 획기적인 기여를 하게 될 것이다. 참으로 학계의 경사가 아닐 수 없다.

유경민 교수는 중세국어, 근대국어 국어사 특히 역사 어휘의미론 분야의 권위자인 한국 외국어대 남성우 교수님의 제자로 불경언해의 어휘의미론을 천착해 온 스승에게서 불경 언해의 실증적 자료 연구 학풍을 계승하여 140여 년 역사의 한글 성경 번역사의 여정을 탐구해 왔다. 유 교수의 두 책은 그동안 연구자가 희소했던 근대 계몽기 및 20세기 전반기 국어사 연구에 표기사, 어휘사, 문법사 연구에 체계적 기여를 하게 될 것이다. 그동안 근대 계몽기 국어사의 특징을 단순히 혼돈의 표기사, 범람하는 외래어 유입사, 불안정한 문체사 정도로 치부하는 경우가 많았는데 두 책의 발간으로 당시의 한국어를 체계적으로 규명하게 되는 계기도 될 것이라 믿어 의심치 않는다.

더 나아가 유 교수의 연구는 한국어 문체사와 번역사 연구에도 기여할 것이 자명하다. 유 교수의 저서는 한글 성경 번역사의 전형적 쟁점인 구어체와 문어체, 직역체와 의역체, 고유어와 한자어의 문제 등에 대해서도 있는 그대로 사실적, 실증적 양상을 고스란히 보여 준다. 그리하여 오늘날 우리가 편히 읽고 있는 성경 문체가 한국어 문체의 전통 위에서 흔들림 없이 안정적인 문체의 흐름을 이어가고 있음과, 오늘의 성경 문체가 중세 불경언해자들의 고심어린 번역 과정에 못지않은 한글 성경 번역자들의 고뇌에 찬 번역의 결정체임을 보여 준다.

특히 오늘날 한글 성경의 문체가 1980년대까지도 유지되어 온 국한혼용문 성경에 근거하는바, 이 국한혼용문 성경이 단순히 중국 한문 성경의 번역체가 아니고 초창기 한글 성경의 토대 위에서 어휘의 한자어화 과정을 거친 창의적 번역체임을 밝혔다. 이로 인해 국한혼용문 성경의 성경 번역사적 의의를 밝혔으며, 게일 선교사의 한글 번역 성경의 가치도 깊이 있게 밝히고 있다는 점에서 의의가 있다.

이번에 나온 두 책에서 주목되는 것은 유경민 교수의 연구방법론이다. 스승 남성우 교수님의 영향을 받아 첫째, 자료의 신뢰성이 깊다. 20여 종의 한글 성경 관련 자료를 직접 입력해 자료기지(data base)를 구축하고 실증적 연구를 함으로써 자료의 신뢰성이 연구의 진실성을 보장한다. 비록 자료 구축의 과정은 험난하지만 그 인내의 열매는 가치 있다는 교훈을 확인해 준다. 둘째, 계량적 연구 방법을 유효적절하게 활용하고 있다. 유 교수는 여러 성경 번역본 자료를 철저히 대조하고 계량적 분석도 활용하므로써 번역자들이 고뇌한 문제들과 번역의 경향을 계량적으로 입증해 한국어의 구조적 특징과 번역의 지속적 문제를 일깨워 준다.

그러나 이상의 자료 구축과 계량적 연구방법론만이 전부는 아니다. 자료를 예리하게 관찰하고 분석하는 연구자의 학문적 통찰력과 끈기가 없으면 연구는 단순한 자료 나열로 그치기 쉽기 때문이다. 『성경과 한국어』의 11개 주제별 연구와 『한국어 성경의 변천』의 한글 성경 역본별 비교 연구는 한글 성경 번역사 140여 년의 쟁점을 응축한 연구로 그 의의가 빛날 뿐 아니라 앞으로 한글 성경 번역이 해결해야 할 과제를 제기한 점에서 국어사, 성경 번역사의 연구자들은 물론 이 분야 연구에 뜻을 둔 신진 학도들에게 학문의 길잡이 역할을 할 필독의 안내서가 되리라 믿는다.

이제 앞으로 유 교수의 한글 성경에 대한 국어사적 연구가 근대 계몽기 한국어의 실상을 지속적으로 밝히고, 고대, 중세, 근대국어의 국어사 기술 속에 조화롭게 자리 잡을 수 있도록 한글 성경의 가치가 갖는 의미를 계속 밝혀 빛내 주기를 기대하며, 하나님의 은혜와 평강이 늘 함께 하시기를 기원한다.

민 현 식
서울대학교 국어교육과 교수

유경민 교수는 대학 시절 두 개의 세계를 만났던 것으로 보인다. 하나는 국어학의 세계이고, 다른 하나는 기독교의 세계이다. 기독교대학 출신의 국어학 전공자답다. 박사학위를 하기까지 유 교수는 주로 국어학의 세계에서 살았다. 그리고 국어학의 전문가가 되었다. 그러나 박사학위를 마친 이후 유 교수는 국어학과 기독교의 만남을 시도하기 시작했다. 『성경과 한국어』, 『한국어 성경의 변천』이 그 결실이다.

추천사를 쓰고 있는 나는 신학자이다. 국어학이 어떤 학문인지 제대로 알지 못하면서, 내심 유 교수가 전공하는 국어학이 어떤 형태로든 기독교와 만날 수 있으면 좋겠다고 생각했다. 오늘날 융복합 연구 혹은 학제간 연구가 대세를 이루고 있기 때문이기도 하지만, 유 교수 삶의 중요한 한 부분을 차지하고 있는 기독교가 그의 전공과 만날 수 있는 길이 있으면 좋겠다고 생각했다. 유 교수가 마침내 그 길 위에서 빛을 발하기 시작했다.

유 교수가 초점을 맞춘 것은 한국어 성경의 번역 역사에 있어서 한글 번역이 어떻게 변천되어 왔는가 하는 것이다. 나는 매우 중요하면서도 시의적절한 주제를 잡았다고 생각했다. 국어학과 기독교가 만날 수 있는 좋은 접점이 있다면, 바로 이 주제가 될 수 있겠다고 생각했다. 이것은 국어학에 있어서도 의미 있는 주제이겠지만, 신학에도 매우 중요한 함의를 갖고 있다고 생각했다.

흔히 번역(飜譯)은 반역이라고 한다. 절반의 번역이라는 의미에서 반역(半譯)일 수도 있고, 원어의 뜻에 반대로 간다는 의미에서 반역(反逆 혹은 反譯)일 수도 있다. 번역은 어떤 경우에도 원어의 의미를 100% 충분히 반영하지 못한다는 뜻이다. 히브리어의 '야훼' 혹은 '엘로

힘'이 영어의 'God'으로 번역되었을 때, 중국어의 '상제(上帝)' 혹은 '천주(天主)'로 번역되었을 때, 그리고 한국어의 '하나님' 혹은 '하느님'으로 번역되었을 때, 이 번역어들이 유대인들의 신 개념을 과연 100% 충분히 반영할 수 있겠는가?

단순히 번역의 불충분성을 지적하는 말이 아니다. 번역은 이미 그 자체의 한계를 갖고 있고, 그 한계 속에 토착화의 가능성이 자리 잡고 있다는 것을 뜻한다. 유대인의 '야훼'는 '하나님'으로 번역되는 순간, 더 이상 유대인의 신이 아닌 한국인의 신으로 토착화된다. 한글 성경 번역의 변천사는, 신학적으로 말하면, 유대적 기독교가 한국적 기독교로 토착화하는 과정을 보여 주고 있다는 말이다. 유 교수의 연구가 갖는 신학적 함의가 바로 여기에 있는 것이다.

유 교수의『성경과 한국어』는 한편으로 한국 근현대사에 있어서 한글의 변천사를 보여 주는 매우 중요한 연구이고, 다른 한편 신학적으로 보면, 지난 134년 동안 한국 개신교에 있어서 유대적 배경을 가진 기독교가 어떻게 한국의 기독교로 자리 잡게 되었는지를 보여 주는 역사적인 보고서와 같다고 할 수 있다. 신학자와 목회자들, 그리고 신학에 관심이 있는 모든 이들이 이 책에 유념해야 하는 이유이다. 이 책의 발간을 계기로 국어학과 신학의 만남이 더욱 활성화되어 새로운 연구가 계속 진행될 수 있기를 바란다.

한 인 철
연세대학교 연합신학대학원 교수 겸 교목실장

## 추천사

성경의 초기 한국어 번역은 근대 한글의 문법적인 발전과 학문적인 확산을 통해 당시의 심각한 국민적 문맹률 극복에 크게 기여했다. 한국어 번역 성경의 완성은 주께서 한반도에 베푸신 최고의 선물 중의 하나로 간주해도 무방하다. 이러한 초기 한국어 번역본에 대한 신학적인 연구와 결과는 많이 있지만, 언어학적 관점에서 이 문헌의 의미를 발굴하고 체계화한 학자는 드물었다. 수년 동안 한국어 번역 성경과 씨름하고 분석하며 다수의 유의미한 결과물을 낸 유경민 교수는 이 분야의 연구 논문 편수로도 초기 한국어 번역 성경의 중량급 전문가다.

『성경과 한국어』는 저자가 겸비한 언어학의 전문가적 지성과 한글에 대한 지속적인 사랑과 성경에 대한 종교적인 애착의 절묘한 합작이다. 저자는 텍스트의 분석에 정밀하고 성실하다. 두 눈으로 꼼꼼하게 확인하고 정확한 통계를 산출한 이후에 그 지표에 근거하여 논지를 전개한다. 저자는 문헌적 객관성 확보와 학술적 중립성 유지에 엄격하다. 그의 주장은 대중적인 상식이나 학자적인 다수결의 지지보다 텍스트가 말하는 객관적인 증거의 탄탄한 토대에 근거한다. 저자는 기존의 학문 연구 일반을 텍스트가 말하는 부분까지만 신뢰하고 이외의 부분에 대해서는 합리적인 의문을 제기하고 비판적 읽기로 보완과 수정을 시도한다.

이 책에서 저자의 학문적인 기여는 특별히 국한혼용문 성경의 국어사적 특성과 번역본들에 대한 국한혼용 성경의 번역사적 의의를 밝혔다는 사실에서 확인된다. 지금 한국 교회 성도들이 편하고 쉽게 읽는 한국어 성경은 외국인 선교사의 피눈물과 한국인 목회자의 헌신, 나아가 그들을 사용하신 하나님의 오랫동안 지속된 은총의 농익은 결실이다. 저자의 탁월한 학문적 성과에 더하여 이 책을 추천하는 이유는 유경민 교수의 경건한 지성으로 이루어진 이 신적인 은총의 재발굴과 재조명 때문이다.

한 병 수
전주대 교의학 교수

대학원 내내 중세국어의 한글 언해 자료와 한문 원문을 대조하며 강독하였다. 『훈민정음』, 『용비어천가』, 『동국정운』, 『석보상절』, 『월인석보』, 『능엄경언해』, 『법화경언해』, 『금강경언해』, 『금강경삼가해』, 『구급방언해』, 『구급간이방』, 『촌가구급방』, 『삼강행실도』, 『속삼강행실도』, 『동국삼강행실도』, 『동국신속삼강행실도』, 『이륜행실도』, 『번역노걸대』, 『번역박통사』, 『노박집람』, 『번역소학』, 『소학언해』, 『훈몽자회』 등 적지 않은 국어사 텍스트를 접하며 15세기 국어로부터 현대국어에 이르기까지, 혹은 현대국어에서 15세기 국어로 거슬러 올라가며 국어의 특징을 살폈다. 중세국어와 현대국어 사이에 있는 시기의 자료는 그 양과 질이 15세기의 자료만큼 균질적이지도 않고, 현대국어만큼 보편적 언어 감각을 살려 살필 수도 없어 그동안 건너뛴 감이 없지 않았다. 교수이면서 학생이었던 시절에야 중세국어 시기를 지나 20세기 초까지의 텍스트에 관심을 갖게 되었고, 이로부터 현대국어로 이어지는 시기에 가장 균질적으로 신뢰할 만하게 만들어진 텍스트가 바로 성경이라고 판단하고 연구하기 시작했다.

역대 한국어 번역 성경을 대상으로 국어사적 연구를 시작한다고 했을 때 주변의 우려가 적지 않았다. 걱정해 주시는 많은 분들의 여러 이유가 있었지만, 나는 중세국어 연구 대상의 대부분이 불경 및 유학과 관련된 텍스트인데 성경이 근대, 혹은 개화기 국어 연구의 자료로 활용되지 못할 이유가 없다고 생각했다. 한국어 번역 성경과 한국어 성경 번역을 연구 영역으로 정한 이후에는 세부 연구 주제, 필요한 자료의 발견, 연구 방법, 연구의 결론 등 모든 것이 이끌림의 힘으로 흘러왔다. 국어사에서는 거의 새로운 연구 영역이었기 때문에 대상 자료를 모두 직접 선별하고 입력해야 하는 노고가 필요했지만 연구 기간 내내 운명처럼 여겨졌다.

답답한 순간이 많으셨을 텐데도, 그동안 나를 귀애해 주신 선생님들께 이루 말할 수 없이 감사하다. 추천사를 써 주신 선생님들은 한 분 한 분 모두 내 삶에 뭉클한 사연들을 주신 분들이시다. 특별히 기독교와 성경에 대한 나의 맹랑한 학문적 호기심을 진지하게 다루어 주신 한인철 선생님과 한병수 목사님께 감사드린다. 또, 내게 국어사적 연구방법론을 전수해 주시고 부족한 제자를 변함없이 지지해 주시는 남성우 교수님께는 마음속의 부채가 크다. 공부의 폭과 깊이와 열정을 몸소 보여주시는 송민 교수님, 민현식 교수님께서는 오랫동안 필자의 성경 연구를 독려해 주셨고, 계속할 수 있는 힘이 되어주셨다. 선생님들께 감사한 마음은 더욱 농밀한 연구자가 되기 위해 쉼 없이 노력하며 갚아나갈 것이다.

미안한 사람들에게 진 빚도 크다. 가족이라서, 나를 조건 없이 챙겨주고 사랑해 주는 사람들이라서 막무가내로 의지하며 이기적으로 내 일에 몰두하곤 하였다. 언제나 고맙다. 나의 모든 결과물은 가족이 함께 만들어낸 것임을 잊지 않겠다.

끝으로, 어려운 상황임에도 책의 출판을 허해 준 전주대학교와 까다로운 편집을 맡아 준 분들께도 눈물겨운 감사의 마음을 전한다.

천잠로에서

**유 경 민**

목차

## 10장 한국의 속담과 수수께끼를 통해 초기 선교사들이 인식한 한국



## 11장 한국어 번역 성경의 외래어 표기 양상

# 序言

이 책은 국어학 전공자가 한국어 성경 번역의 역사적 과정과 한국어 번역 성경의 국어학적 특징을 설명하기 위한 텍스트 연구 방법을 제시하고 그 시도에 대한 결과를 엮은 것이다. 1882년부터 쉼 없이 번역되고 개정되고 개역되어 간행된 한국어 번역 성경은 개화기 이후 현대까지의 한국어의 특징을 밝힐 수 있는 문헌 자료로서 매우 중요한 의의를 지닌다. 그 어떤 책보다 많이 만들어지고, 많이 팔리고, 많이 읽혀왔기 때문이다. 이는 한국어 번역 성경이 더 많이 읽히고, 더 정확한 의미를 전달하기 위해 끊임없이 노력한 텍스트로서의 의의를 지닌다는 의미이기도 하다. 현대어 성경에서 확인되는 '나라이 임하옵시며'나 '이루어지이다'[1]와 같은 표현은 현대인에게 낯설어 그 문장의 이해 과정에서 오류가 일어날 수도 있다. 이러한 표현은 근대국어 시기에 간행된 초기 한국어 성경 문체의 흔적이다. 그렇기 때문에 현대 한국어 번역 성경을 제대로 이해하기 위해서는 근대 개화기 초기의 한국어 번역 성경 문체에 대한 이해와 연구가 필요하다. 이러한 상황이기에 나는 이 책이 학술적(academic)으로 쓰였지만, 대중적(popular)으로 받아들여지기를 희망한다.

나는 초기 한국어 번역 성경 중 국문[2] 성경 못지않게 국어사적으로

---

1 '나라이 임하옵시며'는 국어사적으로 조사의 변천과 관련하여 이해할 수 있는 표현인데, 17세기 문헌에서부터 조사 '가'가 확인되는데, 한국어 성경이 번역되기 시작한 19세기 말에도 모음 뒤에 주격조사 '이'가 사용되었고, 이 19세기적 표현이 21세기의 성경에서도 확인되고 있는 것이다. 또, 주기도문의 '뜻이 하늘에서 이룬 것같이 땅에서도 이루어지이다'라는 부분에서, '이루어지이다'를 '이루어지리라'와 같은 '주문'의 뜻으로 이해하는 사람들이 있다. 그러나 '이루어지이다'의 형태소 분석 결과에 따르면, 〔당신의 뜻을 이루소서〕, 혹은 〔당신의 뜻이 이루어지게 하소서〕 정도의 '기원'의 의미로 이해해야 한다.

2 '國漢文'이나 '鮮漢文'에 대응하는 용어로 일반적으로 '한글 전용문', '순한글(문)' 등을

중요한 의미를 지니고 있는 '국한혼용문(國漢混用文)' 성경의 의의를 밝히기 위해 노력하였으며 그 과정을 보이고 설명하는 데에 이 책의 많은 부분을 할애하였다. 특별히 국한혼용문 성경에 주목한 것은 한국 개신교 성경의 초기 번역사에 대한 학계와 교계의 대부분의 논의가 한글 보급의 의의에만 초점을 맞추고 있기 때문이기도 하다. 한국어 성경 번역사에 대한 기술에서 국한혼용문 성경을 한문에 우리말 토를 달아 번역한 것으로 설명하는 경우가 적지 않다. 이는 한문 성경과 한국어 성경의 직접적 대비 연구 과정 없이, 훈민정음 창제 이후 중세국어 시기의 언해 과정처럼 한문 성경을 토대로 국한혼용문 성경이 만들어졌을 것이라고 유추한 결과일 뿐이다. 실제 텍스트를 대조해 보면, 국한혼용문 성경에 대한 그러한 일반론적인 설명이 사실과 다르다는 것을 알게 된다. 그래서 나는 초기 한국어 성경에서 현대 한국어 성경에 이르기까지 역대 한국어 번역 성경에서 '마가복음'을 추출하여 『한국어 성경의 변천』이라는 번역문 대비서를 이 책과 함께 출간한다. 같은 시기의 중국어 성경과 일본어 성경을 비롯하여 역대 한국어 성경 번역문의 실제 예를 더 많은 사람이 직접 확인하는 것이 필요하다고 판단하였기 때문이다. 결론부터 말하자면, 국한혼용문 성경은 국문 성경을 저본으로 '한자어화(漢字語化)'의 과정을 거쳐 만든 것이다. 대중의 선교를 일차 목적으로 하는 개신교의 번역 성경은 국문으로 먼저 번역·간행이 되었고, 독자의 폭을 넓히기 위하여 국문 성경을 '다시 쓰기' 하는 방식으로 국한혼용문으로 재집필하여 만들어진 것이다. 20세기 초, 국문 성경과 국한혼용문 성경의 공존은 같은 시기에 발행된 신문과 비

---

사용하고 있으나 나는 '국문'이라는 용어를 쓴다. '언문'에서 '국문'으로, 훈민정음의 위상이 비로소 정립된 고종의 칙령(1894)에서 당시의 기록문 유형을 '국문', '한문', '국한문'으로 규정한 것에 근거한다. '한글'은 漢文과 혼동되는 것을 방지하기 위하여 韓文을 훈독하여 1910년대에 와서야 칭한 것이기에 '순한글'이나 '한글 전용문'보다는 '국문'이라는 용어를 사용한다.

견할 만하다. 『독립신문』, 『제국신문』과 같은 국문 신문이 먼저 나오고, 후에 『皇城新聞』, 『大韓每日申報』와 같은 국한혼용문 신문이 나와 식자층의 독자를 확보하고, 이것의 문체적 영향력으로 그 시기에 만들어지는 텍스트 문체의 주도적인 역할을 했던 사실을 상기해 보면 한국어 성경 번역에서 국한혼용문 성경의 중요성을 짐작할 수 있다. 다른 점이라면 신문 표기에서의 변화는 그 구체적인 교체 양상을 직접적으로 대비해 볼 수 없지만 성경은 같은 내용에 대한 다른 버전의 번역이고 재집필이기 때문에 판본별 대비 연구를 통해 구체적인 언어 표현의 변화와 현대국어에까지 이어지고 있는 한국어 문체의 성립 과정을 파악할 수 있다는 점이다. 나는 국문 성경을 저본으로 국한혼용문 성경이 집필되었다는 바로 이 관점에서, 19세기에서 20세기로의 교체기에 한국어 성경 번역의 기반을 다진 것으로 판단되는 번역 성경들을 대상으로, 영향 관계에 따라 순차적으로 논의하는 방식으로 이 책을 구성하였다. 즉, 나는 국문 성경의 초기 모습에 드러난 당대의 언어적 특징을 파악하고, 국문 성경이 어떻게 국한혼용문 성경으로 집필되었는지, 그리고 그것이 근대국어 시기의 일반적인 문체와 어떤 영향 관계가 있는지, 나아가 현대 한국어 문체 및 번역 성경에는 어떤 영향을 주었는지를 설명하고자 하였다. 이를 위해 다음과 같은 번역 성경과 선교사들의 자료를 중점적으로 활용하였다.

<표 1> DB화하여 다룬 주요 연구 대상

| | | |
|---|---|---|
| 1882 | John Ross 번역팀<br>John Macintyre<br>스코틀랜드 연합장로교회 선교부 | 『예수셩교 누가복음 젼셔』 |
| 1887 | John Ross 번역팀 | 『예수셩교젼셔』 |
| 1890 | Henry Gerhard Appenzeller<br>영국성서공회 | 『누가복음젼』 |
| | | 『보라달로마인셔(保羅達羅馬人書)』 |
| 1896 | | 『ᄉ도힝젼』 |

<table>
<tr><td>1900</td><td rowspan="3">성서번역자회</td><td>『신약젼셔』 시험역</td></tr>
<tr><td>1904</td><td>『신약젼셔』 임시역</td></tr>
<tr><td>1906</td><td>『신약젼셔』 공인역</td></tr>
<tr><td>1906</td><td>미국성서공회, 대영성서공회<br>兪星濬</td><td>『新約全書 국한문』</td></tr>
<tr><td>1925</td><td>대영성서공회</td><td>『新約全書 鮮漢文』</td></tr>
<tr><td>1925</td><td>James Scarth Gale</td><td>『新譯 신구약젼서』</td></tr>
<tr><td>1936</td><td>조선성서공회 개역위원회</td><td>『구약 기역』</td></tr>
<tr><td>1937</td><td>조선성서공회</td><td>『簡易 鮮漢文 舊約 改譯』</td></tr>
<tr><td>1938</td><td>조선성서공회</td><td>『셩경젼셔 개역』</td></tr>
<tr><td>1939</td><td>조선성서공회</td><td>『鮮漢文 貫珠 聖經全書』</td></tr>
<tr><td>1940</td><td>조선성서공회</td><td>『簡易 鮮漢文 新約 改譯』</td></tr>
<tr><td>1952</td><td>대한성서공회</td><td>『신약전서 개역 한글판』</td></tr>
<tr><td>1998</td><td>대한성서공회</td><td>『성경전서 개역 개정판』</td></tr>
<tr><td colspan="3">KOREAN REPOSITORY(1892-1898)</td></tr>
<tr><td colspan="3">KOREA REVIEW(1901-1906)</td></tr>
</table>

〈표 1〉에는 한국어 번역 성경이 아닌 영문 잡지(KOREAN REPOSITORY, KOREA REVIEW) 2종이 포함되어 있다. 한국어 성경 번역을 하던 선교사들의 글이 확인되고, 한국어 성경 번역의 초기에 여러 선교사들이 한국을 어떻게 보고 기술하였는지를 들여다볼 수 있으며, 당대의 한국 문화와 문헌 제작에 대한 상황을 확인할 수 있는 자료이기 때문에 한국어 번역 성경과 함께 연구 대상에 포함시켰다.

나는 19세기 후반부터 현대까지의 한국어 성경 번역사를 살펴보며 아펜젤러(H.G. Appenzeller)와 게일(J.S. Gale)을 특히 주목하게 되었다. 아펜젤러의 개인 번역본인 『보라달로마인셔(保羅達羅馬人書)』라는 제목에서도 알 수 있듯이 아펜젤러는 한국어 성경을 번역하며 중국어 성경, 즉 한문 성경을 많이 참조하였다. 아펜젤러는 한글 신문인

『독립신문』의 발행인으로도 활동하였는데, 한문 성경을 참조하면서도 그는 일관되게 국문 전용을 지향하였다. 국문으로만 한국어 성경을 번역한 아펜젤러와 그의 조력자가 한문 성경을 참조하였다는 사실은 외래어 표기를 통해 분명해진다. '아소토(1887)-아쇄도(1896)-아소도(1906, 공인역, 행08:40: Azotus, 亞鎖都)', '안티파리(1887)-안져픽져(1896)-안듸밧으리(1906/1925)-안디바드리(1998, 개역개정, 행23:31: Antipatris, 安提帕底)' 등에서 알 수 있듯이 다른 번역본들과 달리 아펜젤러 번역본(1896)은 중국어 성경의 한자를 한국식 한자음으로 표기하였다. 반면, 게일 번역본(1925)의 외래어 표기를 보면, 공인역본과 같이 서양어 성경을 저본으로 활용하였음을 알 수 있다.

또, 국한혼용문 성경을 살피며 간과할 수 없는 번역본이 게일본인데, 비슷한 시기의 다른 국한혼용문이 가능한 한 많은 한자어를 사용하고자 했던 것과는 달리 게일은 한자어만 한자로 표기하는 방식으로 국한혼용문 성경을 집필하였다. 게일의 번역 성경은 현대국어 문체에 가까운 국한혼용문으로, 문인 출신답게 가독성을 염두에 둔 번역문이었으며, 당대의 글쓰기와 독서의 주된 흐름이 한문 학습에 익숙한 식자층으로 이루어져 있음과 당대 텍스트의 대부분이 국한혼용문이었음을 반영한 私譯本이었다. 종교 서적으로서의 원칙주의적 번역보다 문장의 완성도와 독자에게 더 쉽게 읽히기 위한 형태로 집필되었다는 점에서 중요한 의미를 지니며 개인 번역본으로서의 문체적 일관성을 유지하고 있고, 한 사람의 통일성 있는 검토로 오류를 최소화한 문헌이기에 그 어떤 자료보다도 국어학적 연구 자료로서의 의의가 충분하다. 종교 번역서로서의 보수성을 탈피하여 반역본으로 인식되고, 성서공회의 공인을 받지 못해 사역본으로 출간되기는 하였지만 이후 한국어 성경의 개역자들에게는 게일의 번역 성경이 기본 자료로 활용될 만한 것으로 인정되었고, 이로 인해 현대의 한국어 번역 성경, 나아가 한국어 문체에까지 적지 않은 영향을 주고 있는 것이 바로 게일이 번역한 국한혼용문 성경이다. 그럼에도 불구하고 현실 언어를 반영하기보다는 보수적이고 종교적으로 편향된 텍스트로 만들어져 특정 시기의 국어의 특징으로 일반화하기에는 적절하지 않을 것이라는 편견 때문에 그동안 게일의 번역 성경이 국어학적 연구 자료로서 활용되지 못했다. 이에 나는 게일의 국한혼용문이 갖는 국어학적, 문체적 특징을 드러내기 위해 직접 텍스트를 입력하고, 같은 시기의 다른 문헌어들과 대비하는 과정을 거쳐 게일이 번역한 한국어 성경의 국어사적 의의를 설명하였다.

이 책을 집필하는 나는 기독교사 연구나 신학적 연구를 목적으로 하는 학자가 아니다. 단지, 언어에 관심이 많고, 국어사적 안목과 이전 시기의 텍스트에 대한 접근법을 조금 아는 사람으로서 한국어 번역 성경의 변천 과정과 판본별 특징을 살펴 140여 년을 계속해 왔고, 앞으로도 계속될 한국어 번역 성경이 언어적으로 조금 더 자연스럽게 표현될 수 있도록 좋은 영향을 끼치는 밑알이 될 수 있기를 바랄 뿐이다.

1장

# 로스와 아펜젤러의 누가복음 번역의 차이

## 1. 심양에서 번역된 『예수셩교 누가복음젼서』(1882)의 언어적 특징

존 로스(John Ross, 羅約翰) 목사는 스코틀랜드 연합장로교회 소속으로 중국에 파송되었던 선교사이다. 그가 중국 심양에서 한국인 조력자들과 함께 초역한 누가복음(1882/1883/1887)과 미국 감리교 소속 선교사 아펜젤러(Henry Gerhard Appenzeller)가 서울에서 수정·번역한 누가복음(1890)을 대비하여 두 한국어 번역 성경의 대조적 특징과 의의를 설명하는 것이 이 글의 목적이다. 언어는 변한다. 시대적 언어가 변하지 않았더라도 사람에 따라 관점에 따라 표현이 달라지고 그 표현의 차이에 따라 다르게 받아들여진다. 대중에게, 독자에게 제대로 읽히고 전파되기 위해 간행되는 개신교 성경이 그 어떤 문헌보다 빠르게 수정되고, 개역되는 이유이다. 언어적 표현은 문법 요소, 음운 현상과 표기, 형태 및 의미 변화를 중심으로 이루어진다.

로스의 번역본에는 당시 서북 방언이 반영되어 있는데 아펜젤러와 언더우드는 한국어 번역본에 중앙어를 반영하고자 하였다. 초기 누가복음의 번역문을 대조해 보면, 지역어와 중앙어의 차이 및 혼재의 실상[1]을 확인할 수 있다. 또, 구어 표현까지 취했던 로스본과는 달리 수정본에서는 전통적 문헌어를 지향하였다. 한국에서 공인역본 성경이 나올 때까지 한국어 성경 번역은 번역자의 입장과 스타일이 반영될 수밖에 없었다. 그동안 로스와 관련된 간행물들에 대한 국어학적 접근은 서북(평안) 방언과 관련된 내용이 대부분이었다. 그러나 직접적 대조 대상이 없는 고찰을 통하여 서북 방언과 중앙어 및 타 지역어와의 차

1 로스의 한국어 번역 성경뿐만 아니라 Corean Primer에도 중부 지역 화자의 교정을 거치는 과정에서 평안도 방언과 중부 방언이 혼합되어 반영된 것으로 밝혀져 있다.(최명옥, 1987:65; 김영배, 1997:688)

이를 드러내는 과정에 한계가 있었다. 이에 같은 내용에 대한 로스의 번역물과 그것의 수정본을 대비하여 살펴보는 것은 그간의 지역어 연구 성과를 보완하는 차원에서도 필요한 일이다. 각각의 번역본은 신학적, 번역학적 이유는 물론 지역적, 언어적 요구 등에 의하여 개역되기 때문에 초기 번역본과 그 수정본 및 개정본들의 영향 관계와 각 역본별 특징에 대한 연구는 국어학적 접근의 의의가 충분하다.

만주에서 한국어 성경을 번역하였던 로스 번역팀은 개신교 최초의 한국어 성경인 『예수셩교 누가복음젼셔』(1882)를 간행한 이후 『예수셩교 누가복음뎨쟈힝젹』(1883), 『예수셩교젼셔』(1887)를 통해 누가복음을 총 3번 손질하였다. 이 글에서는 『예수셩교젼셔』(1887)에 수록된 '누가복음'과 아펜젤러의 『누가복음젼』(1890)을 연구 대상으로 삼는다.[2] 로스 번역본은 최초의 한글 번역 성경으로서, 서북 방언형을 확인할 수 있는 한글 문헌으로서의 의의는 있지만 한국어 번역 성경의 전통이 되지는 못하였다. 이는 이후 번역본들과의 대비를 통해 확인되는 사실이다. 또, 영국성서공회 소속으로 한국 지부의 초대 총무였던 켄뮤어(Alexander Kenmure)가 1892년 11월 로스에게 공식적으로 한국어 번역 성경의 출판 중지를 요청한 사실과(옥성득·이만열, 2006: 657) 초기 한국어 공인역 성경 번역을 책임지고 있었던 아펜젤러와 언더우드가 이수정의 『신약마가젼복음셔언히』를 한국어 번역 성경의 모본으로 삼고 영향을 받았던(이덕주, 2002: 10-13) 역사적 사실들을 통해서도 유추할 수 있다. 반면, 1885년 언더우드와 함께 한국에 입국한 아펜젤러는 1893년 영국성서공회의 주도로 한국의 모든 개신교 선교회를 대표하여 조직된 성서번역자회(The Permanent Executive Bible Committee: Board of Official Translators, 1893~1910)의

2 이후 본고에서는 『예수셩교젼셔』(1887) 소재의 누가복음을 '로스본'으로, 『누가복음젼』(1890)을 '아펜젤러본'으로 부르기로 한다.

번역위원으로서 현대 한국어 성경 번역에까지 영향을 주고 있는 한국어 공인역 성경을 간행하는 데에 주도적인 역할을 한 선교사이다. 즉, 로스 번역본은 단절이 된 반면, 아펜젤러의 번역본은 이후 한국어 성경 번역에 직접적인 영향을 끼친 것으로 볼 수 있다. 따라서 아펜젤러가 주도적으로 번역한 『누가복음젼』(1890)의 방향과 특징을 연구하는 것은 로스 번역본의 한계[3]를 이해함과 동시에 이후 한국어 공인역 성경의 길잡이 성경의 초기 모습을 살피고, 19세기 말의 하나의 한국어 텍스트의 특징을 밝혀가는 과정이 될 것이다.

로스 번역팀에서는 1882년 『예수셩교 누가복음젼셔』를 내고, 1883년 수정본을 내는 과정에서 이미 많은 어휘와 문법 요소들을 수정하였다. 1882년 『예수셩교 누가복음젼셔』는 한국어 개신교 성경 번역사에서 최초의 한국어 번역 성경으로서의 큰 의의를 갖는 것은 사실이지만 곧 그 번역본의 많은 오류와 한계가 인식되어 수정되고, 출판이 중지되었다. 이후 1887년에 신약이 완역되어 『예수셩교셩셔』가 간행되었는데 이 안에 실린 누가복음은 『예수셩교 누가복음 뎨쟈힝젹』(1883)의 대부분이 그대로 반영되어 있다. 번역팀을 이끌었던 매킨타이어와 로스가 자신들이 구사하고 있는 언어가 방언형임을 알았으면서도(이은선, 2007:81) 1887년 번역본에까지 그 방언형들을 수정하지 않은 것은, 당시 번역어가 서울말과 다르기는 하지만 한국 전역에서 이해할 수 있는 정도인 것으로 생각했기 때문이었다.

로스의 여러 누가복음 번역본 중에서 1887년 번역본을 수정의 대상으로 삼았을 것으로 추정하는 근거는 아펜젤러의 『누가복음젼』을 로스 번역본들과 장·절별로 대비해본 결과이다. 1883년 『예수셩교 누가복음뎨자힝젹』과 1887년 『예수셩교젼셔』가 많이 다른 것은 아니지만

3 이에 대하여 지금까지는 로스 역본과 내용은 거의 같고, 동양식 표기법으로 인식되던 대두법이 생략된 정도로(이덕주, 2002:12-13) 소개된 것이 전부이다.

다음과 같은 차이점과 수용 정도에 따라 아펜젤러본의 직접적인 저본은 1887년 번역본인 것으로 보아야 한다.

(1) ㄱ. 피들이 갈으되 사람아 너 말ᄒᆞ넌 비를 아디 못ᄒᆞ노라 말ᄒᆞᆯ 쎡 달기 우넌디라 〈1882눅22:60〉
ㄴ. 피들이 갈오ᄃᆡ 사람아 너 말하난 바를 ᄂᆡ 아지 못하노라 하는ᄃᆡ 곳 달기 울다라 〈1883눅22:60〉
ㄷ. 피들이 갈오ᄃᆡ 사ᄅᆞᆷ아 네 말ᄒᆞᄂᆞᆫ 바ᄅᆞᆯ ᄂᆡ 아지 못ᄒᆞ노라 ᄒᆞᄂᆞᆫᄃᆡ 곳 달기 울더라 〈1887눅22:60〉
ㄹ. 피들이 ᄀᆞᆯᄋᆞᄃᆡ 사ᄅᆞᆷ아 네 말ᄒᆞᄂᆞᆫ 바ᄅᆞᆯ 내 아지 못ᄒᆞ노라 ᄒᆞᄂᆞᆫᄃᆡ 곳 ᄃᆞᆰ이 울더라 〈1890눅22:60〉

(2) ㄱ. ᄂᆡ ᄯᅩ 뜻ᄒᆞ여 모둔 일을 자세이 근원을 좃차 치레로써 귀인 데오비노의 존젼에 앙달ᄒᆞ문 〈1882눅01:03〉
ㄴ. ᄂᆡ가 ᄯᅩ한 처음으로 모든 일을 자세이 샹고ᄒᆞ여 치레로써 뜻ᄒᆞ고 귀한 티오비노의 합ᄒᆞ의 앙달ᄒᆞ문 〈1883눅01:03〉
ㄷ. ᄂᆡ가 ᄯᅩ한 처음으로 모단 일ᄋᆞᆯ 자세이 샹고ᄒᆞ여 치례로써 뜻ᄒᆞ고 귀한 티오비노의 합ᄒᆞ의 즐겨 앙달ᄒᆞ문 〈1887눅01:03〉
ㄹ. 내가 ᄯᅩᄒᆞᆫ 처음으로 모든 일을 ᄌᆞ세히 샹고ᄒᆞ야 ᄎᆞ례로써 뜻ᄒᆞ고 귀한 티오비노의 합하의 즐겨 앙달ᄒᆞᆷ은 〈1890눅01:03〉

(3) ㄱ. 사쟈 닐너 갈으되 사카랴는 무셔워 말나 너의 비넌 거시 이무 들녀시니 너의 처 이니사뱃이 쟝차 아들을 나아 너를 주리니 일음을 요안나라 ᄒᆞ라 〈1882눅01:13〉
ㄴ. 사쟈 갈오ᄃᆡ 사카랴ᄂᆞᆫ 무셔워 말나 너의 비난 거시 들녀스니 너의 쳐 이리사벳이 아달을 나아리니 일홈을 요안ᄂᆡ라 ᄒᆞ라 〈1883눅01:13〉
ㄷ. 사쟈 갈오ᄃᆡ 사카랴ᄂᆞᆫ 무셔워 말나 너의 비ᄂᆞᆫ 거시 들으셧나니 너희 쳐 이리사벳이 아달ᄋᆞᆯ 나아리니 일홈ᄋᆞᆯ 요안ᄂᆡ라 ᄒᆞ라 〈1887눅01:13〉
ㄹ. ᄉᆞ쟈ㅣ ᄀᆞᆯᄋᆞᄃᆡ 사카랴ᄂᆞᆫ 무셔워 말나 너의 비ᄂᆞᆫ 거ᄉᆞᆯ 들으셧ᄂᆞ니

너의 쳐 이리사벳이 아돌을 나으리니 일홈을 요안늬라 ᄒᆞ라 〈1890눅01:13〉

(예1)을 보면, 1882년 로스본에서는 생략되어 있으나 1883년본과 1887년본에서는 주어 '늬'가 드러나 있으며, 1882년 로스본에서는 인용문을 '말ᄒᆞ-'로 나타내고 있는데 반해 1883년 로스본에서는 '하-'를 사용하고 있고, 1887년 로스본과 1890년 아펜젤러본에서는 'ᄒᆞ-'를 쓰고 있다. 또, 어미 형태를 '-다라'에서 '-더라'로 수정한 것은 1887년 로스본인데 아펜젤러본에서도 '-더라'를 사용하고 있다. (예2)의 아펜젤러본에서 '합하(閤下)의 즐겨 앙달(仰達)홈은'에 대응되는 부분, (예3)에서는 아펜젤러본의 '들으셧ᄂᆞ니'에 해당하는 로스본의 번역본들을 보면 1887년본이 그 저본이었음을 확인할 수 있다. 이에 본고에서는 아펜젤러본의 저본을 1887년 로스본으로 보고 두 텍스트를 대비 대상으로 삼는다. 두 대상 텍스트가 보여주는 언어적 차이를 본고에서는 수정과 교체의 결과로 본다. 수정은 의도적으로 이전 번역본의 어휘 및 문법 요소를 바꾼 것이고, 교체는 집필자가 의도적으로 바꾼 것이라기보다는 'ㆍ', 'ㅏ'와 같이 당시 두 형태가 혼재되어 쓰여 그것이 바뀌는 방향성을 명확히 헤아릴 수 없는 경우이다.

현대 한국어의 띄어쓰기를 기준으로 정리하였을 때, 로스본의 전체 분량은 14,203어절이고, 아펜젤러본은 14,232어절이다. 약간의 차이가 있으나 어절 단위의 대비가 가능할 정도로 두 번역본은 큰 차이가 없다. 이는 로스본에 대한 아펜젤러의 수정이 어절 단위를 중심으로 진행된 보수적인 수정이었음을 의미하는 것으로 볼 수 있다. 이들 두 누가복음을 어절 단위로 대비하고 그 변화 유무를 구체적으로 대조한 결과는 다음과 같다. 아펜젤러본에서 로스본과 다르게 수정된 어절은 모두 5,350어절이다. 전체 대비 37.67%를 차지한다. 수정되지 않은, 즉 로스본의 어절이 그대로 활용된 경우는 8,853어절로 62.33%이다.[4] 이와 같이 수정되지 않은 부분이 더 많다는 것은 로스본의 기초 본문 어휘와 문장 구조의 영향을 상당히 존중하였다는 것을 보여주는 결과이기도 하다. 문제는 구체적인 수정 내역인데, 이는 표기 및 음운의 교체, 문법 형태 및 어휘의 수정으로 나누어 살펴볼 수 있다.

## 2. 아펜젤러 수정본의 내역

로스본 1882년 번역본과 1883년 번역본을 대비해 보면 '어순의 변화'나 '단문 대 복문'과 같은 문장 구조에 대한 수정이 확인되나 로스본을 수정한 아펜젤러본에서는 이러한 수정 내역이 확인되지 않는다. 아펜젤러는 로스본에 대한 수정 작업을 하기 전에 이수정이 일본에서 번역한 『신약마가젼복음셔언해』(1885)를 수정하여 『마가의 젼혼 복음셔언히』(1887)를 간행하였다. 즉, 1885년 언더우드와 아펜젤러가 한국 개신교의 개척 선교사로 입국한 후 가장 먼저 간행한 성경은 『마가의 젼혼 복음셔언히』(1887)이다. 언더우드와 아펜젤러는 이수정 번역본이 한국에서 사용되기에는 언어상, 신학상의 문제가 있는 것으로 보고 이수정 번역본을 대폭 수정하여 별개의 마가복음을 간행하였다. 그러나 이것을 미국성서공회 본부에서는 '反逆本(rival version)'이라고 판단하였고, 아펜젤러는 공회에 해명서를 제출해야 했다. 이러한 경험으로 로스 번역본을 수정할 때에는 저본과 수정본의 어절 대비가 가능할 정도의 보수적 수정을 했다. 이수정 번역본에 대한 아펜젤러의 해명서를 보면, '① 한국인들에게 이수정 번역본을 보이고 평가하도록 한 결과 예수를 귀신의 아들로 인식한다 ② 首都에서 정통 번역 성서가 나와야

4 이 중에는 로스본의 글씨를 판독하기 어려운 105어절이 포함되어 있다.

한다 ③ 미국성서공회, 영국성서공회, 스코틀랜드성서공회가 합력하여 한국의 성서 사업을 지원해야 한다'는 내용이 실려 있다.(이덕주, 2002:12) 『마가의 젼ᄒᆞᆫ 복음셔언ᄒᆡ』(1887)는 국내에서 이루어진 첫 성경 번역 작업이었고, 이 번역을 계기로 우리나라에 성경 번역을 관장할 공식 기구가 만들어졌다는 점에서 의의를 갖는다. 중국에서 한글로 번역된 로스 번역본이 한국 현장에 부응하지 못하고 있음을 인지한 영국성서공회[5]에서는 한국의 『마가의 젼ᄒᆞᆫ 복음셔언ᄒᆡ』(1887)라는 전적(前績)을 배경으로, 서울의 선교사 모임에 로스 번역본의 개정을 요청하였다. 아펜젤러는 로스본의 수정 작업뿐만 아니라 성서위원회[6]의 스크랜톤과 언더우드가 착수하였던 마태복음 번역을 이어받아 1892년 『마태복음젼』을 간행하였는데 개역위원회에서 이 번역본을 한국어 성경 번역의 모범으로 채택하였다. 이렇게 아펜젤러는 한국어 성경 번역의 초기에 한국어 성경 번역의 원칙과 방향을 잡아가고 있었다.

아펜젤러는 로스 번역본을 수정하면서 방언적 요소를 가장 문제시하였기 때문에 문법 요소에 대한 수정의 예는 많지 않다. 먼저 조사의 수정 예는 모두 420개가 확인된다. 이 중에서 가장 많이 눈에 띄는 것은 개음절 명사 뒤에 주격조사 'ㅣ'가 추가되는 경우(253)[7]와 개음절

5 영국성서공회(1804년 창립)는 1895년 서울에 한국 지부를 공식적으로 개설하고, 켄뮤어를 초대 총무로 임명하였다. 즉, 한국 지부가 개설되기 이전에 한국의 선교사 모임에 번역 작업을 요청한 것이다.

6 1887년 조직된 성서번역위원회(Committee for Translating the Bible into the Korean Language)는 서울에 있던 5명의 선교사(언더우드, 아펜젤러, 알렌, 스크랜톤, 헤론)로 구성되었다. 이것을 성서위원회라고 하는데 1890년 신약성서 번역을 2년 내에 끝내기 위하여 언더우드와 스크랜톤을 성서 번역에 전념하도록 하였다. 그러나 개인적인 문제들로 이들은 미국으로 돌아가야 했고, 스크랜톤 대신 아펜젤러가, 언더우드 대신 게일이 각각 마태복음, 사도행전·요한복음의 번역을 맡았다. 그리하여 1892년 아펜젤러의 『마태복음젼』이 국내에서 번역된 최초의 성경으로 인쇄에 들어가게 된 것이다. 또, 1893년 한글 성경 번역 사업을 관장할 성서번역자회(聖書飜譯者會)(The Board of Official Translators)가 조직되기 전, 아펜젤러 개인 번역으로 『누가복음젼』(1890)이 간행되었다.

명사 뒤에 서술격조사 'ㅣ'가 추가되는 경우(39)[8]이다. 주격 조사와 서술격조사의 수정 외에는 처격의 수정이 대부분인데, '-여〉-에(54),[9] -게〉-의게(16),[10] -게〉-긔(21)[11]' 등의 수정이 확인된다. 이 중에서 '-여〉-에'의 수정은 '-마당〉-마다(2)[12]'의 예와 함께 방언형의 수정인 것

---

7 ㄱ. 린니와 친척이 쥬 크게 어엽비 네기물 듯고 함씌 즐거워하고 〈1887눅01:58〉
ㄱ'. 린리와 친척이 쥬ㅣ 크게 어엿비 넉임을 듯고 다 즐거워ᄒᆞ고 〈1890눅01:58〉
ㄴ. 사쟈 갈오듸 무셔워 말나 늬 너희게 큰 깃분 복움올 보ᄒᆞ노니 이는 뭇빅셩올 위할 쟈라 〈1887눅02:10〉
ㄴ'. ᄉᆞ쟈ㅣ ᄀᆞᆯᄋᆞ듸 무셔워 말나 내 너의게 큰 깃분 복음을 보ᄒᆞ노니 이는 뭇빅셩을 위ᄒᆞᆯ 쟈ㅣ라 〈1890눅02:10〉
ㄷ. 예수 비로소 갈아치는 듸 나이 삼십이니 사ᄅᆞᆷ이 써 요셉의 아달이라 ᄒᆞ더라 요셉 아밤은 헤니요 〈1887눅03:23〉
ㄷ'. 예수ㅣ 비로소 ᄀᆞᄅᆞ치는 듸 나히 삼십이니 사ᄅᆞᆷ이 써 요셉의 아ᄃᆞᆯ이라 ᄒᆞ더라 요셉 아밤은 헤니요 〈1890눅03:23〉

8 ㄱ. 쳐녀 마리암의게 님ᄒᆞ니 다빗의 일가 요셉의 빙문ᄒᆞᆫ 밧 쟈라 〈1887눅01:27〉
ㄱ'. 쳐녀 마리암의게 림ᄒᆞ니 다빗의 일가 요셉의 빙문ᄒᆞᆫ 밧 쟈ㅣ라 〈1890눅01:27〉
ㄴ. 곳 우리 조샹 압라함으로 더부러 밍세ᄒᆞᆫ 바라 〈1887눅01:73〉
ㄴ'. 곳 우리 조샹 압라함으로 더브러 밍셔ᄒᆞᆫ 바ㅣ라 〈1890눅01:73〉

9 ㄱ. 부인덜이 이여 그 말올 ᄉᆡᆼ각ᄒᆞ고 무덤으로부터 돌아가다 〈1887눅24:08〉
ㄱ'. 부인들이 이에 그 말올 ᄉᆡᆼ각ᄒᆞ고 무덤으로브터 도라가다 〈1890눅24:08〉
ㄴ. 당시여 압페 나아와 하나님게 감샤ᄒᆞ고 ᄯᅩ 예루살입에 구완 바리던 사ᄅᆞᆷ의게 이 아희ᄅᆞᆯ 말ᄒᆞ더라 〈1887눅02:38〉
ㄴ'. 당시에 압희 나아와 하ᄂᆞ님ᄭᅴ 감샤ᄒᆞ고 ᄯᅩ 예루살임에 구원 ᄇᆞ라던 사ᄅᆞᆷ의게 ᄋᆞ희ᄅᆞᆯ 말ᄒᆞ더라 〈1890눅02:38〉

10 ㄱ. ᄯᅩ 뭇사ᄅᆞᆷ게 일오샤듸 늬이 뎨자 되고져 ᄒᆞ면 몸올 이기여 날노 십지틀올 지고 좃추라 〈1887눅09:23〉
ㄱ'. ᄯᅩ 뭇사ᄅᆞᆷ의게 닐ᄋᆞ샤듸 내이 뎨ᄌᆞ 되고져 ᄒᆞ면 몸을 이긔여 날노 십ᄌᆞ틀을 지고 좃치라 〈1890눅09:23〉
ㄴ. 예수 법사과 바리식인게 일너 갈오샤듸 사밧일에 병올 곳치미 합당ᄒᆞ뇨 ᄒᆞ니 〈1887눅14:03〉
ㄴ'. 예수ㅣ 법ᄉᆞ와 바리식인의게 닐너 ᄀᆞᆯᄋᆞ샤듸 사밧일에 병을 곳침이 합당ᄒᆞ뇨ᄒᆞ니 〈1890눅14:03〉

11 ㄱ. 이여 밧게 나가 통곡ᄒᆞ더라 〈1887눅22:62〉
ㄱ'. 이에 밧긔 나가 통곡ᄒᆞ더라 〈1890눅22:62〉

12 ㄱ. 뉼법과 션지는 요안늬의게 닐으러ᄉᆞ니 일노부터 하나님의 나라 복음올 뎐ᄒᆞ여 사ᄅᆞᆷ마당 힘써 나아가ᄂᆞ니 〈1887눅16:16〉

으로 보인다. 이 외에 조사 수정의 예로 '뭇들〉뭇희'에서와 같은 '을'과 '의'의 교체가 확인된다.[13]

어미 수정의 예는 모두 96개가 확인된다. 이 중에는 특히 서북 방언의 선어말 어미 '-다-〉-더-'[14], '-갓-〉-겟-'[15]의 수정이 40개로 가장 비율이 높다. 이 외에 존경의 선어말 어미 '-시-'를 '쥬(主)'에 한정하여 쓰기[16] 위해 수정한 예들이 눈에 띈다. 방언을 중앙어로 바꾸는 작업을 중심으로, '문법 형태의 교체'는 그 종류가 많지 않다는 것이 아펜젤러 수정본의 의의라 할 수 있다.

---

ㄱ'. 률법과 션지는 요안늬의게 니ᄅᆞ럿ᄉᆞ니 일노브터 하ᄂᆞ님의 나라 복음을 젼ᄒᆞ여 사ᄅᆞᆷ마다 힘써 나아가ᄂᆞ니 〈1890눅16:16〉

ㄴ. 한 부쟈가 이서 자디 옷과 가는 뵈롤 입고 날마당 번화이 열낙ᄒᆞ고 〈1887눅16:19〉

ㄴ'. 한 부쟈가 잇서 ᄌᆞ쥬 옷과 가는 뵈롤 닙고 날마다 번화이 연락ᄒᆞ고 〈1890눅16:19〉

13 ㄱ. ᄇᆡ ᄒᆞᆫ 젹은 시몬의 ᄒᆡ라 예수 올나 명ᄒᆞ여 ᄇᆡ롤 옴겨 뭇들 죠곰 ᄹᅥ나 ᄇᆡ 가온ᄃᆡ 안저 뭇사ᄅᆞᆷ올 가라치더니 〈1887눅05:03〉

ㄱ'. ᄇᆡ ᄒᆞᆫ 쳑은 시몬의 ᄇᆡ라 예수ㅣ 올나 명ᄒᆞ여 ᄇᆡ 옴겨 뭇희 조곰 ᄹᅥ나 ᄇᆡ 가온ᄃᆡ 안져 뭇사ᄅᆞᆷ을 ᄀᆞᄅᆞ치더니 〈1890눅0503〉

14 ㄱ. 밋 나오ᄆᆡ 능히 말ᄒᆞ지 못ᄒᆞ거날 셩뎐 ᄋᆞᆫ에셔 본 바 이ᄉᆞ물 알문 형용으로써 보이고 맛츰ᄂᆡ 벙얼이 되다라 〈1887눅01:22〉

ㄱ'. 밋 나오매 능히 말ᄒᆞ지 못ᄒᆞ거놀 셩뎐 안에셔 본 바ㅣ 잇슴을 알믄 형용으로써 보이고 ᄆᆞᆺ춤내 벙어리 되더라 〈1890눅01:22〉

15 ㄱ. 예수 ᄃᆡ답ᄒᆞ여 갈오샤ᄃᆡ 글에 일오되 쥬 너의 하나님게 절ᄒᆞ여 호을노 셤기갓다 ᄒᆞ니 〈1887눅04:08〉

ㄱ'. 예수ㅣ ᄃᆡ답ᄒᆞ여 ᄀᆞᆯᄋᆞ샤ᄃᆡ 글에 닐ᄋᆞᄃᆡ 쥬 너의 하ᄂᆞ님ᄭᅴ 절ᄒᆞ여 홀노 셤기겟다 ᄒᆞ니 〈1890눅04:08〉

ㄴ. 가마귀롤 ᄉᆡᆼ각ᄒᆞ라 시무지도 ᄋᆞᆫ코 거두지도 안코 창도 업고 곡셕도 업서도 하나님이 치ᄂᆞ니 너희가 ᄉᆡ보담 얼마나 귀ᄒᆞ갓ᄂᆞ냐 〈1887눅12:24〉

ㄴ'. 아죠롤 ᄉᆡᆼ각ᄒᆞ라 심으지도 안코 거두지도 안코 창도 업고 곡식도 업서도 하ᄂᆞ님이 치ᄂᆞ니 너희가 ᄉᆡ보담 얼마나 귀ᄒᆞ겟ᄂᆞ냐 〈1890눅12:24〉

16 ㄱ. 쥬의 압페셔 뎌가 크미 되여 청쥬과 독쥬롤 마시지 ᄋᆞᆫ코 팃로붓터 셩신이 차시ᄆᆡ 〈1887눅01:15〉

ㄱ'. 쥬의 압희셔 뎌가 큼이 되여 청쥬과 독쥬롤 마시지 안코 틱로브터 셩신이 ᄎᆞ매 〈1890눅01:15〉

# 3. 음운 현상과 관련된 표기의 교체

이 장에서, 로스 번역본에 대한 아펜젤러의 수정을 제시할 때에는 '로스본〉수정본'의 방향으로 나타냈다. 필요한 경우 '( )' 안에는 공인역본(1900)의 형태나 『평북방언사전(平北方言辭典)』(김이협, 1981)의 표제항 및 출현 횟수를 숫자로 제시하였다. 용례가 둘 이상이고 어형이 달라진 경우에는 '/'로 구분하여 각각의 어형을 제시하였다. 단어의 의미를 나타낼 때에는 '〔 〕'를 사용하였다. '(cf. )'는 대상 어휘를 직접적으로 확인할 수는 없지만 『평북방언사전』에서 유관해 보이는 어형을 찾아 그 표제어를 제시한 경우이다.

## 1) 방언형 및 고어형의 수정

로스 번역본의 방언형을 아펜젤러가 중앙어형이나 이전 시기의 어형으로 수정하거나 교체한 예들을 확인할 수 있다.

(4) ㄱ. ᄭᅳᆯ-〉ᄭᅳ을-, 졸-〉조을-, 음/흠(흠)〉험
ㄴ. 식리〉ᄉᆞ이[17]
ㄷ. 서ㅎ〉셋
ㄹ. 슈쟈〉슈좌(〉놉흔 자리)
ㅁ. 넘지-〉넘치-

(4ㄱ)의 'ᄭᅳᆯ-', '졸-'은 고어형이 '끌:-, 졸:-'이었던 것을 생각해 보면, 1음절의 장음이 2음절어로 교체된 것임을 알 수 있다. 또, '흠〉험'

---

17 ㄱ. ᄯᅩ 돌식 식리에 ᄯᅥ러진 거슨 어음히 나쟈 곳 말으문 저즈미 업ᄉᆞ미요 〈1887눅 08:06〉
ㄱ'. ᄯᅩ 돌자갈 ᄉᆞ이에 ᄯᅥ러진 거ᄉᆞᆫ 싹이 나며 곳 마롬은 져짐이 업솜이요 〈1890눅 08:06〉

의 수정은 중앙어의 장모음 'ㅓ'가 서북 방언에서 'ㅡ'로 실현된 예이다. (4ㄴ)은 이전 시기에는 '서리'로 표기되었던 것이 로스본에서 'ᄉᆡ리'로 표기되고, 이 형태가 서북 방언형으로 인식되어 아펜젤러본에서 'ᄉᆞ이'로 수정되었다. (4ㄷ)은 고어형에서의 어말의 'ㅎ'이 '서ㅎ>셋', '두어ㅎ>두엇, 네ㅎ>넷'과 같이 'ㅅ'이나 'ᄡᅡᇰ>ᄡᅡᆼ'과 같이 'ㅇ'으로 변화한 국어사적 현상과 맞물려 있다. (4ㄹ)은 '슈쟈'의 반모음이 탈락하여 한자음이 표기된 것이다. (4ㅁ)은 고어형 '넘ᄯᅵ-'의 'ᄯᅵ'가 서북 방언에서는 '지'형으로, 서울 방언에서는 '치'형으로 표기된 예이다.

(5) ㄱ. 메기->먹이-, 쉼기-(숭기-, 슁기-)>숨기-, 죄세ᄒᆞ->죠셔ᄒᆞ-, 쥑이->죽이-
ㄴ. 구신>귀신, 논이우->논희우-, 누이>누의(>누이), 모시>뫼시-, 방야흐로>ᄇᆡ야흐로, 비이>뷔이-, 오이-(오이-)>외오-, 이무(이무, 이미)>임의, 향가랍-(행그럽-)>향긔롭-
ㄷ. 가되->가도-, 바ᄅᆡ-(바래-)>ᄇᆞ라-, 슁기->숨기-, 어ᄂᆡ(어니, 어느)>어ᄂᆞ, 얼ᄆᆡ나(얼매나)>얼마, 자ᄅᆡᄂᆞ-(자래나-)>자ᄅᆞ나-, 잘ᄋᆡ-(자래-)>자ᄅᆞ-, 쟝ᄀᆡ>쟝가, 쥬졔ᄒᆞ->주져ᄒᆞ-, 지ᄂᆡ가-(cf. 지낸날)>지나가-

(5ㄱ)은 로스본에서 서북 방언의 움라우트 현상이 표기에 반영되었던 것을 아펜젤러본에서 환원하여 수정한 예이다. 또, (5ㄴ)을 보면 로스본에서는 하향성 이중모음이 단모음화된 형태로 표기된 것을 알 수 있다. (5ㄷ)은 로스본에서 'ㅣ'가 첨가된 형태들이다. 제시된 예의 형태들이 고어 사전류[18]나 『평북방언사전』에서 확인이 되지 않는다. 이것이 방언의 영향인지, 고어형의 영향인지를 밝히는 것은 더 많은

18 고어 사전류는 『古語辭典』(남광우, 1997), 『李朝語辭典』(유창돈, 1990), 『우리말큰사전4』(한글학회, 1991), 『17세기국어사전』(홍윤표 외, 1995)를 의미한다.

자료와의 대비 과정을 거쳐야 할 것으로 보인다.

(6) ㄱ. 뵈온〉빅혼
ㄴ. 잔체〉잔치

(6ㄱ)은 현대국어의 '배우-'에 해당하는 단어로 로스본에서는 서북 방언형인 '뵈오-' 형태가 쓰인 것을 확인할 수 있다. 고어형은 '빅호-'였는데 국어사적으로 원순모음화가 일어나고, 'ㅎ탈락' 현상이 일어나 '뵈오-' 형태로 정착된 것이다. 서북 방언에서는 '가르쳐주-/배워주-'를 '보여주-'로 표현하기도 하는데 이는 '보-'의 활용이 꽤 적극적이었다는 것을 의미하기도 한다. 로스본의 서북 방언형을 수정한 아펜젤러본이 '빅호-' 형태인 것을 보면, 이 시기 중앙어는 아직 '빅호-'였을 것으로 보인다. 언어 변화는 방언형에서 더 빨리 확인되는 것으로 보인다. (6ㄴ)은 현대국어의 '잔치'에 해당하는 형태로, '잔체〉잔치'의 수정이 확인된다. '잔치'는 더 이른 시기의 문헌에서 확인되는 형태이다. 로스가 구어 문법서[19]를 간행하기도 했던 것을 생각해 보면, '잔체'는 서북 방언의 현실음이 반영된 표기로 볼 수 있다.

### 2) 'ㆍ'와 'ㅏ'의 교체

'ㆍ'의 표기 변화는 로스본과 아펜젤러본에서 확인되는 가장 큰 차이이다. 아펜젤러본에서 수정된 5,350어절 중에서 2,134개가 'ㆍ'의 표기만 바뀐 예인데, 수정 내용의 약 40%에 달하는 결과이다.

'ㆍ'의 표기 변화에는 크게 두 가지 유형이 있다. 로스본의 'ㅏ'를 아

19 로스 선교사는 왕성한 저술 활동을 펼쳤는데 그 중에는 『Korean Speech: with Grammar and Vocabulary』(New Edition, 1882)가 있다. 이 책은 상황별로 lesson1, lesson2…식으로 정리하여 나열한 한국어 회화서이다.

펜젤러본에서 '·'로 바꾼 경우와 로스본의 '·'를 아펜젤러본에서 'ㅏ'로 바꾼 경우이다. 문법적으로, 어간 내부의 경우와 문법 형태소에서의 '·' 표기의 변화를 나누어 볼 수는 있으나 '·' 수정의 방향성을 정하기는 쉽지 않다. 이는 수정 과정에서 통일성을 기하지 못한 결과로 보인다.

(7) ㄱ. 군사>군ᄉᆞ, 내>ᄂᆡ, 놀내->놀ᄂᆡ-, 다삿달>다ᄉᆞᆺᄃᆞᆯ, 뎨자>뎨ᄌᆞ, ᄣᅢ>ᄣᆡ, 마암>ᄆᆞᄋᆞᆷ, 마즘>ᄆᆞᆺᄎᆞᆷ, 메나리>며ᄂᆞ리, 사쟈>ᄉᆞ쟈, 새로>ᄉᆡ로, 아달>아ᄃᆞᆯ, 졔사>졔ᄉᆞ, 텬사>텬ᄉᆞ, 하나님>하ᄂᆞ님, 갓치>ᄀᆞᆺ치, 대개>ᄃᆡᄀᆡ, 또한>또ᄒᆞᆫ, 맛츰ᄂᆡ>ᄆᆞᆺᄎᆞᆷ내, 모단>모ᄃᆞᆫ, 스사로>스ᄉᆞ로, 자세이>ᄌᆞ셰히, 갈오ᄃᆡ>ᄀᆞᆯ오ᄃᆡ, 갈오샤ᄃᆡ>ᄀᆞᆯᄋᆞ샤ᄃᆡ, 갈이친>ᄀᆞᄅᆞ친, 기다리->기ᄃᆞ리-, 만지->ᄆᆞᆫ지-, 말하->말ᄒᆞ-, 발->ᄇᆞᆰ-, 아님이>ᄋᆞᆫ으미, 안코>ᄋᆞᆫ코, 응험하->응험ᄒᆞ-, 차->ᄎᆞ-, 합하->합ᄒᆞ-, 들으셧나니>들으셧ᄂᆞ니, 서거날>셧거ᄂᆞᆯ

ㄴ. 가ᄂᆞᆫᄒᆞᆫ>가난ᄒᆞᆫ, ᄉᆡ로>새로

ㄷ. 가슴>가ᄉᆞᆷ, 거즛>거ᄌᆞᆺ, 마즘에>마ᄌᆞ막, 마즘>ᄆᆞᆺᄎᆞᆷ, 맛츰ᄂᆡ>ᄆᆞᆺᄎᆞᆷ내, 말을>말ᄋᆞᆯ, 간증을>간증ᄋᆞᆯ, 거슨>거ᄉᆞᆫ

ㄹ. 그ᄅᆞᆺᄒᆞᆷ>글읏함, 아ᄅᆞᆷ다온>알음다온, 니ᄅᆞᆷ은>닐으문, 반녈ᄋᆞᆯ>반렬을

(7ㄱ)은 'ㅏ>·' 교체의 예로, 어간 내부의 변화가 대부분이지만 문법 형태소들 중에서도 'ㅏ>·'의 표기 변화를 보이는 예들이 확인된다. (7ㄴ)은 어간 내부의 '·>ㅏ' 교체의 예인데 'ㅏ>·'의 교체 예보다는 적게 확인된다. 문법 형태소의 예가 대부분이지만 (7ㄴ)와 같이 어간 내부의 '·>ㅏ' 표기의 예들도 확인되고 있어 그 방향성을 설명하기가 쉽지 않다. (7ㄷ)~(7ㄹ)은 2음절 이하에서의 'ㅡ'와 '·'가 넘나드는 표기의 수정 예인데 'ㅡ'와 '·'의 표기에 대하여서는 어떤 경향성을 도출해내기가 어렵다.

(예6)~(예7)에서와 같은 고유어에서의 '·'와 'ㅏ/ㅡ'의 교체 외에

'懇(간>ᄀᆞᆫ 3), 士(사>ᄉᆞ 10), 子(자>ᄌᆞ 9)'와 같이 한자음의 표기에서도 'ㆍ'와 관련된 수정의 예가 22개 확인되었다.

### 3) 구개음화 적용의 여부

국어사적 의의를 갖는 음운 현상의 대표적인 예 중 하나가 구개음화이다. 이 시기 서북 방언은 구개음화를 겪지 않은 것으로 알려져 있다. 그러나 로스본과 아펜젤러본에서는 그 역방향의 예가 다수 나타난다는 점이 특이하다. 즉, 구개음화가 반영된 로스본의 형태를 아펜젤러본에서 구개음화를 겪지 않은 형태로 수정한 예들이 확인되는 것이다. 따라서 구개음화와 관련된 표기의 변화도 'ㆍ'의 경우와 마찬가지로 두 방향성으로 구분할 수 있다. 구개음화와 관련하여 수정된 예는 모두 64개로 다음과 같다.

(8) ㄱ. 건뎌ᄂᆡ->건져내-(1), 관댱>관쟝(2), 당사(ᄒᆞ-)>장사(ᄒᆞ-)(3), 댱니>쟝리/쟝시(3), 뎐ᄒᆞ->젼ᄒᆞ-(17), 뎝->졉-(1), 뎝ᄒᆞ->졉ᄒᆞ-(1), 디식>지식(1), 딕-/ᄶᅵᆨ->ᄶᅵᆨ-(3), 딘>진(1), 콩싹디>콩싹지(1), 탐디/턈디>탐지(2), 탸슈>챠슈(1), 튱셩>츙셩(2), 치디>치지(1)

ㄴ. 졈심>뎜심(1), 죠와ᄒᆞ->됴화ᄒᆞ-(2), 죻->둏-(8), 지옥>디옥(3), 체ᄒᆞ->톄ᄒᆞ-(7), 키>치(1), 텬지>텬디(1), 긱졈>긱뎜(3)

(8ㄱ)은 로스본에서 구개음화되지 않은 표기를 구개음화된 표기로 바꾼 예로, 총 38개가 확인되었다. (8ㄴ)은 로스본에서 구개음화된 표기를 아펜젤러본에서 구개음화 이전 표기로 바꾼 예인데 누가복음 전체 수정 항목 중 26개가 확인되었다. 이러한 역표기의 예는 한자어와 고유어, 명사와 용언에 고루 나타나고 있어서, 그 원인을 찾아 설명하기가 쉽지 않다. 다만, 누가복음의 최종 원고의 교정이 冬至使의 일행에 의하여 서울에서 완료되었다는 로스의 보고서 기록을 통하여 로스

본의 한국어가 순수 서북 방언형이 아니기 때문이었을 것으로 짐작할 수 있다.

### 4) 두음법칙 적용의 여부

'禮(네〉례 1), 料(노〉료 2), 臨(님〉림 1), 論(논〉론 5), 農(농〉농 7), 亂(논〉란 3)' 등 두음법칙과 관련된 수정 내역이 한자음 표기에서 19개가 확인되었다. 그러나 한자음의 경우 원음의 영향을 받을 수밖에 없기 때문에 당시의 한국어 현실음이 '례'였는지 '예'였는지까지는 알 수 없다. 로스본에서는 두음법칙이 적용되어 표기된 고유어가 아펜젤러본에서는 두음법칙 적용의 이전 형태로 확인된 예는 137개이다. '일곱〉닐곱(3), 이르-〉니르-(謂 69), 노ᄒᆞ-〉로ᄒᆞ-(怒 4), ᄂᆡ일〉ᄅᆡ일(3)' 등이 이에 해당한다.

### 5) 기타

이 외에 음운 변화 이전의 형태로 수정한 예들이 확인된다.

(9) ㄱ. 만ᄂᆡ(나)-〉맛나-(22), 어엽비〉어엿비(14), 볼ᄂᆡ〉본ᄅᆡ(4), 연병〉열병(熱病)
ㄴ. 노나(노나)〉난화〔나누어〕, 논이우-〉논희우-, 논으-〉논흐-(6), 만-〉많-(15), 올-〉옳-(11)
ㄷ. 겡계〉경계, 게〉겨(〉죽졍이), 메나리(메느리, 메니리)〉며ᄂᆞ리, 멧날(cf. 몟몟)〉몃날, 페-(페-)〉펴-, 헤(헤)〉혀

(9ㄱ)은 로스본에서 음운 동화를 반영한 예를 아펜젤러본에서 복원하여 수정한 예가 56개 확인되었다. '염병(染病)'을 '연병'으로 쓴 것은 자음 동화가 되었을 것으로 추정되는 형태의 이전 형태를 추정하여 표기한 것으로 볼 수 있다. (9ㄴ)은 'ㅎ'음의 약화를 반영한 로스본의 표

기를 아펜젤러본에서 'ㅎ'을 복원하여 수정한 것으로 32개의 예가 확인되었다. (9ㄷ)은 서북 방언의 'ㅔ'와 중앙어의 'ㅕ'가 대응하는 예로 대부분 변자음(邊子音:ㅂ, ㅃ, ㅍ, ㅁ, ㄱ, ㄲ, ㅋ, ㅇ) 계열의 초성 다음에서 확인되었다.[20] 이 외에 '맛치->맛기-'의 수정의 예가 확인되는데, 이는 '돗귀:도최>도끼:토치'에서와 같은 'ㅊ'과 'ㅺ(>ㄲ)'의 대응 관계에 기인한(이승재, 1983:215) 수정의 예로 보인다.

한자음의 수정을 보이는 예 중에서는 치찰음 혹은 'ㅎ'이 초성에 오는 경우가 57개(권세>권셰 13, 부세>부셰 1, 세관>셰관 1, 억제>억졔 3, 구제>구졔 2, 청ᄒᆞ->쳥ᄒᆞ- 1, 취ᄒᆞ->츄ᄒᆞ- 23, 지혜>지혜 6)로 가장 많다. 이 외에 '戒(게>계 5), 其(긔>그 26) 등의 수정 항목이 확인된다. 원음의 영향을 받기 마련인 한자음의 경우 아펜젤러본의 표기가 음운 변화를 표기에 반영하지 않고 원형을 밝혀 적으려 하였음을 보아 아펜젤러본이 현실음과 구어 발음을 표기에 반영하였던 로스본보다 보수적이었음을 유추해 볼 수 있다.

## 4. 어휘의 수정

로스본과 아펜젤러본의 대조를 통해 확인할 수 있었던 어휘 수정의 예는 모두 769개이다. 이들 어휘의 수정을 보이는 예들은 ① 서북 방언형을 중앙어 독자들을 위해 수정한 경우[21] ② 한자어와 고유어의 대응 문제와 관련된 경우 ③ 내용의 전달과 관련하여 수정하는 것이 낫다고 판단하고 번역을 달리한 경우로 나누어 정리할 수 있다.

---

20 '겨우루-(게으르-)>게어ᄅᆞ-'가 확인되기도 하나 이는 한 번 확인되는 예외적인 수정의 예이다.

21 본고에서는 『평북방언사전』(김이협, 1981)을 참조하여 방언 여부를 확인하였다.

### 1) 서북 방언형 및 고어형과 관련된 수정

'망〉매〔맷돌〕'와 같이 어원이 다른 경우와 '귀먹쌍이〉귀먹어리'와 같이 형태가 다른 접사가 결합되어 방언형과 중앙어형이 다르게 분화되어 수정된 경우의 예로 나누어 볼 수 있다. (10ㄱ)은 명사, (10ㄴ)은 용언, (10ㄷ)~(10ㅁ)은 부사어의 예이다.

(10) ㄱ. 갈〉갈듸, 걸금(걸굼)〉거ᄅᆞᆷ, 곡셕(곡석, 곡식)〉곡식, 골쟈군이(고라대기, 골째기, 골채기, 골통이)〉골, 광지(광지, 광주리)〉광우리, 궁이(궁이)〉구유(〉마구), 말궁이(말궁이)〉ᄆᆞᆯ구유, 귀먹쌍이(구먹뎅이, 구먹탱이)〉귀먹어리, 나가네(나가네, 나가니)〉나그네, 더품〉거품, 돌식〉돌자갈, 들마기(언들매기)〉언덕, 몬주(몬주)〉몬지, 무삼〉무ᄉᆞᆫ, 싹군(싹군)〉삭군, 엄(엄)〉움(〉싹), 열음(열음, 열매)〉열ᄆᆡ, 아(아)〉아ᄒᆡ, 아밤(아밤)〉아바님, 어맘(어맘)〉어마님/어마니, ᄒᆡ(해)〉것

ㄴ. 고쥬구ᄒᆞ-(cf. 고조곤하-)〉긋치-, 나지게 ᄒᆞ-〉나타나게 ᄒᆞ-, 망질ᄒᆞ-〉ᄆᆡ갈-, 멧우-〉메우-, 서늘엽-〉서늘ᄒᆞ-, 어드케〉엇더케, 어들어기〉엇더ᄒᆞ기,[22] 업두러치-〉업듸여치-, 일르-〉닑-, 입부-〉슈고ᄒᆞ-, 졉퍼ᄒᆞ-〉져어ᄒᆞ-

ㄷ. 갑쟉이(갑재기)〉급작이/급쟉히, 호올노(호올로, 호을로)〉홀노

ㄹ. 가이〉가히(5), 경이〉경히(1), 자세이〉ᄌᆞ셰히(2), 친이〉친히(1)

ㅁ. 갓가히〉갓가이(2), 공연히〉공연이(3), 긔긔히〉긔긔이(2), 맛당히〉맛당이(8), 사사로히〉사사로이(1), 이상히〉이상이(1)

서북 방언에서는 '멧돌'을 '망'이라고 하는데 (10ㄴ)의 '망질ᄒᆞ-〉ᄆᆡ갈-'이 이와 관련된 수정의 예이다. (10ㄴ)의 '고쥬구ᄒᆞ-〉긋치-'는 '소리

22 이 경우는 용례가 많지 않아서 어간을 분석해 내기가 쉽지 않은데, '어드렇-' 정도인 것으로 추정된다. 김이협(1982)에는 '어드렇게', '어드렇다', '어드르니', '어드르다', '어드르다가', '어드르문', '어드륵허다', '어드른', '어드른디', '어드룽게', '어드룽다'가 관련 표제항으로 제시되어 있다.

고쥬규ᄒᆞ미〉소리 긋치매'와 같이 활용되는 어형으로, 9장 36절에서 확인되는데 '고쥬구ᄒᆞ-'를 분명히 알 수는 없으나 『평북방언사전』에서 확인되는 '고조곤하다〔고요하다, 적막하다〕'와 관련이 있을 것으로 보인다. (10ㄴ)의 '서늘엽-'은 고어형의 '서느럽-'과 관련된 형태인데, 당대의 중앙어형인 '서늘ᄒᆞ-' 형태로 수정되었다.

(10ㄹ)~(10ㅁ)은 부사화 접미사 '-이'와 '-히'의 교체를 볼 수 있는 예인데, (10ㄹ)에서는 '-이〉-히'의 수정, (10ㅁ)에서는 '-히〉-이'의 수정을 확인할 수 있다. 이러한 부사화 접사의 교체에서는 뚜렷한 기준과 방향성을 발견하기는 어려워 보인다. 부사형의 수정 중에서 눈에 띄는 것은 로스본의 부사형 '늘마+에(부사격조사)'가 아펜젤러본에서 '늙게'로 수정된 예이다. '늘마'는 『평북방언사전』의 표제항 '늘그막'의 풀이항에서 '늙마'로 확인되는 형태이다. 그 구체적인 예를 보이면 다음과 같다.

(11) ㄱ. 또 너의 친쳑 이리사벳이 늘마에 아ᄃᆞᆯ올 븨여ᄉᆞ니 볼늬 아 븨지 못ᄒᆞ던 쟈가 이제 여삿 달이니 〈1887눅01:36〉
ㄴ. 또 너의 친쳑 이리사벳이 늙게 아ᄃᆞᆯ을 븨엿ᄉᆞ니 본릐 ᄋᆡ히 븨지 못ᄒᆞ던 쟈가 이제 여ᄉᆞᆺ ᄃᆞᆯ이니 〈1890눅01:36〉
ㄷ. 네 친쳑 엘니사벳이 늙어셔 아ᄃᆞᆯ을 븨엿고 본릐 슈틱ᄒᆞ지 못 ᄒᆞᆫ다 ᄒᆞ던 이가 이제 임의 여ᄉᆞᆺ ᄃᆞᆯ이 되엿시니 〈번역1900눅01:36〉

번역자회에서 공동 번역으로 간행한 『신약젼셔』(1900) 이후의 번역본에서는 모두 '늙어셔' 형태로만 확인된다. 로스본에서는 구어 발음대로 '늘마'로 표기하였으나 『평북방언사전』의 표제어인 '늘그막'과 관련하여 그 원형이 '늙마'인 것을 알 수 있고, 이것을 아펜젤러본에서 원형 '늙-'을 밝히고, 중앙어에서의 활용형을 살려 '늙게'로 수정한 것을 확인할 수 있다.

### 2) 한자어와 고유어의 대치

로스본과 아펜젤러본에서 한자어와 고유어의 수정 방향 또한 정해져 있었던 것은 아닌 것으로 보인다. '한자어〉고유어', '고유어〉한자어'의 수정의 예가 혼재되어 있기 때문이다.

(12) ㄱ. 계란〉알, 근체〉니웃, 녀(죵)〉계집(죵), 녀인〉ᄯᆞᆯ, 쟈〉사ᄅᆞᆷ, 소복(蘇復)ᄒᆞ-〉ᄂᆞᆾ-(〉다시 완젼ᄒᆞ-)
ㄴ. 가마귀〉아죠, 곱〉빅, 산켠〉산변, 맛쟈〉장ᄌᆞ, 엿투-〉공급ᄒᆞ-, 질이-〉간직ᄒᆞ-

(예12)에서 알 수 있듯이 한자어와 고유어의 수정의 방향성이 있었던 것으로 보기는 어렵다. 같은 의미의 두 형태가 대중의 언어에 혼재되어 있었거나 어휘의 의미가 변화하는 과정상의 혼재 현상이 있었던 것으로 이해할 수 있다. 음운과 표기의 변화 속도보다 어휘의 변화 속도가 느려 일괄 변화된 예보다는 혼재되고 있는 형태가 많은 것으로 이해된다.

### 3) 번역 태도와 관련된 수정

방언의 영향이나 고유어와 한자어의 대응 관계 외에 어휘가 수정된 예들이 확인된다. 어휘의 의미 세분화 및 번역 태도와 관련하여 다른 어휘를 선정하여 수정한 것으로 보인다.

(13) ㄱ. 고을〉곳, 그〉그ᄃᆡ, 너〉우리,[23] ᄃᆡ〉ᄣᅢ

---

**23** ㄱ. 예수 갈오샤ᄃᆡ 금치 말나 무론 너ᄅᆞᆯ 치지 ᄋᆞᆫᄂᆞᆫ 쟈ᄂᆞᆫ 너ᄅᆞᆯ 향ᄒᆞ나니라 ᄒᆞ더라 〈1887눅09:50〉
ㄴ. 예수ㅣ ᄀᆞᆯᄋᆞ샤ᄃᆡ 금치 말나 므ᄅᆞᆺ 우리ᄅᆞᆯ 치지 안ᄂᆞᆫ 쟈ᄂᆞᆫ 우리ᄅᆞᆯ 향ᄒᆞᄂᆞ니라 ᄒᆞ더라 〈1890눅09:50〉

ㄴ. 구완>구원, 긔호>쓸, 누결>결인, 능쟝〔棱杖〕>진려〔蒺藜〕, 막>의막(>쟝막), 미혹>시험, 부인>녀인, 셩촌>셩과 촌, 인악>안(>속〈눅11:40〉), 쟈고로>고로

ㄷ. 길역>길엽, ᄀᆡ>마리, 날마당>오놀날, 낫츨>눈을,[24] 놀이>노ᄅᆡ, 돝>도야지, 만큼>만치, 말>말ᄉᆞᆷ, 말ᄌᆡ간>말ᄌᆡ조, 벼랑>빙애, 어음>싹, 여우>여호, 예수>쥬, 짬>틈, 뎐과갓치>뎌와ᄀᆞᆺ치, 큰 걸이>거리

(14) ㄱ. 간증ᄒᆞ->간슈ᄒᆞ-(>두-), 강쳥ᄒᆞ->ᄀᆞᆫ쳥ᄒᆞ-(>강권ᄒᆞ-), 게ᄒᆞ->교계ᄒᆞ-, 고챵증ᄒᆞ->고창증알ᄂᆞᆫ, 관케ᄒᆞ->관계ᄒᆞ-, 광경ᄒᆞ->효경ᄒᆞ-, 셩ᄒᆞ->거륵ᄒᆞ-, 셩결하->셩ᄒᆞ-, 슈셩ᄒᆞ->강강ᄒᆞ-, 심ᄒᆞ->괘려ᄒᆞ-

ㄴ. 겻치-〔걸리-〕>빠지-(>범죄ᄒᆞ-), 굿건ᄒᆞ->굿-, 굿건ᄒᆞ->굿게ᄒᆞ-, 깃부롤 주->분깃ᄒᆞ여 주-, 깃치->씨치-〔끼치-/남기-〕, 나->가-, 나아가->드러가-, 나아가->드러오-, 눕->두-, 달녀->달나ᄒᆞ-, 멋->긋치-, 멋->낫-, 붓치->풀-, 앗->쎄앗-, 얼미이->미이-, 이서>잇서, 일오->ᄀᆞᆯᄋᆞ-, 제비ᄒᆞ->제비썝-, 죽어가->죽게되-

(13ㄱ)은 고유어 대명사, (13ㄴ)은 한자어 명사, (13ㄷ)은 고유어 명사 수정의 예이다. (14ㄱ)은 한자어 용언, (14ㄴ)은 고유어 용언 수정의 예이다. (13)의 '낫츨>눈을'은 문맥의 의미를 구체화하기 위하여 수정된 예로 보인다. (13ㄱ)의 '그>그ᄃᆡ'나 '너>우리'의 수정은 어휘 차원의 대치라기보다는 번역의 관점, 혹은 기독교적 관점에서 수정된 어휘일 것으로 보인다. '녀인>ᄯᆞᆯ'의 수정은 여인을 지체 개념의 딸로 표현한 것으로, 기독교적 관점에서 수정된 예라고 볼 수 있다. 로스본의 어떤 어휘를 아펜젤러본에서 같은 품사의 어휘로 대치된 어휘들 중에는

---

**24** ㄱ. 그 낫츨 갈이우고 물어 갈오ᄃᆡ 너롤 친ᄂᆞᆫ 쟈가 뉘냐 〈1887눅22:64〉
ㄴ. 그 눈을 ᄀᆞ리우고 그 낫술 치며 무러 ᄀᆞᆯᄋᆞᄃᆡ 너롤 치ᄂᆞᆫ 쟈ㅣ 뉘냐 〈1890눅22:64〉

이처럼 동의 관계로 볼 수 없는 예들이 적지 않다. (14ㄴ)의 것치-〔걸리-〕〉빠지-(〉범죄ᄒᆞ-)는 고어형과 관련된 로스본의 어형을 아펜젤러본에서 수정한 것이다. (14ㄴ)의 '깃치-〉찌치-〔끼치-/남기-〕'는 이전 시기에는 '찌치-, 찟치-' 형태로 확인되는 것으로, '한나 돌ᄋᆞᆯ 돌 우에 깃치지 ᄋᆞᆫ코 다 물어지리라 ᄒᆞ니'와 같은 문맥에서 활용되었다. (14ㄴ)의 '굿건ᄒᆞ-〉굿게ᄒᆞ-, 나-〉가-, 나아가-〉드러가-, 나아가-〉드러오-' 등의 예는 번역 저본과의 문제, 즉 한국어 문법이나 어휘 의미의 문제보다는 원어 성경에서의 의미 전달을 위해 한국어로 어떻게 표현할 것인지의 문제와 관련된 것으로 보아야 할 것이다. 또한 (14ㄴ)의 '이서' 형태와 '잇서' 형태의 대응은 특별히 주목해 볼 필요가 있다.

또한 (14ㄴ)의 '제비ᄒᆞ-〉제비썹-'과 같이 로스본에서 '명사+하-' 형태인 것이 아펜젤러본에서 '명사+V-' 형태로 수정된 예가 확인된다. 『평북방안사전』에 '제비뽑-'이 표제어로 등재되어 있는 것을 보면 이는 방언 어휘의 수정은 아니다. 이는 서술어의 표현이 다양해지고 어휘의 의미가 세분화되는 개화기 한국어의 특징, 즉 어휘 변화의 특징으로 볼 수 있다.

(15) ㄱ. 예수 갈으되 아바니 이 사람덜을 샤ᄒᆞ소셔 그 ᄒᆞᆯ ᄇᆡ를 아디 못ᄒᆞ너이다 ᄒᆞ더라 이여 제비ᄒᆞ여 그 옷슬 논우니 〈1882눅23:34〉

ㄴ. 예수 갈오ᄃᆡ 아바니 이 사람덜을 샤ᄒᆞ소셔 그 할 ᄇᆡ를 아지 못ᄒᆞ나이다 ᄒᆞ다라 이여 제비ᄒᆞ여 그 옷슬 논으니 〈1883눅23:34〉

ㄷ. 예수 갈오샤ᄃᆡ 아바니 이 사ᄅᆞᆷ덜ᄋᆞᆯ 샤ᄒᆞ소셔 그 할 ᄇᆡᄅᆞᆯ 아지 못ᄒᆞ나이다 ᄒᆞ더라 이여 사ᄅᆞᆷ이 제비ᄒᆞ여 그 옷슬 논으니 〈1887눅23:34〉

ㄹ. 예수ㅣ ᄀᆞᆯᄋᆞ샤ᄃᆡ 아바니 이 사ᄅᆞᆷ들을 샤ᄒᆞ쇼셔 그 ᄒᆞᆯ 바ᄅᆞᆯ 아지 못ᄒᆞ나이다 ᄒᆞ더라 이에 사ᄅᆞᆷ이 졔비썹아 그 옷술 논흐니 〈1890눅23:34〉

(예15)는 '제비ᄒᆞ-'와 '제비쎱-'이 대응되는 구체적인 예인데, 전체적으로 로스본에서 '명사+V-' 형태이고 아펜젤러본에서 '명사+하-' 형태인 경우는 없다. 이는 한국어의 'Xᄒᆞ-' 동사의 'X'가 점차 '-하-' 대신 다른 구체적인 동사와 결합하며 변화하는 특성을 보여주는 이 시대 한국어의 한 특징이다. 'Xᄒᆞ-' 어형을 줄이고 '-ᄒᆞ-' 대신 구체적인 용언으로 표현하는 예가 점차 많아지는데, 이것은 '-ᄒᆞ-'의 다의성을 축소하여 의미 부담량을 줄이는 동시에 표현의 다양화를 시도하고자 하는 노력이다.

(16) ㄱ. 맛참 거긔 돗트 무리 이서 산에셔 먹거날 들어가물 구ᄒᆞᄆᆡ 허ᄒᆞ니 〈1887눅08:32〉

ㄴ. ᄆᆞᆺᄎᆞᆷ 거긔 도야지 무리 잇서 산에셔 먹거ᄂᆞᆯ 드러감을 구ᄒᆞ매 허ᄒᆞ니 〈1890눅08:32〉

ㄷ. 한 부쟈가 이서 자디 옷과 가는 뵈ᄅᆞᆯ 입고 날마당 번화이 열낙ᄒᆞ고 〈1887눅16:19〉

ㄹ. 한 부쟈가 잇서 ᄌᆞ쥬 옷과 가는 뵈ᄅᆞᆯ 닙고 날마다 번화이 연락ᄒᆞ고 〈1890눅16:19〉

ㅁ. 지옥 고상 가온ᄃᆡ셔 눈ᄋᆞᆯ 들어 멀니 압라함의 품에 나사로 이ᄉᆞ물 보고 〈1887눅16:23〉

ㅂ. 디옥 고샹 가온ᄃᆡ셔 눈을 들어 멀니 압라함의 품에 나사로 잇ᄉᆞᆷ을 보고 〈1890눅16:23〉

ㅅ. ᄂᆡ 형뎨 다삿 사ᄅᆞᆷ이 이ᄉᆞ니 뎌의게 간증ᄒᆞ여 ᄯᅩᄒᆞᆫ 이 고장 밧ᄂᆞᆫ 곳에 닐으기ᄅᆞᆯ 면케 ᄒᆞ소셔 ᄒᆞ니 〈1887눅16:28〉

ㅇ. 내 형뎨 다ᄉᆞᆺ 사ᄅᆞᆷ이 잇ᄉᆞ니 뎌의게 간증ᄒᆞ여 ᄯᅩᄒᆞᆫ 이 고샹 밧ᄂᆞᆫ 곳에 니ᄅᆞ기ᄅᆞᆯ 면케 ᄒᆞ쇼셔 ᄒᆞ니 〈1890눅16:28〉

(예16)는 '잇-〉잇ㅅ-'의 수정을 확인할 수 있는 예이다. 로스본에서는 '잇-'으로, 아펜젤러본에서는 '잇ㅅ-'으로 〔在〕를 의미하는 동사의 어간을 나타내고 있다. 현대국어의 '있-'은 '잇ㅅ-'이 재구조화된 것으로 볼 수 있을 것이다. 이전 시기에는 '이시-'와 '잇-'이 쌍형어였는데[25] (예16)에서 확인되는 바와 같이 로스본에서는 '잇-', 아펜젤러본에서는 '잇ㅅ-'의 활용 형태만이 확인된다. 이를 통해 당시 서북 방언에서는 '잇-', 중앙어에서는 '잇ㅅ-'으로 단일화된 형태가 쓰였음을 짐작해 볼 수 있다.

지금까지 살펴본 어휘 수정의 예 외에 당시 대중 선교를 목표로 한 한국어 번역 성경에서 '애골절치ᄒᆞ-, 일월셩신, 단련억졔' 등과 같은 漢字熟語가 한자 표기 없이 확인되기도 한다. 이는 개화기 텍스트에서 어렵지 않게 확인되는 현상으로, 양반이 몰락하고, 이전 시기보다 계층의 제약이 없이 견문 및 학습의 기회가 확산되어 한문구에 익숙해진 대중이 많아졌음을 엿볼 수 있는 개화기의 언어적 특징의 일면이다.

## 5. 서울에서 수정된 『누가복음젼』(1890)의 의의

만주에서 중국인들에게 선교 사역을 하던 로스는 한국 선교를 위하여 가장 먼저 누가복음을 번역하였고, 누가복음을 총 세 번(1882/1883/1887) 간행하였다. 로스 번역팀에서는 자신들이 번역문에 사용하고 있는 언어가 지역어인 것을 알고 있었고, 자신들의 한국어 번역 성경이 서울에서도 읽혀지기를 바라면서도 1883년 수정본을

25 엄격히 이야기하면 쌍형어였다기보다 현대국어의 '가지-~갖-'과 같이 활용 패러다임이 두 계열을 이루고 있었다고 해야 할 것이다.

거쳐 1887년본이 나올 때까지 방언형을 수정하지 않았다. 이는 성경이 '대중에게 적합한 언어'를 추구하고 있으며, 당시 그들이 접한 대중이 평안도 사람들이었기 때문에 자신들이 구사하고 있는 언어가 서울말과 다르기는 하지만 한국 전역에서 이해될 수 있을 것이라고 판단하였기 때문이었을 것이다. 그러나 서울 선교 과정에서 이 방언 표현은 생각보다 큰 문제로 대두되었고, 영국성서공회에서는 정식 번역자회가 구성되지도 않은 서울의 선교사 모임에 로스 번역본의 수정을 요구하게 되었다. 그리하여 1885년부터 서울에 와 있던 아펜젤러와 언더우드의 주도로 로스본을 수정한 『누가복음젼』(1890)이 간행된 것이다. 아펜젤러본이 갖는 한국어 성경 번역사적, 국어사적 의의는 1893년 결성된 성서번역자회에서 아펜젤러가 주도적인 역할을 했음은 물론 번역 활동에서도 영향력 있는 번역자였다는 데에 있다. 아펜젤러가 중심에 선 번역자회를 통해 이후 공인역본들이 간행되었으며, 이 시기 공인역본들은 한국어 번역 성경의 전통으로 계승되어 보수성을 갖는 현대 한국어 번역 성경에까지 영향을 주고 있기 때문이다.

아펜젤러본은 로스본의 문장 구조나 어절 수를 최대한 유지하고자 했던 보수적인 수정이었다. 나는 로스본과 아펜젤러본의 누가복음 전체에 대한 어절 대비 연구를 통해, 즉 두 번역본의 어절 수와 수정 내역의 대비를 통해 이 사실을 증명하였다. 나는 두 번역본의 대비를 문법 요소의 수정, 표기 및 음운 현상과 관련된 교체, 어휘의 수정으로 나누어 살펴보았다. 그 결과 전반적으로는 서북 방언형과 중앙어형의 대조 현상이 두드러졌다. 그러나 로스 번역팀에서도 서북 방언과 서울말의 차이를 인식하고 있었고, 로스본의 최종 원고의 교정이 서울 사람에 의해 이루어졌던 까닭에 로스본에서 중앙어형이 확인되기도 한다.

수정 내역을 정리해 보면 다음과 같다.

첫째, 문법 요소의 교체는 그 종류가 많지 않다. 총 14,203개의 어절 중에서 조사의 수정이 420개, 어미의 수정이 96개이다. 둘째, 표기 및 음운 현상과 관련된 수정은 '쓸-〉쓰을-, 싀리〉ᄉᆡ이, 서ㅎ〉셋, 메기-〉먹이-, 구신〉귀신, 쟝기〉쟝가' 등과 같이 방언형이나 고어형과 관련된 것으로 장음(長音)의 1음절어가 2음절어로 표현된 것, 서북 방언의 움라우트 현상, 하향성 이중모음의 단모음화, 'ㅣ' 모음의 첨가 등과 관련된 수정의 예들이 확인된다. '·'의 표기와 관련된 수정은 전체 수정 내용의 약 40%에 달할 정도로 많지만 아펜젤러본에서 로스본의 'ㅏ'를 '·'로 수정한 경우, '·'를 'ㅏ'로 수정한 경우, 'ㅡ'와 '·'의 수정 등 그 수정의 방향을 규정하기가 쉽지 않다. 이는 당시의 표기상의 특징으로, 수정 작업 과정에서 통일성을 기할 수 없었거나 통일하여 표기할 필요를 느끼지 않았던 것으로 보인다. 또, 구개음화, 두음법칙, 자음동화, 'ㅎ'음의 약화와 복원 등의 음운 현상과 관련된 수정 내용들이 확인된다. 셋째, 어휘의 수정과 관련해서는 서북 방언형에 대한 수정, 한자어와 고유어의 혼재 현상 속에서의 대치, 번역 태도와 관련하여 내용의 전달 효과를 위한 수정 등으로 나누어 정리할 수 있다. 아펜젤러본과의 대조를 통하여 방언 사전에도 등재되어 있지 않은 서북 방언의 여러 유형과 활용형을 로스본에서 확인할 수 있었다. '고쥬구ᄒᆞ-', '향가랍-', '깃치-', '것치-', '제비ᄒᆞ-' 등이 그 예이다. 또, 현대국어의 '있-'에 해당하는 '잇-/이시-'의 어형과 관련하여, 서북 방언에서는 '잇-', 중앙어에서는 '잇ㅅ-' 활용 형태만이 확인되는데, 이는 '잇-', '이시-/잇ㅅ-' 형태의 추이를 짐작해 볼 수 있는 국어사적으로 논증 자료이기도 하다.

한국어 번역 성경은 개화기 국어에서 현대국어로 이어지는 국어사적 연구 자료로서 활용 가치가 큰데, 그 까닭은 고정된 원전의 내용이 있고, 집필자들의 보고서에 번역을 위해 참조한 저본과 번역 방법 및 과정이 기술되어 있고, 분명한 장절 대비가 가능하여 언어 변화 및 변천에 대한 영향 관계를 고찰하기에 적합한 문헌 자료이기 때문이다.

2장

# 19세기 말 로마서 번역문의 대비

## 1. 개신교의 초기 한국어 번역 성경의 의의

나는 한국어 성경 번역의 초기, 성서번역위원회가 조직되기 이전에 간행된 John Ross 번역본과 훗날 성서번역위원회와 성서번역자회에서 활동하며 한국어 성경 번역에 적지 않은 영향을 준 Henry Gerhard Appenzeller의 수정본을 국어학적으로 대비 고찰하여 일찍이 명맥이 끊긴 로스 번역본의 한국어 번역 성경으로서의 한계를 구체화하고자 한다.

개신교 최초의 한국어 번역 성경인 『예수셩교 누가복음젼셔』(1882)를 간행한 이후 로스 번역 팀은[1] 『예수셩교젼셔』(1887)라는 新約全書까지 번역해 간행하였다. 이후 영국성서공회에서는 1889년 서울의 선교사 모임[2]에 로스본 한국어 성경의 수정본 간행을 요청하였고, 이에 1890년에 누가복음과 로마서의 수정본이 완성되었다. 그러나 누가복음과 로마서 수정 작업을 책임졌던 언더우드와 아펜젤러는 로스역 全書의 수정 작업을 포기하고 새로운 번역본을 계획한다. 로스 번역본의

1 세칭 Ross Version(로스역)으로 불리는 한국어 성경들은 로스 개인에 의하여 이루어진 것으로 보기는 어렵다. 한국어 성경 번역의 동기와 주요 작업이 로스에 의하여 마련되고(1879년 4월까지 마태복음에서 로마서까지 번역한 초고를 들고 스코틀랜드 성서공회본부를 찾아가 한글 성경 인쇄의 지원을 약속 받은 기록이 확인됨) 추진되었기 때문에 그의 이름을 빌어 〈로스역〉으로 부르고 있으나 동료이자 매제인 매킨타이어(John Macintyre), 한국인 이응찬, 서상륜, 백홍준 등과 함께 『新約全書文理新約全書文理』(1852)와 그리스어 성경을 참조하여 번역한 것으로 보고되어 있다.

2 1887년 서울에 있던 5명의 선교사 즉, 언더우드, 아펜젤러, 알렌, 스크랜톤, 헤론이 모여 언더우드를 위원장으로 '성서번역위원회(Committee for Translating the Bible into the Korean Language)'를 조직하였다. 미국북장로회 소속의 언더우드와 게일, 미국북감리회 소속의 아펜젤러와 스크랜톤, 성공회 소속의 트롤로프, 미국남장로회 소속의 레이놀즈로 위원회가 조직되었으나 인적 자원의 부족으로 성서 번역은 여전히 개인적인 차원에서 추진되었다. 이러한 상황에서 영국성서공회에서 한국의 위원회에 로스본 수정 작업을 요청하여 아펜젤러가 누가복음과 로마서를 수정하게 된 것이다.

수정 과정에서 그 번역본의 활용 의의를 찾을 수 없었기 때문이었던 것으로 보인다.

만주에서 번역된 로스본에는 서북 방언형과 현지인들의 구어적 표현들이 그대로 표기에 반영되었다. 서북 방언에 대한 연구에는 김영배(1983), 이응호(1979), 최명옥(1985/1992/1994), 최임식(1984), 한성우(2003) 등이 있는데, 대부분의 논문에서 로스 목사의 간행물들을 다루고 있다. 그러나 로스가 구사하고 있는 언어 형태가 당시 서울 이남 지역의 언어와 구체적으로 무엇이 어떻게 달랐는지 정밀하게 살펴본 논의는 없다. 로스본의 수정 작업을 주도한 아펜젤러는 서울에 거주하며 온전히 대중을 대상으로, 문자 선교를 개척하고자 하는 의지로, 로스본에서 소통에 저해가 되는 부분들을 중점적으로 수정하였다. 따라서 로스본과 아펜젤러의 수정본은 같은 내용에 대한 다른 표현이기에 당시의 서북 방언과 서울 이남의 언어를 일대일로 대비 고찰할 수 있는 텍스트이다.

로스본은 '개신교 최초의 한국어 번역 성경'이라는 의의가 크게 부각되었으면서도 그것이 한국어 성경의 전통 혹은 전형이 되지 못하고, 새로운 번역본들이 나올 수밖에 없었던 이유에 대하여 국어학적으로 다루어진 적이 없다. 이 문제의 중심에는 곧 서북 방언과 서울 이남 지역어의 불통 문제에 대한 논의가 있게 될 것이다. 로스가 안식년(1879.5~1881.5)을 떠난 후에 매킨타이어는 1880년에 발간된, 서울 이남 지역의 언어가 수록된, 『한불자전』을 구입해 보고, 자신들이 목표로 한 "대중"이 특정 지역어를 사용하는 사람들이라는 것을 알게 되었다.(이은선, 2007:81) 한편, 로스본의 수정을 맡았던 아펜젤러는 서울에 거주하며 중앙어로 한국어 성경을 번역하고자 노력한 선교사였다. 따라서 이 두 텍스트는 당대의 두 지역어를 살펴볼 수 있는 국어사적 자료로서 충분한 의의를 갖는다.

나는 로스의 『예수셩교젼셔』(1887)의 '로마' 부분과 그것을 수정한

『보라달로마인셔』(아펜젤러, 1890)를 대비해 볼 것이다. '保羅'는 바울의 한역음으로, '保羅 達 羅馬人 書'는 '바울이 로마인에게 전달한 편지'라는 뜻이다. '로마서'의 초기본인 두 번역본을 대상으로 서북 방언과 서울 이남 지역어의 음운 현상을 대조함은 물론 현대 한국어에서와는 다른 어휘 활용 양상과 구문을 고찰한다. 현대 한국어 성경의 어휘 고찰이 필요한 경우에는 『성경전서 개역개정판』(1998)나 『貫珠 聖經全書 國漢文 改譯改訂版』(2008)의 해당 부분을 참고할 것이다.

## 2. 만주에서의 번역 그리고 국내에서의 수정

스코틀랜드 장로교 소속의 로스 목사를 중심으로 한 매킨타이어(John Macintyre, 馬勤泰), 이응찬(李應贊), 백홍준(白鴻俊), 서상륜(徐相崙), 이성하(李成夏) 등의 로스 번역팀이 만주 지역에서 『예수셩교 누가복음 젼셔』(1882)를 번역·간행한 이후 현재까지, 130여 년 동안 한국어 번역 성경은 수정과 개정 과정을 통해 끊임없이 그 간행의 역사를 이어 왔다. 또한 성경을 번역하는 목적은 선교에 있기 때문에 읽히고 이해시키기 위해 당대의 현실 언어를 가장 쉽게 반영하여 간행하고자 하였을 것이다. 성경은 고정된 원문에 대한 각 시대별 혹은 譯者별 언어 변화 및 변천의 대조 연구가 가능한 텍스트라는 점에서 언어 연구의 대상으로서 의의를 갖는다.

아펜젤러는 1893년 영국성서공회의 만주 지부 총무였던 켄뮤어의 내한을 계기로 조직된 常任聖書實行委員會 산하의 聖書飜譯者會(The Permanent Executive Bible Committee - Board of Official Translators)에서 공인역본들을 간행할 때에 각 번역자들에게 번역 부분을 분배하였다. 외국인 선교사들은 헬라어 및 영어 개역판 성서를 참조하며, 한국인 조사들은 중국 위원회역본 한문성서를 참조하며 번역하였다. 다른 번역자들과 의견을 나누며 수정하여 전체 번역자들이 모인 자리에서 원고를 확정·정서하여 실행위원회에 보내 번역을 완성하는 과정에서, 아펜젤러는 한국어 성경 번역의 전통을 세우고 기틀을 마련하는 데 매우 중요한 역할을 한 인물이다. 한국어 성경 번역의 초창기 아펜젤러가 주도한 수정본을 그 저본(로스본)과 함께 살펴보는 것은 19세기 말 한국어 개인 번역 성경이[3] 공인역으로 이어지는 과정을 살펴보는 것이기도 하다. 또, 최초 국문 번역본으로서의 의의를 갖는 로스 번역본 연구의 구체화를 위해서도 아펜젤러 수정본과의 대조 연구를 통한 성경학적, 번역학적, 국어학적 연구가 필요하다.

4편의 복음서와 21편의 서신과 1편의 계시록으로 구성된 신약성서 중 로마서는 바울(Paul)이 로마 교회를 위해 쓴 서신이다. 바울은 유대인 가정에서 로마 시민권자로 태어난 율법학자였는데, 그가 쓴 서신들은 많은 비유와 함축적인 표현으로 구성되어 있다. 아펜젤러가 로스의 『예수셩교젼셔』 중 '누가복음'에 이어 '로마서'를 수정한 것은 그 내용과 관계가 있을 것이다. 로마서에는 한 교회 안에 있는 유대인과 이방인(로마인이나 헬라인), 할례자와 무할례자, 신앙이 강한 자와 약한 자의 관계와 그들의 화합 및 구원에 대한 교훈이 담겨 있다. 아펜젤러가 조선이라는 선교지에 와서 신분의 차별, 문명과 비문명의 문제 등을 보며 느낀 조선의 상황이 바울이 바라본 로마의 상황과 유사해 보였을 수 있다.

번역은 形式一致飜譯(直譯)과 內容同等性飜譯(意譯)이 있는데 대부분 보수적으로 전자를 택한다. 그러나 로스역은 전자의 축자역보다는 의미 전달을 중심으로 한, 즉 후자의 경향성을 보인다. 성경 이본들을 대조해 보면, 장 구분에서는 번역본별로 차이가 없으나 하나의 장 내

3 이 시기 간행된 개인역본에는 『ᄉᆞ도힝젼』(게일, 1892), 『요한복음젼』(펜윅, 1892), 『약한의 긔록ᄒᆞᆫ ᄃᆡ로 복음』(펜윅, 1893)도 있다.

에서 절 구분이 다르게 표시된 된 부분들이 적지 않다. 이는 한국어 의미 분절점이 외국어와 다르고 번역자마다 문장의 분절점이 조금씩 달랐기 때문일 것이다. 로마서에 대한 로스본과 아펜젤러의 수정본을 대조해 보면, 절의 분절점이 다르게 된 부분이 27곳이 발견된다. 다음과 같다.

| 장 구분 | 마지막 절 | 대조적 절 구분 | 첨가 및 삭제 어휘 |
|---|---|---|---|
| 제1장 | 32 | 1절,<br>3절~19절[4] | 아펜젤러본 18절<br>'그' 첨가[5] |
| 제2장 | 29 | 10절~11절,<br>21절~22절 | |
| 제3장 | 31 | | |
| 제4장 | 25 | | |
| 제5장 | 21 | | |
| 제6장 | 23 | 17절~19절 | |
| 제7장 | 25 | | |
| 제8장 | 39 | | |
| 제9장 | 33 | 9절~10절 | |
| 제10장 | 21 | | 로스본 17절<br>'이 갓치' 첨가[6] |
| 제11장 | 36 | | |
| 제12장 | 21 | | |
| 제13장 | 14 | 9절~10절,<br>13절~14절 | |
| 제14장 | 23 | 11절~12절 | |
| 제15장 | 33 | 5절~6절<br>10절~13절 | |
| 제16장 | 27 | | |

4 아펜젤러 수정본은 절마다 띄어쓰기가 되어 있고, 큰 문장이 끝날 때마다 '○' 표시를 했기 때문에 절 구분을 분명히 할 수 있다. 그러나 로스본은 절이나 문장의 구분을 구분하는 표시가 없어 그 분절 위치를 정확히 알아보기 어려운 부분들도 있다. 다음

두 번역본의 장·절을 대조해 보았을 때 특별히 번역 문장 구조가 바뀌거나 삭제된 부분이 없고, 특별한 내용의 첨가도 없기 때문에 나는 절 구분의 차이는 문제시하지 않았다. 『예수셩교젼셔』(1887)는 서북(西北) 방언의 현실음을 반영하여 표기한 경우가 많고, 현대어와 같은 어형이더라도 그 의미 및 쓰임이 다른 경우, 합성어의 결합 순서가 다른 경우, 아직 2음절어화, 즉 어휘의 근대화 혹은 현대화가 되지 않은 1음절어로 표현된 경우 등 어휘의 실제적 사용 국면이 현대국어와 다른 예들이 적지 않다. 이는 로스 번역팀의 번역이 후속되는 번역본들에 구체적인 어휘 차원보다는 문장 구조 차원의 영향을 주었을 것임을 암시하는 언어적 사실이다.

---

왼쪽에 제시된 것이 로스본인데, 아펜젤러본과 대조했을 때 한 어절씩 밀려 우측에 한자로 숫자가 표시되어 있다.

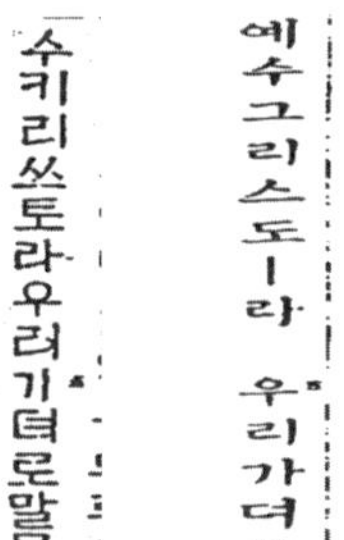


5 그 구체적인 내용은 다음과 같은데 '그'자가 한 번 더 쓰인 오기인 듯하다.

A : 하나님의 노가 하날노좇차 글어무로써 진니롤 막는 졍셩치 온코 불의훈 사룸의게 나타나게 훈시문 능히 〈로스01:18〉

B : 쏘 하느님의 노가 하놀노조차 그그롬으로써 진리롤 막는 졍셩치 안코 불의훈 사룸의게 나타내게 훈심은 〈아펜01:18〉

6 로스본의 문두에만 '이 갓치'가 표현되어 있다.

A : 이 갓치 밋으미 들으무로 말무고 들으미 키리쓰토의 도로 말무느니 〈로스10:17〉

B : 밋음이 드롬으로 말므고 드롬이 그리스도의 도로 말미느니 〈아펜10:17〉

## 3. 표기 및 음운 현상의 대조

스코틀랜드 장로교 소속으로 중국 동북지방의 선교사였던 로스 목사가 조선어를 어떻게 이해하였을까, 그 표기의 기준 및 원칙은 무엇이었을까를 이해하기 위해 한국어 성경 번역 이전의 그의 저작물을 살펴볼 필요가 있다. 그는 중국어 교본 Mandarin Primer(1876)와 이 체제를 본떠 저술한 한국어 회화서 Corean Primer(1877)를 펴냈다. 문법서가 아니고, 대화문 중심의 용례를 로마자로 표기한 책으로 문법 현상보다는 발음과 표기법의 차이를 들여다볼 수 있다.

한국어는 체언이나 용언 어간이 자음으로 끝나고 모음으로 시작되는 조사나 어미가 결합할 때 형태음소적 원리에 따라 분철 표기를 할 수도 있고, 음소적 원리에 따라 연철 표기를 할 수도 있다. 이 표기법 혼용의 문제가 로스본과 아펜젤러본 한국어 번역 성경에서 매우 혼란을 보이는데, 이는 근대 혹은 개화기 국어가 갖는, 중세국어의 연철 중심 표기에서 현대국어의 분철 표기로 넘어오는 과도기로서의 특징이기도 하다.

한글 창제 당시 세종이 간행에 직접 관여한 훈민정음 본문이나 월인천강지곡은 특별히 형태음소적 원리에 따라 표기되었다. 그러나 중세국어 문헌에서 볼 수 있는 전반적이고 기본적인 표기의 원칙은 연철이었다. 중세국어의 연철 중심 표기가 점차 분철 쪽으로 변해 오는 경향은 어렵지 않게 확인된다. 1887년 간행된 로스 번역본과 1890년 간행된 아펜젤러 수정본은 시기 차이는 거의 없으나 전자는 방언의 현실 발음을 표기에 나타낸 경향이 짙고, 후자는 7종성법까지 고려하며 분철 표기를 하고자 한 의지의 흔적들이 보이는 것이 특징이다. 제시되는 자료 목록은 앞의 것이 로스 번역본의 예이고, 뒤의 것이 아펜젤러 수정본의 예이다.

(1) ㄱ. 노품/놉흠, 능ᄒᆞ물/능홈을, 미드미라/밋음이라, 발키/붉이, 발게/붉게, 썩그물/썩금을, 삼도/삶도, 어든/엇은, 은혜ᄒᆞ시미라/은혜ᄒᆞ심이라, 죽으무로/죽음으로, 차라리/촐ᄒᆞ리 〈로스06:10〉
ㄴ. 그 죽음은 일시 죄롤 위ᄒᆞ야 죽음이오 그 삶은 하ᄂᆞ님을 위ᄒᆞ야 살미니 〈아펜06:10〉

『예수셩교전셔』와 『보라달로마인셔』를 살펴보면, 한 문헌의 성격을 전적으로 연철이나 분철로 규정하기 어려울 만큼 두 한국어 성경의 표기법은 혼용되어 있다. 그러나 로스본에서 '미드미라, 어든'과 같이 표기한 것을 아펜젤러본에서 '밋음이라, 엇은'과 같이 표기하고 있는 것이 두 문헌의 표기상의 가장 큰 차이라 할 수 있다. 로스본은 Corean Primer가 그렇듯이 발음 위주로 표기되었고, 아펜젤러본은 형태를 밝혀 표기하고자 한 노력이 엿보인다. 또, 연철에서 분철로의 변천선상에서 형태소의 외형을 고정시킨 것을 확인할 수 있다. 어간말 자음이 어미 모음과 함께 한 음절을 이루도록 표기한 것도 확인할 수 있으며 '밥비, 먹거' 등과 같은 중철 표기도 확인된다. 'ㅍ, ㅌ, ㅋ' 등이 어간말 자음일 경우에는 '놉핌, 갓탄지라, 압페' 등과 같이 음절말 자음의 내파화 경향에 의한 현상을 표기에 반영한 예도 확인된다. 이는 어간말 자음을 온전하게 중복하여 표기한 것은 아니기 때문에 부분 중철이라 할 수 있다. 부분 중철 표기인 '놉핌', '압페'와는 달리 '놉힘, 압희'와 같이 'ㅍ'을 'ㅂ'과 'ㅎ'으로, 'ㅌ'을 'ㄷ/ㅅ'과 'ㅎ'으로 쪼개어 표기하는 재음소화 표기도 확인된다. 분철 지향의 의지가 엿보이는 아펜젤러본에서 이러한 재음소화 표기의 예가 적지 않게 확인된다.

(2) ㄱ. 니가 이롤 힝ᄒᆞᄂᆞᆫ 쟈롤 시비ᄒᆞ여 이 갓타물 힝ᄒᆞᄂᆞᆫ 쟈야 스사로 능히 하나님의 국문올 면ᄒᆞ물 혬ᄒᆞᄂᆞ냐 〈로스02:03〉
ㄴ. 네가 이롤 힝ᄒᆞᄂᆞᆫ 쟈롤 시비ᄒᆞ야 이 ᄀᆞᆺ흠을 힝ᄒᆞᄂᆞᆫ 쟈라야 스ᄉᆞ로 능히 하ᄂᆞ님의 국문을 면홈을 혬ᄒᆞᄂᆞ냐 〈아펜02:03〉

ㄷ. 무리 늘 션ᄋᆞᆯ ᄒᆞ여 영화와 놉핌과 썩으미 업ᄉᆞ물 구ᄒᆞᄂᆞᆫ 쟈ᄂᆞᆫ 영싱으로써 주시고 〈로스02:07〉
ㄹ. 무리 늘 션을 ᄒᆞ야 영화와 놉힘과 썩음이 업숨을 구ᄒᆞᄂᆞᆫ 쟈ᄂᆞᆫ 영싱으로써 주시고 〈아펜02:07〉

ㅁ. 너희가 잇ᄂᆞᆫ 밋으물 하나님의 압페셔 자긔ᄅᆞᆯ 위ᄒᆞ여 직키고 죠이 네기ᄂᆞᆫ 바가 자긔 죄ᄅᆞᆯ 뎡치 ᄋᆞᆫ으면 복이라 〈로스14:22〉
ㅂ. 너희가 잇ᄂᆞᆫ 밋음을 하ᄂᆞ님의 압희셔 ᄌᆞ긔ᄅᆞᆯ 위ᄒᆞ야 직희고 됴히 넉이ᄂᆞᆫ 바가 ᄌᆞ긔 죄ᄅᆞᆯ 뎡치 안으면 복이라 〈아펜14:22〉

연철과 분철의 과도기적 현상으로 로스본에서는 중철, 아펜젤러본에서는 재구조화가 주로 확인된다. 재구조화에서 더 나아가 분철할 이유가 전혀 없는데도 형태소 내부 요소를 분철하는 이른바 과도 분철의 예가 로스 번역본에서 더 많이 확인되는 것도 흥미로운 사실이다.

(3) 글어나/그러나, 글어면/그러면, 글어무로써/그ᄅᆞᆷ으로써, 글언즉/그런즉, 글음/그ᄅᆞᆷ(그ᄅᆞ-), 길이고/기리고, 길임/기림, 달ᄋᆞᆫ/다ᄅᆞᆫ, 달은 것/다ᄅᆞᆫ 것, 다살이지/다ᄉᆞ리지, 덜어/더러, 딀일/드릴, 멀이/머리, 물이/무리, 밀연ᄒᆞᆫ/미련ᄒᆞᆫ, 밀이/미리, 불으물/부ᄅᆞᆷ을, 안이ᄒᆞ니/아니ᄒᆞ니, 안으문/아님은, 알음답다/아ᄅᆞᆷ답다, ᄋᆞᆫ으무로써/아님으로써, 알에/아래, 얼엽고/어렵고, 얼인/어린, 한나토/ᄒᆞ나토, 헐이/허리, 흘이워/흐리여

(예1)~(예3)에서와 같이 19세기 말에 만주와 서울에서 간행된 두 성경을 보면 표기법의 원칙을 세워 한 문헌에 특정 표기법을 일괄적으로 반영한 것으로 보기는 어렵다. 그러나 주목해야 할 점은, 비슷한 시기의 문헌임에도 불구하고 수정본인 『보라달로마인셔』에서 점차 한국어에 대한 형태음소적 인식이 분명해지고 있다는 것이다. 연철과 중철에서 분철과 재음소화 표기로의 방향성을 보이고 있다는 점, 이것이

현대국어의 형태음소적 표기법까지 오는, 표기법의 역사적 변천 방향과 궤를 같이 하고 있다는 점에 주목할 필요가 있다.

또한, 표기와 관련하여 語中에 'ㄴ'이 올 때 'ㄹ'로 표기하거나 본래 'ㄹ'인 것을 'ㄴ'으로 표기하는 예가 확인된다.

(4) 긴늬/길릐, 볼늬/볼릐-본릐, 진니/진리, 환란/환난

당시 표기의 특징은, 같은 의미를 나타내는 음절을 같은 글자로 적는 의미 단위 표기보다는 집필 당시의 현실 발음을 표기에 반영한 것이다. 이는 성서 번역과 보급의 목적이 선교에 있고, 선교를 위해서는 더 많은 사람들에게 더 쉽게 읽혀야 하기 때문에 익숙한 어형으로 표기한 결과일 것이다. 영국성서공회에서 『예수셩교젼셔』의 수정본을 계획한 것도 선교 대상 지역이 달라졌기 때문에, 현지 선교사들이 접하고 있는 그 지역의 실제 언어로 성경이 쓰여지고, 보급되기를 바랐기 때문일 것이다. 로스 번역팀의 일원이었던 매킨타이어는 서울 이남 지역의 언어가 수록된 『한불자전』(1880)을 보며, 자신들이 선교 대상으로 삼은 사람들이 『한불자전』이 발행된 지역에 있는 사람들과는 다른 언어를 구사하고 있는 사람들이라는 것을 분명히 인식하고 있었다. 그럼에도 지역어의 현실 발음이 표기에 반영된 것을 보면, 중앙어로의 통일보다는 현지 언어로의 번역 의지와 그 필요성을 더 크게 여겼던 것으로 해석된다.

한국어 음운론 영역에서 서북 방언의 특징으로 논의되는 주요 음운 현상은 양순음화, 연구개음화, 경음화, 평폐쇄음화, 어두 'ㄹ'의 불가, 원순모음화, 움라우트, 전설고모음화, 'ㅎ'의 탈락, 활음 탈락, 유음화 등이다. 서울 이남 지역에서 선교 활동을 하던 아펜젤러의 수정본 『보라달로마인셔』와 대조해 보았을 때 로스 번역본의 『예수셩교젼셔_로마』에서 확인되는, 두드러진 음운 현상은 다음과 같다. 예는 '로스본〉

아펜젤러 수정본'의 순서로 제시된 것이다.

(5) ㄱ. 움라우트 : 네기->넉이-, 만ᄂᆡ->맛나-, 멕이->먹이-, 바ᄅᆡᆷ>ᄇᆞ람, ᄋᆡᆨ기->앗기-, 페->펴-
ㄴ. 원순모음화 : 거시문>거심은, 널물>널믈, 더부러>더브러, 말ᄆᆡ->말무, 살문>삶은, 슬푼지라>슬픈지라
ㄷ. 'ㅎ'의 탈락 : 길에>길헤, 안으로>안흐로, 터에>터희

(5ㄱ)의 움라우트는 일종의 동화 현상으로, 뒤에 오는 전설모음 'i, y'의 영향으로 앞의 후설 모음이 전설 모음이 되는 현상이다. 동화주인 'i, y'와 피동화주인 후설모음 사이에 자음이 개재되어 있으므로 遠隔 동화이다. 이때 이 개재 자음이 양순음이나 연구개음([-coronal])일 때에는 움라우트가 잘 일어나지만 개재 자음이 치조음이나 경구개음([+coronal])일 때에는 움라우트가 잘 일어나지 않는다. 이것은 [+coronal] 자질을 갖는 자음이 모음 'i, y'의 同化力을 차단하기 때문이다. 움라우트, 즉 'ㅏ'[a]가 전설모음 [ɛ]가 되고, 'ㅓ'[ə]가 전설모음 [e]가 되려면 '[ɛ], [e]'라는 모음이 국어 모음 체계 속에 이미 자리 잡고 있어야 한다. 그렇다면 이중모음의 단모음화가 이보다 먼저 일어난 것으로 보아야 한다. 움라우트가 일어나려면 피동화주의 변화를 위한 전설모음이 모음 체계 내에 이미 존재고 있어야 하기 때문이다. 이런 논리적 관계로 보면, 로스본에서는, 혹은 당시 서북 방언에서는 이미 이중모음의 단모음화가 이루어져 있던 것으로 볼 수밖에 없다.

(5ㄴ)의 예 중 '말무암-'은 '~로, ~를'과 함께 쓰이며 '말무암아/말ᄆᆡ암아', '말무여/말ᄆᆡ여', '말무ᄂᆞ니/말ᄆᆡᄂᆞ니', '말문/말ᄆᆡᆸ아/말ᄆᆡ암은', '말무지 안코/말ᄆᆡ암지 안코', '말무미라/말ᄆᆡ암음이라' 등의 형태로 활용되는 동사인데 서북 방언에서는 '말ᄆᆡ->말믜->말뮈->말무-'의 형태로 변천된 것으로 보인다. '말ᄆᆡ->말믜'와 같이 'ㆍ'가 2음절 이하에서는 'ㅡ'와의 대립을 상실하여 서로 혼재된 표기가 많이 나타난다.

특히 '모든/모든, 도즉ᄒᆞ-/도즉ᄒᆞ-, -마른/-마른, 녀나믄/녀나믄, 션비/션비' 등과 같이 주위에 원순모음이나 w, 양순음이 있을 때는 대부분 'ㅡ'로 변한다. (5ㄴ)의 '닐-+-ㅁ+-을(일어남을)', '살-+-ㅁ+-을(삶을)'도 로스본에서는 '닐물', '살물'로, '슬프-'도 '슬푸-'로 표기되어 있는데 이들 모두 원순모음화가 표기에 반영된 예들이다. '말무-'와 마찬가지로 양순 자음 뒤에서 (특히 후설고모음의 경우) 평순 모음보다 발음이 쉬운 원순 모음으로 바뀐 음운 현상으로 볼 수 있는데, 서북 방언에서 특히 많이 나타나는 음운 현상이다. 이에 비해 중부 지역에서는 원순모음화가 되지 않고, '말믹->말믜->말미-'의 과정으로 변천되어 현대의 '말미-/말미암-'의 형태로 굳어졌다. 『표준국어대사전』에는 〔어떤 현상이나 사물 따위가 원인이나 이유가 되다〕라고 풀이되어 있는데, 헬라어 원전과 영어 개역본을 확인해 보면, '~로부터, 원인/출발점(from)'이나 '~에 의하여, 수단/계기(by)' 정도의 의미를 번역한 단어임을 알 수 있다. (5ㄷ)과 같이 로스본에서는 'ㅎ'종성 체언에 모음 조사가 결합할 때 'ㅎ'이 탈락된 채로 표기되어 있다. 이러한 표기는 로스본보다 분철의 경향성이 강했던 아펜젤러본의 표기의 특징과 관련되는 것으로서, ' 뎌의/뎌희, 도리여/도로혀, 만은/만흔, 맛당히/맛당이, 올은/올흔, 저어ᄒᆞ지/져허ᄒᆞ지, 차라리/출하리' 등의 예와 동궤에서 이해된다.

## 4. 어휘 및 문법 요소의 대조

로스본에는 방언형 표현 외에도 수정되어야 할 언어적 문제들이 있었던 것으로 확인된다. 이덕주(2002:6)에서는 조선에서 행정관서의 서기로 일하다 해고당한 한 사람(A)이 최신 중국어 문리 성경을 가지고 번역하고, 로스는 그 조선인의 번역을 그리스어 성경과 영어 개역 성경을 가지고 자자구구 대조하는 방식으로 한글로 번역하고, 1차 번역된 성경을 그리스어나 영어 성경과 대조하는 과정을 돕는, 한문을 잘 아는 조선인 학자가 한 사람 더 있다(B)는 기록을 설명한다. 또, '수, 존칭, 도치법' 등의 표현은 중국어(한문)와 조선어의 근본적인 차이에서 오는 문제인데, A의 번역물을 B와 함께 수정해 나가는 과정에서 처음 번역된 A의 원고는 마마를 앓는 사람 얼굴처럼 되었다고 표현되어 있다.(이덕주, 2002:6) 이러한 문제를 극복하는 과정에서 로스 번역팀은 축자역(literal rendering)보다는 의미 전달을 우선적인 목표로 삼았으며 로스가 주도하였던 그 과정에 실제 도움이 된 것은 그리스어 성경보다는 영어 개역 성경과 메이어(Meyer)의 주석이었다는 것도 밝혀져 있다.(이덕주, 2002:6) 이러한 번역 과정의 설명을 되짚어보면, 중국어, 그리스어, 영어, 조선어를 모두 잘 아는 사람이 없었던 상황의 번역이었기 때문에 번역에 오류가 생기는 것은 당연한 일이기도 하다.

다음 예를 보면 중국어(한문)와 조선어의 차이에서 있을 수 있었던 1차 번역 원고의 문제들을 이해할 수 있다.[7]

(6) ㄱ. 닉가 너희 보기롤 사모ᄒᆞ고 너희롤 굿게 ᄒᆞᄂᆞᆫ 령의 척로써 주리니 〈로스01:11〉

ㄴ. 내가 너희 보기롤 ᄉᆞ모ᄒᆞ고 너희롤 굿게 ᄒᆞᄂᆞᆫ 령의 은혜로써 주리니 〈아펜01:11〉

7 실제 번역본을 대조해 보면 1장 11절은 절 구분이 다음과 같이 다르게 된 부분인데, 연구 방향에 초점을 맞추기 위하여 대조 부분을 편집하여 제시하였다.

ㄱ. 닉가 너희 보기롤 사모ᄒᆞ고 너희롤 굿게 ᄒᆞᄂᆞᆫ 령의 척로써 주리니 이ᄂᆞᆫ 닉가 〈로스01:11〉

ㄴ. 너희게 나아가게 홈을 감ᄒᆞ시면 내가 너희 보기롤 ᄉᆞ모ᄒᆞ고 너희롤 굿게 ᄒᆞᄂᆞᆫ 령의 은혜로써 주리니 〈아펜01:11〉

(6)에서 '령의 쳑로써 주리니'와 '령의 은혜로써 주리니'가 정확히 대응되어 있고, '쳑'과 '은혜'가 분명히 다른 용어로 표현되어 있다. 그러나 현재로서는 '쳑'이 무엇인지를 정확히 알 수가 없다. 나는 로스 번역팀이 번역 당시 활용하였다는 중국어 성경과 영어 개역 성경을 살펴보았다.

(7) ㄱ. For I long to see you, that I may impart to you some spiritual gift to strengthen you 〈REV(Revised English Version) 1:11〉

ㄴ. 因爲我切切的想見你們, 要把些屬靈的恩賜分給你們, 使你們可以堅固。〈Chinese Union 繁體 01:11〉

ㄷ. 因爲我很想見你們, 好把一些屬靈的恩賜分給你們, 使你們可以堅定 〈Chinese NCV 繁體 01:11〉

본고의 연구 대상인 두 한국어 번역 성경의 '령의 쳑로써 주리니'와 '령의 은혜로써 주리니'에 해당하는 영어 표현은 'some spiritual gift'이고, 한문은 '靈的恩賜'이다. 아펜젤러본의 '령의 은혜로써 주리니'는 한문 성경의 직역으로 볼 수 있다. 한문, 영문 및 아펜젤러본을 고려해 보면, 로스본의 '쳑'은 '은혜'에 해당하는 어떤 표현으로 볼 수밖에 없다. 여기서 '쳑'은 한자어일 수도 있고, 고유어일 수도 있다. 이것이 고유어일 가능성은, 로스본 로마서에서 말음이 자음으로 끝나는 체언 뒤에 '으로써'가 아닌 '로써'가 결합된 예는 없기 때문이다. 『예수셩교젼셔-로마』에서 '로써'가 결합된 예는 총 41종, 58회가 출현하는데 '쳑로써'와 같이 자음 뒤에 '로써'가 결합된 예는 없다. '쳑으로써'로 쓰이지 않고, '쳑로써'로 쓰인 이유가 '쳑'으로 쓰였지만 모음으로 끝나는 다른 음으로 읽혔을 가능성이 있다고 볼 수 있는 근거로 (예8)을 들 수 있다. 이 시기 다른 문헌에서는 (예8)과 같이 한자로 적고 고유어로 읽는, 이른바 후리가나 식 예들이 적지 않았다.

(8) 何如(엇더)ᄒᆞᆫ 夾路(좁은길)이 彼曲(저리꾸부러)지고 此曲(이리꾸부러)저셔
行看則窮路(가다보면마킨길). 오가셔 보면 또 通路(뚤닌길)이라.

그러나 나는 '은혜'나 'spiritual'에 해당하는 뜻을 가진, '쳑'과 유사한 음의 한자를 아는 바가 없다. 또, 당대의 다른 문헌들에서는 (8)과 같은 방식의 표기가 적지 않게 확인되지만 로스본 성경에서는 이런 식의 표현이 전혀 확인되지 않는다. 따라서 '쳑'이 모음으로 끝나는 고유어로 읽혔을 가능성은 매우 적어 보이긴 한다. 그렇다면 '-로써'가 '-으로써'의 오류일 가능성도 생각해 볼 수 있다. '靈的恩賜'를 '령의 은혜로써 주리니' 외에 어떻게 번역할 수 있을지를 생각해 보면, '영적 은혜를 주리니'로도 가능할 것으로 보인다. 그러나 로스본에는 '령의 쳑로써 주리니'로 되어 있다. 따라서 '~의 ~로써 주리니'라는 구문을 고정해 두고 번역 내용을 맞추어 보아야 할 것이다. '靈的'을 '령의 쳑로써'로, '的'을 '쳑'으로 읽었을 가능성이 있다. 즉, 로스 번역팀의 1차 번역을 맡았던 조선인 학자가 한문 성경의 '靈的恩賜'를 '령(靈)의 쳑(的)로써 주리니(恩賜)'로 번역한 것이다. 이에 대하여 아펜젤러는 '靈的恩賜'의 축자역인 '령의 쳑로써 주리니'를 '령의 은혜로써 주리니'로 수정할 필요성을 느꼈던 것으로 보인다.

### 1) 비현대적 어휘 : 명사, 지시어, 단음절 용언

제한된 지면에 모든 어휘를 다룰 수 없기에 현대국어와 다른 뜻으로 초기 성경 번역에서 채택된 명사의 한 예와 번역 과정에서 오류가 잦은 지시어, 1음절 한자어 용언이 고유어로 대체되거나 2음절화되는 대표적 예를 두 번역본을 대조하며 설명한다.

첫째, 명사 '동생'의 예이다. 대부분 〔같은 부모에서 태어난 사이거나 일가친척 가운데 손아랫사람을 이르는 말〕의 뜻으로 쓰인다. 〔함께 남〕이라는 명사로 풀이된 '동생(同生)'이 사전 표제어로 올라 있기는

하지만 일반적으로는 쓰이지 않는 뜻이다. 그러나 근대국어 시기까지도 '동생'은 형제의 의미로, '형제'보다 더 많이 쓰였다.

(9) ㄱ. 동싱덜아 ᄂᆡ 마암의 깃거함과 하나님의게 빌미 뎌으로 구완케 ᄒᆞ문 〈로스10:01〉

ㄴ. 동싱들아 내 ᄆᆞ음에 깃거ᄒᆞᆷ과 하ᄂᆞ님의게 빌미 뎌희로 구완케 ᄒᆞᆷ은 〈아펜10:01〉

ㄷ. 만약 너희가 먹ᄂᆞᆫ 바로써 동싱으로 근심케 ᄒᆞᆫ 즉 이ᄂᆞᆫ 사랑ᄋᆞᆯ 힝치 ᄋᆞᆫ으미니 너희 먹ᄂᆞᆫ 거스로써 키리쓰토 죽음ᄋᆞᆯ 위ᄒᆞᄂᆞᆫ 쟈ᄅᆞᆯ 망케 ᄒᆞ지 말고 〈로스14:15〉

ㄹ. 만약 너희가 먹ᄂᆞᆫ 바로써 동싱으로 근심케 ᄒᆞᆫ 즉 이ᄂᆞᆫ ᄉᆞ랑을 힝치 아님이니 너희 먹ᄂᆞᆫ 거ᄉᆞ로써 그리스도 죽음을 위ᄒᆞᄂᆞᆫ 쟈ᄅᆞᆯ 망케 ᄒᆞ지 말고 〈아펜14:15〉

ㅁ. 혹 고기ᄅᆞᆯ 먹음과 술ᄋᆞᆯ 마심과 동싱으로 ᄒᆞ여곰 넘어지게 ᄋᆞᆫ으미 죠을지니 〈로스14:21〉

ㅂ. 혹 고기ᄅᆞᆯ 먹음과 ᄉᆞᆯ을 마심과 동싱으로 ᄒᆞ여곰 너머지게 아님이 됴ᄒᆞᆯ지니 〈아펜14:21〉

ㅅ. 동싱더라 ᄂᆡ가 너희 어딜미 차고 알미 넉넉ᄒᆞ여 능히 서로 권ᄒᆞᆯ 줄ᄋᆞᆯ 아나 〈로스15:14〉

ㅇ. 동싱들아 내가 너희 어질미 ᄎᆞ고 알미 넉넉ᄒᆞ야 능히 서로 권ᄒᆞᆯ 줄을 아나 〈아펜15:14〉

ㅈ. 동싱덜아 ᄂᆡ 쥬 예수 키리쓰토와 령의 이이로써 너희ᄅᆞᆯ 가유ᄒᆞ노니 날노 더부러 힘써 나ᄅᆞᆯ 위ᄒᆞ여 하나님게 빌어 〈로스15:30〉

ㅊ. 동싱들아 내 쥬 예수 그리스도와 령의 의인ᄋᆡ로써 너희ᄅᆞᆯ ᄀᆡ유ᄒᆞ노니 날노 더부러 힘써 나ᄅᆞᆯ 위ᄒᆞ야 하ᄂᆞ님ᄭᅴ 비러 〈아펜15:30〉

ㅋ. 형뎨의 사랑ᄋᆞᆯ 서로 우ᄋᆡᄒᆞ고 존귀ᄅᆞᆯ 서로 놉피고 〈로스12:10〉

ㅌ. 형뎨의 ᄉᆞ랑을 서로 우ᄋᆡᄒᆞ고 존귀ᄅᆞᆯ 서로 놉히고 〈아펜12:10〉

로스본에서 '동싱'이 4회 출현하고, '형뎨'가 1회 출현하였는데 아펜젤러본에서도 '동싱'과 '형뎨'를 통일하여 수정하지 않고 그냥 그대로 쓰고 있다. 이것은 이 시기에 두 단어가 자유롭게 대치 가능한 동의어로 쓰였다는 것을 의미한다. 헬라어 원전이나 영어 개역 성경에서도 같은 단어로 표현되어 있기 때문에 이 시기 한국어 성경이 '형뎨'와 '동싱'을 구분하여 표현하였다고 보기는 어렵다. 이렇게 '동생'과 '형제'는 이 시기까지 〔같은 부모에서 태어난 사람〕 혹은 그것처럼 〔매우 가까운 사람〕을 이르는 말의 뜻으로 동의 경쟁 관계에 있다가 '동생〔같은 부모에서 태어난 사람〕'이 점차 그 의미를 '형제'에 넘겨주게 된 것으로 볼 수 있다.

둘째, 한국어와 영어의 대응, 혹은 번역에서 문제가 될 수 있는 대표적 어휘 중의 하나가 바로 지시어이다. 장소를 나타내는 것이든, 사물을 나타내는 것이든, 인칭과 관련된 것이든 한국어의 화시 체계는 '이, 그, 저'를 중심으로 평행한 3차원 체계를 이루고 있다. (유경민, 2009:186-190)

<표 1> 한국어의 화시 체계

| 위치 화시 | 사물 화시 | 시간 화시 | 인칭 화시 |
|---|---|---|---|
| 여기(話者 近稱) | 이것 | 이때 | 이이(1인칭) |
| 거기(聽者 近稱) | 그것 | 그때 | 그대(2인칭) |
| 저기(遠稱) | 저것 | 접때 | 그/그녀(3인칭) |

현대 한국어에서 3인칭으로 '그/그녀'가 쓰이고 있으나 '그'의 원형적 지시 기능은 청자 근칭이므로 '그'는 2인칭으로 쓰여야 자연스럽고, 3인칭 지시어로는 화·청자 원칭(話·聽者 遠稱)의 '저/저녀'가 논리적으로는 더 적합한 형태이다. 그런데 현대 한국어에서는 2인칭과 3인칭의 공통적 지시어로 '그'를 사용하고 있다. 그러나 19세기 말 한국어 번역 성경에서는 3인칭 지시에 '뎌'가 쓰인 것이 확인된다.

(10) ㄱ. 뎌ᄂᆞᆫ 하나님의 집사니 너희 유익ᄒᆞ되 만약 악ᄋᆞᆯ ᄒᆡᆼᄒᆞᆫ 즉 졉퍼ᄒᆞᆯ 거시문 뎌가 칼ᄋᆞᆯ 잡우미 공연ᄒᆞ미 안이오 하나님의 죵이 되여 노ᄅᆞᆯ 위ᄒᆞ여 ᄒᆡᆼ악ᄒᆞᄂᆞᆫ 쟈ᄅᆞᆯ 티미라 〈로스13:04〉

ㄴ. 뎌ᄂᆞᆫ 하ᄂᆞ님의 집ᄉᆞㅣ니 너희 유익ᄒᆞᄃᆡ 만약 악을 ᄒᆡᆼᄒᆞᆫ 즉 저퍼ᄒᆞᆯ 거심은 제가 칼을 잡음이 공연ᄒᆞᆷ이 아니오 하ᄂᆞ님의 죵이 되여 노ᄅᆞᆯ 위ᄒᆞ야 ᄒᆡᆼ악ᄒᆞᄂᆞᆫ 쟈ᄅᆞᆯ 침이라 〈아펜13:04〉

(예10)에서 3인칭 지시어로서 '뎌'와 '제'가 쓰였는데 현대 한국어에서라면 '그'로 표현될 부분이다. (예10)에서 '제'는 한 문장 내에서 앞에 나온 3인칭 유정 명사를 지시하는 재귀칭이다. 〈표 1〉의 체계가 지켜진 것이다. 한국어에서 〈표 1〉과 같은 지시어 체계를 지키지 않고, '뎌'와 '그'를 혼용하기 시작한 것은 개화기 즈음에 외국어의 번역 과정에서 파생된 오류 현상으로 보인다. 그렇다면 지시어의 번역상의 오류는 왜 일어났을까? 영어는 인칭 화시에 있어서는 3차원으로 구성되어 있지만 〈표 2〉와 같이 화시 체계의 기본이 되는 위치 화시는 2차원 체계이다.

<표 2> 영어와 한국어의 화시 체계

| 영어 위치 | 한국어 위치 | 영어 인칭 | 한국어 인칭 |
|---|---|---|---|
| this | 이 | I | 이이 |
| that | 그 | you | 그대 |
| | 저 | she, he<br>(this, that) | 그, 그녀<br>(이/그/저-) |

한국어의 '그'와 '저'가 영어에서는 모두 'that'으로 표현되고, 그것에 대한 한국어 번역이 그대로 인칭 화시어에도 반영되어 3인칭 지시어가 '그/그녀'가 되었을 것이다. 로스본에서 3차원 체계의 표현이 확인되는 것은, 번역본의 1차 작업을 영어에 그리 능하지 않은 조선인이 주도하였기 때문인 것으로 이해된다.

셋째, 두 번역본에서 단음절 용언의 활용이 눈에 띄는데, 이는 비현대적 텍스트의 특징으로 잘 알려진 사실이다.

(11) ㄱ. 고로 맛당히 복ᄒᆞ어 오직 노ᄒᆞ미 되지 ᄋᆞᆫ코 ᄯᅩᄒᆞᆫ 어딘 마암이 될지니라 〈로스13:05〉

ㄴ. 고로 맛당이 복ᄒᆞ야 오직 노ᄒᆞᆷ이 되지 안코 ᄯᅩᄒᆞᆫ 어진 ᄆᆞᄋᆞᆷ이 될지니라 〈아펜13:05〉

(예11)의 '복ᄒᆞ-'는 현대 한국어에서는 주로 2음절어 '복종(服從)하-' 형태로 쓰인다. 1음절어의 2음절어화는 어휘 및 문체의 현대화를 판별하는 준거가 되는데 두 번역본에서는 아직 1음절어가 확인된다.

'1음절 한자어+하-' 형태로서 현대국어와 달리 쓰이고 있는 또 다른 동사로 '힝ᄒᆞ-'가 확인된다. 이 시기 '힝ᄒᆞ-'는 현대국어에서와 같은 〔어떤 일을 실제로 해 나가다〕라는 뜻 외에 〔다니다(walk)〕라는 의미로 쓰이기도 하였다.

(12) ㄱ. ᄂᆞ기가 예루살읨으로붓터 두로 힝ᄒᆞ여 일누리코에 닐으러 키리쓰토의 복음ᄋᆞᆯ 다 젼ᄒᆞ고 〈로스15:19〉

ㄴ. 내가 예루사름으로브터 두루 힝ᄒᆞ야 이누리코에 니ᄅᆞ러 그리스도의 복음을 다 젼ᄒᆞ고 〈아펜15:19〉

(13) ㄱ. 쓰판야에 나아갈 ᄯᆡ ᄂᆡ 힝ᄒᆞᆯ 즈음에 너희ᄅᆞᆯ 보와 만져 너희 무어슬 함ᄭᅴ 죠와ᄒᆞ면 ᄂᆞ기 지ᄂᆞᆯ ᄯᆡ에 너희 보ᄂᆡ물 바릐노라 〈로스15:24〉

ㄴ. 쓰판야에 나아갈 ᄯᅢ 내 힝ᄒᆞᆯ 즈음에 너희ᄅᆞᆯ 보아 ᄆᆞᆫ져 너희 무어ᄉᆞᆯ ᄒᆞᆷᄭᅴ 됴화ᄒᆞ면 내 지날 ᄯᅢ에 너희 보냄을 ᄇᆞ라노라 〈아펜15:24〉

ㄷ. 이ᄂᆞᆫ 하나님이 이 갓타물 힝ᄒᆞᄂᆞᆫ 쟈ᄅᆞᆯ 죽이메 싸물 뎡ᄒᆞ신 줄 알되 자긔만 악ᄋᆞᆯ 힝치 ᄋᆞᆫ코 ᄯᅩ 달은 쟈거지 힝ᄒᆞ물 죠와ᄒᆞᄂᆞ니라 〈로스1:32〉

ㄹ. 이ᄂᆞᆫ 하ᄂᆞ님이 이 ᄀᆞᆺ흠을 힝ᄒᆞᄂᆞᆫ 쟈ᄅᆞᆯ 죽이매 ᄡᅡᆷ을 뎡ᄒᆞ신 줄 알되 ᄌᆞ긔만 악을 힝치 안코 ᄯᅩ 다ᄅᆞᆫ 쟈ᄭᆞ지 힝홈을 됴화ᄒᆞᄂᆞ니라 〈아펜01:32〉

ㅁ. 만약 너희가 먹ᄂᆞᆫ 바로써 동싱으로 근심케 ᄒᆞᆫ 즉 이ᄂᆞᆫ 사랑올 힝치 ᄋᆞᆫ으미니 너희 먹ᄂᆞᆫ 거스로써 키리쓰토 죽음올 위ᄒᆞᄂᆞᆫ 쟈ᄅᆞᆯ 망케 ᄒᆞ지 말고 〈로스14:15〉

ㅂ. 만약 너희가 먹ᄂᆞᆫ 바로써 동싱으로 근심케 ᄒᆞᆫ 즉 이ᄂᆞᆫ ᄉᆞ랑을 힝치 아님이니 너희 먹ᄂᆞᆫ 거ᄉᆞ로써 그리스도 죽음을 위ᄒᆞᄂᆞᆫ 쟈ᄅᆞᆯ 망케 ᄒᆞ지 말고 〈아펜14:15〉

헬라어 성경과 영어 개역 성경에서도 (예12)는 분명히 〔실제로 하-〕의 의미가 아닌 〔다니-(walk)〕의 의미로 쓰였다.

### 2) 높임법

로스 번역본(1887)에는 높임법이 쓰이지 않았는데, 아펜젤러 번역본(1890)에서는 '-ᄭᅴ'와 '말ᄉᆞᆷ'이 '쥬', '하ᄂᆞ님' 및 몇 성인에 대하여 제한적으로 높임법이 쓰이고 있다. 다른 언어권의 선교사들이 한국어의 높임법을 인식해 가고 있음을 엿볼 수 있다.

(14) ㄱ. 동싱덜아 ᄂᆡ 쥬 예수 키리쓰토와 령의 이이로써 너희ᄅᆞᆯ 가유ᄒᆞ노니 날노 더부러 힘써 나ᄅᆞᆯ 위ᄒᆞ여 하나님게 빌어 〈로스15:30〉

ㄴ. 동싱들아 내 쥬 예수 그리스도와 령의 의인ᄋᆡ로써 너희ᄅᆞᆯ ᄀᆡ유ᄒᆞ노니 날노 더부러 힘써 나ᄅᆞᆯ 위ᄒᆞ야 하ᄂᆞ님ᄭᅴ 비러 〈아펜15:30〉

ㄷ. 뎌덜이 하나님 참된 거스로 거즈슬 박구며 긴ᄂᆡ 찬미ᄒᆞᆯ 조화의 쥬의게 안코 지은 바ᄅᆞᆯ 절ᄒᆞ여 셤기니 〈로스01:25〉

ㄹ. 뎌들이 하ᄂᆞ님 ᄎᆞᆷ된 거ᄉᆞ로 거ᄌᆞᆺᄉᆞᆯ 밧고며 길ᄅᆡ 찬미ᄒᆞᆯ 조화의 쥬ᄭᅴ 안코 지은 바ᄅᆞᆯ 절ᄒᆞ야 셤기니 〈아펜01:25〉

ㅁ. 쥬를 힘닙는 닉의 사랑ᄒᆞ는 암블얏게 문안ᄒᆞ고 〈로스16:08〉
ㅂ. 쥬를 힘닙는 나의 ᄉᆞ랑ᄒᆞ는 암블얏ᄭᅴ 문안ᄒᆞ고 〈아펜16:08〉

ㅅ. 키리쓰토를 힘닙어 나로 더부러 함ᄭᅴ 뇌고ᄒᆞᆫ 울바노파 닉 사랑ᄒᆞ는 바 스다코게 문안ᄒᆞ고 〈로스16:09〉
ㅇ. 그리스도를 힘닙어 나로 더부러 ᄒᆞᆷᄭᅴ 로고ᄒᆞᆫ 울바노파 내 ᄉᆞ랑ᄒᆞ는 바 스다코ᄭᅴ 문안ᄒᆞ고 〈아펜16:09〉

ㅈ. ᄯᅩ 그 집에 모인 교회에 문안ᄒᆞ고 아시아에 처음으로 키리쓰토를 밋는 닉의 사랑ᄒᆞ는 이비니투게 〈로스16:05〉
ㅊ. ᄯᅩ 그 집에 모힌 교회에 문안ᄒᆞ고 아시아에 처음으로 그리스도를 밋는 나의 ᄉᆞ랑ᄒᆞ는 이비니투ᄭᅴ 〈아펜16:05〉

로스 번역팀에서 가장 먼저 번역해 낸『예수셩교누가복음젼셔』(1882)에서 대두법[8]이 확인되는 것을 보면, 로스 번역팀은 중국식(한문) 텍스트에 더 익숙했던 것으로 보인다. 만주에서 한국어 성경을 번역·간행한 로스 번역팀에 비하여 국내에서 대중 선교를 위해 성경을 번역하였던 아펜젤러, 언더우드 등은 한국어를 더욱 한국어답게 표현하고자 하였고, 이러한 노력의 과정에서 로스본의 수정이 아닌 재번역의 방향으로 가게 된 것이다.

## 5. 같은 시기의 두 번역본이 갖는 의의

나는 언더우드와 아펜젤러가 영국성서공회의 지시를 받고 로스 번역본(『예수셩교젼셔』(1887))의 수정역본에 착수하였지만 수정본을 완

---

8 '대두법'은 글쓰기를 할 때 해당 단어(인물)에 대한 존경을 표시하기 위해 글을 쓸 때 그 단어 앞을 비워 두는 격식이다.

성해내지 않고, 누가복음과 로마서만을 수정한 후 새로운 번역을 시작하였던 문제가 무엇이었는지에 대한 의문에서 번역본의 대비 연구를 시작하였다. 만주에서 번역·간행되어 한국으로 들어온 로스본이 성경 보급을 통한 선교와 현지인들과의 소통에 적합하지 않은 것으로 판단된 것은 전적으로 텍스트의 언어적인 문제에 있었다.

최초의 국문 신약전서인 『예수셩교젼셔』(로스, 1887)의 〈로마〉 부분과 그것의 수정본인 『보라달로마인셔』(아펜젤러, 1890)를 국어학적으로 대조하여 당시 내한 선교사들이 인식하였던 언어적인 문제를 들여다 보고자 하였다. 첫째, 표기 및 음운 현상을 살펴보았다. 연구 대상 문헌의 표기 방식은 무질서해 보일 정도로 혼재되어 있다. 그러나 정밀하게 분석해 보면, 로스본에서는 연철, 아펜젤러본에서는 분철의 경향성이 확인된다. 두 번역본에서 연철과 분철의 과도기적 현상이 확인되는데, 로스본에서는 '압페'와 같은 (부분)중철 표기, 아펜젤러본에서는 '압희'와 같은 재음소화 표기가 확인된다. 중철은 발음 위주의 연철 표기의 연장선상에서, 재음소화 표기는 분철 표기의 연장선상에서 이해할 수 있다. 로스본의 두드러진 음운 현상으로 움라우트, 원순모음화, 'ㅎ'탈락을 예로 들어 설명하였다. 로스 번역본에서 움라우트의 예가 많은 것은 이것이 번역된 지역어의 영향을 받은 것으로 보인다. 서북(평안도) 방언에서는 움라우트 현상보다 앞서 이중모음의 단모음화가 이미 이루어졌었던 것으로 확인된다. 어휘와 관련하여서는, 로스본과 아펜젤러본에서 다르게 표현된 것, 형태는 같으나 현대국어에서와는 다른 의미로 쓰인 예를 중심으로 살펴보았다. 아펜젤러 수정본에서 '은혜'로 대치된 로스 번역본의 '쳑', 〔어떤 일을 실제로 해 나가다〕라는 의미가 아닌 〔다니다〕라는 의미로 쓰인 '행ᄒᆞ-', '그'가 아닌 '뎌'로 표현된 3인칭 지시어가 그 예이다. 또, 로스 번역본에서는 높임법과 관련된 표현이 전혀 확인되지 않으나 아펜젤러본에서는 제한적이기는 하지만 높임법 조사 '-씌'가 사용되고 있다. 중국어(한문)식 영향인 대두법으로 제한적인 높임법을 표현한 로스본의 높임법과 현장에서 조선어를 접하며 언어적으로 높임법까지 표현해 내고자 한 조선 땅 현지의 아펜젤러본의 차이를 확인할 수 있었다.

끊임없이 번역본, 수정본, 개정본이 이어져 오고 있고, 그것들을 통해 시기별, 지역별, 역자별 차이를 확인해 볼 수 있는 한국어 번역 성경 연구는 근대국어에서 현대국어로 이어지는 국어사 연구에 실질적 이바지를 하게 될 것이다. 고정된 원전의 내용이 있고, 담당자들의 보고서에 의하여 번역에 참조한 저본이 확실하고, 끊임없이 시대별 언어 현실을 반영하여 수정되고 개정되어 온 문헌이기 때문이다.

3장

# 최초의 완역본 『신약젼셔』(1906)의 완성 과정

## 1. 연구의 필요성 및 목적

다른 분야의 한국어 문헌 자료들에 비해 한국어 번역 성경 자료는 국어학 연구에서 많이 다루어지지 않는 것이 사실이다. 서양의 개신교 선교사들의 저작 활동은 종교적 목적을 최상위로 하기 때문에 편협하여 일반적인 언어 현상과는 다른 특정 영역에 국한된 전문어처럼 여겨지고 있는 것이다. 그러나 기독교가 불교처럼 한국의 국교인 적은 없으나 한국어 번역 성경은 매 시기 다양한 계층을 선교의 대상으로 당대인이 보기에 가장 자연스러운 형태로 국문과 국한혼용문[1] 등, 동일 내용에 대한 다양한 각도에서의 텍스트가 만들어져 대비 연구를 통한 언어 변화를 살필 수 있는 국어학적 자료임이 분명하다.

한국어 번역 성경 자료에 대한 연구의 필요성과 가치를 의심하는 연구자들의 지적 중에는 현대 한국어 번역 성경의 언어 표현이 어문 규정, 혹은 정규 표현에서 벗어나 있는 부분이 많아 객관적인 연구 자료로 활용하기 어렵다는 문제가 대부분이다. 그렇다면 한국어 번역 성경이 왜, 언제부터 그런 비규정적인 표현 형태로 정착되었는지, 구체적으로 어느 부분에 어떤 문제가 있는지 등을 밝혀 한국어 번역 성경 자

1 국한혼용문 성경의 저본이 된 한문 원문이 있지 않을까 하는 생각은 성경의 국한혼용문체를 (경전)언해체의 관점에서 접근하고자 하는 관례 때문이다. 다른 한편으로는, 한국어 성경 번역사나 국어사 연구에서 많이 거론되는『예수셩교젼셔』(1887)에 대해서 알려진 번역 과정 때문이기도 하다. 즉, 조선인 번역자들이 한문 문리 성경을 한글로 옮기고, 그 초역을 외국인 선교사들이 헬라어 성경과 영어 개역 성경을 대조하며 고치는 방식이었다는 선교사의 보고서 내용을 바탕으로 국한혼용문 성경의 번역도 같은 방식으로 이루어졌을 것으로 추정하는 것이다. 그러나 실제 본문 대조를 통하여 국한혼용문 성경의 성분절 수나 어순의 문제, 음역의 문제, 조사나 어미의 일치도 문제 등을 살펴보면, 먼저 출간된 국문 성경을 저본으로 국한혼용문 성경이 만들졌음을 알 수 있다. 가장 대중적인 독자층을 배려한 국문으로 먼저 번역되고 국문 성경을 국한혼용문 성경으로 교작(交作)하였던 까닭은 유경민(2011:234)에서도 밝히고 있듯이, 성경 독자층을 더 넓게 확보하기 위함이었다. 독자층을 배려한 문체, 바로 이점이 성경의 국한혼용문체가 현대국어의 문체에 직접적인 영향을 주며 이어져올 수 있었던 요인이다.

료가 지닌 근·현대국어사적 의의를 되짚어 보아야 할 것이다. 또, 성경 자료와는 대조적으로 국어사 연구에서 적극적으로 다루어지고 있는 불교, 유교(유학), 의학, 역학 관계 등의 한국어 문헌 자료들의 연구와 형평을 맞추기 위한 연구 방법론도 구축되어야 할 것이다. 이에 나는 앞으로 진행될 한국어 번역 성경 연구를 위한 기반 작업으로, 한국어 성경 번역의 초기 공인역 성경과 그 수정 과정을 고찰한다. 현대 한국어의 문체 형성과 어휘의 정착에 한국어 번역 성경의 영향이 적지 않다는 것을 밝히기 위해 초기 번역 성경의 정착 과정을 꼼꼼하게 살피고자 하는 것이다. 19세기 말~20세기 초의 혼란 속에서 근대적 출판의 역사를 만들어온 한국어 번역 성경의 문체와 어휘 활용의 특성을 들여다 보는 것이 이 글의 목적이다.

먼저, 개인 번역이 아닌 공동 번역으로 간행된 『신약젼셔』의 시험역(1900), 임시역(1904), 공인역(1906)의 마태복음, 마가복음, 누가복음의 본문을 『新約全書 국한문』(1906)과 함께 대비하며 고찰한다. 해당 복음서들은 사건을 보고 기술하는 관점이 비슷한 공관(共觀) 복음서[2]로서 본문 대비를 통한 언어 표현의 고찰에 가장 적절한 부분일 것으로 판단하였다. 또, 개인역의 합본 수준이었던 것으로 평가되는 1900년본에서도 4복음서 부분은 공동 번역이 된 상태였기 때문에 공인역의 정착 과정을 살피는 연구 대상으로 삼을 만하다. 성서번역자회(The Premanent Executive Bible Commitee:Board of Official Translators, 1893~1910)의 『신약젼셔』 공인역본(1906)이 완성되기까지 어떠한 번역과 수정 과정을 거쳤는지, 또, 『新約全書 국한문』은 어떤 국문 성경을 저본으로 집필되었는지를 살필 것이다. 국문 공인역

---

**2** 공관 복음서 중 마가복음이 복음서의 형태로 가장 먼저, 가장 짧게 쓰여졌는데 다른 복음서의 기본 자료가 되었다. 실제로 마태복음의 약 1/2, 누가복음의 약 1/3이 마가복음을 토대로 쓰여진 것으로 확인된다.

성경이 국한혼용문 성경(『新約全書 국한문』)에 영향을 주었다는 것은 이미 알려진 사실이다.(히로다카시, 2006:532-534; 유경민, 2011:282-283) 문제는, 최초의 국한혼용문 성경 전서[3]인 『新約全書 국한문』의 저본으로 활용된 국문 성경이 1900년의 시험역본인지, 1904년의 임시역본인지, 1906년의 공인역본(公認譯本, authorized version)인지가 아직도 논의 중에 있다는 것인데, 나는 교회사적 관점이 아니라 언어자료 연구에 근거하여, 즉 『신약젼셔』의 시험역본, 임시역본, 공인역본의 대조 작업을 통해 밝힌다.

영국성서공회의 소속으로 1895년부터 한국 지부의 초대 총무로 임명되어 와 있던 켄뮤어(Alexander Kenmure)의 서신을 보면, 1903년에 언더우드와 게일은 이미 韓漢混用文으로 작성된 신약전서 번역문을 가지고 있었고, 국문 번역이 끝나는 대로 바로 출판하고자 하였다는 내용이 확인된다.(1903년 3월 27일 서신) 그러나 『켄뮤어 서신』에서 언급된 그 국한혼용문 원고가 다듬어져 출간된 것이 『新約全書 국한문』인지는 알 수 없다. 혹 그렇다면, 1903년을 기준으로 볼 때, 출판된 국문 신약전서는 시험역본(1900) 『신약젼셔』뿐이었으므로 국한혼용문 성경의 저본이 시험역본이었을 가능성이 대두된다. 그러나 히로다카시(2006)의 설명과 같이 이미 만들어진 국한혼용문 원고를 1906년 『신약젼셔』에 맞춰 다시 다듬어 출간하였을 수도 있기 때문에 그 저본을 출간 연도만을 가지고, 혹은 부분적인 대비 결과만으로 단정하기는 어렵기 때문에 정밀한 연구의 필요성이 있다.

나는 4종의 한국어 번역 성경을 대비하면서 다음과 같은 분명한 판각상의 실수나 오류는 연구 대상에서 제외한다.

---

3 더 이른 시기에 李樹廷이 일본에서 번역한 『신약마가젼복음셔언히』(1885)도 국한혼용문이었으나 이는 쪽 번역 형태였고, 全書가 국한혼용문으로 번역되어 출판된 것은 『新約全書국한문』이 최초이다.

(1) ㄱ. 예수ㅣ 썩 다숫 덩이와 싱션 두 마리를 가지샤 하늘을 우러러 복을 빌으시고 썩을 쪠여 뎨ᄌᆞ롤 주어 여러사룸 압헤 베믈게〔베플게〕 ᄒᆞ시고 ᄯᅩ 싱션 두 마리도 모든사룸의게 눈화주시매 〈1904마가06:41〉

ㄴ. 써〔쪠〕로 안칠식 빅식도 안고 오십식도 안준지라 〈1904마가06:40〉

ㄷ. 예수ㅣ 고로옴이 구〔극〕진ᄒᆞ샤 긔도ᄒᆞ시기를 더욱 간졀이 ᄒᆞ시니 ᄯᆞᆷ이흐르는피방울ᄀᆞᆺ치ᄯᅡ헤써러지더라 〈1904눅22:44〉

ㄹ. 먹고 다 빅부노〔론〕지라 그 남은부스러기를 주으니 열두 광주리가 되더라 〈1904눅09:17〉

ㄹ'. 예수ㅣ 홀론〔노〕 계셔 긔도ᄒᆞ실식 문도ㅣ ᄒᆞᆫ가지로ᄒᆞ더니 예수ㅣ 무러 ᄀᆞᆯᄋᆞ샤ᄃᆡ 무리들이 나를 누구라고 ᄒᆞ더냐 ᄒᆞ시니 〈1904눅09:18〉

(1ㄹ)의 '빅부노지라'는 '빅부론지라'로, (1ㄹ')의 '홀론'은 '홀노'로 표기되어야 하는데 '론'과 '노'가 비슷한 위치의 바로 옆 행에 붙어 있어 한글을 전혀 모르는 일본의 문선공(文選工)이 위치를 바꿔 판각하는 실수를 범한 것으로 보인다. 이렇게 문선공의 실수임이 분명한 예는 어형 변화 및 표현법의 대비의 대상으로 삼지 않는다.

『신약젼셔』 시험역(1900), 임시역(1904), 공인역(1906)과 『新約全書국한문』의 대비를 위하여 본고에서는 해당 성경의 본문을 문장·구절·어절에 대한 언어 단위별로 대조 분석한다. 이러한 방식은 일반적으로 두 개 이상의 언어를 대상으로 한 대조 연구에서 사용하는 방법이다. 다만, 언어 간 대조 분석에서는 문법 구조의 차이를 감안할 필요가 있으나, 같은 문법 구조를 따르고 있는 한국어 번역 성경들 간의 대조에서는 그러한 점을 고려하지 않아도 되기 때문에 더 수월하게 대조 분석을 진행할 수 있다. 나는 이러한 방법으로 『신약젼셔』(1900/1904/1906)의 완성 과정을 살피고, 『新約全書 국한문』과 대조하여 한국어 번역 성경의 정착 과정을 살핀다. 연구는 대체로 다음과 같은 순서로 진행한다.

① 성경 텍스트의 절 단위 대조

성경의 한 절은 대체로 하나의 문장인 경우가 많지만, 그렇지 않은 경우도 적지 않다. 절 단위 대조는 〈그림 1〉과 같은 대조용 데이터베이스 자료를 만들어 활용한다.

```
<190601마태03:07a> 바리ᄉᆡ 敎人과 사두ᄀᆡ 敎人이 洗禮를 受ᄒᆞ러 多來ᄒᆞᆷ을 見ᄒᆞ고 謂ᄒᆞ야 曰 毒蛇의
<190601마태03:07b> 바리ᄉᆡ 교인과 사두ᄀᆡ 교인이 셰례를 밧으러 만히옴을 보고 닐너 ᄀᆞᆯᄋᆞᄃᆡ 독샤의
<190601마태03:08a> 然ᄒᆞᆫ 故로 悔改ᄒᆞᆷ에 合當ᄒᆞᆫ 實果를 結ᄒᆞ고
<190601마태03:08b> 그런 고로 회ᄀᆡᄒᆞᆷ에 합당ᄒᆞᆫ 열ᄆᆡ를 ᄆᆡᆺ고
<190601마태03:09a> 心에 思ᄒᆞ기를 아브라함이 我等의 祖上이라 ᄒᆞ지 말나 我가 爾等의게 謂ᄒᆞ노니
<190601마태03:09b> ᄆᆞᄋᆞᆷ에 ᄉᆡᆼ각ᄒᆞ기를 아브라함이 우리 조상이라 ᄒᆞ지 말나 내가 너희게 닐ᄋᆞ노니
<190601마태03:10a> 今에 斧를 樹根에 置ᄒᆞ엿스니 善果를 結치 아니ᄒᆞᄂᆞᆫ 樹ᄂᆞᆫ 盡斫ᄒᆞ야 火에 投ᄒᆞ
<190601마태03:10b> 이제 독긔를 나무ᄲᅮᆯ희에 노핫스니 됴흔열ᄆᆡ ᄆᆡᆺ지 아니ᄒᆞᄂᆞᆫ 나무는 다찍어 불에
<190601마태03:11a> 我ᄂᆞᆫ 水로 洗禮를 施ᄒᆞ야 爾等으로 悔改케 ᄒᆞ거니와 我 後에 來ᄒᆞ시ᄂᆞᆫ 者ᄂᆞᆫ 我
<190601마태03:11b> 나는 물노 셰례를 주어 너희로 회ᄀᆡᄒᆞ게 ᄒᆞ거니와 내 뒤에 오시ᄂᆞᆫ 이는 나보다
<190601마태03:12a> 手에 箕를 擧ᄒᆞ고 打穀場을 淨케 ᄒᆞ샤 正穀은 收ᄒᆞ야 庫間에 入ᄒᆞ고 粃糠은 滅
<190601마태03:12b> 손에 키를 들고 타작마당을 경ᄒᆞ게 ᄒᆞ샤 알곡은 모화 곡간에 드리고 쭉경이는
<190601마태03:13a> 此 時에 예수가 갈닐니로셔 요단江에 至ᄒᆞ야 요한의게 洗禮를 受ᄒᆞ려 ᄒᆞ신ᄃᆡ
<190601마태03:13b> 이 ᄯᅢ에 예수가 갈닐니로셔 요단강에 니르러 요한의게 셰례를 밧으려 ᄒᆞ신ᄃᆡ
<190601마태03:14a> 요한이 辭ᄒᆞ야 曰 我가 맛당히 君의게 洗禮를 受ᄒᆞᆯ 터인ᄃᆡ 君이 我의게 來ᄒᆞ시
<190601마태03:14b> 요한이 ᄉᆞ양ᄒᆞ야 ᄀᆞᆯᄋᆞᄃᆡ 내가 맛당히 그ᄃᆡ의게 셰례를 밧을 터인ᄃᆡ 그ᄃᆡ가 내게
<190601마태03:15a> 예수ㅣ 答ᄒᆞ야 曰 今에 許ᄒᆞ라 我等이 如此히 諸義를 行ᄒᆞᄂᆞᆫ 거시 合當ᄒᆞ니라
```

<그림 1> 『신약젼셔』(1906)과 『新約全書 국한문』의 대비

② 구절 단위 대조

성경은 절 단위로 가늠되나 성경의 절 단위는 '내가 주께 대하여 귀로 듣기만 하였사오나 이제는 눈으로 주를 뵈옵나이다(욥42:5)'와 같이 대체로 둘 이상의 구절로 이루어진다. 성경의 절 단위 대조 결과 번역문이 달라지거나 어순이 바뀌는 등 다른 번역본과의 대응이 이루어지지 않는 경우가 많아 구절 단위의 대조 방식으로 검토해야 할 부분들이 적지 않다. 이를 위해 번역본 간의 대비 연구를 위한 별도의 구절 대비 데이터베이스를 구축하고 그것을 변이 유형별로 분류하여 그 배경을 확인한다.

③ 어절 단위 대조

번역본 간의 어절이 1:1 대응을 보이는 경우 〈그림 2〉, 〈그림 3〉과 같은 번역어 대비 연구용 DB를 만들 수 있다. 각 대응 양상별 주석을 거쳐 대응의 유형을 나누고, 한자어화되는 경우와 그렇지 않은 경우, 한자어화가 이루어지는 경우에도 그 대응 양상이 고유어를 한자어화하는 경우와 한자어를 한자화하는 경우, 그리고 양자가 복합되어 있는 경우, 어순이 바뀌는 경우 등 다양한 양상을 고찰할 수 있다.

| | | | | |
|---|---|---|---|---|
| 20222 | 맞-» | 맛거늘» | 迎ᄒᆞ거늘» | <190604요한12:18> |
| 20223 | 맞은편#» | 마즌편» | 越便» | <190603누가08:26> |
| 20224 | 맞은편#» | 마즌편에» | 越便에» | <190603누가24:50> |
| 20225 | 맞추-» | 맛초고» | 接ᄒᆞ고» | <190603누가07:38> |
| 20226 | 맞추-» | 맛초니» | 接ᄒᆞ니» | <190601마태26:49> |
| 20227 | 맞추-» | 맛초니» | 接ᄒᆞ니» | <190602마가14:45> |
| 20228 | 맞추-» | 맛초니» | 接ᄒᆞ니» | <190603누가15:20> |
| 20229 | 맞추-» | 맛초ᄂᆞᆫ» | 接ᄒᆞᄂᆞᆫ» | <190602마가14:44> |
| 20230 | 맟-» | ᄆᆞᆾ도록» | 終토록» | <190603누가05:05> |
| 20231 | 맟-» | ᄆᆞᆾ도록» | 終토록» | <190603누가06:12> |
| 20232 | 맡-» | 맛하» | 掌ᄒᆞ야» | <190604요한12:06> |
| 20233 | 맡-» | 맛핫스매» | 掌ᄒᆞ엿스매» | <190604요한13:29> |
| 20234 | 맡-» | 맛핫스매» | 任ᄒᆞ엿스매» | <190603누가04:06> |
| 20235 | 맡-» | 맛ᄒᆞᆫ» | 司ᄒᆞᆫ» | <190604요한02:08> |
| 20236 | 맡-» | 맛ᄒᆞᆫ» | 司ᄒᆞᆫ» | <190604요한02:09> |
| 20237 | 맡-» | 맛ᄒᆞᆫ» | 司ᄒᆞᆫ» | <190604요한02:09> |
| 20238 | 맡-» | 맛ᄒᆞᆫ지라» | 맛ᄒᆞᆫ지라» | <190604요한19:17> |

<그림 2> 『신약젼셔』와 『新約全書 국한문』의 고유어 대비

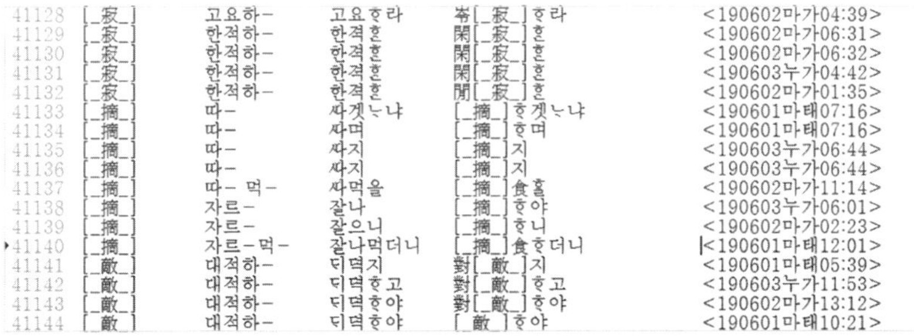

| | | | | | |
|---|---|---|---|---|---|
| 41128 | [_寂_] | 고요하- | 고요ᄒᆞ라 | 寂[_寂_]ᄒᆞ라 | <190602마가04:39> |
| 41129 | [_寂_] | 한적하- | 한젹ᄒᆞᆫ | 閑[_寂_]ᄒᆞᆫ | <190602마가06:31> |
| 41130 | [_寂_] | 한적하- | 한젹ᄒᆞᆫ | 閑[_寂_]ᄒᆞᆫ | <190602마가06:32> |
| 41131 | [_寂_] | 한적하- | 한젹ᄒᆞᆫ | 閑[_寂_]ᄒᆞᆫ | <190603누가04:42> |
| 41132 | [_寂_] | 한적하- | 한젹ᄒᆞᆫ | 閒[_寂_]ᄒᆞᆫ | <190602마가01:35> |
| 41133 | [_摘_] | 따- | ᄡᅡ겟ᄂᆞ냐 | [_摘_]ᄒᆞ겟ᄂᆞ냐 | <190601마태07:16> |
| 41134 | [_摘_] | 따- | ᄡᅡ며 | [_摘_]ᄒᆞ며 | <190601마태07:16> |
| 41135 | [_摘_] | 따- | ᄡᅡ지 | [_摘_]지 | <190603누가06:44> |
| 41136 | [_摘_] | 따- | ᄡᅡ지 | [_摘_]지 | <190603누가06:44> |
| 41137 | [_摘_] | 따- 먹- | ᄡᅡ먹을 | [_摘_]食ᄒᆞᆯ | <190602마가11:14> |
| 41138 | [_摘_] | 자르- | 잘나 | [_摘_]ᄒᆞ야 | <190603누가06:01> |
| 41139 | [_摘_] | 자르- | 잘으니 | [_摘_]ᄒᆞ니 | <190602마가02:23> |
| 41140 | [_摘_] | 자르-먹- | 잘나먹더니 | [_摘_]食ᄒᆞ더니 | <190601마태12:01> |
| 41141 | [_敵_] | 대적하- | 디뎍지 | 對[_敵_]지 | <190601마태05:39> |
| 41142 | [_敵_] | 대적하- | 디뎍ᄒᆞ고 | 對[_敵_]ᄒᆞ고 | <190603누가11:53> |
| 41143 | [_敵_] | 대적하- | 디뎍ᄒᆞ야 | 對[_敵_]ᄒᆞ야 | <190602마가13:12> |
| 41144 | [_敵_] | 대적하- | 디뎍ᄒᆞ야 | [_敵_]ᄒᆞ야 | <190601마태10:21> |

<그림 3> 『신약젼셔』와 『新約全書 국한문』의 한자어 대비

〈그림 2〉, 〈그림 3〉과 같은 방식으로 자료를 가공하는 것은 대응 관계가 규칙적인 텍스트 사이에서만 사용할 수 있는 방법이다. 실제 성경 전체를 대상으로 하는 경우 번역 상의 차이로 인해 일률적으로 활용하기는 어렵다. 번역문이 달라져 〈그림 2〉, 〈그림 3〉과 같은 방식의 가공이 어려운 부분은 장, 절을 구분하여 별도의 DB로 정리한 후, 구절 단위 혹은 문장 단위의 대조 자료를 만들어야 한다.

## 2. 시험역본과 임시역본

공인역본『신약젼셔』(1906)에 비하여 시험역본(1900)과 임시역본(1904)은 그동안 주목받지 못한 번역본이다. 그러나 이 두 자료는 우리나라 최초의 완역 공인역본『신약젼셔』(1906)의 완성 과정에서 집필된 한국어 번역 성경으로서, 개신교의 초기 한국어 성경 번역사에서 간과되어서는 안 될 번역본들이다. 현재 시험역본(1900)은『開化期 國語資料集成 성서문헌편』9(정길남 편, 1995)와『韓國聖經大全集』9(한국교회사문헌연구원, 2002)에서 확인할 수 있다. 그런데 다음의 예와 같이 두 문헌은 다른 번역본이다. 나는 출판된『신약젼셔』(1900)가 한 종류가 아니라는 것을 처음 밝히는 바이다.

(2) ㄱ. 쥬의 셩령이 ᄂᆡ게 이ᄉᆞ문 나ᄅᆞᆯ 기름발나 복음ᄋᆞᆯ 가난ᄒᆞᆫ 쟈의게 뎐ᄒᆞ며 나ᄅᆞᆯ 보내여 사루잡편 쟈ᄅᆞᆯ 노이기ᄅᆞᆯ 고ᄒᆞ며 소경ᄋᆞᆯ 발게 ᄒᆞ며 샹ᄒᆞᆫ 쟈ᄅᆞᆯ 노와 가게ᄒᆞ여써 〈1887눅04:18〉[4]

ㄴ. 쥬의 셩령이 내게 림ᄒᆞ시니 대개가난ᄒᆞᆫ 이의게 아ᄅᆞᆷ다온쇼식을 젼ᄒᆞ게 ᄒᆞ시랴고 내게 기ᄅᆞᆷ을 바ᄅᆞ시고 나ᄅᆞᆯ 보내샤 잡힌 쟈의게 다시 노힘을 젼파ᄒᆞ고 패ᄒᆞᆫ 쟈ᄅᆞᆯ ᄌᆞ유케 ᄒᆞ고 〈개화기1900눅04:18〉

ㄷ. 쥬의 셩령이 내게 림ᄒᆞ시니 대개가난ᄒᆞᆫ 이의게 아ᄅᆞᆷ다온쇼식을 젼ᄒᆞ게 ᄒᆞ시랴고 내게 기ᄅᆞᆷ을 부으시고 나ᄅᆞᆯ 보내샤 잡힌 쟈의게 다시 노힘과 눈먼쟈의게 다시 봄을 젼파ᄒᆞ고 패ᄒᆞᆫ 쟈ᄅᆞᆯ ᄌᆞ유케 ᄒᆞ고 〈대전집1900눅04:18〉

ㄹ. 쥬의 셩신이 내게 림ᄒᆞ심은 간난ᄒᆞᆫ 이의게 아ᄅᆞᆷ다은쇼식을 젼ᄒᆞ게 ᄒᆞ시려고 내게 기ᄅᆞᆷ을 바르시고 나를 보내샤 잡힌 쟈의게 다

4 로스 번역본의 예를 보인 까닭은 공인역본과의 단절성을 보이기 위함이다. 이것은 현대로 이어지는 한국어 성경 번역의 역사가 공인역『신약젼셔』로부터 시작된다는 것을 드러내기 위함이다.

시 노힘과 눈먼쟈의게 다시 봄을 젼파ᄒᆞ고 패ᄒᆞᆫ 쟈를 ᄌᆞ유케 ᄒᆞ고 〈1904누04:18〉

ㅁ. 쥬의 셩신이 내게 림ᄒᆞ샤 간난ᄒᆞᆫ 쟈의게 복음을 젼ᄒᆞ게 ᄒᆞ시랴고 내게 기름을 부으시고 나를 보내샤 사로잡힌 쟈로 다시 노히고 눈먼 쟈로 다시 보게ᄒᆞᆫ다ᄒᆞᆷ을 젼파ᄒᆞ고 눌닌 쟈를 ᄌᆞ유케 ᄒᆞ고 〈1906누04:18〉

ㅂ. 主의 聖神이 我의게 臨ᄒᆞ샤 貧ᄒᆞᆫ 者의게 福音을 傳ᄒᆞ게 ᄒᆞ시랴고 我의게 膏를 注ᄒᆞ시고 我를 遣ᄒᆞ샤 被擄ᄒᆞᆫ 者로 다시 見放ᄒᆞ고 瞽ᄒᆞᆫ 者로 다시 視케 ᄒᆞᆫ다 ᄒᆞᆷ을 傳播ᄒᆞ고 被壓ᄒᆞᆫ 者를 自由케 ᄒᆞ고 〈1906누04:18〉

『켄뮤어 서신』(1904년 7월 13일)을 보면 켄뮤어가 교정 작업을 하며 누가복음 4장 18절의 '눈먼 쟈의게 다시 봄을'을 삽입하였다고 되어 있다. (예2)에서 보는 바와 같이 시험역본(1900)이 둘인데, 당시 켄뮤어에게 전달된 교정지는 (2ㄴ) 『開化期 國語資料集成』에 수록된 1900 역본이었음을 알 수 있다. 『韓國聖經大全集』에 수록된 1900년본에서는 '눈먼 쟈의게 다시 봄을'이 생략되어 있지 않기 때문이다. 또, 1900년 신약전서는 큰 활자로 삼문출판사(美以美[5]活版所)에서 발행되었고, 작은 활자로는 요코하마 인쇄소[6]에서 발행되었다. 숭실대학교 '한국기독교박물관-한국기독교역사실-개신교의 수용과 성장-성경번역'에 소장된 1900년본이 요코하마에서 출판된 것인데, 박물관에서 제공한 이미

5 표지의 좌측 하단에서 '미이미교회인쇄쇼'를 확인할 수 있다. 미이미(美以美)는 Methodist의 음역(音譯)이다.

6 성경의 앞 속표지에 표시되어 있는데, 요코하마 시 거류지 81번지에 만들어진 복음인쇄합자회사(福音印刷合資會社)에서 다시 한국어 성경의 대부분이 출판되었다. 우리나라에도 당시 헐버트가 맡고 있던 북감리교 인쇄소였던 '삼문출판소(The Trilingual Press, 후에 미이미교회인쇄소가 됨)'가 있었으나 이미 전문화된 일본에서의 작업을 경비상 따라 갈 수 없었다. 켄뮤어가 일본에서의 출판을 결정한 데 대하여 북감리교선교회 대표들은 자신들의 인쇄소를 불공평하게 대한다는 항의를 많이 한 것으로 기록되어 있다.(『켄뮤어 서신』(2006), 1903년 7월 27일)

지 파일을 살펴보면, 이것이 『韓國聖經大全集』에 수록된 것과 동일 판본임을 알 수 있다.

(3) ㄱ. 회당에 잇는 쟈들이 이거슬 듯고 다 심히 노ᄒᆞ야 〈대전집1900눅04:28〉
ㄴ. 회당에 잇는 쟈들이 이롤 듯고 다 노홈이 심ᄒᆞ야 〈개화기1900눅04:28〉
ㄷ. 회당에 잇는 쟈들이 이를 듯고 다 노홈이 심ᄒᆞ여 〈1904눅04:28〉
ㄹ. 회당에 잇는 쟈들이 이거슬 듯고 다 심히 노ᄒᆞ야 〈1906눅04:28〉
ㅁ. 會堂에 在ᄒᆞᆫ 者들이 此를 聞ᄒᆞ고 다 甚怒ᄒᆞ야 〈1906눅04:28〉

(3ㄱ)의 '심히 노ᄒᆞ야'와 (3ㄴ)~(3ㄷ)의 '노홈이 심ᄒᆞ야'의 달라진 어순을 볼 수 있는데, 이 부분도 서울 인쇄본과 일본 인쇄본이 다르고, 1904년역본이 미이미 인쇄본과 같은 형태임을 알 수 있다. 이 또한, 켄뮤어가 교정 작업을 진행하였던 1900년본이 미이미 인쇄소판이었음을 확인할 수 있는 근거이다. (3ㄹ)의 1906년 공인역본은 (3ㄱ), 즉 요코하마 인쇄본의 영향을 받았고, 1906년 국한혼용문은 번역본은 공인역본을 그대로 한자어화한 것임을 알 수 있다.

(4) ㄱ. 예수ㅣ 무리의게 말숨을시작ᄒᆞ야 ᄀᆞᆯᄋᆞ샤ᄃᆡ 이 글을 너희 귀로 드럿시니 오늘 응ᄒᆞ나 ᄒᆞ시거늘 〈대전집1900눅04:21〉
ㄴ. 예수ㅣ 무리의게 말숨을시작ᄒᆞ야 ᄀᆞᆯᄋᆞ샤ᄃᆡ 이 글이 오늘 네귀에 일우엇다 ᄒᆞ시니 〈개화기1900눅04:21〉
ㄷ. 예수ㅣ 무리의게 말숨을시작ᄒᆞ야 ᄀᆞᆯᄋᆞ샤ᄃᆡ 이 글을 오늘 네귀에 일우엇다 ᄒᆞ시니 〈1904눅04:21〉
ㄹ. 예수가 무리의게 말숨ᄒᆞ야 ᄀᆞᆯᄋᆞ샤ᄃᆡ 이 글을 너희 귀로 드럿스니 오늘 응ᄒᆞ엿다 ᄒᆞ시거늘 〈1906눅04:21〉
ㅁ. 예수가 衆의에 言ᄒᆞ야 曰 此 書를 爾等의 耳로 聞ᄒᆞ엿스니 今日에 應ᄒᆞ엿다 ᄒᆞ시거늘 〈1906눅04:21〉

(5) ㄱ. 마귀의게 시험홈을 밧아시고 이 모든 날에 아모것도 잡수지 아니 ᄒᆞ시니 날을 ᄆᆞᆺ초매 주리셧더니 〈대전집1900눅04:02〉

ㄴ. 마귀의게 시험홈을 보시ᄂᆞᆫ지라 이 모든 날에 먹지 아니ᄒᆞ시니 마ᄌᆞ막날에 시장ᄒᆞ시더니 〈개화기1900눅04:02〉

ㄷ. 마귀의게 시험을 밧으시고 이 모든 날에 먹지 아니ᄒᆞ시니 마ᄌᆞ막 날에 시쟝ᄒᆞ시더니 〈1904눅04:02〉

ㄹ. 마귀의게 시험을 밧으시고 이 모든 날에 아모것도 잡수시지 아니 ᄒᆞ시니 날이 다ᄒᆞ매 주리시더니 〈1906눅04:02〉

ㅁ. 魔鬼의게 試驗을 受ᄒᆞ시고 此 諸 日에 아모것도 吃치 아니ᄒᆞ시니 日이 盡ᄒᆞ매 饑ᄒᆞ시더니 〈1906눅04:02〉

(4ㄱ, ㄹ)의 '너희 귀로 드럿시니 오늘 응ᄒᆞ나'와 (4ㄴ, ㄷ)의 '오늘 네귀에 일우엇다'의 어휘 수정과 어순 변화를 보면, 1904년역본(특히 누가복음)을 실패본으로 간주하고(『켄뮤어 서신』, 1905년 1월 13일), 공인역본(1906)의 번역에 다시 시험역(1900)본을 참조한 것을 볼 수 있다. 이때 활용된 시험역본은 요코하마에서 인쇄된 1900년본이다. (예4)와 (예5)와 같이 공인역본과 1900년 요코하마 인쇄본이 동일하게, 혹은 유사하게 나타나는 구절이 적지 않다. 이는 공인역본이 요코하마에서 인쇄되었다는 사실과도 관련이 있을 것이다.

1904년의 임시역본은 1900년 시험역본이 나온 후 여러 시대적 상황 속에서 어렵게 출판된 판본인데 현재까지 제대로 전해지는 것도 많지 않아 연구 대상 자료로 다루어진 적이 없다. 나는 연세대학교 도서관에 소장된 『신약젼셔』(1904)를 연구 대상으로 삼았다. 이 『신약젼셔』에는 빨간색 펜의 교정 흔적들이 확인되는데, 그 수정 내용이 1906년본과 완전히 일치하지는 않는 것으로 보아 이 빨간색 펜 수정은 『신약젼셔』(1906)를 위한 전문적 수정이 아니라 선교사나 어느 신자의 개인적인 수정으로 보인다. 예를 들어 시험역본(1900)이나 임시역본(1904)에 '뷘들'로 표현되어 있는 것을 빨간색 수정에서는 '황무디'로 고친 흔적이 확인되지만 『신약젼셔』(1906)에는 이전 역본들에서와 같이 '뷘들'로 표현되어 있다. 또, 『新約全書 국한문』(1906)에서는 '曠野'로 번역되어 있다. 필자가 확인한 한국어 번역 성경의 어느 판본에서도 '황무지'로 번역된 적은 없다. 이는 연세대학교 도서관에 소장된 『신약젼셔』(1904)가 누군가의 개인 소장품으로 개인적인 수정의 흔적이 남겨진 성경임을 시사하는 바이다. 또 누가복음 부분에는 빨간색의 교정 흔적이 거의 보이지 않는 것으로 보아 이것이 일본에 있는 켄뮤어에게 배달된 임시역본(1904)과 관련된 성경일 것으로 추정된다. 그러나 다음의 (예6)과 같이 부분적으로 이 빨간색 수정의 흔적이 『신약젼셔』(1906) 공인역본에 반영된 것도 확인된다.

(6) ㄱ. 동침치 안코 아달을 나으메 밋처 일홈을 칭ᄒᆞ여 예수라 ᄒᆞ다라 〈1887마태01:25〉
ㄴ. 아ᄃᆞᆯ 낫키ᄭᆞ지 안히로 알지 아니ᄒᆞ고 일홈을 예수ㅣ라 ᄒᆞ엿ᄂᆞ니라 〈개화기1900마태01:25〉
ㄷ. 아ᄃᆞᆯ 낫키ᄭᆞ지 안히로 알지 아니ᄒᆞ고 일홈을 예수ㅣ라 ᄒᆞ엿ᄂᆞ니라 〈대전집1900마태01:25〉
ㄹ. 동침ᄒᆞ지 아니ᄒᆞ고 아ᄃᆞᆯ을 나흐매 일홈을 예수ㅣ라 ᄒᆞ니라 〈1904마태01:25〉
ㅁ. 아ᄃᆞᆯ을 낫키ᄭᆞ지 동침치 아니ᄒᆞ더니 나흐매 일홈을 예수ㅣ라 ᄒᆞ니라 〈1905마태01:25〉
ㅂ. 아ᄃᆞᆯ을 낫키ᄭᆞ지 동침치 아니ᄒᆞ더니 나흐매 일홈을 예수라 ᄒᆞ니라 〈1906마태01:25〉
ㅅ. 子를 生ᄒᆞ기ᄭᆞ지 同寢치 아니ᄒᆞ더니 生ᄒᆞ매 名을 예수라 ᄒᆞ니라 〈1906마태01:25〉

(7) ㄱ. 죄 샤ᄒᆞᄂᆞᆫ 구완의로써 그 ᄇᆡᆨ셩ᄋᆞᆯ 알게ᄒᆞ문 〈1887눅01:77〉
ㄴ. ᄇᆡᆨ셩의게 구쇽ᄒᆞᆷ을 알게ᄒᆞ리니 곳 그 죄샤ᄒᆞᆷ을 엇ᄂᆞᆫ거시라 〈개화기1900눅01:77〉

ㄷ. 죄 샤ᄒᆞ심으로 ᄇᆡᆨ셩의게 구쇽홈을 알게ᄒᆞ리니 〈대전집1900눅01:77〉

ㄹ. 죄 샤ᄒᆞ심으로 ᄇᆡᆨ셩의게 구쇽홈을 알게ᄒᆞ리니 〈1904눅01:77〉

ㅁ. 죄 샤ᄒᆞ심으로 ᄇᆡᆨ셩의게 구원홈을 알게ᄒᆞ리니 〈1905눅01:77〉

ㅂ. 죄를 샤ᄒᆞ심으로 ᄇᆡᆨ셩의게 구원홈을 알게ᄒᆞ리니 〈1906눅01:77〉

ㅅ. 罪를 赦ᄒᆞ심으로 百姓의게 救援홈을 知케ᄒᆞ리니 〈1906눅01:77〉

(8) ㄱ. 하나님이 어엽근 비 네기는 마암으로써 앗츰날올 우으로부터 우리게 님ᄒᆞ여 〈1887눅01:78〉

ㄴ. 이는 우리 하ᄂᆞ님의 긍휼ᄒᆞ시는 ᄆᆞᄋᆞᆷ을 힘닙음이라 〈개화기1900눅01:78〉

ㄷ. 이는 우리 하ᄂᆞ님의 긍휼ᄒᆞ시는 ᄆᆞᄋᆞᆷ을 힘닙음이라 〈대전집1900눅01:78〉

ㄹ. 이는 우리 하ᄂᆞ님의 긍휼ᄒᆞ시는 ᄆᆞᄋᆞᆷ을 힘닙음이라 이거스로써 ᄒᆡ돗음이 우흐로브터 우리게 림ᄒᆞᆫ거슨 〈1904눅01:78〉

ㅁ. 이는 우리 하ᄂᆞ님의 긍휼ᄒᆞ시는 ᄆᆞᄋᆞᆷ을 인홈이라 이로써 돗는ᄒᆡ가 우흐로브터 우리게 림ᄒᆞ야 〈1905눅01:78〉

ㅂ. 이는 우리 하ᄂᆞ님의 긍휼ᄒᆞ시는 ᄆᆞᄋᆞᆷ을 인홈이라 이로써 돗는ᄒᆡ가 우흐로브터 우리게 림ᄒᆞ야 〈1906눅01:78〉

ㅅ. 此는 我等 上帝의 矜恤ᄒᆞ시는 心을 因홈이라 此로써 出ᄒᆞ는 日이 上으로브터 我等의게 臨ᄒᆞ야 〈1906눅01:78〉

(6ㅁ), (7ㅁ), (8ㅁ)의 『신약젼서』(1905)는 연세대학교 소장의 『신약젼서』(1904)인데 앞표지의 '구쥬강싱 일쳔구ᄇᆡᆨᄉᆞ년'을 빨간색으로 '구쥬강싱 일쳔구ᄇᆡᆨ오년'이라고 수정하였기 때문에 1905년본으로 구분하여 제시하였다. 1904년(임시역)본을 1905년에 읽어나가며 수정하였다는 의미일 것이다. 다음은 빨간색 펜의 수정 흔적을 볼 수 있는 『신약젼서』(1905)의 대표적인 페이지를 보인 것이다.

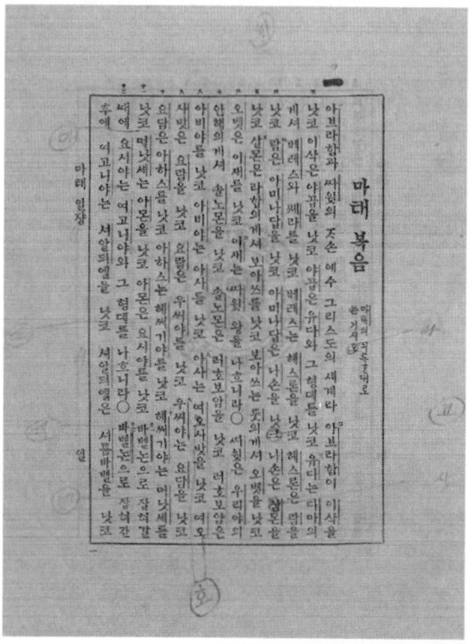

<그림 1> 『신약젼셔』(1905) 마태복음 1장

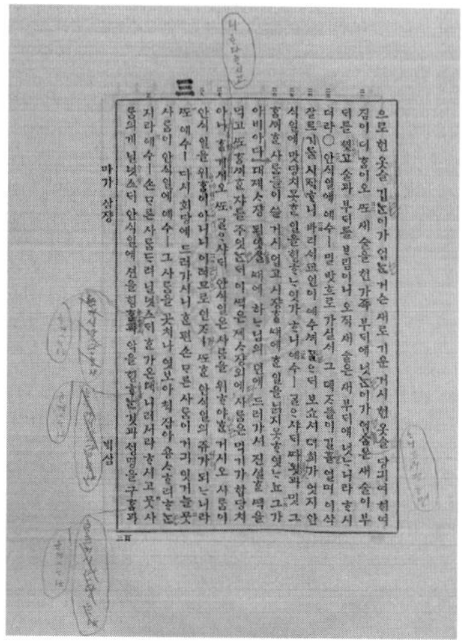

<그림 2> 『신약젼셔』(1905) 마가복음 3장

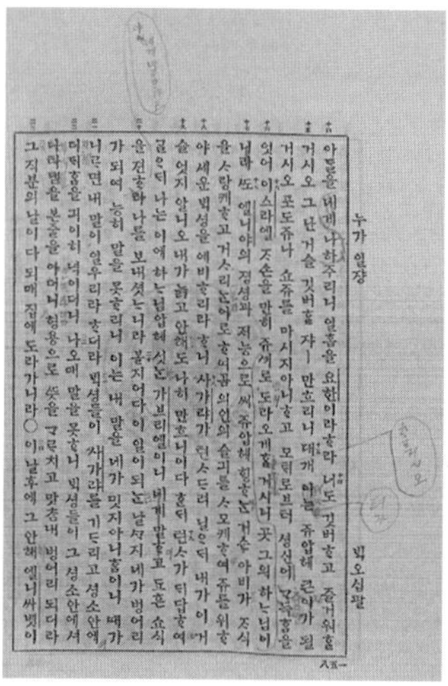

<그림 3> 『신약젼셔』(1905) 누가복음 1장

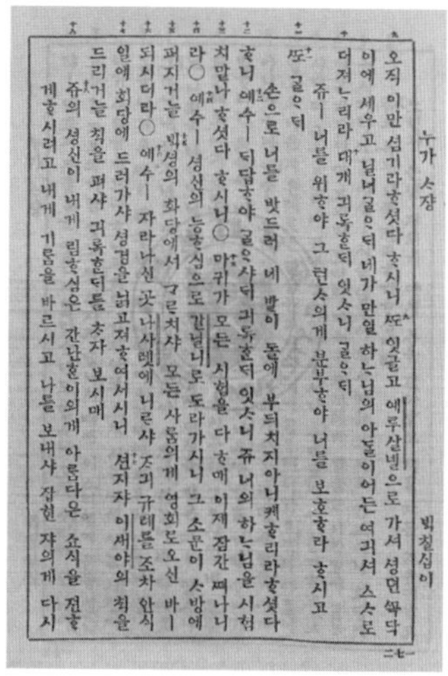

<그림 4> 『신약젼셔』(1905) 누가복음 4장

번역 성경을 직접 입력하고 대비하고 있는 필자의 기준으로 선택하여 제시한 〈그림 1〉~〈그림 4〉는 각 복음서의 수정 상황을 가장 잘 보여주고 있는 페이지이다. 누가복음은 4장 이후부터 빨간색 수정의 흔적이 보이지 않고, 마태복음에 비해 요한복음과 사도행전은 아주 조금

씩만 수정한 흔적이 보인다. 특이한 것은 이 『신약젼셔』(1905)는 사도행전까지만 수록되어 있다는 것이다. 이는 『신약젼셔』(1905)가 켄뮤어가 일본에 갔다가 잠시 서울에 오면서 가져온 1차 인쇄본일 가능성을 시사한다. 다음은 이러한 추정을 가능하게 하는 『켄뮤어 서신』(1904년 7월 13일)의 일부이다.

> I have to inform you of my temporary return to Seoul after putting the Gospels and Acts through the press.
>
> My object in going to Yokohama was to start the new editions: I did not contemplate a long stay. But very soon I found that owing to the condition of the copy as supplied to me by the Board a great deal more required to be done than I had any right to anticipate. In the end I stayed until, as I say, I had printed the Gospels and Acts of which we were in the greatest need.

<그림 5> 『신약젼셔』(1905)와 관련되어 보이는 『켄뮤어 서신』

위 서신의 내용으로 알 수 있듯이 켄뮤어는 당시 가장 절실하게 필요한 복음서와 사도행전만을 일본에서 우선적으로 인쇄하여 서울에 가지고 왔다. 나는 이것이 현재 연세대학교에 소장되어 있는, 마태복음에서 사도행전까지만 인쇄된 『신약젼셔』(1905)일 것으로 추정한다.

## 3. 『신약젼셔』의 번역과 수정 및 출판 과정

19세기 말~20세기 초, 한국에서는 개신교가 확산되고 교회가 급성장하며 성서의 수요가 급증하였다. 『신약젼셔』(1900)는 꾸준히 개인역이 간행되던 상황에서 상임실행성서위원회의 이름으로 출판된 성경이긴 하나 그 본질은 개인역의 합본 수준이었다. 1900년 시험역은 복음서만 공동 번역 작업이 되었을 뿐, 사도행전을 비롯한 서신서들 대부분이 개인 번역 상태였기 때문에 교정 작업이 필요했다. 그러나 당시 번역자회의 여러 상황(아펜젤러의 순직, 천주교인들의 개신교 박해

사건(해서교안), 게일의 휴가, 레널즈의 주택 건축 등: 『켄뮤어 서신』 참조)과 겹쳐 성서위원회의 번역 사업은 당초 계획보다 연기되고 있었다. 그런데 한국에서는 신약전서가 급속도로 판매되는 상황이었다. 『켄뮤어 서신』(1904년 5월 31일)에서는 러·일 전쟁의 상황이 한국인들의 신심(信心)을 북돋우고, 교회의 부흥에 도움이 되었다고 설명하기도 한다.

『신약젼셔』 시험역본, 임시역본, 공인역본을 대비해 보면, 마가복음과 누가복음은 1900년 번역본(시험역)과 1904년 번역본(임시역)이 유사하며, 마태복음은 1904년 번역본과 1906년 번역본(공인역)이 유사하다. 이러한 상황은 시험역본을 수정하여 임시역본을 간행하는 과정상의 문제와 관련되어 있다. 『켄뮤어 서신』(1905년 1월 13일)을 보면, 1904년본의 출판을 위한 수정 및 인쇄 과정에서 마가복음과 누가복음의 원고가 1900년본 것으로, 즉 수정되지 않은 원고로 잘못 전해졌다는 내용이 확인된다. 그러나 다음과 같이 누가복음 중에서도 1900년본과 1904년본이 다른 부분들이 확인되기도 한다.

(9) ㄱ. 그 즁에 흔 사람이 졔ᄉ졔쟝의 죵을 쳐 그 올흔편 귀롤 싹그니 〈개화기/대전집1900눅22:50〉
ㄴ. 그 즁에 흔 사룸이 대졔ᄉ쟝의 죵을 쳐 그 올흔편 귀를 싹근딕 〈1904눅22:50〉
ㄷ. 그 즁에 흔 사룸이 졔ᄉ쟝의 죵을 쳐 그 올흔편 귀를 싹근지라 〈1906눅22:50〉
ㄹ. 其 中에 一 人이 祭司長의 僕을 擊ᄒ야 其 右便 耳를 削ᄒᆞᆫ지라 〈1906눅22:50〉

(10) ㄱ. 소릐롤 놉혀 ᄀᆞᆯᄋᆞ딕 예수 션싱님이여 우리롤 긍휼ᄒᆞ쇼셔 ᄒᆞ니 〈개화기/대전집1900눅17:13〉
ㄴ. 소릐를 놉혀 ᄀᆞᆯᄋᆞ딕 션싱님 예수여 우리를 긍휼히녁이쇼셔 ᄒᆞ니〈1904눅17:13〉

ㄷ. 소릐를 놉혀 ᄀᆞᆯᄋᆞ듸 예수 션ᄉᆡᆼ님이여 우리를 긍휼이넉이쇼셔 ᄒᆞ니〈1906누17:13〉

ㄹ. 聲을 高ᄒᆞ야 曰 예수 先生님이여 我等을 矜恤히녁이쇼셔 ᄒᆞ니〈1906누17:13〉

『켄뮤어 서신』대로, 수정되지 않은 1900년본 누가복음을 받았고, 번역자회에서도 인정한 사실이라면, (9ㄴ), (10ㄴ)과 같은 수정은 켄뮤어의 작업이었을 가능성이 있다.

『신약전서』(1904) 출판을 준비하던 당시 영국 성서공회의 한국지부 초대 총무로 파견된 켄뮤어는 출판비 절감을 위해 요코하마 복음인쇄소에 새 판본의 인쇄를 맡겼고, 1903년 8월 중순경 일본으로 직접 가서 새 철자법과 세부 사항들의 교정과 인쇄 작업을 책임졌다.[7] 그러나 1904년 2월 러일 전쟁의 발발로 일본 정부가 우편 선박들을 전쟁 수송용으로 차출하여 우편 업무를 정상적으로 운영할 수 없어 출판 시기가 늦어졌다. 1904년 출판 계획은 계속 연기되는 상황이었고, 1904년 5월 중순 켄뮤어는 직접 일본으로 가서 장기 체류하며 출판의 전 과정을 살폈다.(1904년 5월 31일 서신) 그 결과 『신약전서』의 일차 수정판이 1904년 11월 23일 4호판본(14point)으로 마무리될 수 있었다.[8] 12월 21일 이후 개정 교정지가 인쇄공에게 넘어갔고, 4호 활자 『신약전서』

---

7 당시 켄뮤어의 일본 방문은 특별 출장이었고, 10월에 돌아와 평양에서 개최된 북장로교 선교회에서 철자 개혁 문제를 시기 상조로 결정하여 구철자법을 따르기로 했다는 소식을 들었다. 켄뮤어(1903년 10월 16일)는 남북의 갈등의 원인을 찾았다고 보고서를 작성하였다. 서울의 번역자회는 신문이 발간되고 예수교서회가 본부를 두고 있는 서울에서 쉽게 수용될 수 있는 새철자법안을 결정하였는데 후에 북부 지역에 알려지자 비판이 인 것이다. 까닭은 외국인 선교사들이 한글 철자법을 마음대로 변경하려고 한다는 것에 대해 한국인들이 비판하였기 때문이다.

8 회의를 통해 신약전서를 두 가지 판본으로 출판하기하였고(『켄뮤어 서신』 2006, 1903년 7월 27일), 4호 활자본을 먼저 간행하였고, 소형 활자본(5호:10.5point)을 나중에 인쇄하기로 하였다.

(1904)를 선적하고 1월 6일 한국에 도착하여 새 『신약전셔』(1904)를 배포한 것으로 기록되어 있다.

켄뮤어는 번역·교정·출판에 관한 일을 30년 이상 해온 사람으로서 자기 확신과 자부심이 큰 책임자였다. 일본의 인쇄공에게 완벽한 상태의 원고를 보내고자 직접 철저하게 확인하였다고 하였으나 실제로 그의 한국어 실력이 어느 정도였는지 구체적으로는 알 수 없다. 『켄뮤어 서신』에 제시된 구체적인 지적 및 수정 사항들(1904년 4월 29일, 7월 13일)을 보면, 그는 성경 내부적인 일관성과 성경 관련 외래어 및 전문 용어의 통일성이나 생략 등으로 인한 의역의 문제를 바로잡는 것에 주력하였던 것으로 보인다. 켄뮤어가 번역 오류로 보고 번역자회에 질문하거나 수정을 지시한 몇 예를 보이면 다음과 같다.

(11) ㄱ. 지금 거시나 쟝래 거시나: '것'에 대한 단어가 있어야 되지 않겠습니까. 〈눅3:22〉
ㄴ. '간난훈' 혹은 '가난훈'? 〈눅13:29〉
ㄷ. 왜 '아젼'입니까? 다른 곳에서는 항상 '세리'입니다. 〈눅7:34〉
ㄹ. 왜 한 번은 '병신'이고 다른 한 번은 '병든이'입니까? 〈눅14:13〉

(예11)은 켄뮤어가 번역자회에 제출한(1904년 7월 7일) 질문 목록 중 일부인데 당시 한국어의 일반적 표기나 어휘 혼용의 문제를 전혀 허용하지 않는 입장으로 보인다. 이것이 번역 성경의 체계를 위한 의식적 자세인지, 현실 언어나 당시 한국어의 표현법을 잘 모르기 때문인지는 분명히 알 수 없다.

또 다른 문제는, 4호가 출판되는 동안 번역자회는 개정 철자를 따르기로 한 반면, 장로회공의회가 구철자법을 고수하기로 결정하는 바람에[9] '마가-누가복음' 원고가 초기 원고로 발송되고 말았다는 것을 켄뮤어는 나중에 알게 된다.(켄뮤어 보고서 1905년 2월 11일) 또, 4호 활자 『신약전셔』(1904)에는 한국어를 모르는 일본의 식자공이 범한 실수

('·'를 'ㅡ'로, 'ㅅ'을 'ㅈ'으로, 'ㅈ'을 'ㄱ'으로, 'ㅁ'을 'ㅂ'으로 조판함)가 많다는 것도 나중에 알게 된다. 그러한 현실에서 켄뮤어는 출판 중이었던 5호 활자본(10.5point)의 인쇄를 중단시켰다. 다음은 『켄뮤어 서신』(1905년 1월 3일)의 내용이다.

> Most unfortunately, however, it has just been discovered that the Chairman of the board of Translators, in sending me the copy for printer, sent an old, unrevised manuscript of the Gospel of Luke, so that in that Gospel we have actually gone back on ourselves about six or eight years. How such a fact could

<그림 6> 1904년본의 누가복음 원고에 대한 『켄뮤어 서신』

〈그림 6〉과 같은 서신을 통해 켄뮤어는 복음서와 사도행전에서 활자상 많은 오류가 확인되는데, 이것은 전적으로 번역자회의 오도(誤導)라는 입장을 분명히 밝히고(1905년 2월 11일 서신), 이 때문에 소활자 신약전서의 출판을 포기하고, 새로운 마가복음과 누가복음 원고를 준비하도록 하였다고 기록하였다. 그러나 이러한 일들을 겪으며 성서공회의 초대 총무였던 켄뮤어는 결국 신경 쇠약에 걸려 1905년(5월 18일 서신) 한국을 떠났다. 켄뮤어는 공인역본 『신약젼셔』가 출판되기까지 가장 열정적이고 구체적으로 영향을 준 선교사임이 분명하다. 그러나 켄뮤어가 국한혼용문 신약전서의 출판을 반대하여,(1903년 12월 22일 서신) 한국에서의 국한혼용문 성서는 1903년 일차 원고가 만들어졌음에도 불구하고 켄뮤어가 떠난 후에야(1906) 출판이 되었다.

---

9 성서공회의 모든 출판물을 게일이 제안한 새 철자법으로 인쇄하기로 결정하였다가(『켄뮤어 서신』(2006), 1903년 7월 27일 상인실행성서위원회 회의), 다시 새 판본을 지금까지 사용해 온 구철자로 인쇄하기로 결정하여(『켄뮤어 서신』, 1903년 10월 6일) 일본에서의 인쇄가 중단되었다. 구철자로 환원하기로 한 결정 때문에 신약전서의 모든 원고를 재필사(再筆寫)해야 했다. 1903년 11월 30일 서신에서야 '마침내 신약전서 새 판본을 위한 최종 원고를 받아 인쇄에 들어갔다'고 기록되어 있다.

# 4. 어휘와 어순의 대비

그동안 한 번도 제대로 다루어진 적이 없는 『신약젼셔』(1904)의 본문을 중심으로 우리나라 최초의 완역본이 어떤 과정으로 수정되고, 이것이 현대 한국어 번역 성경에 얼마나 영향을 주고 있는지를 고찰한다. 연구 자료로 다루어진 142,000여 어절의 대비 결과를 모두 보일 수 없어 대표적인 예들을 선별하여 『신약젼셔』의 전반적인 특징들을 설명한다.

## 1) 외국어 번역상의 문제

한국어 번역 성경에서는 시대별, 지역별, 문체별 요인에 의한 언어 차이 외에 외국어 번역상의 문제들이 확인되는데, 다른 번역물에서와 마찬가지로 '가-, 오-'와 연관된 어휘와 지시어에 관련된 어휘에서 특히 많이 확인된다.

(12) ㄱ. 온 유대 ᄯᅡ와 예루살넴 사ᄅᆞᆷ이 다 나아가 각각 제죄ᄅᆞᆯ 안다ᄒᆞ고 요단강에셔 셰례ᄅᆞᆯ 요한의게 밧더라 〈대전집/개화기1900마가01:05〉

ㄴ. 온 유대 ᄯᅡ와 예루살넴 인이 다 나와 각각 제죄를 안다ᄒᆞ고 요단강에셔 요한의게 셰례를 밧더라 〈1904마가01:05〉

ㄷ. 왼 유대 ᄯᅡ와 예루살넴 사ᄅᆞᆷ이 다 나아가 각각 제죄를 ᄌᆞ복ᄒᆞ고 요단강에셔 요한의게 셰례를 밧더라 〈1906마가01:05〉

ㄹ. 왼 유대 地와 예루살넴 人이 皆 就ᄒᆞ야 各各 渠罪를 自服ᄒᆞ고 요단江에셔 요한의게 洗禮를 受ᄒᆞ더라 〈1906마가01:05〉

(13) ㄱ. 맛참 그 ᄣᅢ에 ᄀᆡ살아구스도가 텬하사ᄅᆞᆷ의게 죄세ᄒᆞ여 호적ᄋᆞᆯ 올니ᄂᆞᆫᄃᆡ 〈1887눅02:01〉

ㄴ. ᄆᆞᆺᄎᆞᆷ 이 ᄣᅢ에 가이사어구스도가 령을 ᄂᆞ려 텬하로 ᄒᆞ여곰 다 호

젹에 올니게ᄒᆞ니 〈1900눅02:01〉

ㄷ. 맛춤 이 ᄢᅢ에 가이사아구사도가 령을 ᄂᆞ려 텬하로 ᄒᆞ여곰 다 호젹을 올니게ᄒᆞ니 〈1904눅02:01〉

ㄹ. 맛춤 이 ᄢᅢ에 가이사아구ᄉᆞ도가 령을 ᄂᆞ려 텬하로 ᄒᆞ여곰 다 호젹ᄒᆞ라 ᄒᆞ니 〈1906눅02:01〉

ㅁ. 맛춤 此 時에 가이사아구스도가 令을 下ᄒᆞ야 天下로 ᄒᆞ여곰 다 戶籍ᄒᆞ라 ᄒᆞ니 〈1906눅02:01〉

(14) ㄱ. 이ᄢᅢ에 셔샤관과 졔ᄉᆞ졔쟝들이 예수ㅣ 이 비유를 ᄒᆞ야 ᄌᆞ긔를 ᄀᆞᄅᆞ치는 줄을 알고 말을 잡고져ᄒᆞᄃᆡ 빅셩을 두려워ᄒᆞᄂᆞᆫ지라 〈1900눅20:19〉

ㄴ. 곳그ᄢᅢ에 셔긔관과 졔ᄉᆞ졔쟝들이 예수를 잡고져홈은 이 비유를 ᄒᆞ여 ᄌᆞ긔를 ᄀᆞᄅᆞ치ᄂᆞᆫ 줄 앎이나 빅셩을 두려워ᄒᆞᄂᆞᆫ지라 〈1904눅20:19〉

ㄷ. 이ᄢᅢ에 셔긔관과 졔ᄉᆞ졔쟝이 예수가 이 비유로 ᄌᆞ긔를 ᄀᆞᄅᆞ치신 줄을 알고 즉시 잡고져 ᄒᆞ되 빅셩을 두려워ᄒᆞ더라 〈1906눅20:19〉

ㄹ. 此時에 書記官과 祭司諸長이 예수가 此 譬喩로 自己를 指ᄒᆞ신 줄을 知ᄒᆞ고 卽時 執ᄒᆞ고져 ᄒᆞ되 百姓을 畏ᄒᆞ더라 〈1906눅20:19〉

(15) ㄱ. 션지 이시야 써사되 보라 닉가 닉의 사쟈를 너희 압페 보닉여 너희 길올 예비ᄒᆞ고 〈1887마가01:02〉

ㄴ. 션지쟈 이시야의 긔록ᄒᆞᆫ 말ᄉᆞᆷ에 볼지어다 내가 내 ᄉᆞ쟈를 네 압희 보내여 네 길을 예비ᄒᆞ리니 〈개화기1900마가01:02〉

ㄷ. 션지쟈 이시야의 긔록ᄒᆞᆫ 말ᄉᆞᆷ에 볼지어다 내가 내 ᄉᆞ쟈를 네 압희 보내여 네 길을 예비ᄒᆞ리니 〈대전집1900마가01:02〉

ㄹ. 션지쟈 이새야의 긔록ᄒᆞᆫ 말ᄉᆞᆷ에 ᄀᆞᆯᄋᆞᄃᆡ 볼지어다 내가 내 ᄉᆞ쟈를 네 압헤 보내여니 뎌가 네 길을 예비ᄒᆞ리라 〈1904마가01:02〉

ㅁ. 션지쟈 이사야의 긔록ᄒᆞᆫ 말ᄉᆞᆷ에 볼지어다 내가 내 ᄉᆞ쟈를 네 압헤 보내리니 뎌가 네 길을 예비ᄒᆞ리라 〈1906마가01:02〉

ㅂ. 先知者 이사야의 記錄ᄒᆞᆫ 言에 見ᄒᆞᆯ지어다 我가 我의 使者를 爾

의 前에 遣ᄒᆞ리니 彼가 爾의 道를 預備ᄒᆞ리라 〈1906마가01:02〉

(예12)는 '가-'와 '오-'의 혼재 양상이고, (예13)~(예15)는 지시어의 혼재 양상이다. (예15)는 임시역본(1904)에서 대명사 '뎌가'가 추가되어 문장의 의미가 분명해졌다. 원칭 3인칭 지시대명사 '뎌'는 근대국어 이후 '그'에게 그 의미를 넘겨 주어 현대 한국어 번역 성경에서는 '그'로 번역되어 있다. 그러나 1938년 개역본에서는 '뎌'로, 1952년 『성경전서 개역한글판』까지도 '저'로 번역되어 있다. '뎌/저'와 '그'의 교체는 근대국어를 거치며 2차원 체계의 지시대명사를 갖는 외국어의 영향으로 '저'와 '그'가 동의 경쟁을 하다 '그'가 남게 된 것으로 보아야 할 것이다.(유경민, 2005:189-191)

### 2) 어휘의 교체

시험역본, 임시역본, 공인역본에서의 어휘의 수정 및 교체는 '고유어 對 고유어', '고유어 對 한자어', '한자어 對 한자어' 관계에서 확인된다. 성경이 종교 서적이기 때문에 전문어가 많을 것이고, 그렇기 때문에 보편적인 언어 현상의 이해를 위한 연구 대상으로서 부적합할 것이리라는 일반적인 편견과는 달리 성경에서만 확인되는 전문어는 많지 않다. 적어도 초기 한국어 번역 성경의 상황은 그렇다.

(16) ㄱ. 쳐녀가 잉틱ᄒᆞ야 아들을 나흐리니 일홈은 임마누엘이라 ᄒᆞ리라 ᄒᆞ시니 번역ᄒᆞᆫ즉 하ᄂᆞ님이 우리와 ᄒᆞᆷᄭᅴ 계시다 홈이라 〈1900마태01:23〉

ㄴ. 볼지어다 동졍녀가 잉틱ᄒᆞ야 아들을 나흐리니 일홈은 임마누엘이라 ᄒᆞ리라 ᄒᆞ시니 번역ᄒᆞᆫ즉 하ᄂᆞ님이 우리와 ᄒᆞᆷᄭᅴ 계시다홈이라 〈1904마태01:23〉

ㄷ. 볼지어다 동졍녀가 잉틱ᄒᆞ야 아들을 나흐리니 일홈은 임마누엘이라 ᄒᆞ리라 ᄒᆞ시니 번역ᄒᆞᆫ즉 하ᄂᆞ님이 우리와 ᄒᆞᆷᄭᅴ계시다 홈

이라 〈1906마태01:23〉

ㄹ. 見홀지어다 童貞女가 孕胎ᄒᆞ야 子를 生ᄒᆞ리니 名은 이마누엘이라 ᄒᆞ리라 ᄒᆞ시니 譯ᄒᆞᆫ則 上帝가 我等과 同在ᄒᆞ시다 홈이라 〈1906마태01:23〉

1900년 시험역본에는 없는 '볼지어다'가 1904년 임시역본 이후의 모든 한국어 번역 성경에서는 확인된다. 일본의 인쇄소로 직접 가서 1904년본의 출판과 교정 작업의 책임을 수행하였던 켄뮤어는 성경의 어절 수를 맞추는 것을 중시하여 개인 번역본들에서 생략되었던 부분들을 되살리는 작업에 열중하였다.(『켄뮤어 서신』 7월 13일) 그 결과 직역을 원칙으로 하는 성경 번역의 기본 틀이 한국어 성경 번역에도 갖추어졌다. 켄뮤어가 '처녀'를 '동정녀'로 수정한 이후 '처녀'와 '동정녀'의 단어 선택의 문제는 지속적으로 고민되며 변화가 가해지는 것을 『신약젼셔』 전반에서 확인할 수 있다. 1906년 공인역본에서는 '동정녀'로 표현되었으나 1938년 개역본 이후로는 다시 '처녀'로 수정된다.

대응 어휘의 교체 및 수정 내역을 살펴보면, 대체적으로 1906년 공인역본의 번역이 1938년 개역본과 현대 한국어 성경에서도 확인된다.

(17) ㄱ. ᄃᆡ답ᄒᆞ야 ᄀᆞᆯᄋᆞ샤ᄃᆡ 죽엄 잇ᄂᆞᆫ 곳에 ᄆᆡ가 반ᄃᆞ시 모히ᄂᆞ니라 ᄒᆞ시더라 〈1900눅17:37〉

ㄴ. ᄃᆡ답ᄒᆞ여 ᄀᆞᆯᄋᆞ샤ᄃᆡ 죽음이 잇ᄂᆞᆫ 곳에 ᄆᆡ가 반ᄃᆞ시 모히ᄂᆞ니라 ᄒᆞ시더라 〈1904눅17:37〉

ㄷ. ᄃᆡ답ᄒᆞ야 ᄀᆞᆯᄋᆞ샤ᄃᆡ 죽엄 잇ᄂᆞᆫ 곳에는 독슈리가 ◎ 모히ᄂᆞ니라 ᄒᆞ시더라 〈1906눅17:37〉

ㄹ. 答ᄒᆞ야 曰 屍가 在ᄒᆞᆫ 處에는 鷲가 ◎ 集ᄒᆞᄂᆞ니라 ᄒᆞ시더라 〈1906눅17:37〉

(18) ㄱ. 요셉이 잠을 ᄭᆡ여 니러나셔 쥬의 텬ᄉᆞ의 분부대로 안ᄒᆡ를 다려오니 〈1900마태01:24〉

ㄴ. 요셉이 잠을 끼여 니러나셔 쥬의 ᄉᆞ쟈의 분부대로 힝ᄒᆞ여 안해를 ᄃᆞ려왓스나 〈1904마태01:24〉

ㄷ. 요셉이 잠을 끼여 니러나셔 쥬의 ᄉᆞ쟈의 분부대로 힝ᄒᆞ야 안히를 다려왓스나 〈1906마태01:24〉

ㄹ. 요셉이 睡를 覺ᄒᆞ야 起ᄒᆞ야 主의 使者의 吩咐대로 行ᄒᆞ야 妻를 親迎來ᄒᆞ엿스나 〈1906마태01:24〉

(19) ㄱ. 빅합쏫치 엇더케 자ᄅᆞᄂᆞᆫ거솔 ᄉᆡᆼ각ᄒᆞ라 뎌 슈고도 아니ᄒᆞ고 질삼도 아니ᄒᆞᄂᆞ니라 그러나 나ㅣ 너ᄃᆞ려 닐ᄋᆞ노니 곳 솔노문이 영화가 극진ᄒᆞᆯ 때에도 그옷시 오히려 이 쏫 ᄒᆞ나만 ᄀᆞᆺ지 못 ᄒᆞ니라 〈1900눅12:27〉

ㄴ. 빅합쏫이 엇더케 ᄌᆞ라ᄂᆞᆫ거슬 ᄉᆡᆼ각ᄒᆞ라 뎌ㅣ 슈고도 아니ᄒᆞ고 길솜도 아니ᄒᆞᄂᆞ니라 그러나 나ㅣ 너ᄃᆞ려 닐ᄋᆞ노니 곳 솔노몬이 영화가 극진ᄒᆞᆯ 때에도 그옷시 오히려 이 쏫 ᄒᆞ나만 ᄀᆞᆺ지 못ᄒᆞ엿ᄂᆞ니라 〈1904눅12:27〉

ㄷ. 빅합화가 엇더케 자라는가 ᄉᆡᆼ각ᄒᆞ야보아라 ◎ 슈고도 아니ᄒᆞ고 길삼도 아니ᄒᆞᄂᆞ니라 그러나 내가 너희게 말ᄒᆞ노니 ◎ 솔노몬의 지극ᄒᆞᆫ 영광으로도 닙은거시 ◎ 이 쏫 ᄒᆞ나만 ᄀᆞᆺ지 못ᄒᆞ엿ᄂᆞ니라 〈1906눅12:27〉

ㄹ. 百合花가 如何케 長ᄒᆞᄂᆞᆫ가 思ᄒᆞ야보라 ◎ 受苦도 아니ᄒᆞ고 紡績도 아니ᄒᆞᄂᆞ니라 然ᄒᆞ나 我가 爾等의게 言ᄒᆞ노니 ◎ 솔노몬의 至極ᄒᆞᆫ 榮光으로도 衣ᄒᆞᆫ거시 ◎ 此 花 一만 如치 못ᄒᆞ엿ᄂᆞ니라 〈1906눅12:27〉

(예17)～(예19)에서 'ᄆᆡ'와 '독슈리', '텬ᄉᆞ'와 'ᄉᆞ쟈', '안게ᄒᆞ-'와 '안치-', '영화'와 '영광', '극지ᄒᆞ-'와 '지극ᄒᆞ-'의 대응을 볼 수 있는데, 1906년 공인역본이 1906년 국한문본에 반영된 것을 확인할 수 있다. 개인 번역본들이 조합되어 간행된 1900년본 『신약젼셔』 이후의 번역본들은 외국인 선교사들의 적극적인 참여와 외국어 성경과의 직접적인 대역과 함께 전체 어절 수 맞추기나 분절 등의 통일성은 추구되었

던 것으로 보인다. 그러나 한국어 개별 어휘의 선정에 있어서는 고민이 계속되었고, 끊임없이 수정을 가한 흔적이 확인된다.

(20) ㄱ. 예수를 풍문ᄒᆞ고 유ᄃᆡ댱노덜을 보ᄂᆡ여와 그 죵 곳티믈 구ᄒᆞ니 〈1882눅07:03〉
ㄴ. 예수를 풍문ᄒᆞ고 유ᄃᆡ쟝로수인을 보내여와셔 그 죵 곳침을 구ᄒᆞ라ᄒᆞ니 〈1890눅07:03〉
ㄷ. 예수를 풍문ᄒᆞ고 유ᄃᆡ쟝로수인을 보내여와셔 그 죵 곳침을 구ᄒᆞ라ᄒᆞ니 〈1893눅07:03〉
ㄹ. 풍편으로 예수를 듯고 곳 유다쟝로 두어사ᄅᆞᆷ을 보내여 오샤 그 병을 곳쳐주시기를 구ᄒᆞ니 〈1895눅07:03〉
ㅁ. 풍편으로 예수를 듯고 곳 유대인의 쟝로 두어 사ᄅᆞᆷ을 보내여 오샤 그 죵을 구ᄒᆞ시기를 쳥ᄒᆞ니 〈1898눅07:03〉
ㅂ. 풍편으로 예수를 듯고 곳 유대인의 쟝로 두어사ᄅᆞᆷ을 보내여 오샤 그 죵을 구ᄒᆞ시기를 쳥ᄒᆞ니 〈1900눅07:03〉
ㅅ. 풍편으로 예수를 듯고 곳 유대인의 쟝로 두어사ᄅᆞᆷ을 보내여 그 죵을 구원하려오시기를 쳥ᄒᆞ니 〈1904눅07:03〉
ㅇ. 예수의 소문을 듯고 곳 유대인의 쟝로 두어사ᄅᆞᆷ을 보내여 오서셔 그 죵을 구ᄒᆞ시기를 쳥ᄒᆞ니 〈1906눅07:03〉
ㅈ. 예수의 所聞을 듯고 곳 유대人의 長老 數人을 遣ᄒᆞ야 來ᄒᆞ야 其僕을 救援ᄒᆞ시기를 請ᄒᆞ니 〈1906눅07:03〉

(예20)에서는 '풍문ᄒᆞ-', '풍편으로 듯-', '소문을 듯-'의 교체가 확인된다. 『신약젼셔』 전반적으로 1900년 시험역본과 1904년 임시역본에서의 '풍편으로 듯-'이나 '~고 곳(卽)' 등과 같은 한문 투 문어 표현이 1906년 공인역본에서 더 한국어스럽게, 그리고 고유어를 많이 활용하는 표현으로 수정되는 것을 볼 수 있다.

(21) ㄱ. ᄒᆞᆫ계집죵이베드로ㅣ불을향ᄒᆞ야안진거술보고 다시 ᄶᅩᆨᄶᅩᆨ이 보아 ᄀᆞᆯᄋᆞᄃᆡ 이 사ᄅᆞᆷ이 그와 ᄒᆞᆫ가지로 ᄃᆞᆫ닌 사ᄅᆞᆷ이라 ᄒᆞ니 〈1900눅

22:56〉

ㄴ. 베드로ㅣ불 빗헤안즌거슬훈계집죵이보고 다시 쏙쏙이 보아 골ᄋᆞ듸 이 사ᄅᆞᆷ이 그와 ᄒᆞᆫ가지로ᄃᆞᆫ닌 사ᄅᆞᆷ이라 ᄒᆞ니 〈1904눅22:56〉

ㄷ. ᄒᆞᆫ계집죵이베드로가불을향ᄒᆞ야안즌거슬보고 주목ᄒᆞ야 골ᄋᆞ듸 이 사ᄅᆞᆷ이 그와 ᄒᆞᆫ가지로ᄃᆞᆫ닌 사ᄅᆞᆷ이라 ᄒᆞ니 〈1906눅22:56〉

ㄹ. 一婢가베드로가火를向ᄒᆞ야坐ᄒᆞᆫ거슬見ᄒᆞ고 注目ᄒᆞ야 曰 此 人이 그와 同行ᄒᆞᆫ 人이라 ᄒᆞ니 〈1906눅22:56〉

(22) ㄱ. 동침치 안코 아달을 나으메 밋처 일홈을 칭ᄒᆞ여 예수라 ᄒᆞ다라 〈1887마태01:25〉

ㄴ. 아ᄃᆞᆯ 낫키ᄭᆞ지 안히로 알지 아니ᄒᆞ고 일홈을 예수ㅣ라 ᄒᆞ엿ᄂᆞ니라 〈개화기1900마태01:25〉

ㄷ. 아ᄃᆞᆯ 낫키ᄭᆞ지 안히로 알지 아니ᄒᆞ고 일홈을 예수ㅣ라 ᄒᆞ엿ᄂᆞ니라 〈대전집1900마태01:25〉

ㄹ. 동침ᄒᆞ지 아니ᄒᆞ고 아ᄃᆞᆯ을 나흐매 일홈을 예수ㅣ라 ᄒᆞ니라 〈1904마태01:25〉

ㅁ. 아ᄃᆞᆯ을 낫키ᄭᆞ지 동침치 아니ᄒᆞ더니 나흐매 일홈을 예수라 ᄒᆞ니라 〈1906마태01:25〉

ㅂ. 子를 生ᄒᆞ기ᄭᆞ지 同寢치 아니ᄒᆞ더니 生ᄒᆞ매 名을 예수라 ᄒᆞ니라 〈1906마태01:25〉

(23) ㄱ. 너희롤 듸졉지 아니ᄒᆞᄂᆞᆫ 쟈ㅣ 잇거든 그 읍닉셔 나올 ᄯᅢ에 너희 발에 몬지롤 ᄯᅥ러ᄇᆞ려 그들의게 증거롤 삼으라 ᄒᆞ시니 〈1900눅09:05〉

ㄴ. 너희를 졉듸치 아니ᄒᆞᄂᆞᆫ 쟈ㅣ 잇거든 그 읍닉셔 나올 ᄯᅢ에 너희 발에 몬지를 ᄯᅥ러ᄇᆞ려 그들의게 증거를 삼으라 ᄒᆞ시니 〈1904눅09:05〉

ㄷ. 누구던지너희를 듸졉지 아니ᄒᆞ거든 그 셩에셔 ᄯᅥ날 ᄯᅢ에 너희 발에 몬지도 ᄯᅥ러ᄇᆞ려 뎌희의게 증거를 삼으라 ᄒᆞ시니 〈1906눅09:05〉

ㄹ. 誰던지爾等을 待接지 아니ᄒᆞ거든 其 城에셔 離ᄒᆞᆯ 時에 爾等의 足에 塵도 拂去ᄒᆞ야 彼等의게 證據를 삼으라 ᄒᆞ시니 〈1906누 09:05〉

(24) ㄱ. 어나읍닉에 드러가던지 너희를 영졉지 아니ᄒᆞ거든 곳 그 거리로 나와셔 ᄀᆞᆯᄋᆞ되 〈1900누10:10〉
ㄴ. 어ᄂᆞ읍닉에 드러가던지 너희를 영졉지 아니ᄒᆞ거든 곳 그 거리로 나와셔 ᄀᆞᆯᄋᆞ되 〈1904누10:10〉
ㄷ. 어ᄂᆞ셩에 드러가던지 너희를 ᄃᆡ뎝지 아니ᄒᆞ거든 곳 그 거리로 나와셔 〈1906누10:10〉
ㄹ. 何城에 入ᄒᆞ던지 爾等을 待接지 아니ᄒᆞ거든 곳 其 街로 出ᄒᆞ야 〈1906누10:10〉

(예21)에서는 '다시 쏙쏙이 보-'를 '주목ᄒᆞ-'로 수정하였고, (예22)에서는 '안히로 알지 아니ᄒᆞ-'를 '동침치 아니ᄒᆞ-'로 수정하면서 어순도 바꾼 것을 볼 수 있다. (예23)에서는 'ᄃᆡ졉ᄒᆞ-'와 '졉ᄃᆡᄒᆞ-'가 대응되고 있는데, 현대국어에서는 '접대하-'와 '대접하-'가 동의어로, 대치 가능한 단어로 인식되지는 않는다. 사전적 뜻풀이도 그렇지만 화용론적으로는 두 단어의 의미적 거리가 더 멀다. (예24)에서는 '영졉'을 'ᄃᆡ뎝'으로 수정하였는데, 이 시기 'ᄃᆡ졉', '졉ᄃᆡ', '영졉'의 의미 관계에도 주목해 볼 만하다. 이러한 어휘 사용상의 특징은 한국어 번역 성경만의 문제가 아니라는 점, 그런데도 이 시기 텍스트 자료 중에서 동의어, 혹은 대치 가능어를 성경 자료만큼 분명하고 구체적으로 확인할 수 있는 자료가 많지 않다는 데에 성경 텍스트 연구의 의의가 있다.

### 3) 어순

어순의 수정은 대부분 부사와 부사격조사가 나타나는 부분에서 많이 확인되고, 현대의 번역문들에서처럼 주제화나 초점화를 위한 어순

변형 및 수정은 드물다.

(25) ㄱ. 닐곱재ᄭᆞ지 그러ᄒᆞ야 다 ᄌᆞ식이 업시 죽고 〈1900누20:31〉
ㄴ. 닐곱재ᄭᆞ지 그러ᄒᆞ여 다 ᄌᆞ식이 업시 죽고 〈1904누20:31〉
ㄷ. 닐곱이 다 그리ᄒᆞ야 ᄌᆞ식 업시 죽고 〈1906누20:31〉
ㄹ. 七人이 皆 然ᄒᆞ야 子息 업시 死ᄒᆞ고 〈1906누20:31〉

(26) ㄱ. 그 후에 ᄯᅩ 녀인이 죽엇ᄂᆞᆫ지라 〈1900누20:32〉
ㄴ. 그 후에 ᄯᅩ 녀인이 죽엿ᄂᆞᆫ지라 〈1904누20:32〉
ㄷ. 그 후에 녀인이 ᄯᅩ 죽엇ᄂᆞᆫ지라 〈1906누20:32〉
ㄹ. 其 後에 女人이 亦 死ᄒᆞ엿ᄂᆞᆫ지라 〈1906누20:32〉

(27) ㄱ. 서로 이 된 거술 의론ᄒᆞ더니 〈1900누24:14〉
ㄴ. 서로 이 된 거슬 의론ᄒᆞ더니 〈1904누24:14〉
ㄷ. 이 모든 일 된 거슬 서로의론ᄒᆞ더니 〈1906누24:14〉
ㄹ. 此 諸事의 成ᄒᆞᆫ 거슬 相議ᄒᆞ더니 〈1906누24:14〉

(28) ㄱ. 이 너희 보ᄂᆞᆫ 거술 날이 니를 거시니 돌 우헤 ᄭᅵ친돌이문허지지 아닌거슨업ᄉᆞ리라 ᄒᆞ시거늘 〈1900누21:06〉
ㄴ. 너희 보ᄂᆞᆫ 이거슨 날이 니를 거시니 돌 우헤 ᄭᅵ친돌이문허지지 아니ᄒᆞᆯ거시업시리라 ᄒᆞ시거늘 〈1904누21:06〉
ㄷ. 너희 보ᄂᆞᆫ 이거시 날이 니르면 돌ᄒᆞ나도 돌 우헤 텹노히지안코 다문허지리라 ᄒᆞ시거늘 〈1906누21:06〉
ㄹ. 爾等의 見ᄒᆞᄂᆞᆫ 此殿이 日이 至ᄒᆞ면 石一塊도 石 上에 疊노히지 안코盡壞ᄒᆞ리라 ᄒᆞ시거늘 〈1906누21:06〉

(예25)~(예27)에서 확인할 수 있는 바와 같이 '다〔皆〕', 'ᄯᅩ〔亦〕', '서로〔相〕' 등의 부사의 위치를 후기 번역본일수록 서술어 가까이로 수정한 것을 알 수 있다. (예28)의 '이 너희 보는 것'을 '너희 보는 이것'으로 수정한 것도, '이', '그, 저'의 위치 변화를 볼 수 있는 예인데, 모두

수식어와 피수식어의 위치를 가깝게 두는 방향성을 가지고 수정되었음을 알 수 있다.

(29) ㄱ. 무리드려 닐ᄋᆞ시ᄃᆡ 탐심을 삼가고 조심ᄒᆞ라 대개 사ᄅᆞᆷ의 사는 거시 그 가산 넉넉ᄒᆞᆫ ᄃᆡ 잇지 아니ᄒᆞ니라 ᄒᆞ시고 〈1900눅12:15〉
ㄴ. 무리드려 닐넛스ᄃᆡ 탐심을 삼가고 조심ᄒᆞ라 대개 사ᄅᆞᆷ의 사는 거시 그 가산 넉넉ᄒᆞᆫ ᄃᆡ 잇지 아니ᄒᆞ니라 ᄒᆞ시고 〈1904눅12:15〉
ㄷ. 무리드려 닐ᄋᆞ샤ᄃᆡ 삼가 모든 탐심을 물니치라 대개 사ᄅᆞᆷ의 사는 거시 그 가산 넉넉ᄒᆞᆫ ᄃᆡ 잇지 아니ᄒᆞ니라 ᄒᆞ시고 〈1906눅12:15〉
ㄹ. 衆드려 謂ᄒᆞ샤ᄃᆡ 愼ᄒᆞ야 諸貪心을 却ᄒᆞ라 大槩 人의 活ᄒᆞ는 거시 其 家産이 裕ᄒᆞᆫ ᄃᆡ 有치 아니ᄒᆞ니라 ᄒᆞ시고 〈1906눅12:15〉

(예29)에서는 '탐심을 삼가고 조심ᄒᆞ라'를 '삼가 모든 탐심을 물니치라'로 수정한 것, 즉 동사를 부사로 전환하고 어순까지 수정한 것을 볼 수 있다. (예25)~(예29)와 같은 예를 통해 보면, 문장에서 비교적 위치 이동이 자유로운 부사의 활용이 공인역본의 영향을 받아 현대 한국어 번역 성경에까지 이어지고 있음을 알 수 있다.

### 4) 생략 및 첨가

한국어 성경의 수정과 개역이 거듭되는 과정에서 잉여적 요소는 생략되어 왔다. (예30)에서 '~과 밋'을 '~과'로, (예31)에서 '눈으로 보-'를 '보-'로 수정한 것 등이 잉여적 요소를 생략한 수정의 예이다.

(30) ㄱ. 만물을 아바지ᄭᅴ셔 내게 주셧시니 아바지 외에는 아ᄃᆞᆯ이 누군지 아는 이 업고 아ᄃᆞᆯ과 밋 아ᄃᆞᆯ이 소원대로 ᄀᆞᄅᆞ치는 이 외에는 아바지가 누군지 아는 이가 업ᄂᆞ이다 ᄒᆞ고 〈대전집/개화기 1900눅10:22〉
ㄴ. 만물을 아바지가 내게 주셧스니 아바지 외에는 아ᄃᆞᆯ을 누군지

아는 이 업고 아ᄃᆞᆯ과 밋 아ᄃᆞᆯ이 소원대로 ᄀᆞᄅᆞ치는 이 외에는 아바지가 누군지 아는 이가 업ᄂᆞ이다 ᄒᆞ시고 〈1904눅10:22〉

ㄷ. 모든거슬 아바지가 내게 주셧스니 아바지 외에는 아ᄃᆞᆯ이 누군지 아는 이가 업고 아ᄃᆞᆯ과 아ᄃᆞᆯ의 소원대로 ᄀᆞᄅᆞ친 쟈 외에는 아바지가 누군지 아는 이가 업ᄂᆞ이다 ᄒᆞ시고 〈1906눅10:22〉

ㄹ. 모든거슬 父가 我의게 賜ᄒᆞ셧스니 父 外에는 子가 誰인지 知ᄒᆞ는 이가 無ᄒᆞ고 子와 子의 所願대로 敎ᄒᆞᆫ 者 外에는 父가 誰인지 知ᄒᆞ는 이가 無ᄒᆞ니이다 ᄒᆞ시고 〈1906눅10:22〉

(31) ㄱ. 바리시인이 하ᄂᆞ님나라히 어ᄂᆞᄣᅢ에 니ᄅᆞ랴 뭇거늘 예수ㅣ ᄃᆡ답ᄒᆞ야 ᄀᆞᆯᄋᆞ샤ᄃᆡ 하ᄂᆞ님나라히 니롬은 눈으로엇어볼거시아니라 〈1900눅17:20〉

ㄴ. 바리시교인들이 하ᄂᆞ님나라히 어ᄂᆞᄣᅢ에 니ᄅᆞ랴 뭇거늘 예수ㅣ ᄃᆡ답ᄒᆞ여 ᄀᆞᆯᄋᆞ샤ᄃᆡ 하ᄂᆞ님나라히 니롬은 눈으로볼거시아니라 〈1904눅17:20〉

ㄷ. 바리시교인이 하ᄂᆞ님나라히 어ᄂᆞᄣᅢ에 림호리잇가 뭇거늘 예수ㅣ ᄃᆡ답ᄒᆞ야 ᄀᆞᆯᄋᆞ샤ᄃᆡ 하ᄂᆞ님나라히 림홈은 볼수업고 〈1906눅17:20〉

ㄹ. 바리시敎人이 上帝國이 何時에 臨ᄒᆞ오릿가 問ᄒᆞ거늘 예수ㅣ 答ᄒᆞ야 曰 上帝國이 臨홈은 見ᄒᆞᆯ수업고 〈1906눅17:20〉

그러나 직역과 의역의 문제와 관련하여 성경 내용의 정확한 전달을 위해서는 구문을 첨가하는 수정을 하기도 하였다.

## 5. 맺는말

성경은 특정 종교의 문헌이기는 하지만 19세기 말에서 20세기 초, 한국의 근대 계몽기에 그 어떤 분야의 문헌보다 가장 적극적으로 독자를 의식하며 만들어진 문헌이다. 즉, 국문 성경과 국한혼용문 성경을 통해 사용역에 따른 언어 표현의 차이를 확인해 볼 수 있는 문헌이라는 것이다. 또한, 인쇄와 배포의 양적 측면에서도 근·현대 한국어 연구에서 간과할 수 없는 영역의 문헌 자료이다. 번역 성경이 동일한 원문을 바탕으로 하고 있어 번역본들 사이의 공시·통시적 대비 연구를 위한 적절한 조건을 갖추고 있다는 점도 국어사 연구 자료로서 번역 성경 자료를 조명하게 되는 요인이다. 성경에 대한 국어학적 연구는 특히 문체와 어휘 연구에 대한 연구가 많은데, 개신교의 한국어 성경 번역이 시작되던 19세기 말에서 20세기 초의 시대적 특징과도 관계된다. 오랫동안 쓰여 왔던 한문 투 문어체에서 국문 구어체로의 변화가 시도되면서 여러 유형의 문체가 경쟁을 벌이던 시기였기 때문이다. 한국어 번역 성경만큼 독자를 의식하며 현실 언어를 반영하기 위해 구체적이고 적극적인 시도가 진행된 영역도 드물기 때문에 이 시기의 한국어 번역 성경은 시기별 언어의 보편적 특징에 관심을 두는 국어사 연구 자료로서 적극 활용되어야 한다는 것이 나의 입장이다.

국어사 기술을 위하여 이 시기의 문체 연구는 오랫동안 중요하게 다루어진 부문이지만 기독교와 관련하여서는 『텬로력뎡(天路歷程)』(1895)이나 『서유견문(西遊見聞)』(1895)의 연구에 국한되어 있었던 것이 사실이다. 뒤 이어질 국한혼용문 성경에 대한 고찰은 그간의 문체사 연구를 한 단계 끌어올릴 수 있는 요소를 지니고 있다. 국한혼용문 성경은 국문 성경을 저본으로 만들어졌다고 밝혀져 있기에, 본격적인 국한혼용문 성경 연구에 앞서 공인역 국문 성경에 대한 연구를 선행하였다.

지금까지의 한국어 번역 성경의 번역어를 비롯한 어휘론적 연구는 다음과 같은 점에서 아쉬움이 남는다. ① 한국어 번역 성경을 대상으로 한 연구에서 본문 전체를 대상으로 한 어휘 검토가 이루어진 적이 없다. 복음서의 일부, 전도서 등 성경 전서의 일부분만을 검토하고 있다. ② 어휘 변화에 대한 역본별, 혹은 통시적 연구가 거의 없다. 현대에, 새로운 번역 성경이 출간되면 그것을 대상으로 그 이전의 것들과 대조한 연구들은 있지만, 한국어 성경 번역사에서 구체적으로 어휘 및 구절들이 어떠한 변화를 겪어 왔는지를 통시적 대비 과정을 거쳐 검토한 연구는 찾아보기 힘들다. ③ 어휘의 용법을 구체적으로 검토한 연구가 드물다. 해당 어휘의 용법이 성경 고유의 용법인지 아니면 그 시기의 일반적인 용법인지도 제대로 밝혀진 것이 없다.

그러나 이러한 문제점들에 대한 해결보다 더 선행되어야 할 것은 한국어 번역 성경의 번역, 수정, 출판 과정을 고찰하여 한국어 번역 성경의 언어 표현이 갖는 특징과 성경 어휘의 배경을 이해하는 것이다. 나는 나의 시도들이 개인의 자유 번역이나 창작물이 아니라 철저한 번역 원칙을 바탕으로 하는 공인역본들의 다양한 연구로 나아가는 기반이 되기를 바란다.

나는 한국어 번역 성경 자료를 국어학적으로, 국어사 자료로서 활용하기 위한 연구 방법론, 즉 언어 단위별 대조 분석법을 통한 번역 성경의 연구 방법론을 제시해 보였다. 언어 단위별 대조 분석을 통하여 어휘들의 교체 및 수정 양상과 그 정착 과정을 다룰 수 있는 방법론으로 앞으로의 연구들에서 다각적으로 활용될 수 있을 것이다. 또한, 그간의 논저들에서 다루어진 적이 없는 『신약젼셔』(일본 요코하마 인쇄본, 1904)를 찾아내어 소개하고, 살펴본 것도 본고가 갖는 의의 중 하나이다. 무엇보다 수정 내역, 즉 빨간색 펜의 수기 수정 상태를 직접 확인할 수 있는 자료이기 때문에 그 발견 및 소개의 의미가 더욱 크다. 한편, 『開化期國語資料集成』과 『韓國聖經大全集』에 수록되어 있는 시험역본(1900)들이 다른 판본임을 설명하고, 그 세부적인 차이들을 구체적으로 제시하였는데, 이는 국어사 연구에서 한국어 번역 성경 자료들이 더 정치(精緻)하게 다루어져야 할 영역임을 보이기 위한 것이다. 나의 이러한 시도들이 앞으로 국어학, 국어사 연구 영역에서 한국어 번역 성경에 대한 연구가 계속될 수 있는 발판으로 활용되기를 기대한다.

4장

# 국문 텍스트의 국한혼용문화 원리

## 1. 『新約全書 국한문』(1906)의 국어사적 의의

『예수셩교 누가복음젼서』(John Ross, 1882)가 개신교 계열 최초의 한국어 번역 성경으로서 의의와 가치를 지니고 있다면, 『新約全書 국한문』은 최초의 국한혼용문 성경으로서의 의의를 지닌다. 본고는 동일한 내용의 국문 성경을 저본으로 하여 '다시 쓰기'된 이 국한혼용문 성경[1]의 한자어화 원리를 밝히는 것을 목적으로 한다. '漢字語化'는 '漢字化'와 구분해야 할 개념인데, 국문본에서 '속으로 생각ᄒᆞ-'로 표현된 것을 '心思ᄒᆞ-'라고 나타내는 것은 '한자어화'이고, '승텬ᄒᆞ-'를 '昇天ᄒᆞ-'로 표기하는 것은 '한자화'이다. 나는 한국어 문장에서 다른 필수 성분들과 긴밀한 관계를 이루며 어휘 및 문체 변형에서 가장 중심적인 역할을 하는 용언을 중심으로 한자어화의 원리를 살펴본다. 대명사, 관형사, 부사 등의 요소도 국한혼용문의 특징을 살피기에 적합한 요소이지만 한정적인 규모의 텍스트를 대상으로 하는 연구에서는 사용 빈도가 높은 용언을 중심으로 고찰한다.

격변의 개화기에 같은 내용에 대하여 국문과 국한혼용문이 1對1로 대응되는 텍스트들이 있기는 하지만 성경 자료처럼 관련자들의 보고서나 문헌의 판권 부분 확인을 통해 그 선후 관계를 분명히 확인할 수 있는 자료는 많지 않다. 따라서 국문 성경과 국한혼용문 성경의 대비 연구는 개화기의 '국문', '국한혼용문'의 문체 연구 및 '고유어', '한자어', '신출어', '사어' 등의 어휘사 연구에 이바지하게 될 것으로 보인다.

나는 신약 성경의 4복음서를 대상으로 연구를 진행한다. 복음서까지만 번역자회에서 공동 독회를 통해 수정하고, 사도행전부터는 개인에게 번역을 일임하였다는 MBC(The Minutes of the Bible

1 통칭 '국한혼용문 성경'은 '鮮漢文', '簡易 鮮漢文', '簡易 國漢文'을 포함하는 개념으로, 國漢文 계열, 簡易 鮮漢文 舊譯 계열, 簡易 鮮漢文 改譯 계열을 모두 포함하는 용어이다.

Committee, Feb. 14, 1906)의 기록에 근거하여 개인 번역을 제외하고 공인역본만을 대상으로 하기 위하여 연구 대상을 4복음서로 제한하였다. 나는 두 가지 방법을 통하여 『新約全書 국한문』의 용언의 한자어화 원리를 살필 것이다. ① 저본으로 보이는 『신약젼셔』와의 어휘 대비를 통하여 국문이 구체적으로 어떻게 국한혼용문화 되었는지를 설명한다. ② 같은 시기의 다른 국한혼용문 텍스트와의 대조를 통해 『新約全書 국한문』의 한자어화 원리를 밝힌다.

대영성서공회 도서관(Library of BFBS:British and Foreign Bible Society)의 성경 목록에는[2] 한국의 국한혼용문 성경은 '국문으로 썼을 경우 의미가 불분명한 것과 한문으로 작성된 경우 어미가 없는 것, 이 두 주요 단점을 보완한 것'이라고 당시 선교사들의 보고서(류대영 외, 1994:87)를 바탕으로 설명되어 있다. 이를 통하여 국한혼용문 성경이 국문 성경이나 한문 성경보다 더 정확하고 쉽게 읽힐 수 있도록 만들어진 것임을 알 수 있다. 또, 1904년 게일(James Scarth Gale)과 언더우드(Horace Grant Underwood)가 대영성서공회 본부에 국한혼용문 성경의 인쇄를 요청하였던 다음과 같은 문서 내용을 보면, 당시 한국에 국한혼용문 성경이 만들어졌던 배경도 이해할 수 있다.

> (1) 현재 관리들과 중산 계급은 거의 혼용체를 사용하고 있습니다. 한국에서 가장 많이 발행되는 신문이 혼용체이고, 한국 정부의 공문서도 대부분 혼용체이며, 학무국에서 발행되는 거의 모든 문서가 혼용체인데 예외적으로 성경만 국문으로 발행됩니다. 〈류대영 외, 1994:84; '언더우드가 BFBS에 혼용본 인쇄를 요청한 편지의 일부(1903.12.23)'〉

**2** The Scripteres Catalogue of BFBS(British and Foreign Bible Society), "Korean", Library of BFBS, 1977, 604/ SLⅡ, No.6005.

국한혼용문 성경의 간행을 지지하였던 언더우드는 한국에서 국한혼용문 성경을 발행하면 한문 향유층이 오히려 국문을 익히며 한문 사용을 적게 하는 효과를 낳게 될 것이라는 의견까지 피력하였다.(류대영 외, 1994:88) 일반적으로는 국한혼용문은 한문 해독을 어려워하는 독자들에게 그 내용을 쉽게 알려주기 위해 만든 것으로 생각하지만 개화기의 국한혼용문 중에는『新約全書 국한문』과 같이 국문을 저본으로 한 것들이 적지 않았다. 즉, 한문 해독이 어려운 사람들을 위해 국한혼용문이 쓰여진 것이 아니라 한글 사용자층에 향유되던 것이 한문 향유층에 퍼져 나갈 때 사용된 문체인 것이다. 한국어 번역 성경 역시 지식과 권력을 지닌 집단에서는 국문을 읽으려고 하지 않았기 때문에 본래 국문으로 간행되었던 텍스트를 선교와 판매와 계몽을 목적으로, 혹은 국한혼용문을 통한 국문 텍스트의 확산을 목적으로 국한혼용문으로 간행한 것이다. 특히『新約全書 국한문』은 당시의 다른 국한혼용문이나 이후의 국한혼용문 성경들보다 한자어 비율이 높게 확인된다.(유경민, 2011a:294) 이는 국한문 성경의 편집자도, 독자도 한문에 능한 사람들이었을 것임을 짐작하게 하는 사실이다.

한국어 성경 번역사 및 국한혼용문 성경의 속표지나 판권 부분을 정리해 보면(유경민, 2011:270-274) 한국에 정식 번역자회가 만들어진 이후[3] 한국어 성경은 새로운 번역본이 나올 때마다 '국문→국한혼용문→관주' 성경 순으로 간행되었다. 즉, 국문 성경의 새 판본이 간행될 때마다 국한혼용문 성경이 간행되었는데 그동안 우리의 관심은 국문

3 한국에 와 있던 개신교 선교사들은 1887년 聖書飜譯委員會-飜譯委員會(Committee for Translating the Bible into the Korean Language-Translating Committee)를 결성하였으나 이 위원회는 제대로 운용되지 않았고, 1893년에 다시 常任聖書實行委員會를 조직하였다. 이후 그 산하의 聖書飜譯者會(Permanent Executive Bible Committee-Board of Official Translators)의 주도로 한국어 성경의 공인 역본들이 간행되어 나오게 되었다.

성경에만 집중되어 있었던 것이다. 최초의 국한혼용문 성경이 간행된 1906년 이후 최근까지의 국한혼용문 성경의 간행 과정은 다음과 같이 4기로 나누어 볼 수 있다. 第1期는 1906년부터 1913년까지인데, 『新約全書 국한문』이 유일한 국한혼용문 성경이었던 시기이다. 第2期는 『신약젼셔』(1911)를 저본으로 한 5호 활자본 『簡易 鮮漢文 新約聖書』(1913/1936)가 간행된 이후 '新約全書 국한문' 계열과 '簡易 鮮漢文 舊譯' 계열이 공존하던 시기이다.[4] 第3期는 『簡易 鮮漢文 新約 改譯』(1940)이 간행되면서 '簡易 鮮漢文 舊譯' 계열과 '簡易 鮮漢文 改譯' 계열의 성경[5]이 공존하던 시기이다. 舊譯과 改譯 국한문본의 차이는 簡易 鮮漢文 舊譯에서 무엇이 얼마나 改譯되었느냐가 아니다. 저본이 된 국문 성경이 구역본인지 개역본인지를 기준으로 한 것이므로 사실상 국한혼용문의 한자어 양상이나 어휘 비율에는 차이가 거의 없다. 第4期는 『성경전서 개역개정판』(1998)을 저본으로 한 『貫珠 聖經全書 簡易 國漢文 改譯改訂版』(2006)[6]이 간행된 이후의 시기로, '國漢文 改譯改訂' 계열의 시기인데, 『성경전서 개역 개정판』(2005)을 저본으로 한 『貫珠 聖經全書 國漢文 改譯改訂版』(2008)이 가장 최근에 만들어진 국한혼용문 성경으로 확인된다. 이처럼 국한혼용문 성경의 역사는 국문 성경의 역사와 함께 이어지고 있다. 따라서 국한혼용문 성경에 대한 연구는

4 '簡易 鮮漢文 舊譯' 계열로는 『韓國聖經大全集』에 수록되어 있는 6호 활자본 『簡易 鮮漢文 新約』(1935)이 더 널리 보급되었다.

5 이 시기의 개역본에는 국문맞춤법(1933)을 반영하여 수정한 『신약전서/성경전서 개역 국문판』(1952)과 이를 저본으로 한 『簡易 國漢文 新約 改譯』(1955), 『簡易 國漢文 新約全書 改譯 附 詩篇』(1956), 『貫珠 聖經全書 簡易 國漢文 국문판』(1964) 등의 국한문본이 있었던 것으로 확인된다.(유경민, 2011:273-274)

6 관주 성경은 『성경전서 개역개정판(1998)』 이후 국문, 국한혼용문본을 각각 간행해 낸다. 이로 인해 국한문본 성경을 따로 만들지 않고 관주 국한혼용문본을 내는 것으로 대신했던 것으로 보인다. 그러나 이는 필자가 아직 '簡易 鮮漢文 개역개정' 판본을 찾지 못한 결과일 수도 있어 조심스럽다.

국문 성경 및 개화기 국한혼용문에 대한 연구와 당대의 어휘 및 문체 연구와 병행되어야 할 것이다.

개화기 문체를 연구한 김영민(2009:409-411)은 부속 국문체로 쓰인 유길준의 『노동야학독본』(1908)의 원문이 국한혼용문이라는 그간의 논의를 부정하고, 그 원문이 국문체임을 밝혔다. 유길준(兪吉濬)이 한글의 뜻을 한자로 나타내는 방식으로 한자를 병기하여 국한혼용문(부속 국문체)을 만들었다는 설명이다. 최초의 국한혼용문 성경인 『新約全書 국한문』의 필자인 한학자가 바로 유길준의 동생인 유성준(兪星濬 1860~1934)이었음도 간과해서는 안 될 사실이다. 『노동야학독본』과 『新約全書 국한문』의 국한혼용문화 과정을 연관지어 볼 수도 있기 때문이다. 다음 예를 보자. (예2)는 『노동야학독본』에서, (예3)은 『新約全書 국한문』과 『신약전서』에서 추출한 예이다.

(2) ㄱ. 나라를 사랑ᄒᆞ는 者쟈는 사람의 도리를 守직히며
ㄴ. 나라를 사랑ᄒᆞ는 쟈는 사람의 도리를 직히며
ㄷ. 나라를 사랑ᄒᆞ는 者는 사람의 도리를 守며

(3) ㄱ. 爾의 盟誓ᄒᆞᆫ 거슬 반다시 主의 前에셔 守ᄒᆞ라 ᄒᆞ엿스나 〈마태05:33〉
ㄱ'. 네 ᄆᆡᆼ셰ᄒᆞᆫ 거슬 반ᄃᆞ시 쥬 압헤셔 직희라 ᄒᆞ엿스나

ㄴ. 爾等이 上帝의 誡命은 棄ᄒᆞ고 人의 遺傳을 守ᄒᆞᆫ다 ᄒᆞ시고 〈마가07:08〉
ㄴ'. 너희가 하ᄂᆞ님의 계명은 ᄇᆞ리고 사ᄅᆞᆷ의 유젼을 직흰다 ᄒᆞ시고

ㄷ. 오직 마리아는 此 諸言을 守ᄒᆞ야 心에 銘ᄒᆞ더라 〈눅02:19〉
ㄷ'. 오직 마리아는 이 모든말을 직희여 ᄆᆞ음에 ᄉᆡ이더라

ㄹ. 爾等이 我를 愛ᄒᆞ면 我의 誡命을 守ᄒᆞ리라 〈요한14:15〉

ㄹ'. 너희가 나를 ᄉᆞ랑ᄒᆞ면 나의 계명을 직희리라

(2ㄱ)은 『노동야학독본』의 한 부분이고, (2ㄴ~ㄷ)은 『노동야학독본』의 저본을 가정해 본 것이다. 처음부터 국한혼용문으로 쓰여졌다면 (2ㄷ)의 '守며'는 '守ᄒᆞ며'로 표현되었을 것이다. 이러한 검증 방식으로 (2ㄱ)의 저본을 (2ㄴ)으로 보는 것이다. (예3)은 『新約全書 국한문』의 일부와 그 저본으로 알려진 『신약전서』(1906)의 해당 부분을 보인 것이다. (2ㄱ)과 (3ㄱ), (3ㄴ), (3ㄷ), (3ㄹ)의 저본을 국문본으로 보는 것은 같지만 동사 '守'를 문장에서 활용하는 방식이 다르다. 즉, (예2)에서는 '守' 뒤에 'ᄒᆞ-'가 결합되어 있지 않고, (예3)에서는 '守' 뒤에 'ᄒᆞ-'가 결합되어 있다. 이것이 바로 『노동야학독본』과 『新約全書 국한문』의 차이이다. 유길준은 궁극적으로 국문으로 가기 위한 국한혼용문을 시도하였고,(김영민, 2009:414) 유성준은 국문을 잘 읽지 않는 한문 향유층을 위하여 한자를 문장의 주문자(主文字)로 활용하는 국한혼용문을 구사한 것이다. 그 결과 『新約全書 국한문』에서의 용언들은 모두 '한자어+ᄒᆞ-'나 '한자어+이-'의 형태로 표현되었다. 『노동야학독본』과 『新約全書 국한문』 모두 국문을 국한혼용문으로 '다시 쓰기'하였기 때문에 역방향으로 보면 모두 한자의 훈독처럼 보일 수도 있다. 그러나 한자 뒤에 붙은 어미나 조사를 살펴보면, (예2)와 (예3)에서와 같이 두 국한혼용문의 다른 면모가 드러난다. 바로 이것이 1900년대 초반의 국한혼용문을 일괄적으로 다룰 수 없는 까닭이다. 역사 위의 숫자상으로는 매우 짧은 기간이라고 볼 수도 있지만, 문체 혼돈의 시대의 저작물들이기 때문에 면밀한 검토가 필요하다. 반면, 다른 종류의 국한혼용문 텍스트에 비하여 번역 성경은 그 텍스트의 저본이 분명하게 기록되어 있기 때문에 한자어화 및 국한혼용문화의 특성을 더 분명하고 쉽게 파악할 수 있어 국어사적 연구 텍스트로서 적극적인 활용이 필요하다. 그럼에도 불구하고 개화기 국한혼용문에 대한 그동안의 대

부분의 논의들은 국한혼용문 성경들을 배제한 채로 진행되어 왔다. 종교 서적이어서 어휘나 문체 표현이 편향되어 있기 때문이라지만 불경 텍스트가 국어학적으로 얼마나 많이, 다양하게 이루어졌는지를 생각하면 한국어 번역 성경 연구에 대한 의의와 가치는 재고해 보아야 할 일이다.

김영덕(1969:73)은 국문체 성서의 어미 표현 등이 언해체 문장의 발전 형태라고 설명하였다. 그러나 이것은 언해체와 국한혼용문의 관계를 본격적으로 살핀 차원에서라기보다는 언해체와 국문 사용의 문제를 연결해 보려한 것으로서의 의의를 지닌다. 이기문(1970:17)은 개화기의 국한혼용문체는 漢文을 풀어서 거기에 토를 단 형태라고 설명하였다. 그러나 개화기의 국한혼용문 성경은 국문을 한자어화한 형태이다. 조규태(1991)는 국한혼용문체의 효시로 논의되는 『서유견문』의 문체가 당시의 일본글을 본받은 것이라고 설명하였다. 심재기(1992:192-194)는 '국한혼용체'의 유형을 '현토체', '직역 언해체', '의역 언해체'로 나누고, 의역 언해체가 한문의 잔영(殘影)을 전혀 보이지 않을 때 그것을 국문체라고 할 수 있다고 하였다. 이병근(2000)은 유길준이 전통적 양식의 글에서는 한문을 사용하고, 개화사상을 고취하는 글에서는 국한혼용문을 사용하고, 소학 교육을 위해서는 訓讀式 문체를 사용한 것을 밝혀 설명하였다. 글의 성격에 따라 국한혼용문이 선택적으로 사용되었음을 설명하면서 국한혼용문의 세부적인 방식은 『西洋事情』을 비롯한 일본의 글쓰기 방식을 따른 것으로 결론지었다. 반면, 민현식(2011:206-207)은 국한혼용문체를 용비어천가 식의 '전통 국한문체'와 한문 원문에 한글 토를 단 '구결 혼용체', 서유견문 식의 '어절 현토체'와 한문 문장 단위로 토를 단 '문장 현토체'로 나누어 설명하였다. 이렇게 국한혼용문에 대하여 면밀히 검토하고 있는 논저들에서도, 당시 일반적 국한혼용문과는 좀 다른 방식으로 쓰여졌던 국한혼용문 성경에 대해서는 언급하지 않았다. 이에 유경민(2011:294)에서는 성경의 국한혼용문체를 '新約全書 국한문' 계열(1906), '簡易 鮮漢文 舊譯' 계열(1913년 이후), '簡易 鮮漢文 改譯' 계열(1940년 이후)로 나누어 설명하고, '新約全書 국한문' 계열의 독특한 국한혼용문체의 실체를 밝혔다.

## 2. 國文의 國漢混用文化: '다시 쓰기'를 중심으로

고유어로 표현되고 한글로 표기된 국문본의 본문을 한자어로 바꾸고, 한자어는 한자로 표기하는 것이 내가 말하고자 하는『新約全書 국한문』(1906)의 국한혼용문화이다. 즉 단순히 한글 표기된 한자어를 한자 표기로 바꾸는, '바꿔 쓰기'가 아니라 표현 자체를 '다시 쓰기'하여 국한혼용문화하는 것, 그 과정에서 나타나는 특징이 바로『新約全書 국한문』이 개화기 국한혼용문의 한 부류를 이룰 만한 것이고, 그것이 내가 국한혼용문 성경의 변화에 집중하는 이유이다.『新約全書 국한문』의 한자어화 원리는 크게 두 가지로 볼 수 있다. ① 고유어로 표현된 어휘를 한자어로 대치하고, 표기도 한자로 바꾼 것. 나는 이것을 '漢字語化' 혹은 '다시 쓰기' 방식이라고 한다. ② 한글 표기이기는 하나 이미 한자어로 표현된 것을 다른 한자어로 대치하고, 그것의 표기도 한자로 바꾼 것. 음절 수에 변화가 없을 수도 있고, 1음절어[7]를 2음절어로, 2음절어를 1음절어로 나타내기도 한다.[8] 이 또한 '다시 쓰기' 방식

7 본고에서는 용어상의 문제점을 인식하여 '一字語, 二字語' 대신 '一音節語, 二音節語'라고 한다. 한국어에서 '-字'의 개념은 글자의 모양에 치중되어 '異體字', '正字', '略字', '俗字' 등의 용어에 주로 사용되고 있기 때문이다. 연구자에 따라서는 '單音節語, 雙音節語'라고도 하지만 그럴 경우 '三音節' 이상의 複合 漢字語를 나타내기 곤란하기 때문에 나는 '一音節語, 二音節語, 三音節'라는 용어를 사용한다.

8 한글로 표기된 한자어를 한자 표기로 바꿔 주기만 하는 것은 '漢字化' 혹은 '바꿔 쓰기'라

의 일종이다.

### 1) 1음절 고유어를 1음절 한자어로

『新約全書 국한문』의 4복음서의 1음절 한자어 용언은 658종이다. 이 중 1900년대 학회지에서 추출한 용언과 같은 형태인 것이 567종으로 1음절 한자어의 약 86%가 다른 텍스트에서도 확인되는 일반어이다. 이는 당대 국한혼용문 성경에만 쓰이는 전문어로서의 1음절 한자어(대부분은 '1음절 한자어+ᄒᆞ-' 형태임) 용언은 많지 않다는 의미이다. 1음절 한자어는 현대어로 올수록 감소 추세를 보이는데, '1음절 한자어+ᄒᆞ-'가 일상적인 口語에서는 잘 쓰이지 않고, 문어체에서 주로 쓰였기 때문이다.[9] 이 시기의 유교 경서류나 어학서류는 학습을 목적으로 하는 사람들을 위해 번역되고 집필된 텍스트이고, 한국어 번역 성경은 더 많은 대중에게 읽히기 위한, 즉 宣教를 목적으로 한 간행물이었는데도 확인되는 어휘 양상에는 큰 차이가 없다. 이러한 사실을 통해『新約全書 국한문』의 한자어화의 방향이 가능한 한 많은 단어를 한자어로 표현하는 것이기는 하였으나 다른 텍스트나 일상어로서 활용되지 않는 1음절 한자어까지 생산해 내면서 '다시 쓰기'를 하지는 않았다는 것을 유추할 수 있다.

다음에 제시되는 (예4)는『新約全書 국한문』에서 확인된 1음절 한자어 용언의 예이다. 한자어 뒤의 괄호 안에는 국문 성경인『신약젼셔』(1906)에서 대응되는 고유어를 찾아 제시한 것이다.

---

고 하는데, 나는 '용언의 한자어화'를 살펴보고 있기 때문에 이러한 예들은 다루지 않는다.

9 한영균(2008:245)에서는 불경 언해가 한문을 해독하지 못하는 이들을 위한 것이었으므로 가능한 한 일반 독자가 알기 쉬운 어휘를 사용하는 것이 바람직하였을 것이라고 보고, 불경 언해의 '단음절+ᄒᆞ-'형 용언의 비율이 유교 경전의 '단음절+ᄒᆞ-'형 용언의 비율보다 낮게 나타나는 현상을 분석적으로 설명하기도 하였다.

(4) ㄱ. 嫁ᄒᆞ-(싀집가-), 覺ᄒᆞ-(ᄭᆡ닷-/생각ᄒᆞ-), 却ᄒᆞ-(져바리-/니져바리-/물니치-), 降ᄒᆞ-(나리-), 盖ᄒᆞ-(덥-), 開ᄒᆞ-(열-/펴-), 去ᄒᆞ-(가-), 拒ᄒᆞ-(막-), 擧ᄒᆞ-(들-), 建ᄒᆞ-(세우-), 憩ᄒᆞ(쉬-)-, 擊ᄒᆞ-(치-), 見ᄒᆞ-(보-), 牽ᄒᆞ-(ᄭᅳ을-), 遣ᄒᆞ-(보내-), 結ᄒᆞ-(맷-/열-), 潔ᄒᆞ-(ᄭᅵᆨ긋ᄒᆞ-), 傾ᄒᆞ-(기울-), 耕ᄒᆞ-(갈-), 驚ᄒᆞ-(놀나-), 啓ᄒᆞ-(열니-), 繫ᄒᆞ-(매이-), 固ᄒᆞ-(굿-), 叩ᄒᆞ-(두다리-), 顧ᄒᆞ-(도라 보-/보-), 枯ᄒᆞ-(마르-), 高ᄒᆞ-(놉ㅎ-), 瞽ᄒᆞ-(눈 멀-), 攻ᄒᆞ-(치-), 寡ᄒᆞ-(적-), 壞ᄒᆞ-(문허지-), 愧ᄒᆞ-(붓그러워ᄒᆞ-), 交ᄒᆞ-(사괴-), 教ᄒᆞ-(가라치-), 懼ᄒᆞ-(무셔워ᄒᆞ-/두려워ᄒᆞ-), 久ᄒᆞ-(오래-), 舊ᄒᆞ-(낡-), 掘ᄒᆞ-(파-), 窺ᄒᆞ-(엿보-), 眷ᄒᆞ-(돌아보-), 潰ᄒᆞ-(문허지-), 饋ᄒᆞ-(먹이-), 歸ᄒᆞ-(도라가-/돌녀보내-/돌니-/도라오-), 克ᄒᆞ-(이긔-), 近ᄒᆞ-(갓갑-), 給ᄒᆞ-(주-), 及ᄒᆞ-(밋치-), 肯ᄒᆞ-(즐기-), 嗜ᄒᆞ-(즐기-), 棄ᄒᆞ-(바리-), 祈ᄒᆞ-(빌-), 饑ᄒᆞ-(곱흐-/주리-/시장하-), 起ᄒᆞ-(니러나-), 冀ᄒᆞ-(바라-), 暨ᄒᆞ-((셰셰로)밋치게 ᄒᆞ-), 納ᄒᆞ-(드리-/바치-), 耐ᄒᆞ-(견디-), 老ᄒᆞ-(늙-), 溺ᄒᆞ-(ᄲᅡ지-), 多ᄒᆞ-(만ㅎ-), 斷ᄒᆞ-(ᄭᅳᆫㅎ-), 短ᄒᆞ-(적-), 擔ᄒᆞ-(메-), 踏ᄒᆞ-(밟-), 大ᄒᆞ-(크-), 帶ᄒᆞ-(ᄯᅴ-), 待ᄒᆞ-(기ᄃᆞ리-), 倒ᄒᆞ-(너머지-), 到ᄒᆞ-(니르-/오-), 塗ᄒᆞ-(바르-), 讀ᄒᆞ-(닑-), 同ᄒᆞ-(ᄀᆞᆽ-), 登ᄒᆞ-(오르-), 落ᄒᆞ-(ᄯᅥ러지-), 樂ᄒᆞ-(즐기-), 來ᄒᆞ-(오-), 量ᄒᆞ-(혜아리-), 裂ᄒᆞ-(ᄧᅴ여지-/ᄧᅵᆽ-), 露ᄒᆞ-(드러나-), 賴ᄒᆞ-(힘닙-), 流ᄒᆞ-(흘니-), 離ᄒᆞ-(ᄯᅥ나-), 裹ᄒᆞ-(ᄡᅡ-), 立ᄒᆞ-(세우-/서-), 磨ᄒᆞ-(갈-), 滿ᄒᆞ-(ᄎᆞ-), 望ᄒᆞ-(ᄇᆞ라-), 買ᄒᆞ-(사-), 賣ᄒᆞ-(팔-), 勉ᄒᆞ-(힘ᄡᅳ-), 鳴ᄒᆞ-(울-), 明ᄒᆞ-(밝-), 暮ᄒᆞ-(져물-), 謀ᄒᆞ-(ᄭᅬᄒᆞ-), 牧ᄒᆞ-(먹이-/치-), 舞ᄒᆞ-(춤추-), 問ᄒᆞ-(묻-), 聞ᄒᆞ-(듯-), 捫ᄒᆞ-(만지-), 眯ᄒᆞ-(ᄒᆞ리-), 攀ᄒᆞ-(밧들-), 返ᄒᆞ-(도라오-), 拔ᄒᆞ-(ᄲᅢ-), 醱ᄒᆞ-(퍼지-), 白ᄒᆞ-(희-), 擘ᄒᆞ-(ᄯᅦ-), 步ᄒᆞ-(걷-), 伏ᄒᆞ-(업ᄃᆡ-), 奉ᄒᆞ-(밧들-), 逢ᄒᆞ-(만나-), 付ᄒᆞ-(부치-), 負ᄒᆞ-(지-), 拊ᄒᆞ-(치-), 奔ᄒᆞ-(다라나-), 備ᄒᆞ-(ᄀᆞᆽ초-), 批ᄒᆞ-(치-), 卑ᄒᆞ-(ᄂᆞᆽ초-), 貧ᄒᆞ-(간난ᄒᆞ-), 司ᄒᆞ-(맛ㅎ-), 思ᄒᆞ-(ᄉᆡᆼ각ᄒᆞ-), 舍ᄒᆞ-(죽-), 散ᄒᆞ-(흣허지-/흣흐-), 産ᄒᆞ-(낳-), 撒ᄒᆞ-(헷치-), 嘗ᄒᆞ-(맛보-), 償ᄒᆞ-(갑ㅎ-), 上ᄒᆞ-(올나가-), 索

ᄒᆞ-(차지-),曙ᄒᆞ-(새-), 書ᄒᆞ-(쓰-), 釋ᄒᆞ-(노하주-), 閃ᄒᆞ-((번개가)번듯ᄒᆞ-), 成ᄒᆞ-(되-/일우-), 惺ᄒᆞ-(ᄭᅵ-), 醒ᄒᆞ-(ᄭᅵ우-), 聖ᄒᆞ-(거룩ᄒᆞ-), 洗ᄒᆞ-(씻-), 召ᄒᆞ-(부르-), 掃ᄒᆞ-(쓸-), 燒ᄒᆞ-(살오-), 甦ᄒᆞ-(살아나-), 笑ᄒᆞ-(웃-), 小ᄒᆞ-(작-/적-), 送ᄒᆞ-(보내-), 碎ᄒᆞ-(ᄭᅵ여지-), 受ᄒᆞ-(밧-), 收ᄒᆞ-(거두-), 授ᄒᆞ-(주-), 數ᄒᆞ-(혜-), 隨ᄒᆞ-(ᄶᅡ르-), 守ᄒᆞ-(직히-), 睡ᄒᆞ-(자-), 囚ᄒᆞ-(가도-), 昇ᄒᆞ-(올나가-), 施ᄒᆞ-(주-/베플-), 是ᄒᆞ-(옳-), 示ᄒᆞ-(보이-), 食ᄒᆞ-(먹-), 識ᄒᆞ-(알아보-), 息ᄒᆞ-(쉬-), 飾ᄒᆞ-(ᄭᅮᆷ이-), 植ᄒᆞ-(심기-/심-), 伸ᄒᆞ-(펴-), 信ᄒᆞ-(밋-), 愼ᄒᆞ-(삼가-), 哂ᄒᆞ-(비웃-), 祝ᄒᆞ-(빌-), 深ᄒᆞ-(깁-), 尋ᄒᆞ-(찾-), 沈ᄒᆞ-(잠기-), 拾ᄒᆞ-(줍-), 按ᄒᆞ-(대-), 暗ᄒᆞ-(어둡-), 壓ᄒᆞ-(눌니-), 仰ᄒᆞ-(우러르-), 愛ᄒᆞ-(ᄉᆞ랑ᄒᆞ-), 躍ᄒᆞ-(ᄠᅱ-), 壞ᄒᆞ-(문허지-), 養ᄒᆞ-(기르-), 語ᄒᆞ-(말ᄒᆞ-), 漁ᄒᆞ-(고기잡-), 言ᄒᆞ-(말ᄒᆞ-), 掩ᄒᆞ-(가리우-), 業ᄒᆞ-(ᄒᆞ-), 與ᄒᆞ-(주-), 餘ᄒᆞ-(남-), 易ᄒᆞ-(쉽-), 宴ᄒᆞ-(잔치ᄒᆞ-), 悅ᄒᆞ-(깃버ᄒᆞ-), 厭ᄒᆞ-(슳-), 迎ᄒᆞ-(맞-), 曳ᄒᆞ-(ᄭᅳ을-), 悟ᄒᆞ-(ᄭᅵ닫-), 汚ᄒᆞ-(더럽-), 臥ᄒᆞ-(눕-), 往ᄒᆞ-(가-), 畏ᄒᆞ-(두렵-/무셥-), 饒ᄒᆞ-(넉넉ᄒᆞ-), 欲ᄒᆞ-(ᄒᆞ고져ᄒᆞ-), 用ᄒᆞ-(쓰-), 遇ᄒᆞ-(맛나-), 憂ᄒᆞ-(근심ᄒᆞ-), 云ᄒᆞ-(니르-), 遠ᄒᆞ-(멀-), 謂ᄒᆞ-(닐아-), 圍ᄒᆞ-(두루-), 違ᄒᆞ-(어긔-), 愈ᄒᆞ-(낫-), 濡ᄒᆞ-(적시-), 由ᄒᆞ-(말미암-), 遺ᄒᆞ-(보내-), 諭ᄒᆞ-(닐ᄋᆞ-), 裕ᄒᆞ-(넉넉ᄒᆞ-), 隱ᄒᆞ-(숨기-/숨-), 飮ᄒᆞ-(마시-), 泣ᄒᆞ-(울-), 宜ᄒᆞ-(맛당ᄒᆞ-), 醫ᄒᆞ-(곳치-), 義ᄒᆞ-(올ㅎ-), 衣ᄒᆞ-(닙-), 移ᄒᆞ-(옴기-), 易ᄒᆞ-(쉽-), 引ᄒᆞ-(잇ᄭᅳᆯ-), 忍ᄒᆞ-(ᄎᆞᆷ-), 溢ᄒᆞ-(넘치-), 妊ᄒᆞ-(배-), 入ᄒᆞ-(드러가-), 刺ᄒᆞ-(ᄶᅵ르-), 醉ᄒᆞ-(ᄶᅡ-), 作ᄒᆞ-(만들-), 斫ᄒᆞ-((나무를)ᄶᅵᆨ-), 蘸ᄒᆞ-((물을)ᄶᅵᆨ-), 將ᄒᆞ-(가지-), 藏ᄒᆞ-(ᄀᆞᆷ초-), 在ᄒᆞ-(계시-/잇-), 宰ᄒᆞ-(잡-), 摘ᄒᆞ-(ᄣᅡ-), 積ᄒᆞ-(쌓-), 炙ᄒᆞ-(굽-), 塡ᄒᆞ-(메-), 戰ᄒᆞ-(싸호-), 轉ᄒᆞ-(구르-), 痊ᄒᆞ-(셩ᄒᆞ-), 顚ᄒᆞ-(걱구러지-), 釘ᄒᆞ-(못박-), 提ᄒᆞ-(잡-), 造ᄒᆞ-(짓-), 助ᄒᆞ-(돕-), 照ᄒᆞ-(빗최-), 尊ᄒᆞ-(좃-), 種ᄒᆞ-(심으-), 從ᄒᆞ-(좃ㅊ-), 終ᄒᆞ-(ᄆᆞᆺ초-), 坐ᄒᆞ-(안즈-), 注ᄒᆞ-(븟-), 拯ᄒᆞ-(건지-), 知ᄒᆞ-(알-), 止ᄒᆞ-(ᄀᆞᆺ치-), 持ᄒᆞ-(가지-), 指ᄒᆞ-(ᄀᆞᄅᆞ치-), 至ᄒᆞ-(이르-), 舐ᄒᆞ-(ᄒᆞᆶ

-), 叱ᄒᆞ-(ᄭᅮ짖-), 執ᄒᆞ-(잡-), 集ᄒᆞ-(모호-), 着ᄒᆞ-(대-), 鑿ᄒᆞ-(파-), 捉ᄒᆞ-(잡-), 窄ᄒᆞ-(좁-), 處ᄒᆞ-(계시-), 陟ᄒᆞ-(올니치-), 穿ᄒᆞ-(ᄯᅮᇙ-), 踐ᄒᆞ-(ᄇᆞᆲ-), 沾ᄒᆞ-(뭇-), 捷ᄒᆞ-(깃들리-), 聽ᄒᆞ-(듣-), 招ᄒᆞ-(부르-), 觸ᄒᆞ-(부듸치-), 抽ᄒᆞ-(ᄲᅡᆸ-), 推ᄒᆞ-(밀-), 祝ᄒᆞ-(빌-), 築ᄒᆞ-(ᄊᆞᇂ-), 逐ᄒᆞ-(ᄶᅩᆺ치-), 黜ᄒᆞ-(나리치-), 出ᄒᆞ-(돗-), 充ᄒᆞ-(채우-), 衝ᄒᆞ-(다질니-), 就ᄒᆞ-(나가-), 聚ᄒᆞ-(모호-), 吹ᄒᆞ-(불-), 昃ᄒᆞ-(기울-), 置ᄒᆞ-(두-), 治ᄒᆞ-(다ᄉᆞ리-), 恥ᄒᆞ-(붓그럽-), 耻ᄒᆞ-(붓그럽-), 寢ᄒᆞ-(자-), 唾ᄒᆞ-(춤비앗-), 打ᄒᆞ-(치-), 坼ᄒᆞ-(ᄶᅩᆺ-), 呑ᄒᆞ-(삼키-), 誕ᄒᆞ-(나-), 奪ᄒᆞ-(ᄲᅢ앗-), 脫ᄒᆞ-(벗기-/버셔나-), 怠ᄒᆞ-(게으르-), 笞ᄒᆞ-(ᄶᅡ리-), 投ᄒᆞ-(던지-), 播ᄒᆞ-(ᄲᅮ리-), 簸ᄒᆞ-(ᄶᅡ브르-), 悖ᄒᆞ-(밋-), 遍ᄒᆞ-(펴지-), 閉ᄒᆞ-(닷-), 獘ᄒᆞ-(헉여지-), 飽ᄒᆞ-(비불니-), 抱ᄒᆞ-(안-), 捕ᄒᆞ-(잡-), 哺ᄒᆞ-(먹이-), 舖ᄒᆞ-(펴-), 稟ᄒᆞ-(엿좁-), 被ᄒᆞ-(닙-), 彼ᄒᆞ-(닙-), 學ᄒᆞ-(배호-), 醎ᄒᆞ-(ᄶᆞ-), 抗ᄒᆞ-(결우-), 偕ᄒᆞ-(ᄒᆞᆫ가지로 ᄒᆞ-/ᄒᆞᆷᄭᅴᄒᆞ-), 解ᄒᆞ-(풀-), 獻ᄒᆞ-(드리-), 顯ᄒᆞ-(나타내-), 呼ᄒᆞ-(부르-), 好ᄒᆞ-(됴-), 混ᄒᆞ-(셕-), 還ᄒᆞ-(도라오-), 活ᄒᆞ-(살-), 誨ᄒᆞ-(가라치-), 效ᄒᆞ-(본밧-), 訓ᄒᆞ-(가라치-), 毁ᄒᆞ-(헐-), 休ᄒᆞ-(쉬-), 携ᄒᆞ-(다리-), 吃ᄒᆞ-(먹-), 喜ᄒᆞ-(깃버ᄒᆞ-)

ㄴ. 可ᄒᆞ-(옳-), 加ᄒᆞ-(더ᄒᆞ-), 居ᄒᆞ-(살-/계시-/거ᄒᆞ-), 哭ᄒᆞ-(울-), 曲ᄒᆞ-(굽-), 過ᄒᆞ-(지나-), 難ᄒᆞ-(어렵-), 動ᄒᆞ-(움직이-), 得ᄒᆞ-(엇-), 凉ᄒᆞ-(셔늘ᄒᆞ-), 留ᄒᆞ-(머므-), 銘ᄒᆞ-(사이-), 名ᄒᆞ-(일홈ᄒᆞ-), 無ᄒᆞ-(업-), 拜ᄒᆞ-(절ᄒᆞ-), 報ᄒᆞ-(갑ᄒᆞ-), 補ᄒᆞ-(깁-), 憤내-(ᄲᅧᆸ내-), 分ᄒᆞ-(난호-), 死ᄒᆞ-(죽-), 賜ᄒᆞ-(주-), 削ᄒᆞ-(ᄶᅡᆨ-), 殺ᄒᆞ-(죽이-),[10] 生ᄒᆞ-(나ᄒ/살-), 善ᄒᆞ-(옳-/둏-)), 設ᄒᆞ-(베플-), 盛ᄒᆞ-(넝-), 率ᄒᆞ-(다리-), 乘ᄒᆞ-(ᄐᆞ-), 勝ᄒᆞ-(낫-), 失ᄒᆞ-(일허ᄇ-),[11] 讓ᄒᆞ-(내-),[12] 如ᄒᆞ-(갓호-), 逆ᄒᆞ

10 『표준국어대사전』에는 없으나 『조선말대사전』에는 등재되어 있다.

11 『표준국어대사전』에는 없으나 『우리말큰사전』에는 등재되어 있다.

12 『표준국어대사전』에는 없으나 『우리말큰사전』에는 등재되어 있다.

-(거亽리-), 然ᄒᆞ-(그러-/그러ㅎ-/그러ᄒᆞ-/그리ᄒᆞ-), 燃ᄒᆞ-(켜-), 熱ᄒᆞ-(픠우-), 有ᄒᆞ-(잇-), 任ᄒᆞ-(맛기-), 孕ᄒᆞ-(배-),[13] 長ᄒᆞ-(자라-), 傳ᄒᆞ-(돌이키-), 接ᄒᆞ-(맛초-), 淨ᄒᆞ-(ᄭᆡᆨ긋ᄒᆞ-), 除ᄒᆞ-(벗기-), 奏ᄒᆞ-(엿줍-), 憎ᄒᆞ-(뮙-), 直ᄒᆞ-(곳-), 盡ᄒᆞ-(다되-/다ᄒᆞ-), 斬ᄒᆞ-(목버히-), 寵ᄒᆞ-(고이-), 娶ᄒᆞ-(쟝가들-), 痛ᄒᆞ-(앓-), 退ᄒᆞ-(물너가-), 稟ᄒᆞ-(엿줍-), 畢ᄒᆞ-(뭋초-/다ᄒᆞ-), 陷ᄒᆞ-(ᄲᆞ지-), 行ᄒᆞ-(ᄃᆞᆫ니-)

'1음절 한자어+ᄒᆞ-' 용언의 사용은 어휘 및 문체의 현대성을 판단하는 준거가 될 수 있기에 『新約全書 국한문』에서 확인된 658종의 모든 형태를 제시하였다. (4ㄱ)은 『新約全書 국한문』에서 확인된 1음절 한자어 중에서 『표준국어대사전』(1999)에 등재되어 있지 않은, 즉 현대 한국어에서는 사용하지 않는 '1음절 한자어+ᄒᆞ-' 용언의 목록이다. (4ㄴ)은 658종의 용언 중에서 현대 한국어 사전에서도 확인되는 55 종의 '1음절 한자어+ᄒᆞ-' 형태의 용언의 목록이다. 현대 한국어에서도 쓰이는 것으로 확인된 (4ㄴ)의 예들 중에서 현대 한국어에 대한 지식만으로는 이해하기가 어려운 예들도 있다. 그 중 하나가 '썹내여 ᄀᆞᆯᄋᆞᄃᆡ'를 '憤내여 曰'로 나타낸 것이다. '누가복음 23장 5절'에서 확인되는 표현인데, 『簡易 國漢文 新約全書』(1956)에서는 '굳세게 말하-'로, 『공동번역』(1977)에서는 '우겨대-'로, 『표준새번역』(1993)에서는 '강경하게 말하-'로, 『貫珠 聖經全書 簡易 國漢文:개역개정판』(1998)에서는 '强하게 말하-'로 표현되어 있다. '썹내-'는 18세기의 〈同文類解 下우28〉에서 '풀썹내다(攘臂)'가 확인되는데, 이는 오늘날 사람들이 화가 날 때 팔을 걷어 올리며 성을 내는 행동과 관련된 것으로 보인다. '(옷을 걷어 올려)팔을 썹다〉화내다〉강하게 말하다'와 같이 인지언어학적으로 이 단어의 의미 추이를 설명할 수 있다.

13 『표준국어대사전』에는 없으나 『우리말큰사전』에는 등재되어 있다.

### 2) 구·절 표현을 2음절 복합 한자어로

『新約全書 국한문』의 4복음서에서 추출된 2음절 한자어 용언은 1,128종으로, 전체 용언의 약 62.91%에 해당한다. 한자어(중국어)는 표의 문자로서 古代에는 單音이 하나의 詞/語인 경우가 대부분이었으나 점차 2음절어가 많아졌다. 그것은, '一詞多義' 현상이 언어 소통의 효율성을 떨어뜨림에 따라 단어들 간의 구분을 위하여 점진적으로 一音節語의 의미를 구체화하거나 한정해 줄 수 있는 二音節 이상의 형태로 詞/語가 변해 왔기 때문이다.[14]

『新約全書 국한문』에서의 한자어화는 국어식으로 표현된 복합어나 구·절의 내부 구성 요소를 각각 개별 한자로 나타내는 것이 가장 큰 특징이다. 2음절 한자어 용언의 선행 요소인 'AB'의 대부분은 'A'와 'B'의 의미가 투명하게 드러나는, 즉 漢字 一音節마다 한국어의 一意味가 대응되는 자유 결합(free combination)의 특성을 보인다.[15] 예를 들어 '맛나보-'를 '遇見ᄒᆞ-'와 같이 한자어화하는 것, 마가복음에서 누가복음 전반까지는 '엿보-'를 '窺ᄒᆞ-'로 나타내지만 누가복음 후반과 요한복음에서는 '엿보-'를 '窺視ᄒᆞ-'로 한자어화하는 것, '젼ᄒᆞ여 주-'를 '傳授ᄒᆞ-'와 같이 나타내는 것은 『新約全書 국한문』에서만 볼 수 있는 한자어화의 방식이다. 簡易 鮮漢文 舊譯 계열 이후의 국한혼용문 성경에서는 '젼ᄒᆞ여 주-'를 '傳하야 주-'로 나타낸다. 다음 (예5)는 『新約全書 국한문』

---

14 사회 · 문화의 변화와 발달로 동형어가 생겨나거나 하나의 형태가 너무 많은 의미와 기능을 가지게 될 경우 의미의 혼란이 오게 되므로 의미의 명료화를 위하여 一單語를 二音節 이상(대부분 2음절)의 漢字語로 만들어 그 의미를 분명히 나타내고자 하였다. 일반적으로 아편 전쟁(1840~1842) 이후의 근대 중국어와 1919년 5·4 운동 이후 현대 중국어 시기에 이전 시기보다 2음절어가 급격히 많이 나타나는 것으로 확인된다.(정헌철·송상미 편역, 2008:24-38)

15 이 외에 'AB'의 의미가 '본용언+보조용언'의 구성과 같이 분명한 두 개의 의미로 보기 어려운 예들도 있다. 이러한 이유로 나는 '一意味 一音節 漢字語化'와 '一單語 一音節 漢字語化'를 구별한다.

에서 확인되는, 이후의 국한혼용문 성경과 다른 원리로 한자어화 된 『新約全書 국한문』의 2음절 복합 한자어이다.

(5) 過去ᄒᆞ-(지나가-), 歸來ᄒᆞ-(도라오-), 歸去ᄒᆞ-(도라가-), 棄置ᄒᆞ-(ᄇᆞ려두-), 渡去ᄒᆞ(건너가-), 露出ᄒᆞ-(드러내-), 望見ᄒᆞ-(ᄇᆞ라보-), 拂棄ᄒᆞ-(ᄯᅥ러ᄇᆞ리-), 上去ᄒᆞ-(올나가-), 率去ᄒᆞ-(다려가-), 厭棄ᄒᆞ-(슬혀ᄇᆞ리-), 入去ᄒᆞ-(드러가-), 助給ᄒᆞ-(도아주-), 出來ᄒᆞ-(나오-), 出去ᄒᆞ-(나가-), 下去ᄒᆞ-(내려가-)

'過去ᄒᆞ-(지나가-), 歸去ᄒᆞ-(도라가-), 渡去ᄒᆞ-(건너가-), 上去ᄒᆞ-(올나가-), 率去ᄒᆞ-(다려가-), 入去ᄒᆞ-(드러가-), 出去ᄒᆞ-(나가-), 下去ᄒᆞ-(내려가-)' 등과 같이 현대 한국어에서는 一音節(過, 歸, 渡, 上, 率, 入, 出, 下)만으로도 나타낼 수 있는 의미를 『新約全書 국한문』 및 당대의 많은 텍스트들에서는 '-去'를 붙여 후행 요소의 의미와 형태까지 살려 내는 국한혼용문을 구사하였다. 이러한 한자어화 예들을 통하여 1900년대의 '一意味 一音節 漢字語化'의 원리를 추론해 볼 수 있다.

2음절 한자어 중에는 하나의 용언으로 볼 것인지, 용언구로 볼 것인지가 쉽지 않은 예들이 있다. 나는 두 요소 사이에 국문 토가 없을 경우 이들을 하나의 용언으로 보았다. 이러한 형태는 다음과 같이 셋으로 나누어 볼 수 있다. 추출된 2음절 용언 'ABᄒᆞ-'는 ① 'Aᄒᆞ-'와 'Bᄒᆞ-'가 결합되어 'ABᄒᆞ-'가 된 것 ② 명사 A와 'Bᄒᆞ-'(또는 'Bᄒᆞ-'와 A)가 결합되어 'ABᄒᆞ-'가 된 것 ③ 부사 A와 용언 'Bᄒᆞ-'가 결합되어 'ABᄒᆞ-'가 된 것이다. (예6)은 복합 한자어를 그 내부 구성 요소들의 결합 방식에 따라 구분하여 제시한 것이다.

(6) ㄱ. 嫁娶ᄒᆞ-(싀집가-/싀집가고 쟝가가-), 牽往ᄒᆞ-(잇ᄭᅳᆯ고 가-), 牽出ᄒᆞ-(ᄭᅳ을어 내-), 驚懼ᄒᆞ-(놀나며 무셔워ᄒᆞ-), 求得ᄒᆞ-(구ᄒᆞ야 엇-), 歸見ᄒᆞ-(도라와 보-), 寄生ᄒᆞ-(븟쳐 살-), 來見ᄒᆞ-(와

보-), 立見ᄒᆞ-(서셔 보-), 謀殺ᄒᆞ-(꾀ᄒᆞ야 죽이-), 傍立ᄒᆞ-(겻헤 서-), 奉安ᄒᆞ-(뫼셔 두-), 俯視ᄒᆞ-(굽흐려 드려다보-), 分給ᄒᆞ-(논화 주-), 率來ᄒᆞ-(다려 오-), 率去ᄒᆞ-(다려 가-), 隨來ᄒᆞ-(짜라 오-), 餓死ᄒᆞ-(주려 죽-), 壓死ᄒᆞ-(치여 죽-), 曳來ᄒᆞ-(쓰을어 오-), 往居ᄒᆞ-(가 계시-), 往見ᄒᆞ-(가 보-), 繞匝ᄒᆞ-(에워 싸-), 踴躍ᄒᆞ-(뛰 놀-), 圍匝ᄒᆞ-(에워 싸-), 移置ᄒᆞ-(옴겨 놓-), 隱居ᄒᆞ-(숨어 잇-), 入送ᄒᆞ-(드려 보내-), 積置ᄒᆞ-(싸하 두-), 傳授ᄒᆞ-(젼ᄒᆞ여 주-), 轉向ᄒᆞ-(돌녀 대-), 藏置ᄒᆞ-(담아 두-)

ㄴ. 雨下ᄒᆞ-(비오-), 有力ᄒᆞ-(힘세-), 汗流ᄒᆞ-(땀 흐르-)

ㄷ. 接吻ᄒᆞ-(입을 맞초-/입맛초-), 債給ᄒᆞ-(빗주-), 債負ᄒᆞ-(빗지-), 用力ᄒᆞ-(힘쓰-)

ㄹ. 皆備ᄒᆞ-(다 갓초-), 更大ᄒᆞ-(더 크-), 共食ᄒᆞ-(ᄒᆞᆫ가지로 잡수-), 幾至ᄒᆞ-((안식일이) 거의 되-), 旣出ᄒᆞ-(임의 나가-), 旣得ᄒᆞ-(임의 엇-), 旣近ᄒᆞ-(임의 갓갑-), 旣閉ᄒᆞ-(임의 닷ᄎᆞ-), 旣濟ᄒᆞ-(임의 건너-), 屢次ᄒᆞ-(여러번ᄒᆞ-), 能言ᄒᆞ-(능히 말을 ᄒᆞ-),[16] 多受ᄒᆞ-(만히 밧-), 大事ᄒᆞ-(큰일ᄒᆞ-), 大喜ᄒᆞ-(크게 깃버ᄒᆞ-), 同在ᄒᆞ-(ᄒᆞᆫ가지로 잇-), 同居ᄒᆞ-(ᄒᆞᆫ가지로 잇-), 同行ᄒᆞ-(ᄒᆞᆫ가지로 힝-), 妄證ᄒᆞ-(거즛 증거ᄒᆞ-), 復索ᄒᆞ-(다시 달나-), 明見ᄒᆞ-(볽히 보-), 不來ᄒᆞ-(아니 오-), 相問ᄒᆞ-(서로 무르-), 相議ᄒᆞ-(서로 의론ᄒᆞ-), 先來ᄒᆞ-(몬져 오-), 先有ᄒᆞ-(몬져 잇-), 先言ᄒᆞ-(몬져 말ᄒᆞ-), 心思ᄒᆞ-(속으로 생각ᄒᆞ), 甚喜ᄒᆞ-(심히 깃버ᄒᆞ-), 甚難ᄒᆞ-(심히 어렵-), 按摩ᄒᆞ-(어로 문지-), 仰見ᄒᆞ-(우러러 보-), 亦然ᄒᆞ-(쏘ᄒᆞᆫ 그리ᄒᆞ-), 豫想ᄒᆞ-(미리 생각ᄒᆞ-), 一閉ᄒᆞ-(ᄒᆞᆫ번 닷-), 自卑ᄒᆞ-(스ᄉᆞ로 ᄂᆞᆽ초-), 自尊ᄒᆞ-(스ᄉᆞ로 놉히-), 自恃ᄒᆞ-(스ᄉᆞ로 밋-), 將至ᄒᆞ-(쟝ᄎᆞᆺ 니르-), 前進ᄒᆞ-(압흐로 나아가-), 終末되-(나죵되-), 首先되-(몬져되-), 至小ᄒᆞ-(지극히 적-), 遲來ᄒᆞ-(더듸 오-), 盡棄ᄒᆞ-(다 ᄇᆞ리-), 初次ᄒᆞ-(첫번ᄒᆞ-),

16 '네가 벙어리가 되여 능히 말을 못ᄒᆞ리니 〈1906눅01:20〉'가 '爾가 啞가 되여 能言치 못ᄒᆞ리니'로 한자어화되어 표현되었다. '능히 말하지 못ᄒᆞ-'로 되지 않은 점이 주목할 만하다.

最小ᄒᆞ-(가장 적-), 確信ᄒᆞ-(굿게 밋-), 必成ᄒᆞ-(반ᄃᆞ시 일우-)

(6ㄱ)은 두 용언이 결합된 예이고, (6ㄴ)은 주어와 용언이 결합된 예이고, (6ㄷ)은 용언과 목적어가 결합된 예이고, (6ㄹ)은 부사(어)와 용언이 결합된 예이다. 한국어의 어순은 SOV이고, 중국어의 일반 문형, 혹은 正式文은 SVO[17]이므로 '빗주-', '빗지-'를 한자어로 나타내려면 '給債ᄒᆞ-', '負債ᄒᆞ-'와 같이 해야 할 것인데 (6ㄴ)에서와 같이 '債給ᄒᆞ-', '債負ᄒᆞ-'로 국문 어순대로 한자어화되었다. 『新約全書 국한문』의 '一意味 一音節 漢字語化'는 한문법에 맞추어진 것이 아니라 한국인 집필자의 선택에 따라, 역량에 따라 '다시 쓰기' 되었음을 생각해 볼 수 있다. 1900년 대 당시 지식층은 한문과 국문을 자유롭게 구사할 수 있는 이중 언어 상황이었기 때문이었을 가능성이 엿보인다.

피·사동 표현은 문맥에 따라 그에 해당하는 한자 요소를 결합하여 나타내기도 하고, 생략하기도 한 것으로 확인된다.

(7) ㄱ. 被擄ᄒᆞ-(사로잡히-), 被壓ᄒᆞ-(눌니-), (衣를)被ᄒᆞ-((옷)닙히/닙-),[18] 被踐ᄒᆞ-(볿히-), 被逐ᄒᆞ-(쫏겨-), 被賣ᄒᆞ-(팔니-), 被打ᄒᆞ-(맞-), 被奪ᄒᆞ-(빼앗기-), 被囚ᄒᆞ-(가치-), 被釘ᄒᆞ-(못박히-), 被擧ᄒᆞ-(들니-), 被執ᄒᆞ-(잡히-), 被斫ᄒᆞ-(짝기-), 被捉ᄒᆞ-(잡히-), 被釋ᄒᆞ-(풀니-), 見放ᄒᆞ-(노히-)

ㄴ. 明示ᄒᆞ-(붉히 보이-), 瀉出ᄒᆞ-(쏫아지-), 裂破ᄒᆞ-(쯰여지-), 委任ᄒᆞ-(맛기-), 蹂躪ᄒᆞ-(볿히-), 隱匿ᄒᆞ-(숨기-), 乳哺ᄒᆞ-(젓 먹

---

17 중국어의 일반 문형을 정식문이라 하고, 특수 문형을 變式文이라고 한다. 변식문은 어떤 문장 성문이 생략되거나 문장 성분의 배열 순서가 정태적 어순을 위반한 경우이다. 본고에서는 중국어의 정식문 어순을 기준으로 논의한다.

18 '깃버ᄒᆞ심을 닙은'이 '喜ᄒᆞ심을 被ᄒᆞᆫ 〈1906눅02:14〉', '츙만홈을 닙어'가 '充滿홈을 106被ᄒᆞ야 〈1906눅04:01〉'로 표현되어 있다. 기본적으로 '被-'를 '닙-'의 형태에 대응시키는 것으로 보인다.

이-), 尊崇ᄒᆞ-(놉히-), 現見ᄒᆞ-(보이-), 顯出ᄒᆞ-(나타내-), 顯現ᄒᆞ-(나타나 보이-), 遍布ᄒᆞ-(펴지-), 供給ᄒᆞ-((도야지를) 먹이-), 拘攣ᄒᆞ-(오그러터리-), 傴僂ᄒᆞ-(곱으러지-), 顚仆ᄒᆞ-(너머터리-)

(예7)은 국문의 피·사동 표현이 한자어화된 예인데 '被'나 '見'을 결합시키기도 하고, 특별한 한자 요소의 결합 없이 피동이나 사동의 의미를 나타내기도 하였다.

반면, 다음과 같이 '一意味 一音節 漢字語化' 원리에서 벗어난 것으로 보이는 예도 확인된다.

(8) 感謝ᄒᆞ-(고맙-), 康健ᄒᆞ-(셩ᄒᆞ-), 康强ᄒᆞ-(셩ᄒᆞ-), 得利ᄒᆞ-(남기-), 放釋ᄒᆞ-(놓-), 犯接ᄒᆞ-(대-), 事役ᄒᆞ-(일ᄒᆞ-), 使役ᄒᆞ-(심부름ᄒᆞ-), 醫治ᄒᆞ-(곳치-), 需用ᄒᆞ-(쓰-/일용ᄒᆞ-), 容易ᄒᆞ-(쉽-), 自反ᄒᆞ-(돌이키-), 戰慄ᄒᆞ-(떨-), 眞實ᄒᆞ/되-(촘되-), 進伏ᄒᆞ-(업ᄃᆞ-), 踐踏ᄒᆞ-(ᄇᆞᆲ-), 治療ᄒᆞ-(곳치-), 割名ᄒᆞ-(ᄇᆞ리-), 會集ᄒᆞ-(모히-), 晦冥ᄒᆞ-(캄캄ᄒᆞ-), 號呼ᄒᆞ-(부르짖-), 恐懼ᄒᆞ-(무셔워ᄒᆞ-), 奉事ᄒᆞ-(셤기-), 如何ᄒᆞ-(엇지ᄒᆞ-), 如此ᄒᆞ-(이러ᄒᆞ-), 何如ᄒᆞ-(엇더ᄒᆞ-), 歌舞ᄒᆞ-(춤추-)

(예8)은 1음절 한자어로는 국문의 의미를 나타내기 어려워 2음절로, 더 구체화하여 나타낸 것으로 이해된다. 한자어화 되기 전 형태인 국문 표현 자체가 'Xᄒᆞ-' 형태인 예들도 있는데 이는 '셩ᄒᆞ-'와 같이 '-ᄒᆞ-'의 선행 요소가 어근(root)적 성향을 보이는 경우가 많다.

### 3) 한자어의 변화 및 교체

국문 전용인 『신약젼셔』에서는 한글로 표기된 二音節 漢字語 용언이었던 것이 『新約全書 국한문』에서 一音節 漢字語로 교체된 예도 적지 않다. 국문으로 간행된 『신약젼셔』에서 한글 표기였던 한자어는 한문 미숙련 집단에서도 자연스럽게, 일상적으로 사용하던 한자어였을 것이다. 이에 반해 『新約全書 국한문』에 쓰인 한자어는 한문 향유층에서 문자 혹은 漢文句처럼 쓰던 漢文語體가 많다. 이러한 전제들로 유추해 보건대, 『신약젼셔』의 2음절 한자어가 『新約全書 국한문』에서 1음절 한자어로 교체된 것은 한문 고전 강독을 통하여 익힌 전근대적 문체의 영향인 것으로 보인다.

(9) 驕ᄒᆞ-(교만ᄒᆞ-), 救ᄒᆞ-(구ᄒᆞ->救援하-(1940)/保存하-(1940)), 對ᄒᆞ-(ᄃᆡ답ᄒᆞ-), 慕ᄒᆞ-(ᄉᆞ모ᄒᆞ-), 迷ᄒᆞ-(희미ᄒᆞ-), 誓ᄒᆞ-(ᄆᆡᆼ셰ᄒᆞ-), 逃ᄒᆞ-(도망ᄒᆞ-), 煩ᄒᆞ-(번거ᄒᆞ-), 謝ᄒᆞ-(샤례ᄒᆞ-), 譬ᄒᆞ-(비유ᄒᆞ-), 試ᄒᆞ-(시험ᄒᆞ-), 怨ᄒᆞ-(원망ᄒᆞ-), 依ᄒᆞ-(의지ᄒᆞ-), 議ᄒᆞ-(의론ᄒᆞ-), 疑ᄒᆞ-(의심하-), 葬ᄒᆞ-(장ᄉᆞᄒᆞ-), 證ᄒᆞ-(증거ᄒᆞ-), 參ᄒᆞ-(참예ᄒᆞ-), 責ᄒᆞ-(칙망ᄒᆞ-/ᄭᅮ짖-), 托ᄒᆞ-(부탁ᄒᆞ-), 幸ᄒᆞ-(다ᄒᆡᆼᄒᆞ-), 憫히(민망히)

(예9)에 제시된 1음절 한자어들은 『簡易 鮮漢文 新約』(1935)에서 대부분 2음절어로 '다시 쓰기' 된다. '慕ᄒᆞ-'는 '思慕하-'로, '迷ᄒᆞ-'는 '熹微하-'로, '謝ᄒᆞ-'는 '謝禮하-'로, '譬ᄒᆞ-'는 '譬喩ᄒᆞ-'로, '試ᄒᆞ-'는 '試驗하-'로, '怨ᄒᆞ-' '怨望하-'로, '議ᄒᆞ-'는 '議論하-'로, '疑ᄒᆞ-'는 '疑心하-'로, '葬ᄒᆞ-'는 '葬事하-'로, '參ᄒᆞ-'는 '參與하-'로, '托ᄒᆞ-'는 '付託하-'로, '憫히'는 '憫憫히'로 수정된다. 『新約全書 국한문』이 과도한 한자어를 사용하고 漢文語體를 구사하였던 데에 반하여 후대로 올수록 국한혼용문 한국어 번역 성경의 한자어도 점차 구어에 가까운 형태가 지향되었던 것으로 보인다.

## 3. 1900년대 학회지 텍스트와의 대조

성경 어휘의 일상성과 전문성을 알아보기 위하여 1900년대에 간행된 학회지 텍스트 본문에 출현하는 한자어 용언과 『新約全書 국한문』(1906)에서 추출된 한자어 용언을 대조하여 『新約全書 국한문』의 한자어가 같은 시기의 다른 텍스트에서 쓰인 한자어와 어떤 차이를 보이는지를 고찰한다. 대조 대상으로 삼은 것은 아세아문화사에서 韓國 開化期 學術誌 叢書로 영인·간행한 13종의 1900년대 학술지 중에서 '한국역사정보통합시스템'에 본문이 공개된 다음과 같은 11종의 텍스트로 한정하였다.

① 畿湖興學會月報(1908년 8월~1909년 7월)
② 大同學會月報(1908년 2월~1909년 9월)
③ 大韓留學生會學報(1907년 3~5월)
④ 大韓自强會月報(1906년 7월~1907년 7월)
⑤ 大韓學會月報(1908년 2월~1908년 11월)
⑥ 大韓協會會報(1908년 4월~1909년 3월)
⑦ 大韓興學報(1903년 3월~1910년 5월)
⑧ 西北學會月報(1908년 6월~1910년 1월)
⑨ 太極學報(1906년 8월~1908년 11월)
⑩ 西友(1906년 12월~1908년 1월)
⑪ 湖南學報(1908년 6월~1909년 3월)

11종의 학회지 본문 텍스트에서 확인된 한자어 용언 중에서 1음절어와 2음절어의 종수를 추출하여 『新約全書 국한문』에서 추출한 것들과 대조한 결과를 보이면 다음과 같다.[19]

---

**19** 1, 2음절어만 검토한 이유는 3음절 이상의 용언은 '親迎來ᄒᆞ-, 同居處ᄒᆞ-, 稍益進ᄒᆞ-,

|  | 텍스트별 용언 어간 종수 |  | 공통으로 쓰인 용언 종수 | 『新約全書 국한문』에만 쓰인 용언 종수 |
|---|---|---|---|---|
|  | 『新約全書 국한문』 | 1900년대 학회지 |  |  |
| 1음절 한자 용언 | 658 | 1,674 | 567(86.2%) | 91(13.8%) |
| 2음절 한자 용언 | 1,128 | 20,990 | 545(48.3%) | 582(51.7%) |

위의 결과는 개신교가 한국에 정착하는 초기에 간행된 국한혼용문 성경에는 전문어로서의 한자어, 즉 다른 문헌에서는 흔히 쓰이지 않는 한자어 표현이 적지 않았음을 보여준다. 아래 (예10)의 목록은 『新約全書 국한문』에서만 확인되는 91개의 1음절 한자어이다. 괄호 안에 고유어 표기가 된 25개 어휘는 번역 당시 참고 가능했던 사전인 『韓佛字典』(파리외방선교회 한국선교단, 1880), 『韓英字典』(언더우드, 1890), 『韓英字典』(게일, 1897)에서 확인된 것이다.

(10) 諫ᄒᆞ-(간ᄒᆞ오), 盖ᄒᆞ-(덥소), 蹇ᄒᆞ-, 憩ᄒᆞ-, 潔ᄒᆞ-, 瞽ᄒᆞ-, 皎ᄒᆞ-, 饋ᄒᆞ-, 跪ᄒᆞ-, 饑ᄒᆞ-, 曁ᄒᆞ-, 拈ᄒᆞ-, 老ᄒᆞ-(늙소), 論ᄒᆞ-(의론ᄒᆞ오), 漏ᄒᆞ-, 撞ᄒᆞ-, 懶ᄒᆞ-(라ᄒᆞ다/게으롤/게으롤), 裸ᄒᆞ-, 樂ᄒᆞ-(즐겁소), 冥ᄒᆞ-, 銘ᄒᆞ-, 暮ᄒᆞ-, 泊ᄒᆞ-, 醱ᄒᆞ-, 擘ᄒᆞ-, 縫ᄒᆞ-, 拊ᄒᆞ-, 赦ᄒᆞ-(샤ᄒᆞ다/노흘), 塞ᄒᆞ-, 曙ᄒᆞ-, 爇ᄒᆞ-, 聖ᄒᆞ-(거륵ᄒᆞ오), 甦ᄒᆞ-, 哂ᄒᆞ-, 沈ᄒᆞ-, 拾ᄒᆞ-, 壤ᄒᆞ-, 憶ᄒᆞ-, 舁ᄒᆞ-, 宴ᄒᆞ-, 裂ᄒᆞ-, 拽ᄒᆞ-, 樂ᄒᆞ-, 耀ᄒᆞ-, 饒ᄒᆞ-(부요ᄒᆞ오), 留ᄒᆞ-, 裕ᄒᆞ-(넉넉이), 挹ᄒᆞ-, 義ᄒᆞ-(의ᄒᆞ다), 易ᄒᆞ-(쉽소), 裹ᄒᆞ-(싸오), 離ᄒᆞ-(ᄯᅥ나오), 溺ᄒᆞ-, 妊ᄒᆞ-, 臨ᄒᆞ-(림ᄒᆞ다), 立ᄒᆞ-(서오), 宰ᄒᆞ-, 炙ᄒᆞ-(굽소), 顚ᄒᆞ-, 痊ᄒᆞ-, 淨ᄒᆞ-(졍ᄒᆞ다), 釘ᄒᆞ-, 嗾ᄒᆞ-, 漬ᄒᆞ-, 悽ᄒᆞ-, 晴ᄒᆞ-, 寵ᄒᆞ-(춍ᄒᆞ다), 啓ᄒᆞ-, 唾ᄒᆞ-, 坼ᄒᆞ-, 綻ᄒᆞ-, 誕ᄒᆞ-, 兌ᄒᆞ-, 笞ᄒᆞ-, 簸ᄒᆞ-

---

平土葬ᄒᆞ-', 4음절 이상의 용언은 '卽往營商ᄒᆞ-', '虛浪放蕩ᄒᆞ-', '重言復言ᄒᆞ-' 뿐이기 때문이다.

(짭으오), 舖ᄒᆞ-, 稟ᄒᆞ-(픔ᄒᆞ다), 偕ᄒᆞ-(함끠), 駭ᄒᆞ-, 幸ᄒᆞ-(다힝ᄒᆞ다), 紅ᄒᆞ-(븕소), 黃ᄒᆞ-, 挿ᄒᆞ-, 束ᄒᆞ-, 畀ᄒᆞ-, 眯ᄒᆞ-, 耻ᄒᆞ-, 蘸ᄒᆞ-, 踼ᄒᆞ-, 醎ᄒᆞ-(짜오), 醡ᄒᆞ-

당시 다른 텍스트나 사전에서 확인되지 않고, 『新約全書 국한문』에서만 확인된 1음절 한자어가 66개이다. 이 중 『표준국어대사전』(1999)에서 확인되는 것은 '稟하-', '寵하-', '淨하-', '臨하-', '挹하-', '留하-', '赦하-', '銘하-', '論하-', '諫하-'이다.[20] 이 10개의 1음절 한자어는 현대 한국어에서는 일상어로 쓰이고 있지만 성경 혹은 기독교에서 만들어져 쓰이기 시작했던 용어였을 가능성이 있다. 다음에 제시되는 (예11)은 『新約全書 국한문』(1906)에서만 확인되는 2음절 한자어 목록이다.[21] 복합 한자어의 여러 유형을 확인할 수 있다.

(11) ㄱ. 揀出ᄒᆞ-(갈나내- 1), 牽來ᄒᆞ-(끄을고오- 3/끄으러오- 1), 乞食ᄒᆞ-(빌어먹- 1), 抉去ᄒᆞ-(빼여ᄇᆞ리- 1), 抉棄ᄒᆞ-(빼여ᄇᆞ리- 1), 高登ᄒᆞ-(놉히올나가- 1), 顧向ᄒᆞ-(도리켜향ᄒᆞ- 1), 屈伏ᄒᆞ-(꿇어업듸- 1), 跪伏ᄒᆞ-(꿇어업드리- 1/꾸러업듸- 1), 跪拜ᄒᆞ-(꿇어절ᄒᆞ- 1), 跪祝ᄒᆞ-(꿇고빌- 1), 窺視ᄒᆞ-(드려다보- 2/엿보- 1), 歸見ᄒᆞ-(도라와보- 2), 謹防ᄒᆞ-(삼가막- 1), 肯受ᄒᆞ-(즐겨밧- 1), 飢渴ᄒᆞ-(주리고목ᄆᆞ르- 1), 起坐ᄒᆞ-(니러앉- 1), 祈求ᄒᆞ-(빌고구ᄒᆞ- 1/빌- 1), 斷棄ᄒᆞ-(찍어ᄇᆞ리- 2), 擡入ᄒᆞ-(드려놓- 1), 盜去ᄒᆞ-(도적ᄒᆞ야가- 2), 渡往ᄒᆞ-(건너가- 3), 跳下ᄒᆞ-(쒸여ᄂᆞ리- 1), 登坐ᄒᆞ-(올나가앉- 1), 來集ᄒᆞ-(와셔모히- 1), 來助ᄒᆞ-(와셔돕- 1), 來問ᄒᆞ-(와셔묻- 1), 來居ᄒᆞ-

20 이 중 '諫하-'만이 『簡易 國漢文 新約全書 改譯 附 詩篇』(1956) 이후의 국한문 성경에서 확인되는데 이는 국한문 성경과 간이 국한문 성경의 차이 때문인 것으로 생각된다. '간하-'와 같이 한글 표기를 할 경우 그 의미가 명확하지 않기 때문에 간이 국한문 성경이지만 한자 표기를 하는 것이 더 쉬운 텍스트를 만드는 길이라고 판단했을 법하다.

21 (예5)~(예7)의 예들은 같은 시기의 다른 텍스트에서도 확인되는 예들이다.

(와셔살- 1), 來拜ᄒᆞ-(나아와절ᄒᆞ- 2), 來蔽ᄒᆞ-(와셔ᄀᆞ리우- 1), 來觀ᄒᆞ-(와보- 1), 來言ᄒᆞ-(와셔말ᄒᆞ- 2), 來謂ᄒᆞ-(와셔닐ᄋᆞ- 1), 濾食ᄒᆞ-(걸너먹- 1), 岑寂ᄒᆞ-(고요ᄒᆞ- 1), 擄去ᄒᆞ-(사로잡혀가- 1), 留置ᄒᆞ-(너허두- 1/두- 1), 裏絆ᄒᆞ-(싸ᄆᆡ- 1), 裏置ᄒᆞ-(싸두- 1), 離去ᄒᆞ-(ᄯᅥ나가- 14), 離往ᄒᆞ-(ᄯᅥ나가- 1), 離走ᄒᆞ-(ᄯᅥ나다라나- 1), 買持ᄒᆞ-(사가지- 1), 買賣ᄒᆞ-(사고팔- 1), 買食ᄒᆞ-(사먹- 1), 反往ᄒᆞ-(도라가- 1),[22] 背却ᄒᆞ-(져ᄇᆞ리- 1), 伐棄ᄒᆞ-(버혀ᄇᆞ리- 1), 擘賜ᄒᆞ-(ᄧᅦ여주- 1), 步來ᄒᆞ-(거러오- 2), 步往ᄒᆞ-(거러가- 5), 步從ᄒᆞ-(거러셔좃- 1), 伏拜ᄒᆞ-(업ᄃᆡ여졀ᄒᆞ- 2), 逢見ᄒᆞ-(맛나보- 1), 負去ᄒᆞ-(지고가- 1), 負棄ᄒᆞ-(져ᄇᆞ리- 1), 不義ᄒᆞ-(올치 아니-/불의ᄒᆞ- 8), 不已ᄒᆞ-(마지아니ᄒᆞ- 1), 拂去ᄒᆞ-(ᄯᅥ러ᄇᆞ리- 2), 拂棄ᄒᆞ-(ᄯᅥ러ᄇᆞ리- 1), 拂法ᄒᆞ-(ᄯᅥ러ᄇᆞ리- 1), 査出ᄒᆞ-(거두어내- 1), 散遣ᄒᆞ-(흣허보내- 1), 殺棄ᄒᆞ-(죽여ᄇᆞ리- 1),[23] 上往ᄒᆞ-(올나가- 4), 書給ᄒᆞ-(써주- 1), 噬裂ᄒᆞ-(물어씾- 1), 釋放ᄒᆞ-(노하주- 1), 盛來ᄒᆞ-(담아가지고와- 1), 醒在ᄒᆞ-(ᄭᆡ여잇- 8), 甦生ᄒᆞ-(사라나- 7), 收葬ᄒᆞ-(거두어장ᄉᆞᄒᆞ- 1), 隨往ᄒᆞ-(ᄯᆞ라가- 3), 宿食ᄒᆞ-(자고먹- 1), 昇坐ᄒᆞ-(올나앉- 1), 食飮ᄒᆞ-(먹고마시- 5), 愼防ᄒᆞ-(삼가막- 1), 曳出ᄒᆞ-(ᄭᅳ을어내- 1), 曳去ᄒᆞ-(ᄭᅳ을어가- 1), 曳往ᄒᆞ-(ᄭᅳ을어가- 4), 拽出ᄒᆞ-(ᄭᅳ을어내- 1), 臥寢ᄒᆞ-(누어자- 2), 往學ᄒᆞ-(가셔ᄇᆡ호- 1), 往謂ᄒᆞ-(가셔닐ᄋᆞ- 1), 往遊ᄒᆞ-(가놀- 1), 往醫ᄒᆞ-(가셔곳쳐주- 1), 搖撼ᄒᆞ-(누르고흔들- 1), 遙見ᄒᆞ-(멀니셔보- 1), 用餘ᄒᆞ-(쓰고ᄂᆞᆷ- 1), 遇見ᄒᆞ-(맛나보- 4), 援出ᄒᆞ-(븟잡아내- 1), 越來ᄒᆞ-(건너오- 1), 越往ᄒᆞ-(건너가- 1), 圍立ᄒᆞ-(둘너서- 1), 踰去ᄒᆞ-(넘어가- 1), 認聽ᄒᆞ-(알아듯- 1), 忍聽ᄒᆞ-(ᄎᆞᆷ아듯- 1), 任率ᄒᆞ-(맛하거

22 텍스트 본문을 확인해 본 결과 '歸去ᄒᆞ-'와 '反往ᄒᆞ-'의 의미 차이는 없어 보인다. '도라가-'라는 뜻으로 '歸去ᄒᆞ-'는 다른 텍스트에서도 확인된다.

23 한자어 '殺棄하-'를 보면 '죽여서 버리-'의 의미처럼 느껴지지만 문맥을 고려해 보면 오늘날의 '죽다'의 의미를 강조하는 정도의 의미일 뿐이다.

ᄂ리- 1), 入居ᄒ-(드러가셔거ᄒ- 1), 斫棄ᄒ-(찍어ᄇ리- 1), 雜來ᄒ-(셕겨오- 1), 轉置ᄒ-(굴녀놓- 1), 顚跌ᄒ-(너머지- 1), 摺在ᄒ-(기켜잇- 1), 停立ᄒ-(머믈너서- 4), 提畀ᄒ-(잡아주- 2), 從下ᄒ-(조차ᄂ리- 1), 持往ᄒ-(가지고가- 1), 進伏ᄒ-(나아와업ᄃ- 2), 執來ᄒ-(잡아오- 2), 執出ᄒ-(잡아내- 1), 執去ᄒ-(잡아가- 1), 執打ᄒ-(잡아ᄡ리- 1), 執曳ᄒ-(잡- 1), 執殺ᄒ-(잡아죽이- 3), 執起ᄒ-(잡아니르키- 1/잡아니ᄅ키- 1), 執送ᄒ-(잡혀보내- 3), 捉去ᄒ-(잡아가- 3), 捉畀ᄒ-(잡아주- 33), 請來ᄒ-(다려오- 1/청ᄒ야오- 1), 招問ᄒ-(불너뭇- 1), 超下ᄒ-(쒸여ᄂ려가- 1/쒸여ᄂ리- 1), 守來ᄒ-(직희여오- 1), 最微ᄒ-(ᄀ쟝적- 1), 追來ᄒ-(ᄯ라오- 1), 追尋ᄒ-(ᄯ라찻- 1), 推下ᄒ-(밀쳐ᄂ리치- 1), 縋下ᄒ-(달아ᄂ- 2), 逐退ᄒ-(쫏겨나- 1), 出棄ᄒ-(내여ᄇ리- 2), 出畀ᄒ-(내여주- 18), 出遣ᄒ-(내여보내- 1), 就來ᄒ-(나아오- 1), 就見ᄒ-(나가보- 1), 馳來ᄒ-(달녀오- 4/다라오- 1), 馳往ᄒ-(다라가- 1/달녀가- 2/다름질ᄒ- 1), 親迎ᄒ-(다려오- 1), 痛臥ᄒ-(알아눕- 2), 播去ᄒ-(ᄲ리고가- 1), 下往ᄒ-(ᄂ려가- 2), 下臨ᄒ-(ᄂ려오- 1), 下走ᄒ-(ᄂ려/ᄂ리달- 2), 解出ᄒ-(푸러내- 1), 會入ᄒ-(모혀들- 1), 携去ᄒ-(다려가- 2/ᄭ을고가- 1), 携往ᄒ-(다려다가- 1/다리고가- 1), 揮覆ᄒ-(둘너업흐- 1), 黑白ᄒ-(희고검- 1), 喜迎ᄒ-(깃버맞- 1), 喜返ᄒ-(깃버도라오- 1)

ㄴ. 看事ᄒ-(일을보- 1), 高聲ᄒ-(소릐를놉히- 1), 鬮拈ᄒ-(졔비ᄲᆸ- 1), 勤念ᄒ-(ᄋᆡᄊ- 1), 汲水ᄒ-(물기르- 1), 棄妻ᄒ-(안ᄒᆡᄇ리- 1), 擄掠ᄒ-(노략질ᄒ- 1), 封國ᄒ-(나라봉ᄒ- 1), 逢賊ᄒ-(도적맛나- 1), 赦罪ᄒ-(죄를샤ᄒ- 1), 商販ᄒ-(쟝ᄉᄒ- 2), 聲呼ᄒ-(소릐지ᄅ- 37/쇼릐를지ᄅ- 1), 稅納ᄒ-(셰밧치- 1), 惡行ᄒ-(악ᄒᆞᆫ일ᄒ- 1), 宴會ᄒ-(잔치ᄒ- 2), 挹來ᄒ-((물)ᄣ오- 1), 耳聾ᄒ-(귀먹- 1), 作配ᄒ-(짝짓- 1), 切齒ᄒ-(니를갈- 1), 債給ᄒ-(-빗주- 1), 債負ᄒ-(빗지- 3), 枕首ᄒ-(머리두- 1)

ㄷ. 價貴ᄒ-(갑지- 1), 價高ᄒ-(갑지- 1), 鷄鳴ᄒ-(ᄃᆰ울- 2/ᄃᆰ이울- 1), 雞鳴ᄒ-(ᄃᆰ울- 1), 氣塞ᄒ-(긔운이막히- 4), 病愈ᄒ-(병

낫- 1), 睡酣ᄒᆞ-(잠이들- 1), 手招ᄒᆞ-(손즛ᄒᆞ- 1), 手枯ᄒᆞ-(손ᄆᆞ르- 2), 眼廢ᄒᆞ-(눈멀- 1), 眼瞽ᄒᆞ-(눈멀- 12/눈이멀- 1), 日暮ᄒᆞ-(날이져물- 3/져물- 2), 日落ᄒᆞ-(ᄒᆡ지- 2),[24] 飽腹ᄒᆞ-(ᄇᆡ부ᄅᆞ- 1)

ㄹ. 加受ᄒᆞ-(더밧- 1), 加愛ᄒᆞ-(더ᄉᆞ랑ᄒᆞ- 1), 加持ᄒᆞ-(더가지- 1), 加給ᄒᆞ-(더주- 3), 皆壞ᄒᆞ-(다문허지- 1), 皆就ᄒᆞ-(다나아 - 1/다나아오- 1), 皆應ᄒᆞ-(다맞- 1), 皆成ᄒᆞ-(다일우- 4), 皆指ᄒᆞ-(다ᄀᆞᄅᆞ치- 1), 皆散ᄒᆞ-(다흣허지- 1), 皆潔ᄒᆞ-(다ᄭᆡᆨ긋ᄒᆞ- 3), 皆照ᄒᆞ-(다빗최- 1), 皆示ᄒᆞ-(다보이- 1), 皆集ᄒᆞ-(다모히- 2), 皆驚ᄒᆞ-(다놀나- 2), 更好ᄒᆞ-(더둏- 1), 更得ᄒᆞ-(다시엇- 2), 更返ᄒᆞ-(다시도라오- 1), 共坐ᄒᆞ-(ᄒᆞᆷᄭᅴ앉- 1), 共語ᄒᆞ-(ᄒᆞᆫ가지로말ᄒᆞ- 1/ᄀᆞᆺ치말ᄒᆞ- 2), 共長ᄒᆞ-(ᄒᆞᆷᄭᅴ자라- 1), 共集ᄒᆞ-(ᄒᆞᆷᄭᅴ모히- 1), 久在ᄒᆞ-(오래잇- 2), 久忍ᄒᆞ-(오래참- 1), 近來ᄒᆞ-(갓가히오- 1), 近到ᄒᆞ-(갓가히오- 1), 近就ᄒᆞ-(갓가히나아오- 1), 近往ᄒᆞ-(갓가히가- 3), 近立ᄒᆞ-(갓가히서- 2), 近至ᄒᆞ-(갓가히니르- 2/갓가히오- 15), 勤尋ᄒᆞ-(부즈런히찻- 1), 急起ᄒᆞ-(급히니러나- 3), 幾死ᄒᆞ-(거의죽- 1), 豈行ᄒᆞ-(엇지힝ᄒᆞ- 1), 旣暮ᄒᆞ-(임의져물- 1), 旣滿ᄒᆞ-(임의ᄎᆞ- 1), 旣畢ᄒᆞ-(임의다ᄒᆞ- 1/임의ᄆᆞᆺ치- 1), 旣老ᄒᆞ-(임의늙- 1), 多來ᄒᆞ-(만히오- 3), 多信ᄒᆞ-(만히밋- 3), 多參ᄒᆞ-(만히참예ᄒᆞ- 1), 多托ᄒᆞ-(만히부탁ᄒᆞ- 1), 多投ᄒᆞ-(만히던지- 1), 多敗ᄒᆞ-(만히패ᄒᆞ- 1), 多歸ᄒᆞ-(만히도라오- 1), 多結ᄒᆞ-(만히밋치- 3), 多賜ᄒᆞ-(만히주- 1), 多起ᄒᆞ-(만히니러나- 2), 多退ᄒᆞ-(만히물너가- 1), 多送ᄒᆞ-(만히보내- 1), 多遣ᄒᆞ-(만히보내- 1), 多醫ᄒᆞ-(만히곳치- 1), 當來ᄒᆞ-(맛당히오- 1), 當懼ᄒᆞ-(맛당히두려워ᄒᆞ- 1), 大吹ᄒᆞ-(크게불- 1), 大慟ᄒᆞ-(크게섧- 1), 大

---

**24** '날이 져물다(日暮)'와 '해지다(日落)'의 의미 차이는 다음과 같은 표현을 통해 이해할 수 있다.

暮ᄒᆞ야 日落ᄒᆞᆯ 時에 諸 病者와 邪鬼 들닌 者를 携ᄒᆞ고 예수ᄭᅴ 就ᄒᆞ니 〈1906마가01:32a〉

져물어 ᄒᆡ질 ᄯᅢ에 모든 병든쟈와 샤귀 들닌 쟈를 다리고 예수ᄭᅴ 나아오니 〈1906마가01:32b〉

懼ᄒᆞ-(크게무셥- 2/크게두려워ᄒᆞ- 1), 大聲ᄒᆞ-(크게소리지르- 3), 獨一ᄒᆞ-(홀로ᄒᆞ나이- 1), 獨在ᄒᆞ-(혼자잇- 2/혼자두- 1/혼자계시- 1/홀노잇- 2/홀노계시- 2), 獨置ᄒᆞ-(혼자두- 1), 同來ᄒᆞ-(홈믜/오- 4), 同入ᄒᆞ-(ᄀᆞᆺ치드러가- 1), 同參ᄒᆞ-(ᄀᆞᆺ치참예ᄒᆞ- 1), 同坐ᄒᆞ-(홈믜앉- 3/ᄀᆞᆺ치앉- 2/ᄒᆞᆫ가지로앉- 1), 同就ᄒᆞ-(ᄀᆞᆺ치나아오- 1), 同往ᄒᆞ-(ᄒᆞᆫ가지로가- 4/ᄀᆞᆺ치가- 1), 同懸ᄒᆞ-(둘니- 1), 同死ᄒᆞ-(ᄀᆞᆺ치죽- 1/홈믜죽- 2), 同殺ᄒᆞ-(ᄒᆞᆫ가지로죽이- 1), 同留ᄒᆞ-(홈믜류ᄒᆞ- 2), 同立ᄒᆞ-(ᄀᆞᆺ치서- 3/ᄒᆞᆫ가지로서- 1), 同置ᄒᆞ-(ᄀᆞᆺ치두- 1), 同臥ᄒᆞ-(ᄒᆞᆫ가지로눕- 1), 同謀ᄒᆞ-(홈믜뫼ᄒᆞ- 1), 同釘ᄒᆞ-(ᄒᆞᆫ가지로못박- 1), 同長ᄒᆞ-(ᄀᆞᆺ치자라- 1), 同食ᄒᆞ-(ᄒᆞᆫ가지로먹- 1/홈믜먹- 3/ᄀᆞᆺ치먹- 1), 同樂ᄒᆞ-(ᄀᆞᆺ치즐기- 2/홈믜즐기- 1/ᄀᆞᆺ치즐거워ᄒᆞ- 2), 謬思ᄒᆞ-(그릇싱각ᄒᆞ- 2), 凌侮ᄒᆞ-(업수이녀이- 1), 妄證ᄒᆞ-(거즛증거ᄒᆞ- 3), 明指ᄒᆞ-(붉히ᄀᆞᄅᆞ치- 1), 明表ᄒᆞ-(붉히표ᄒᆞ- 1), 明諭ᄒᆞ-(붉히닐ᄋᆞ- 1), 方死ᄒᆞ-(방쟝죽- 1), 復召ᄒᆞ-(다시부르- 1), 復問ᄒᆞ-(다시뭇- 2), 復望ᄒᆞ-(다시ᄇᆞ라- 1), 復死ᄒᆞ-(다시죽- 1), 復渴ᄒᆞ-(다시목ᄆᆞ르- 1), 復甦ᄒᆞ-(다시살아나- 1), 復謂ᄒᆞ-(다시닐ᄋᆞ- 1), 復進ᄒᆞ-(다시나아가-1), 復醎ᄒᆞ-(다시짜-1), 復飮ᄒᆞ-(다시마시-1), 復來ᄒᆞ-(다시오- 2), 復問ᄒᆞ-(다시뭇- 1), 復坐ᄒᆞ-(다시앉- 1), 復往ᄒᆞ-(다시가- 1), 復甦ᄒᆞ-(다시살아나- 1), 復答ᄒᆞ-(다시딕답ᄒᆞ- 1), 復進ᄒᆞ-(다시나아가- 1), 復隨ᄒᆞ-(다시ᄯᆞ르- 1), 復集ᄒᆞ-(다시모히- 3), 復飮ᄒᆞ-(다시마시- 1), 誹笑ᄒᆞ-(비웃- 4), 頻來ᄒᆞ-(자조오- 1/늘오- 1), 頻投ᄒᆞ-(자조던지- 1), 尙疑ᄒᆞ-(오히려의심ᄒᆞ- 1), 尙遠ᄒᆞ-(오히려멀- 1), 相呼ᄒᆞ-(서로부르- 1), 相言ᄒᆞ-(서로말ᄒᆞ- 11/서로ᄀᆞᆯᄋᆞ- 1), 相語ᄒᆞ-(서로말ᄒᆞ- 3), 相謂ᄒᆞ-(서로ᄀᆞᆯᄋᆞ- 1), 詳尋ᄒᆞ-(ᄌᆞ세히찻- 1), 先上ᄒᆞ-(몬져오르- 1), 先坐ᄒᆞ-(몬져앉- 2), 先就ᄒᆞ-(몬져나오- 1), 先往ᄒᆞ-(몬져가- 4), 先惡ᄒᆞ-(몬져뮈워ᄒᆞ- 1), 先拔ᄒᆞ-(몬져쎄- 1), 先收ᄒᆞ-(몬져거두- 1), 先歸ᄒᆞ-(몬져도라가- 1), 善作ᄒᆞ-(잘짓- 1), 善飮ᄒᆞ-(잘먹- 1), 小信ᄒᆞ-(적게밋- 1), 小心ᄒᆞ-(조심ᄒᆞ- 7), 少受ᄒᆞ-(적게밧- 1), 少在ᄒᆞ-(조곰잇- 1), 少愛ᄒᆞ-(적게ᄉᆞ랑ᄒᆞ- 1), 少賜ᄒᆞ-(좀달-

2), 速坐ᄒᆞ-(뽈니앉- 1), 速往ᄒᆞ-(뽈니가- 1), 新補ᄒᆞ-(새로깁- 1), 悉告ᄒᆞ-(다고ᄒᆞ- 2), 深歎ᄒᆞ-(깁히탄식ᄒᆞ- 1), 甚怒ᄒᆞ-(심히노ᄒᆞ- 2), 甚憂ᄒᆞ-(심히근심ᄒᆞ- 1), 甚憫ᄒᆞ-(심히민망ᄒᆞ- 2), 甚懼ᄒᆞ-(심히두려워ᄒᆞ- 2), 甚猛ᄒᆞ-(심히사오납- 1), 暗往ᄒᆞ-(ᄀᆞ만히가- 1), 暗絶ᄒᆞ-(ᄀᆞ만이끊ᄒᆞ- 1), 暗見ᄒᆞ-(ᄀᆞ만히보- 1), 暗議ᄒᆞ-(ᄀᆞ만히의론ᄒᆞ- 1), 哀哭ᄒᆞ-(슯히울-1/슬피울- 6), 夜來ᄒᆞ-(밤에오- 1), 與言ᄒᆞ-(더브러말솜ᄒᆞ- 1), 舁來ᄒᆞ-(메고오- 1), 亦去ᄒᆞ-(쏘가- 1), 亦死ᄒᆞ-(쏘ᄒᆞᆫ죽- 2), 亦深ᄒᆞ-(쏘깁흐- 1), 豫告ᄒᆞ-(미리닐ᄋᆞ- 1), 尤善ᄒᆞ-(더욱됴- 1), 尤喜ᄒᆞ-(더깃버ᄒᆞ- 2/ᄆᆡ우깃버ᄒᆞ- 1), 尤惡ᄒᆞ-(더욱악ᄒᆞ- 2), 尤愛ᄒᆞ-(더ᄉᆞ랑ᄒᆞ- 2), 尤懼ᄒᆞ-(더욱두려워ᄒᆞ- 1), 尤易ᄒᆞ-(더쉽- 1), 尤貴ᄒᆞ-(더귀ᄒᆞ- 1), 遠在ᄒᆞ-(멀니잇- 1), 遠從ᄒᆞ-(멀니좃- 2), 遠立ᄒᆞ-(멀니잇- 1/멀니서- 3), 僞證ᄒᆞ-(거즛증거ᄒᆞ- 1), 愈懼ᄒᆞ-(더욱두려워ᄒᆞ- 1), 已來ᄒᆞ-(임의오- 1), 已出ᄒᆞ-(임의나가- 1), 已昃ᄒᆞ-(임의기울- 1), 已書ᄒᆞ-(임의쓰- 1), 已燃ᄒᆞ-(임의붓ᄒᆞ- 1), 已甦ᄒᆞ-(임의사르- 1), 已痊ᄒᆞ-(임의셩ᄒᆞ- 1), 已置ᄒᆞ-(임의두- 1), 益貴ᄒᆞ-(더귀ᄒᆞ- 1), 剩得ᄒᆞ-(더놈기- 1), 自縊ᄒᆞ-(스ᄉᆞ로목ᄆᆡ- 1), 自證ᄒᆞ-(스ᄉᆞ로증거ᄒᆞ- 1), 自高ᄒᆞ-(스ᄉᆞ로놉히- 1), 暫休ᄒᆞ-(잠간쉬- 1), 暫信ᄒᆞ-(잠간밋- 1), 長禱ᄒᆞ-(길게긔도ᄒᆞ- 2), 適來ᄒᆞ-(맛춤오- 1), 前來ᄒᆞ-(압헤오- 1), 前立ᄒᆞ-(압서- 1), 前站ᄒᆞ-(압서- 1), 前行ᄒᆞ-(압서힝ᄒᆞ- 3), 漸冷ᄒᆞ-(졈졈식- 1), 卽乾ᄒᆞ-(곳ᄆᆞ르- 1), 卽來ᄒᆞ-(곳오- 1), 卽往ᄒᆞ-(곳가- 1), 卽懼ᄒᆞ-(곳두렵- 1), 卽招ᄒᆞ-(곳부르- 1), 卽退ᄒᆞ-(곳물너가- 1), 卽驚ᄒᆞ-(곳놀나- 1), 遲信ᄒᆞ-(더듸밋- 1), 遲到ᄒᆞ-(더듸오- 2), 至微ᄒᆞ-(지극히젹- 3), 盡告ᄒᆞ-(다고ᄒᆞ- 1), 盡壞ᄒᆞ-(다문허지- 1), 盡守ᄒᆞ-(다직희- 2), 盡成ᄒᆞ-(다일우- 3), 盡投ᄒᆞ-(다던지- 2), 盡數ᄒᆞ-(다혜- 1), 盡斫ᄒᆞ-(다찍- 1), 盡殺ᄒᆞ-(다죽이- 1), 盡耗ᄒᆞ-(다업시ᄒᆞ- 1), 盡聚ᄒᆞ-(다모호- 1), 盡賣ᄒᆞ-(다팔- 4), 盡醫ᄒᆞ-(다곳치- 1), 盡頹ᄒᆞ-(다문허지- 1), 疾往ᄒᆞ-(뽈니가- 2), 添得ᄒᆞ-(더엇- 1), 快醒ᄒᆞ-(아조ᄭᆡ- 1), 歎居ᄒᆞ-(즐거히잇- 1), 遍傳ᄒᆞ-(두루젼ᄒᆞ- 1), 遍掘ᄒᆞ-(두루파- 1), 遍行ᄒᆞ-(두루

ᄃᆞᆮ니- 2/두루힝ᄒᆞ -1), 何言ᄒᆞ-(무슴말ᄒᆞ- 1), 咸就ᄒᆞ-(다나아오- 1), 必殺ᄒᆞ-(반ᄃᆞ시죽이- 2), 偕來ᄒᆞ-(ᄒᆞᆫ가지로오- 1), 偕入ᄒᆞ-(ᄒᆞᆷᄭᅴ드러가- 1), 偕在ᄒᆞ-(ᄒᆞᆷᄭᅴ계시- 12), 偕往ᄒᆞ-(ᄒᆞᆷᄭᅴ가- 2), 偕斂ᄒᆞ-(ᄒᆞᆷᄭᅴ거두- 1), 偕飮ᄒᆞ-(ᄒᆞᆷᄭᅴ마시- 1), 奚知ᄒᆞ-(엇지알- 1), 環照ᄒᆞ-(두루빗최- 1), 還予ᄒᆞ-(도로주- 1), 還來ᄒᆞ-(도라오- 1), 還去ᄒᆞ-(도라가- 2), 還受ᄒᆞ-(도로밧- 1), 還索ᄒᆞ-(도로찻- 1), 謊言ᄒᆞ-(거즛말ᄒᆞ- 3), 喜受ᄒᆞ-(깃브게밧- 1)

ㅁ. 見拔ᄒᆞ-(썹히- 1), 見放ᄒᆞ-(노히- 1), 拘攣ᄒᆞ-(오그러터리- 1), 傴僂ᄒᆞ-(ᄭᅩ부러지- 1), 裂破ᄒᆞ-(ᄯᅴ여지- 1), 醱醅ᄒᆞ-(퍼지- 1), 瀉出ᄒᆞ-(쏫아지- 1), 掩匿ᄒᆞ-(숨기- 2), 搖盪ᄒᆞ-(흔들니- 1), 愚籍ᄒᆞ-(집히- 1), 自反ᄒᆞ-(도리키- 2), 尊榮ᄒᆞ-(놉히- 1), 被囚ᄒᆞ-(가치- 2), 被執ᄒᆞ-(잡히- 4), 被捉ᄒᆞ-(잡히- 4), 被擧ᄒᆞ-(들니- 3), 被斫ᄒᆞ-(싹기- 1), 被賣ᄒᆞ-(팔니- 1), 被踐ᄒᆞ-(ᄇᆞᆲ히- 1), 被逐ᄒᆞ-(쏫기- 1/쏫겨나- 3), 被釋ᄒᆞ-(풀니- 1), 被釘ᄒᆞ-(못박히- 9), 現見ᄒᆞ-(보이- 1), 顯往ᄒᆞ-(나타나게가- 1), 顯現ᄒᆞ-(나타나보이- 5/나타내- 1)

ㅂ. 看撿ᄒᆞ-(보- 1), 硬咨ᄒᆞ-(긋- 1), 來臨ᄒᆞ-(오시- 1), 領去ᄒᆞ-(다리- 1), 奉事ᄒᆞ-(섬기- 24/밧들- 1), 俯伏ᄒᆞ-(업듸- 1), 悲泣ᄒᆞ-(슬퍼ᄒᆞ- 1), 侍奉ᄒᆞ-(뫼시- 1), 容易ᄒᆞ-(쉽- 1), 尤高ᄒᆞ-(놉ᄒᆞ- 1), 醫治ᄒᆞ-(곳치- 3), 戰慄ᄒᆞ-(ᄯᅥᆯ- 4), 坐食ᄒᆞ-(먹- 1), 憎惡ᄒᆞ-(뮈워ᄒᆞ- 1), 指嗾ᄒᆞ-(ᄀᆞᄅᆞ치- 1), 醉酒ᄒᆞ-(술취ᄒᆞ- 1), 馳走ᄒᆞ-(다름질ᄒᆞ- 1), 稱託ᄒᆞ-(핑계ᄒᆞ- 1), 鞭扑ᄒᆞ-(채씩질ᄒᆞ- 3), 平平ᄒᆞ-(평평ᄒᆞ- 1), 平明ᄒᆞ-(ᄇᆞᆰ- 1), 漂澼ᄒᆞ-(ᄲᆞᆯ내ᄒᆞ- 1), 割名ᄒᆞ-(ᄇᆞ리- 1), 會計ᄒᆞ-(셈ᄒᆞ- 4)

(11ㄱ)은 두 고유어 용언의 결합, 또는 본용언과 보조용언의 결합을 한자어화한 복합 한자어의 예이다. 선·후행의 고유어 용언 각각에 대응되는 한자어를 결합시켜 '다시 쓰기' 한 것으로, 『新約全書 국한문』의 가장 전형적인 복합 한자어 유형이다. (11ㄴ)은 목적어와 동사 구조의 한국어 표현을 동사와 목적어 구성의 복합 한자어 형태로 '다시 쓰기'

한 것이고, (11ㄷ)은 한국어 성경의 주어와 용언의 결합을 한자어화한 것이고, (11ㄹ)은 수식어와 용언의 결합을 한자어로 '다시 쓰기' 한 것이다. 이들 대부분은 국문을 저본으로 하였음에도 한문 어순으로 결합되었는데 이는 『新約全書 국한문』의 집필자와 독자가 모두 한문 향유층이었기 때문인 것으로 보인다. (11ㅁ)은 국문의 피동 및 사동 표현을 한자어화한 예이고, (11ㅂ)은 국문 성경에서는 단일어로 표현되었으나 한자어는 2음절 복합어로 표현된 예이다. '一意味 一音節 漢字語化'라는 大原理에서는 어긋나 있는 '다시 쓰기'이지만 국문 성경의 의미를 좀더 분명하게 나타내기 위함이었을 것으로 보인다. 앞에서 국문 성경에서의 2음절 한자어를 국한혼용문 성경에서 1음절 한자어로 '다시 쓰기'한 예도 살펴보았는데, 이는 구어에 가까운 국문 성경은 2음절어로 표현되고, 국한혼용문 성경은 의고체에 가까워 1음절어로 표현된 것으로 설명하였다. 텍스트 전체를 아우르는 절대적 원칙을 세우기는 어렵다. 그러나 분명히 상정된 한문 향유층 독자를 위하여, 집필자를 포함한 식자층에게 익숙한 한문 어투의 관습적 표현들로 한자어화하고 있음을 짐작할 수 있다.

## 4. 맺는말

중세국어 시기의 문헌 자료에서부터 확인되는 국한혼용문은 일반적으로 한문을 국문화(번역)한 것, 혹은 처음부터 국한혼용문으로 작성된 것이라고 생각되어 왔다. 그러나 개화기의 국한혼용문 텍스트 중에는 『新約全書 국한문』(1906)과 같이 국문본을 저본으로 '다시 쓰기'된 국한혼용문이 적지 않았다. 그 중 『新約全書 국한문』의 한자어화는 다른 종류의 텍스트들은 물론 이후 국한혼용문 성경의 한자어화 과정과도 달랐다. 그래서 『新約全書 국한문』의 한자어화 원리에 대한 연구가 필요하다는 생각을 하게 되었다.

나는 먼저 같은 시기에 같은 방식으로, 즉 국문본을 저본으로 국한혼용문화한 『新約全書 국한문』과 『노동야학독본』(1908)의 대비를 통하여 국한혼용문 성경의 특성을 보였다. 『노동야학독본』의 국한혼용문은 국문으로 가기 위한 과정적 시도였기 때문에 조사나 어미가 국문본과 일치한다. 즉, 훈독식 국한혼용문을 작성한 것이다. 그러나 『新約全書 국한문』은 국문을 도외시하는 한문 향유층을 위하여 한자를 문장의 주문자(主文字)처럼 표현한 국한혼용문이기 때문에 조사나 어미가 한문에 한글 토를 달아 음독할 때와 같이 한자어에 맞추어져 있음을 확인할 수 있었다.

『新約全書 국한문』의 한자어화, '다시 쓰기' 방식은 크게 '고유어의 한자어화'와 '한자어의 다른 한자어화'로 정리된다. 첫번째, 고유어의 한자어화는 '一意味 一音節 漢字語化'의 원리를 따른다. 국문 단어의 의미마다 1對1 대응이 될 수 있도록, 즉 '쩌나가-'를 '離去ᄒᆞ-'로 표현하는 것과 같이 각각의 실질형태소를 한자어로 '다시 쓰기'하여 나타낸다. 또, 1음절 한자어에 '하-'를 붙인 형태가 현대국어에서보다 많이 확인되는 것도 『新約全書 국한문』의 특징이다. 그러나 한자어화된 대부분의 어휘는 2음절 복합 한자어이다. 한국어의 보조용언도 한자어로 '다시 쓰기'되고, 주어나 목적어가 용언과 긴밀하게 결합된 국문 성경의 구나 절 표현이 2음절 복합 한자어 형태로 표현되었다. 이때 한문(중국어)의 일반 문형의 어순인 SVO에 맞춰 한자어화가 되기도 하지만 한국어의 어순에 따라 목적어가 동사 앞에 오는 형태의 복합 한자어가 만들어지기도 하였다. 『新約全書 국한문』의 두 번째 한자어화 방식은 한글 표기 한자어를 다른 한자어로 '다시 쓰기' 하는 것이다. '교만ᄒᆞ-→驕ᄒᆞ-, ᄃᆡ답ᄒᆞ→對ᄒᆞ-, ᄉᆞ모ᄒᆞ→慕ᄒᆞ-, ᄒᆡ미ᄒᆞ→迷ᄒᆞ-, ᄆᆡᆼ세ᄒᆞ-→誓ᄒᆞ-, 시험ᄒᆞ→試ᄒᆞ-' 등을 예로 들 수 있다.

또, 1900년대 학회지 텍스트와의 대조 분석을 통하여 『新約全書 국한문』의 한자어 용언의 특성을 살펴보았다. 『新約全書 국한문』 이후의 국한혼용문 성경이나 대부분의 다른 텍스트에서 한자어만 한자화하는 것과는 달리, '엿보-'를 '窺視ᄒᆞ-'로 나타내는 것과 같이 실질형태소 각각에 해당하는 한자어를 드러내 복합 한자어화하는 경향이 두드러진다. 이러한 예는 중세국어 시기의 언해문이 한문에 의지하여 한자어를 받아들여 사용하였던 것과는 다른 방식이다. 과도하게 보일 만큼 촘촘하게 '다시 쓰기'된 『新約全書 국한문』의 한자어류가 바로 국문을 저본으로 집필된 『新約全書 국한문』의 특징이다.

5장

# 『新約全書 국한문』(1906)의 비한자어 요소*에 대한 고찰

# 1. 서론

대한성서공회의 한국어 성경 번역사의 기술 내용을 살펴보면, 國漢文 혹은 鮮漢文 飜譯 聖經에 대해 '한문 본문에 우리말 토를 달아 번역하는 것으로 한자 구결이 아닌 우리 글로 토를 달아서 읽던 것'이라고 설명되어 있다. 또, 이에 해당하는 것으로, 최초의 국한혼용문 성경으로 알려진 『新約全書 국한문』(1906)의 한 부분이 예시되어 있다.[1] 이는 사실과 다르지만 國漢混用文 聖經에 대한 일반적인 인식을 엿볼 수 있는 좋은 예이다. 한문 본문에 한글 토를 단 것이 국한혼용문이라는 생각은 국한혼용문에 대한 국어학적 연구에서 흔히 볼 수 있는 관점이다. 우리나라의 국한혼용문은 訓民正音 창제 이후 중세국어 시기의 諺解文처럼 한문을 토대로 만들어졌다고 생각하는 경향이 자리하고 있는 것이다. 國漢混用文을 口訣文式 한글 懸吐體, 吏讀文式 한글 懸吐體 등으로 구분하는 것(김상대, 1985 등)도 이러한 생각을 반영한 것이고, 김주필(2007:211)에서 經書諺解文과 19세기의 국한혼용문이 같은 방식으로 만들어진 것이라고 기술하고 있는 것도 이러한 인식을 보여주는 예이다.

---

* 國漢混用文 聖經에서 漢字語化되지 않은 요소를 '固有語'라고 표현하지 않고, 부정어 '非-'를 사용한 데에는 이유가 있다. 첫째, 『新約全書 국한문』에서 한자어화되지 않은 요소들 중에는 '-語'라고, 단어 개념으로 보기 어려운 요소들도 포함되어 있기 때문이다. 둘째, 『新約全書 국한문』은 한문에 조예가 깊은 번역자들(兪星濬 중심)이 의도적으로 보다 더 많은 한자어 표현을 쓰고자 한 국한혼용문 성경이다. 국문 성경인 『신약젼셔』를 『新約全書 국한문』으로 만드는 과정은 그야말로 한문 향유층에 의한, 한문 향유층을 위한 '다시 쓰기' 과정이었다. 한자어 중심으로 구성된 이 텍스트에서 한자어화되지 않은 요소의 목록을 살피고, 한자어화가 되지 않은 이유를 연구하고자 함을 드러내기 위하여 '非-漢字語 要素'에 대한 고찰이라고 하였다.

1 대한성서공회의 홈페이지에는 한국어 성경 번역사가 유형별로 상당히 자세히 정리되어 있는데, 일부 기술에서는 오류가 확인된다. 그 URL은 다음과 같다. www. bskorea.or.kr/about/owntrans

그러나 『新約全書 국한문』을 비롯한 국한혼용문 성경은 한문 성경에 토를 달아 번역하는 방식으로 만들어진 것이 아니다. 국한혼용문 성경은 모두 한글 전용 성경을 저본으로 하여 한자어로 다시 쓰는 과정을 거쳐 만든 것이다. 즉 국한혼용문 성경은 '漢文→한글 口訣吐 붙이기→國漢混用文'으로 만들어진 것이 아니라, '國文→漢字語化→國漢混用文'으로 만들어진 것이다. 『新約全書 국한문』은 『신약젼셔』(1906)를 저본으로, 『簡易 鮮漢文 新約聖書』(1913)는 『신약젼셔』(1911)를 저본으로 '다시 쓰기'된 것이다.[2] 이런 과정을 거쳐 만들어진 國漢混用文 聖經은 크게 '新約全書 국한문' 계열과 '簡易 鮮漢文 新約聖書' 계열로 나눌 수 있는데, 오늘날까지 계승되는 국한혼용문 형태는 후자의 것과 연관된다.(유경민, 2011:289) '新約全書 국한문' 계열과 '簡易 鮮漢文 新約聖書' 계열의 國漢混用文의 차이는 한자어화되는 요소의 차이로 드러나는데 '新約全書 국한문' 계열이 더 많은 한자어를 사용하고 있다. 그러나 이들의 차이점뿐만 아니라 공통점에도 주목할 필요가 있다. 『新約全書 국한문』에서 한자어화되지 않는 요소는 『簡易 鮮漢文 新約聖書』에서도 한자어화되지 않는다. 이 공통적인 요소들을 살펴보면 국한혼용문 성경에서 한자어화되지 않는, 혹은 한자어화될 수 없는 요소들의 특징이 드러난다. 국한혼용문에서 한자어로 표현되지 않는 요소의 특성을 밝히는 일은 漢字語와 固有語가 어떤 모습으로 共存할 수 있었는지를 이해하고, 밝히는 데에 도움이 될 것이다. 이러한 이유에서 나는 『新約全書 국한문』의 한자어화 과정에서 한자어화되지 않은 요소들의 유형을

2 『신약젼셔』(1911)는 『셩경젼셔』(1911)에 포함된 신약 부분이다. 공인역 『신약젼셔』(1906)의 간행과 『셩경젼셔』의 간행 사이에는 5년의 간격이 있는데, 그 사이에 『신약젼셔』에 대한 부분적인 수정이 이루어졌다. 『셩경젼셔』(1911)에 대한 접근성이 좋지 않아 『신약젼셔』(1911)에 관주만 붙여 간행한 『관주신약젼셔』(1912)를 대상으로 살펴본 결과, 일부 字句의 修正이 이루어진 부분도 있기는 하나 『신약젼셔』(1906)에 대한 수정은 대부분 조사를 비롯한 문법 형태소의 수정이었다. 이러한 이유에서 『신약젼셔』 1906년본과 1911년본을 같은 것으로 다루기도 한다.

정리하고, 각 유형에 속하는 용례의 의미와 문법적 특성을 살핀다.

국한혼용문에서 한자어가 아닌 예들은 중요한 사실을 시사해 준다. 하나는, 한자어화되지 않은 요소에서 어떤 공통점을 찾아낼 수 있다면 그것을 통해서 한문과의 경쟁에서 한국어가 한국어로서의 특성을 가질 수 있었던 배경의 하나를 알 수 있게 된다는 점이다.[3] 다른 하나는 '新約全書 국한문' 계열의 한자어화 방식이 당대 지식인들이 널리 사용하던 국한혼용문과 무관하지 않으리라는 점이다. 국한혼용문은 1900년대의 간행물들 사이에서 주류를 이루었던 글쓰기 방식이었기 때문이다.

## 2. 國漢混用文 飜譯 聖經의 類型과 그 傳承

중국에서 번역한 한문 성경을 들여다 사용하였던 시기도 있었지만,[4] 한문 성경을 그대로 읽을 수 있는 사람은 한정되어 있었고, 교회 내의 식자층들은 국문보다는 주요 어휘들을 한자로 표기한 국한혼용문을 더 선호하였다. 이러한 분위기에서 한국어 성경 번역의 초기에서부터

---

3 이 부분에서 심사자 한 분의 오해가 있었다. '漢文과 경쟁을 벌이는 韓國語'의 개념은 '漢字語 對 固有語'의 단순한 어휘 경쟁을 의미하는 것이 아니다. 여기서 '韓國語'란 한문 전용문이 아닌 국한혼용문, 즉 한자어와 고유어가 어울려 사용되는 한국어 문장까지 포함하는 개념이다. 한문 향유층과 한문을 잘 몰라 국문을 즐기던 사람들을 두루 끌어안을 수 있었던 국한혼용문 자체가 한문과 경쟁 관계에 있었던 것으로 보는 것이다. 활용 계층이 한정되었던 국문이나 한문을 뛰어 넘어 국한혼용문이 만들어진 것이고, 이것이 한국어가 한국어로서의 특성을 유지하며 이어져 온 것으로 보는 것이다.

4 중국에서 飜譯·刊行된 聖經은 국내에도 상당히 많이 수입·보급되었던 것으로 보인다. 그 구체적 수입 과정은 아직 정리되지 않았지만, 서상륜이 1886년에 文理本 新約을 수입하여 보급하였다는 사실은 류대영 외(1994:82)에 기술되어 있다. 국립중앙도서관, 서울대학교 도서관, 연세대학교 도서관 등에 소장되어 있는 중국어 성경들을 검토해 본 결과 委員會 譯本, Bridgeman 譯本, Griffith(楊格非) 譯本, 官話本, 官話 和合本 등 대표적인 中國 飜譯 聖經들이 모두 포함되어 있는 것을 확인할 수 있었다. 중국에서의 성경 번역과 그 판본에 대한 이해는 한미경(1998)을 참조하였다.

국한혼용문 성경에 대한 요구는 꾸준히 제기되었다.(류대영 외, 1994:83) 이를 입증해주는 한 예가 다음과 같은 李樹廷의 두 가지 마가복음이다.

(1) ㄱ. 神之子耶穌基督之福音丶(이)其始也匕(니)如在預言所錄厶(ᄃᆡ)云ㆆ大(호ᄃᆡ)視哉亽夕(리다)我丶(이)遣我使者於爾前ソㄱ(ᄒᆞ야)以備爾道丶日(이리)野厂有人聲ソㄱ(ᄒᆞ야)呼云爾主道ソㄱ(ᄒᆞ야)直其徑丶亽ソ匕(이라ᄒᆞ니) (『新約聖書馬可傳』(1884), 마가01:1-3 『韓國聖經大全集』 2. 세로쓰기를 가로쓰기로, 띄어쓰기, 구결자讀은 필자의 편집)

ㄴ. 神신의 子ᄌᆞ 耶예蘇슈쓰基크리슈督도스의 福복音음이니 그 쳐음이라 預예言언者ᄌᆞ의 記긔錄록ᄒᆞᆫ 바의 일너스되 보라 ᄂᆡ 나의 使사者ᄌᆞ를 네 압희 보ᄂᆡ여써 네 道도를 갓츄게 ᄒᆞ리라 ᄒᆞᆫ 말과 ᄀᆞᆺ치 드을에 ᄉᆞ람의 쇼ᄅᆡ 잇셔 웨쳐 이르되 主쥬의 道도를 갓츄어 그 길을 곳게 ᄒᆞᆫ다 ᄒᆞ더니 (『馬可의 傳ᄒᆞᆫ 福音書諺解』(1884), 『韓國聖經大全集』 2.[5] 세로쓰기를 가로쓰기로, 띄어쓰기는 필자)

(1ㄱ)는 한문본을 읽을 때에 쓰이던 懸吐法으로 漢文聖書 本文에 漢字 口訣을 단 것이다.[6] 언해본인 (1ㄴ)는 같은 사람이 같은 시기에 만들어낸 것인데도 읽고 이해하는 방식을 달리한 것을 확인할 수 있다. 이 두 형태의 번역 성경은 다른 독자층을 배려한 결과였던 것으로 보인다. 한자로만 표기된 (1ㄱ)가 想定한 독자는 한문 향유층이었을 것이고, 한자 옆에 일일이 한글을 병기한 (1ㄴ)가 상정한 독자는 漢文이

5 『韓國聖經大全集』 2권에는 그 간행 연도가 1884년으로 되어 있으나 1884년에 번역을 완료하고 1885년에 요코하마인쇄소에서 인쇄된 것으로 본다.(이덕주, 2002:10)

6 李樹廷의 漢字 懸吐 聖經은 4복음서와 使徒行傳이 간행되었다. 학계에서는 이것을 일본에서 간행된 『訓點新約全書』(1881)의 방식을 참조한 것으로 본다.

나 漢字 지식이 부족한 사람들이었을 것이다. 특히 한자를 쓰고 그 한자에 한글로 讀音을 붙인 (1ㄴ)의 방식은 훈민정음 창제 이후에 간행된 佛經諺解나 經書諺解의 양식과 같다. 이는 李樹廷이 상당히 좋은 가문 출신으로 한문에 정통하였던 인물인 만큼(히로다카시, 2004:181-188), 자신이 많이 접한 經書諺解 양식의 영향을 받았기 때문인 것으로 생각된다.

그러나 이렇게 漢文 聖經을 諺解 形式의 國漢混用文 聖經으로 만드는 방식은 계속 이어지지 않았다. (예2)가 그 증거이다.

> (2) 샹뎨의 아ᄃᆞᆯ 예수 그리스도 복음이니 그 처음이라 션지쟈의 긔록ᄒᆞᆫ 바에 닐너스되 보라 내가 나의 ᄉᆞ쟈ᄅᆞᆯ 네 압희 보내여써 네 도ᄅᆞᆯ ᄀᆞᆺ초게 ᄒᆞ리라 ᄒᆞᆫ 말과 ᄀᆞᆺ치 들에 사ᄅᆞᆷ의 소릐 잇서 웨쳐 닐ᄋᆞ듸 쥬의 도ᄅᆞᆯ ᄀᆞᆺ초아 그 길을 곳게 ᄒᆞᆫ다 ᄒᆞ더니 (『마가의 젼ᄒᆞᆫ 복음셔언히』(1887), 마가01:1-3 『韓國聖經大全集』 5. 세로쓰기를 가로쓰기로, 띄어쓰기 필자)

(예2)는 (1ㄴ)를 아펜젤러와 언더우드가 수정하여 간행한 것이다. 대개 수정본이라고 하지만 수정본보다는 새로운 번역본으로 보아야 할 정도로 다름을 확인할 수 있다. 아펜젤러와 언더우드가 일본에서 이수정의 번역본을 들고 한국에 들어 오긴 하였으나 한국에서 그대로 사용하기에는 언어상의 여러가지 문제가 있음을 알게 되었고,(이덕주, 2002:11) 더 나은 번역본을 내기 위하여 (1ㄴ)를 바탕으로 한국인 조사의 도움을 받아 새로운 번역본을 낸 것이다. 이 과정에서 병기된 漢字가 모두 없어진 것을 볼 수 있다. 성경은 민중의 언어로 번역되어 모든 계층이 쉽게 접근할 수 있어야 한다는 로스의 주장과 선교 대상의 중심을 민중 계층으로 정한 네비어스 정책(Nevius Method)의 영향이 있었을 것이다. 이러한 국문 성경 번역은 이후 한국어 번역 성경의 전통으로 확립되었고, 공인역본 『신약젼셔』(1906)로 결집되었다.

그러나 漢文을 유일한 文字 生活 수단으로 생각해 왔던 식자층은 국문 성경을 가까이 하지 않았을 것으로 생각된다. 국문은 한문과 한자에 익숙한 사람들에게는 이해의 측면에서 오히려 난해한 문장이었을 것이다. 그리하여 양반 지식인 계층 혹은 한문 선호층은 한자 표기를 갈망했고, 교회 내부적으로도 이에 대한 배려의 필요성이 인식되었던 것으로 보인다. 서상륜이 중국의 한문 성경을 수입하여 보급하였다는 기록이나 이른 시기에 펜윅이 『요한복음전』(1891)을 국한혼용문으로 간행하였다는 사실 등을 통해 식자층의 국문 성경에 대한 비선호 경향을 추측할 수 있다.

당시 실제로 지식인 계층을 위해 보급된 國漢混用文 聖經은 (1ㄴ)과 같이 중국에서 만들어진 漢文 聖經을 原典으로 하여 그것에 口訣을 붙이고 번역하는 諺解 方式으로 만들어진 것이 아니었다. 먼저 만들어진 국문 성경을 다시 漢字化하는 方式으로 국한혼용문 성경이 만들어졌는데, (예3)을 보면 그 과정을 확인할 수 있다. 국문 성경 (3ㄴ)과 국한혼용문 성경 (3ㄱ)의 조사와 어미 형태는 물론 문장 구조가 똑같다. 문제는 많은 연구자들이 한문 성경을 국한혼용문 성경으로, 그것을 다시 국문 성경으로 편집한 것이라고 보고 있다는 것이다. 언어적 대비 결과에 의문을 제기한다 하더라도, 대영성서공회, 대미국성경회, 대한성서공회 등에 남아 있는 간행 관련 기록만 정리해 보아도 국한혼용문 성경이 국문 성경을 한자(어)화 하는 과정, 즉 '다시 쓰기'와 '바꿔 쓰기' 과정을 통해 만들어졌다는 것을 알 수 있다.

(3) ㄱ. 上帝의 子 예수 그리스도 福音의 始作이니 先知者 이사야의 記錄훈 言에 見홀지어다 我가 我의 使者를 爾의 前에 遣ᄒᆞ리니 彼가 爾의 道를 豫備ᄒᆞ리라 曠野에 聲이 有ᄒᆞ야 呼ᄒᆞ야 曰 主의 道를 豫備ᄒᆞ며 其捷徑을 直ᄒᆞ게 ᄒᆞ라 홈과 ᄀᆞᆺ치 (『新約全書 국한문』(1906), 마가0 1:1-3 『韓國聖經大全集』 13. 세로쓰기를 가로쓰기

로, 띄어쓰기 필자)

ㄴ. 하ᄂᆞ님의 아ᄃᆞᆯ 예수 그리스도 복음의 시작이니 션지쟈 이사야의 긔록ᄒᆞᆫ 말ᄉᆞᆷ에 볼지어다 내가 내 ᄉᆞ쟈를 네 압헤 보내리니 뎌가 네 길을 예비ᄒᆞ리라 뷘 들에 소릐 잇서 웨쳐 ᄀᆞᆯᄋᆞᄃᆡ 쥬의 길을 예비ᄒᆞ며 그 쳡경을 곳게 ᄒᆞ라 ᄒᆞᆷ과 ᄀᆞᆺ치 (『신약젼셔』(1906) 마가01:1-3 『韓國聖經大全集』12. 세로쓰기를 가로쓰기로, 띄어쓰기 필자)

(3ㄱ)은 『新約全書 국한문』(1906)의 마가복음 첫 부분이고, (3ㄴ)은 이것의 저본으로 보이는 『신약젼셔』의 같은 부분이다. 『신약젼셔』는 1900년의 시험역 『신약젼셔』와 1904년의 임시역본 『신약젼셔』를 거쳐 1906년 6월에 간행된 것이다. 꾸준히 수정 작업을 진행하였는데 1906년본에 들어갈 마태복음은 1905년 2월에 완성되었고, 요한복음까지 1905년 4월에 완성되었다는 기록이 있다.(류대영 외, 1994:66).[7] 이를 보았을 때 마태-마가-누가-요한복음, 신약전서의 4복음서는 1905년 4월에 이미 완성되었음을 알 수 있다. 유성준이 1905년 4월부터 국한혼용문 성경 번역에 참여하였다는 기록이 있고,(류대영 외, 1994:85) 미국성서공회 발행의 『新約全書 국한문』이 유성준 譯으로 전해지는 것을 보면 『신약젼셔』의 전체 수정이 완료되기 이전에 한글본 4복음서의 수정 원고가 유성준에게 전해졌고, 국문 성경의 틀을 참조하여 국한혼용문 성경 번역을 진행한 것으로 보인다. 1900년본이나 1904년본 『신약젼셔』가 저본일 가능성을 배제하는 까닭은 각 번역본을 대비해본 결과 조사, 어미, 외래어 표기 형태가 1906년본과 일치했기 때문이다. 그러나 『新約全書 국한문』의 국한혼용문은 아래의 (예4)

7 1904년판 『신약젼셔』에 1,000개가 넘는 오류가 발견되면서 신약의 재수정이 신속히 진행되었는데, 복음서까지만 공동독회를 통해 수정하고, 사도행전부터는 개인에게 일임한 것으로 기록되어 있다.(MBC, Feb.14, 1906) MBC는 The Minutes of the Bible Committee의 약자이다.

'簡易 鮮漢文 新約' 계열의 국한혼용문과의 경쟁에서 곧 밀려나 번역 성경의 주류 문체나 개화기의 주도적 문체로 자리매김을 하진 못한다.

(4) ㄱ. 하ᄂᆞ님의 아ᄃᆞᆯ 예수 그리스도 福音의 始作이니 先知者 이사야의 記錄ᄒᆞᆫ 말ᄉᆞᆷ에 볼지어다 내가 내 使者를 네 압헤 보내리니 뎌가 네 길을 豫備ᄒᆞ리라 曠野에 소ᄅᆡ 잇서 웨쳐 ᄀᆞᆯᄋᆞᄃᆡ 主의 길을 豫備ᄒᆞ며 그 捷徑을 곳게 ᄒᆞ라 ᄒᆞᆷ과 ᄀᆞᆺ치 (『簡易 鮮漢文 新約聖書』(1913), 마가01:1-3. 세로쓰기를 가로쓰기로, 띄어쓰기 필자)

ㄱ'. 하ᄂᆞ님의 아ᄃᆞᆯ 예수 그리스도 복음의 시작이니 션지쟈 이사야의 긔록ᄒᆞᆫ 말ᄉᆞᆷ에 볼지어다 내가 내 ᄉᆞ쟈를 네 압헤 보내리니 뎌가 네 길을 예비ᄒᆞ리라 광야에 소ᄅᆡ 잇서 웨쳐 ᄀᆞᆯᄋᆞᄃᆡ 쥬의 길을 예비ᄒᆞ며 그 쳡경을 곳게 ᄒᆞ라 ᄒᆞᆷ과 ᄀᆞᆺ치 (『신약젼셔』(1911), 마가 01:1-3. 세로쓰기를 가로쓰기로, 띄어쓰기 필자)

ㄴ. 하나님의 아들 예수 그리스도 福音의 始作이라 先知者 이사야의 글에 보라 내가 내 使者를 네 앞에 보내노니 저가 네 길을 豫備하리라 曠野에 외치는 者 의 소리가 있어 가로되 너희는 主의 길을 豫備하라 그 捷徑을 平坦케 하라 記錄된 것과 같이 (『簡易 國漢文 新約全書 改譯 附 詩篇』(1956), 마가01:1-3 『韓國聖經大全集』 52. 세로쓰기를 가로쓰기로, 띄어쓰기 필자)

(4ㄱ)은 '簡易 鮮漢文' 계열의 처음 판본인 『簡易 鮮漢文 新約聖書』(1913)의 마가복음 첫 부분이고, (4ㄱ')는 이것의 저본으로 추정되는 『신약젼셔』(1911)의 해당 부분이고, (4ㄴ)은 번역 틀은 1938년 『신약개역』과 같으나 한글맞춤법(1933)을 반영하여 표기한 『신약전서 개역 한글판』(1952)을 저본으로 집필한 것이다.

(3)과 (4)을 대비해 보면 외래어 표기 부분이 공통되는 것을 확인할 수 있다. 또, (3ㄱ)과 (4ㄱ)을 대비해 보면 국한혼용문화의 범위가 다른 것을 알 수 있다. (4ㄱ)은 (4ㄱ')의 본문에서 漢字語만을 선택적으로 漢字化하였다. 즉, '바꿔 쓰기'만 한 것이다. 그러나 (3ㄱ)은 (3-ㄱ')

의 본문에서 漢字語 표현이 아닌 것까지 漢字語化하여 한자로 표기한 것을 알 수 있다. 즉, (3ㄱ)은 (3ㄱ')를 '다시 쓰기'까지 한 것이다. 또, (4ㄱ)과 (4ㄴ)을 대비해 보면 飜譯이 달라진 부분이 있다. "곳게 ᄒᆞ라 홈과 ᄀᆞᆺ치"가 "平坦케 하라 記錄된 것과 같이"로 번역된 부분인데 이러한 차이는 각각의 저본인 『신약젼셔』와 『신약전서 개역 한글판』의 차이이지 국한문 번역본의 문제가 아니다. (3ㄱ)과는 다른 (4ㄱ)의 漢字化(바꿔 쓰기) 方式이 그대로 (4ㄴ)으로 전승되었는데, (4ㄴ)의 문체는 오늘날의 국한혼용문체와 다르지 않다. 결국 (3ㄱ)의 新約全書 국한문 계열의 국한혼용문 방식은 후대로 전승되지 못하고, (예4)의 방식이 현대적 국한혼용문인 것이다. 예를 통해 살펴본 초기 한국어 번역 성경 중 국한혼용문 계열의 漢字語化 方式을 단순화하여 정리해 보면 다음과 같다.[8]

> 첫째, 人名과 地名은 한글로 적는다.[9] 이는 (3), (4)의 예문에서 나타나는 것들이다.
>
> 둘째, 어휘적 의미를 가지는 단위는 그에 대응될 만한 漢字語로 '다시 쓰기'를 한다.
>
> 셋째, 조사와 어미는 국문 성경과 같게 한다.

여기서 둘째, 셋째 방식은 國語史的인 관점에서 좀더 具體的으로 검토해 볼 필요가 있는 것으로 생각된다. 語彙的 意味를 지니지 않는 요소는 漢字語化하지 않는다는 원리는 借字表記에서 文法 形態素를 音借

---

8 더 면밀한 한자어화 방식은 다른 논문을 준비 중이다. 본고는 한자어화되지 않은 요소들에 대한 연구이므로 한자어화 방식은 간단히만 제시한다.

9 人名과 地名을 한글로 적는 것은 로스의 聖書 飜譯에서부터 비롯된 원칙이다. 中國에서 번역한 漢文 聖經의 漢字語를 차용해 쓰는 경우 그 발음이 헬라어 발음과 전혀 달라진다는 것을 알고, 原語 發音에 가능한 한 가깝게 적기 위해서는 한글로 적어야 한다는 것을 알았던 것이다.

字를 이용해 표기한 것과 통하기 때문이다. 다만, 이 글의 목적이 한자어화의 원리를 밝히는 것이 아니기 때문에 이 문제에 대해서 이 글에서는 더 다루지 않는다. 주목해야 할 것은 (3)과 (4)이다. 漢字語化할 수 있는 데도 漢字語化하지 않은 예들이기 때문이다. 예를 들어 '-게 ᄒᆞ-'는 '使'로, '-와 ᄀᆞᆺ치'는 '如'로 다시 쓰기가 가능한데도 그렇게 하지 않았다. 한자어화 할 수 있는 표현은 최대한 한자어화하는 것을 지향하였던 (3ㄱ)에서도 '直ᄒᆞ게 ᄒᆞ라 ᄒᆞᆷ과 ᄀᆞᆺ치'과 같이 '곳게'를 '직(直)ᄒᆞ게'로만 표현했을 뿐 다른 요소들은 한자어화하지 않았다. 그 이유를 밝히고자 하는 것이 바로 이 글의 목적이다. 이를 위해 나는 『新約全書 국한문』의 4복음서를 대상으로[10] 漢字語化되지 않은 요소들에는 어떤 유형의 것들이 있으며, 그것이 지니고 있는 文法的, 意味的 特性은 무엇인지 살핀다.

## 3. 漢字語化되지 않은 요소

『新約全書 국한문』(1906)에서 한자어화되지 않은 요소, 즉 고유어로 표현된 요소들을 그 文法的 類型에 따라서 정리해 보면 다음과 같다.

① 人名, 地名
② (數)冠形詞, (代)名詞, 動詞, 副詞, 接續詞, 形容詞, 間投詞
③ 代動詞, (引用)補助 用言, 引用 動詞, 依存 名詞, 指定詞, 接辭類(接辭化 過程의 名詞 포함), 連語 構成의 用言類, 句 構成 要素
④ 기타 : 虛辭類, 句動詞+虛辭 構成, 否定語+(代)動詞 構成, 否定語+補助 用言 構成

---

**10** 공동독회를 통해 수정된 것은 4복음서뿐이기 때문에 4복음서를 분석 대상으로 삼았다.

①은 검토 대상 텍스트가 성경이므로 모두 外來語이다. 로스의 성경 번역 이후, 한국어 성경에서 人名과 地名은 일관되게 한글로 표기되어 왔다. 따라서 본고에서는 人名과 地名은 검토 대상에서 제외한다.

②에 속하는 것들은 實質的 意味 혹은 指示 對象을 갖는 것들이다. 이들은 漢字語化되기도 하고, 漢字語化가 되지 않기도 하지만 基本的으로는 漢字語化가 원칙인 것으로 보인다. 경우에 따라서 같은 단어가 일정하게 漢字語化되지 않을 때도 있는데, 이에 대해서는 개별 단어를 다루며 설명하도록 한다.

③에 속하는 것 중에서 代動詞, 補助 用言/引用補助 用言, 依存 名詞, 指定詞는 단어로 인정되기는 하지만 어휘적 의미가 약한 것들로 문법적 단어라고 할 수 있다. 이들 문법적 단어는 자립적으로 쓰이지 않는다는 것이 공통적 특징이다. 접사류나 접사화 과정의 명사도 자립적으로 쓰이지 않는다는 점에서는 이들과 유사하다고 할 수 있다. 連語 構成을 이루는 用言類, 句를 이루는 한 요소들도 漢字語化되지 않는데, 특정한 의미를 나타내는 결합 구조의 한 부분으로 쓰인다는 점에서, 즉 자립적으로 활용되지 않는다는 점에서 유사한 屬性을 지닌다.

④는 그 용례가 많지 않다. 漢文의 虛辭類란 '以'의 번역어인 '써'와 '則'을 한글로 표기한 '즉'을 가리키고, 나머지는 ③과 다른 요소와의 결합인 경우들이다.

## 4. 漢字語와 非漢字語 형태가 共存하는 요소

국문 번역본인 『신약젼셔』(1906)에서는 고유어로 표현되고, 『新約全書 국한문』(1906)에서 그대로 고유어로 표현되기도 하고 恣意的 한자어로 '다시 쓰기'되기도 한 예들이 있다. '恣意的'라 한 데에는 두 가지 이유가 있다.

첫째, 『신약젼셔』의 고유어를 한자어로 전환할 때에 1對1 대응의 일관성을 지켰던 것으로 보이지 않기 때문이다. 하나의 고유어에 여러 漢字語가 대응하는 예들이 적지 않게 발견된다.

둘째, 실질적 어휘 의미를 갖는 것은 漢字語化하는 것이 원칙이었을 것임에도 한자어화되지 않은 예들이 있기 때문이다. 이는 일률적이고 규범적인 한자어화 작업이 이루어졌던 것이 아니었음을 보여 주는 증거이다. 국한혼용문 집필자의 한문 지식에 의존하여 국한혼용문 성경이 만들어진 흔적들이 확인되기 때문에 자의적으로 한자어화하였다고 보는 것이다. 대부분은 자립성을 가진 부류로 앞 장에서 제시한 ②에 속하는 예이지만, ③에 속하는 것 중에서 의존명사의 일부가 '자의적 다시 쓰기'의 예에 해당된다. 이것을 다시 둘로 나누어 볼 수 있다. 첫 번째 경우의 예로 확인된 것은 명사(7), 동사(28), 형용사(11)이다. 이들은 모두 열린 부류이면서 분명한 어휘적 의미를 지니는 단어들이기 때문에 전체적으로 파악되는 원리상으로는 漢字語化하는 것이 원칙이다. 그러나 자의적 다시 쓰기로 인해, 혹은 어떤 어휘적 제약으로 인해 漢字語化되지 않은 부류이다. 같은 품사에 속하는 다른 대부분의 단어는 漢字語化가 되었음을 어렵지 않게 확인할 수 있다. 두 번째 경우의 예는 대명사(24), 관형사(58), 부사(392), 의존명사(325), 접속사(98)이다. 이들은 어휘적으로는 닫힌 부류이면서 고유어이다. 의존명사도 비자립적으로 쓰이면서 교착어로서의 한국어의 문법적 특성을 보여주는 어휘 부류이다. 의존명사의 경우 어휘적 의미를 갖는 것과 문법적 기능이 강한 것으로 나뉘고, 이들을 별개로 설명할 필요가 있어 의존명사는 다음 장에서 별도로 설명한다. 강한 고유어적 특성을 갖는 부류는 漢字語化했을 때 그 의미를 제대로 살리기 어렵기 때문에 『新約全書 국한문』에서 漢字語化하지 않은 것으로 보인다.

### 1) 명사, 동사, 형용사

명사 중에서 한자어화되지 않은 것으로 확인된 예는 '무리, 얼마, 일, 일군, ᄭᆞ닭, ᄯᅩᆯ, ᄒᆞ나'가 있다. 이 '얼마, ᄯᅩᆯ'은 한자로 표기된 용례를 확인할 수 없는 것이고,[11] 나머지는 모두 漢字語와 공존하는 예들이다. 名詞類는 한자어화하는 것이 원칙이었던 만큼 漢字語化된 예들이 훨씬 많다. 다음에 보인 것들이 명사 중에서 漢字語와 非漢字語가 공존하는 예이다. 예의 맨 앞에 제시된 고유어가 『신약젼셔』의 고유어가 그대로 『新約全書 국한문』에서도 확인되는 非漢字語 요소이다. 그 뒤의 한자어는 『신약젼셔』의 고유어를 한자어로 '다시 쓰기' 한 것이다. ( ) 안의 숫자는 그 漢字로 쓰인 용례의 출현 횟수이다. 여러 漢字로 전환된 경우에는 해당 漢字를 모두 제시하였다. ( ) 안의 한글 표기는 비슷한 시기 다른 유형의 국한혼용문 성경인 『簡易鮮漢文 新約聖書』(1913)의 해당 부분을 제시한 것이다. 이를 통해 두 유형의 國漢混用文聖經에서의 漢字化가 어떻게 달랐는지를 확인할 수 있다.

(5) ㄱ. 무리(1) : 衆(65) 衆(무리 55), 衆人(무리 2), 衆들(무리들 2), 羣衆(여러 무리), 衆(무리들), 羣(7) 羣衆(무리들 4), 羊羣(羊무리), 全羣(온 무리), 一羣(한 무리), 輩(1) 爾輩(너희 무리), 子(1) 小子들아(적은 무리여),

ㄴ. 일(1) : 事(47), 모두 동일하므로 용례 대비는 생략함.

ㄷ. 일군(1) : 雇軍(5) 雇軍(일軍 2), 雇軍이(삭軍이 1), 雇軍(품軍 2)

ㄹ. ᄭᆞ닭(1) : 緣故(5), 『簡易鮮漢文 新約聖書』에서도 모두 '緣故'로

11 '얼마나'를 '幾何나'로 漢字化한 예가 확인된다. 그러나 漢字語化되지 않은 용례의 '얼마'는 '幾何'로 나타내기 어렵다고 본 듯하다. '얼마 동안'의 형태로 '暫時'의 의미로 쓰였기 때문이다.(魔鬼가 모든 試驗을 畢ᄒᆞ고 이에 얼마 동안 離ᄒᆞ니라 〈눅04:13〉) 이처럼 결합관계에 따라 원래의 의미와 달라지는 경우 意味의 辨別을 고려하여 같은 형태로 漢字語化되는 것을 지양한 것으로 보이는 예들이 확인된다.

한자어화됨.

ㅁ. ᄒᆞ나(1) : 一(2) 其 一도(그 하나도 2)

명사류는 한자어화된 예가 한자어화되지 않은 예보다 훨씬 많이 확인되는 것이 사실이다. 명사류의 경우 '일군'의 예를 제외하고는 모두 자의적 다시 쓰기로 인하여 우연히 비한자어로 남아 문법적, 의미적 변별 없이 한자어화된 예와 공존하고 있는 것이다. '일군'의 경우는 漢字語化된 예들과 의미가 좀 다르다. 漢字語化된 예는 모두 〔雇軍〕의 의미이지만, 한자어화되지 않은 '일군'은 〔어떤 주어진 일을 맡은 사람〕의 의미이기 때문이다. 이처럼 원래의 의미와 달라지는 경우는 한자어 표현이 가능해도 漢字語化하지 않는 것을 원칙으로 적용하고 있는 것으로 보인다.(初로브터 親히 見ᄒᆞ고 道의 일군된 者들이 我等의게 傳授ᄒᆞᆫ 거시라 〈눅 01:02〉)

동사 중에서 漢字語化되지 않은 예에는 '찌우-, 더ᄒᆞ-, 덥ᄒᆞ-, 도리키-, 둦-, 밧-, 부븨-, 삼-, 신기-, 안기-, 잘ᄒᆞ-, 잡수시-, 주-, 지내-, 집-, ᄂᆞ리치-, ᄇᆞᆰ히-, ᄒᆞ-[12]'가 있다. 목록에서 고유어는 한 번도 漢字語化되지 않은 예이다. 漢字語와 非漢字語가 공존하는 단어의 예를 보이면 다음과 같다.

(6) ㄱ. 더ᄒᆞ-(1) : 加ᄒᆞ-(5) 加ᄒᆞ고(더ᄒᆞ고), 加ᄒᆞ야(더ᄒᆞ야), 加ᄒᆞ겟ᄂᆞ냐(더ᄒᆞ겟ᄂᆞ냐), 加ᄒᆞ시리니(더ᄒᆞ시리니), 加ᄒᆞ게(더ᄒᆞ게),

---

12 제시된 'ᄒᆞ-'는 본동사로 쓰인 것을 가리킨다. 영어의 'do'에 해당한다고 할 수 있는 본동사 'ᄒᆞ-'는 漢字語化되지 않는다. 이는 'ᄒᆞ-'에 대응되는 한자를 '爲'로 나타낸다고 해도 다시 동사화 접사 '-ᄒᆞ-'와 결합해야 한국어의 동사로 쓰일 수 있는데, '爲ᄒᆞ-'는 이미 다른 의미로 사용되고 있었기 때문일 것이다. 『新約全書 국한문』에서 '爲ᄒᆞ-'는 '〔사람〕을/를 爲ᄒᆞ-' 구문으로만 나타나며 대상이 되는 인물의 이익을 꾀한다는 의미로 쓰인다. 'ᄒᆞ-'는 단일 형태로서는 그 용례가 411개로 가장 많은데, 대부분 보조용언(137) 혹은 인용 동사(232)로 사용된다.

勝ᄒᆞ-(1) 喜ᄒᆞᄂᆞᆫ 것보다 勝ᄒᆞ리라(깃버ᄒᆞᄂᆞᆫ 것보다 더ᄒᆞ리라)

ㄴ. 덥ㅎ-(1) : 履ᄒᆞ-(1) 爾를 履ᄒᆞ시리니(너를 덥흐시리니), 盖ᄒᆞ-(1) 器로 盖치도(그릇으로 덥지도), 蔽ᄒᆞ-(1) 來蔽ᄒᆞᄂᆞᆫ지라(와셔 가리우는지라)

ㄷ. 도리키-(1) : 顧ᄒᆞ-(1) 顧ᄒᆞ샤(도리키샤)

ㄹ. 듯-(1) : 聞ᄒᆞ-(21) 聞ᄒᆞ고(듯고 13), 聞ᄒᆞᄂᆞᆫ(듯는 5), 聞코져(듯고져), 聞치(듯지), 聞ᄒᆞᆯ(드를), 聽ᄒᆞ-(15) 聽ᄒᆞ기도(듯기도), 聽ᄒᆞᄂᆞᆫ(듯는 5), 聽ᄒᆞ고(듯고 8), 聽치(듯지)

ㅁ. 밧-(1) : 受ᄒᆞ-(46) 밧은(受ᄒᆞᆫ 4), 밧아(受ᄒᆞ야 2), 밧을(受ᄒᆞᆯ 7), 受ᄒᆞ러(밧으러), 受ᄒᆞ고져(밧고져 3), 受ᄒᆞᄂᆞᆫ(밧는 5), 受ᄒᆞ고(밧고 6), 受ᄒᆞ매(밧으매), 受ᄒᆞ시고(밧으시고 2), 受ᄒᆞ기(밧기를 2), 受치(밧지 3), 受ᄒᆞᆫ지라(밧은지라), 受ᄒᆞᆷ으로써(밧음으로써), 受ᄒᆞᆯ가(밧을가), 受ᄒᆞ리라(밧으리라 2), 受ᄒᆞ엿고(밧앗고), 受ᄒᆞ엿스니(밧앗스니), 受ᄒᆞᄂᆞ니라(밧ᄂᆞ니라), 受ᄒᆞ여도(밧아도), 受ᄒᆞ샤(밧으샤)

ㅂ. 잡수시-(1) : 吃ᄒᆞ-(3) 吃치 아니ᄒᆞ시니(잡숫지 아니하시니), 吃ᄒᆞ신(잡수신), 吃ᄒᆞ시더라(잡수시더라), 食ᄒᆞ-(6) 共食ᄒᆞ기를(ᄒᆞᆫ가지로 잡수기를), 食ᄒᆞ실식(잡수실식 2), 食ᄒᆞ심을(잡수심을), 食ᄒᆞ시랴(잡수시려), 食ᄒᆞ시기(잡수시기)

ㅅ. 주(3)- : 授ᄒᆞ-(2) 授ᄒᆞ시고(주시고), 教授ᄒᆞᆷ과(가라쳐 줌과), 施ᄒᆞ-(1) 施ᄒᆞ거니와(주거니와), 給ᄒᆞ-(27) 給지(주지), 給지(주지), 給ᄒᆞ겟ᄂᆞ냐(주겟ᄂᆞ냐), 給ᄒᆞ고(주고 3), 給ᄒᆞ기를(주기를), 給ᄒᆞ라(주라 2), 給ᄒᆞ라(주라), 給ᄒᆞ라(주어라), 給ᄒᆞ리라(주리라 2), 給ᄒᆞ며(주며), 給ᄒᆞ며(주며), 給ᄒᆞ야(주어) 給ᄒᆞᄂᆞᆫ(주는), 給ᄒᆞᆯ(줄 5), 債給ᄒᆞᄂᆞᆫ(빗주는), 助給ᄒᆞ라(도아 주라), 出給ᄒᆞ야(내여 주어), 分給ᄒᆞ라(난화 주라), 分給ᄒᆞ엿더니(난화 주엇더니), 分給ᄒᆞᆯ(난화 줄), 賜ᄒᆞ-(31) 賜ᄒᆞ겟ᄂᆞ냐(주겟ᄂᆞ냐), 賜ᄒᆞ고(주고), 賜ᄒᆞ리니(주리니 3), 賜ᄒᆞ매(주시매), 賜ᄒᆞ며(주며 2), 賜ᄒᆞ샤(주샤), 賜ᄒᆞ셧스니(주셧으니), 賜ᄒᆞ쇼셔(주쇼셔), 賜ᄒᆞ시고(주시고), 賜ᄒᆞ시리니(주시리니), 賜ᄒᆞ시지(주시지), 賜ᄒᆞ시ᄂᆞᆫ(주시는), 賜ᄒᆞ신ᄃᆡ(주신ᄃᆡ) 賜ᄒᆞ시기를(주시기를), 賜ᄒᆞ실(주실), 賜ᄒᆞ야(주어 2), 賜ᄒᆞ엿ᄂᆞᆫᄃᆡ(주엇는ᄃᆡ), 賜ᄒᆞ옵시

고(주옵시고), 賜흔(준 3), 賜흔(준), 賜훌(줄), 還予ᄒᆞ시니(도로 주시니), 擘ᄒᆞ야 賜ᄒᆞ시매(쪠여 주시매), 擘ᄒᆞ야 賜ᄒᆞ시며(쪠여 주시며), 畀ᄒᆞ-(7), 出畀ᄒᆞ리라(내여 주리라), 出畀ᄒᆞ야(내여 주어 3), 捉畀ᄒᆞ랴(잡아 주랴), 捉畀ᄒᆞ려ᄂᆞ냐(잡아 주랴ᄂᆞ냐), 提畀ᄒᆞ기를(잡아 주기를)

동사류에서도 漢字語化된 예가 한자어화되지 않은 예보다 훨씬 많다는 사실이 확인된다. 명사류와 마찬가지로 漢字語化되지 않은 동사들은 대부분 자의적 다시 쓰기 과정에서 의도치 않게 된 것으로 보인다.

(예7)은 별도의 설명이 필요한 동사의 예이다. 先行 名詞와의 연관성으로 인하여 의도적으로 한자어화하지 않은 것으로 보이기 때문이다.

(7) ㄱ. 答ᄒᆞ야 曰 主人아 今年만 乆 容納ᄒᆞ쇼셔 我가 遍掘ᄒᆞ고 肥料를 주리니(거름을 주리니) 〈눅13:08〉
ㄴ. 禍가 有훌진뎌 爾等 바리식 敎人이여 爾等이 會堂에 高 座와 市에셔 問安 밧는 거슬 喜ᄒᆞᄂᆞᆫ도다 〈눅11:43〉
ㄷ. 父親이 諸僕의게 命ᄒᆞ야 第一 美服을 出ᄒᆞ여다가 被ᄒᆞ고 手에 指環을 씨우고 履를 신기고(가락지를 씨우고 신을 신기고) 〈눅15:22〉
ㄹ. 誰던지 爾等을 待接지 아니ᄒᆞ거든 其 城에셔 離훌 時에 爾等의 足에 塵도 拂去ᄒᆞ야 彼等의게 證據를 삼으라 ᄒᆞ시니 〈눅09:05〉
ㅁ. 謂ᄒᆞ야 曰 此 人아 誰가 我를 爾等의 上에 法官과 物件을 分ᄒᆞᄂᆞᆫ 者로 삼앗ᄂᆞ냐 ᄒᆞ시고 〈눅12:14〉
ㅂ. 맛춤 홈긔 飮食 잡수실 時에 餠을 持ᄒᆞ사 祝謝ᄒᆞ시고 擘ᄒᆞ야 賜ᄒᆞ시매 〈눅24:30〉

(예7)을 보면, 선택제약의 원리에 따라 이루어진 구성의 한 성분으로서의 동사는 한자어화되지 않는 것을 알 수 있다.

형용사 중에서 漢字語化되지 않은 예로는 '만ᄒᆞ-, 셩ᄒᆞ-, 엇더ᄒᆞ-,

적-, 크-' 등이 확인된다. 명사나 동사의 경우와 마찬가지로 漢字語化된 경우가 훨씬 많고, 한 형태의 고유어에 대응하는 한자어의 종류도 많다. 특히 '셩ᄒᆞ-'가 주목되는데, 한자어화된 경우가 한자어화되지 않은 경우보다 더 적으면서 한자어화되는 경우도 다른 예들과는 달리 일관성을 찾기 힘들다. '셩ᄒᆞ-'라는 고유어가 가지는 의미적 특성, 즉 다의성과 그 의미적 구체성을 한자어로 나타내는 것이 쉽지 않았기 때문일 것으로 보인다.

(8) ㄱ. 만ᄒᆞ-(1) : 多ᄒᆞ-(15) 甚히 多ᄒᆞ야(甚히 만하), 多ᄒᆞ더라(만터라), 多ᄒᆞ리니(만흐리니), 多歸케(만히 도라 오게), 多ᄒᆞ니이다(만흐니이다), 多 敗ᄒᆞ고(만히 敗하고), 多ᄒᆞ신(만흐신), 多ᄒᆞ되(만흐되), 多ᄒᆞ되(만호되), 多ᄒᆞ야(만하), 多홈으로(만흠으로), 多參ᄒᆞ더라(만히 參與하더라), 羣衆과 多民들이(여러 무리와 만흔 百姓들이), 多醫ᄒᆞ시고(만히 곳치시고), 多罪를(만흔 罪를)

ㄴ. 셩ᄒᆞ-(5) : 痊ᄒᆞ-(1) 已痊ᄒᆞ더라(자의 셩ᄒᆞ더라), 愈ᄒᆞ-(1) 如何케 愈홈을 云ᄒᆞ매(엇더케 셩함을 닐ᄋᆞ매), 康强ᄒᆞ-(1) 康强ᄒᆞᆫ 身으로(셩ᄒᆞᆫ 몸으로)

ㄷ. 엇더ᄒᆞ-(1) : 何如ᄒᆞ-(11) 何如ᄒᆞᆯ고(엇더ᄒᆞᆯ고), 何如ᄒᆞᆫ(엇더ᄒᆞᆫ), 何如케(엇더케 7), 何如ᄒᆞ겟ᄂᆞ냐(엇더ᄒᆞ겟나냐), 何如ᄒᆞᆫ(엇더ᄒᆞᆫ), 如何ᄒᆞ-(5) 如何ᄒᆞᆫ 女人(엇더ᄒᆞᆫ 女人), 如何케(엇더케 4),

ㄹ. 적-(1) : 小ᄒᆞ-(7) 小ᄒᆞᆫ(적은), 最小ᄒᆞᆫ(가장 적은), 至小ᄒᆞᆫ(至極히 적은 2), 小信ᄒᆞᄂᆞᆫ(적게 밋는), 小子들아(적은 무리여), 小子(적은 者), 赦홈을 少受ᄒᆞᆫ(赦홈을 적게 밧는), 小錢(적은 돈) 少ᄒᆞ-(2) 雇軍이 少ᄒᆞ니(일軍이 적으니), 少ᄒᆞᆫ 거세 忠誠ᄒᆞ니(네가 적은 것에 忠誠ᄒᆞ니), 寡ᄒᆞ-(1) 寡ᄒᆞ니잇가(적으니잇가), 短ᄒᆞ-(1) 體가 短ᄒᆞ고(킈가 적고)

ㅁ. 크-(4) : 大ᄒᆞ-(19) 大ᄒᆞᆫ 者(큰 者), 大케 되고(크게 되고), 大聲으로 呼ᄒᆞ야(큰 소릐로 불너), 大事를 成ᄒᆞ셧으니(큰 일을 일우

셧으니), 大懼ᄒᆞ거늘(크게 무셔워 ᄒᆞ거늘), 大喜ᄒᆞᆯ 嘉消息을(크게 깃버할 아름다운 消息을), 大凶年이(큰 凶年이), 大讌을 設ᄒᆞ니(큰 잔치를 ᄒᆞ니), 受ᄒᆞᆯ 거시 大ᄒᆞ리라(밧을 것이 크리라), 賞이 大ᄒᆞ고(賞이 크고), 大斗로 搖撼ᄒᆞ야(큰 말노 누르고 흔드러), 大水가 生ᄒᆞ야(큰 물이 나셔), 害됨이 大ᄒᆞ니라(害됨이 크니라), 彼보다 大ᄒᆞ니라(뎌보다 크니라), 大聲으로 呼ᄒᆞ야(큰 소릐로 불너), 諸民이 大懼홈으로(모든 百姓이 크게 두려워 함으로), 如何케 大事 行ᄒᆞ심을(엇더케 큰일 行하심을), 誰가 大ᄒᆞ냐(누가 크냐), 大ᄒᆞᆫ 者니라(큰 者니라)

### 2) 관형사, 대명사, 부사, 접속사

관형사와 대명사는 명사, 동사, 형용사 類의 漢字語化와 유사한 양상을 보인다. 漢字語化하는 것이 원칙으로 보이지만 자의적 다시 쓰기에 의하여 非漢字語의 예가 공존하는 것이다.

관형사 중에서 한자어화되지 않은 요소로는 '그(25), 뎌(1), 먼(1), 모든(13), 뭇(1), 아모(1), 엇던(6), 여러(1), 왼(4), 우리(1) / ᄒᆞᆫ(5)' 등이 있다. 그 양상이 앞에서 검토한 명사, 동사, 형용사의 경우와 비슷하므로 漢字語化되지 않은 예와 漢字語化된 예를 대비해 보이는 것으로 설명을 대신한다.

(9) ㄱ. 그(25) : 其(124) 대응관계가 일정하므로 용례는 생략함.
ㄴ. 모든(13) : 諸(10) 諸人(모든 사람 6), 諸言(모든 말), 諸事(모든 일), 諸日(모든 날), 諸權(모든 權勢)
ㄷ. 아모(1) : 某(4) 某人의게도(아모 사름의게도), 誰某던지(아모던지), 아직 某人도(아직 아모도), 某言도(아모 말도)
ㄹ. 엇던(6) : 何(1) 何人(엇던 사람), 何許(2) 何許 教法師(엇던 教法師), 何許 사마리아 人(엇던 사마리아 사람), 如何ᄒᆞᆫ(3) 如何ᄒᆞᆫ 城(엇던 城), 如何ᄒᆞᆫ 法官(엇던 法官), 如何ᄒᆞᆫ 貴人(엇던 貴人)

ㅁ. 여러(1) : 多(3) 多人(여러 사람), 多 首(여러 마리), 多端(여러 가지), 羣(1) 羣衆(여러 무리), 諸(5) 諸民(여러 백성) 諸 女人(여러 여인), 諸 先知者(여러 선지자), 諸般事(여러 가지 일), 諸日(여러 날), 屢(3) 屢次(여러 번), 屢年(여러 해), 屢言(여러 말), 累(1) 累 倍(여러 배), 衆(1) 衆人(여러 사람)

ㅂ. 왼(1) : 全(7) 全 地가(그 온 짜에 1/온 짜이 1), 全身(온 몸 5/全身 1), 全 羣이(온 무리가), 全 城에(온 城에), 全 地球 上에(온 地球 上에)

ㅅ. 우리(1) : 我等(7)

대명사의 경우도 관형사와 유사하다. 그런데 관형사의 경우와 대비해 볼 때, 대응되는 漢字가 일정한 것이 눈에 띈다. 또 '스ᄉᆞ로'의 경우 한자어화되지 않은 것이 한자어화된 경우보다 많다는 것이 특징적이다.

(10) ㄱ. 무엇(3) : 何(21)

ㄴ. 무슴(4) : 何(7)

ㄷ. 서로(2) : 相(10)

ㄹ. 이(33) : 此(220)

ㅁ. 스ᄉᆞ로(8) : 自(3) 自尊ᄒᆞᄂᆞᆫ(스ᄉᆞ로 놉히는), 自 小心ᄒᆞ라(스ᄉᆞ로 操心하라), 自恃ᄒᆞ야(스ᄉᆞ로 밋어)

부사류는 인명과 지명을 제외하고는 한자어화되지 않은 용례가 가장 많을 뿐 아니라 그 종류도 다양하다. 그 목록과 한자어화되지 않은 횟수를 표시하여 제시하면 다음과 같다.

(11) 각금(1), 거의(1), 곳(48), 그대로(2), 그져(4), 너머(1), 다(33), 다만(8), 다못(2), 다시(9), 더(3), 더러는(9), 더옥(5), 더욱(1), 도로혀(1), 두루(1), ᄃᆞ듸여(9), ᄯᅩᄒᆞᆫ(53), ᄯᅥ로(1), 만히(3), 맛참(27), 맛참내(1), ᄆᆡ우(2), 멀니(3), 몬져(3), 무릇(6), ᄆᆞ릇(1), 믄

득(2), 바로(1), 반ᄃᆞ시(15), 발셔(2), 비로소(1), 비록(4), ᄲᅧᆯ니(1), 아직(4), 얼마나(2), 엇지(13), 엇지ᄒᆞ야(3), 오래(2), 오직(58), 오히려(5), 이제(1), 일즉(1), 자의(16), 자조(1), 처음으로(1), 홀노(2), 출ᄒᆞ리(1), ᄒᆞᆫ가지로(11), 홈ᄭᅴ(7)

(예11)에서 '각금, 그대로, 그져, 너머, 다못, 더러는, ᄯᅩ로, 맛촘, 믄득, ᄆᆡ우, 바로, 발셔, 비로소, 아직, 오직, 오히려, 일즉, 출ᄒᆞ리, 홈ᄭᅴ'는 모두 漢字語化된 예를 확인할 수 없는 것들이다. '더러는(9), 맛촘(27), 오직(58), 홈ᄭᅴ(7)'와 같이 빈도가 상대적으로 높은 예들도 있지만 대부분 그 빈도가 낮은 것이어서 漢字語化된 예가 없는 것인지, 다른 원인에 의한 것인지를 단언하기는 어려운 상황이다.

이들을 제외하고는 모두 (예12)와 같이 한자어화된 형태와 한자어화되지 않은 형태가 함께 쓰이고 있다. 한자어화되지 않은 것이 더 많은 경우도 있고, 한자어화된 것이 더 많은 경우도 있다. 의미적으로 정확히 대응되는 한자를 찾기 쉬울 때에는 그렇지 않지만 그렇지 않은 경우에는 한자어화되는 과정에서 여러 개의 對應 漢字語가 제시되는 경우가 많다. 예를 들면, '다시'는 '更, 復, 甦' 등으로, '더'는 '尤, 加, 益, 剩' 등으로 '두루'는 '遍, 環'으로, '엇지'는 '奚, 豈, 何, 如何히[13]' 등으로 한자어화가 이루어진 것을 확인할 수 있다.

(12) ㄱ. 거의(1) : 幾(2) 幾死케(거의 죽게 ᄒᆞ고), 幾至ᄒᆞᆫ지라(거의 된지라)
ㄴ. 곳(48) : 卽(38) 대응관계가 일정하므로 용례는 생략함.
ㄷ. 다(33) : 皆(24) 皆 驚ᄒᆞ고(다 놀나고), 皆 斫ᄒᆞ야(다 ᄶᅵᆨ어),

13 '엇지'가 '如何히'로 漢字語化된 것은 『新約全書 국한문』의 漢字語化 方式에서 예외적인 예이다. 고유어 한 단어는 漢字 한 글자로 대응시키는 것이 『新約全書 국한문』의 漢字語化 原則이기 때문이다.

皆 愈홈을(다 나음을), 皆 知치 못훈다(다 모른다), 皆 泣ᄒᆞ며(다 울며), 皆 飽훈지라(다 배부른지라), 皆 赦ᄒᆞ야 주엇습ᄂᆞ이다(다 赦ᄒᆞ야 주엇습ᄂᆞ이다), 皆 數ᄒᆞ시ᄂᆞ니(다 혜시ᄂᆞ니), 皆 醱ᄒᆞ게(다 퍼지게), 皆備ᄒᆞ엿ᄂᆞ이다(다 갓초앗ᄂᆞ이다), 皆 笑ᄒᆞ야(다 우셔), 皆 爾의 거시로되(다 네 것이로되), 皆 行ᄒᆞ되(다 行ᄒᆞ되), 皆 滅ᄒᆞ엿고(다 滅ᄒᆞ엿고), 皆 守ᄒᆞ엿ᄂᆞ이다(다 직히엿ᄂᆞ이다), 皆 人子의게 應ᄒᆞ리니(다 人子의게 應ᄒᆞ리니), 皆 然ᄒᆞ야(다 그리ᄒᆞ야), 皆 娶ᄒᆞ엿스니(다 取ᄒᆞ엿스니), 皆 集ᄒᆞ야(다 모히여), 皆 曰(다 ᄀᆞᆯᄋᆞ딕), 皆 起ᄒᆞ야(다 니러나), 皆 胸을 拊ᄒᆞ며(다 가슴을 두ᄃᆞ리며), 皆 遠立ᄒᆞ야(다 멀니 서셔), 皆應ᄒᆞ여야(다 마자야)

ㄹ. 다만(8) : 但(2) 無子홈은(다만 無子홈은), 但 往ᄒᆞ야(다만 가셔)

ㅁ. 다시(9) : 更(1) 更返ᄒᆞ니(다시 도라 오니), 復(13) 復索지(다시 달나지), 復望치 말나(다시 바라지 말나), 復甦ᄒᆞ엿다고(다시 살아낫다고도), 復活ᄒᆞ리라(다시 살니라), 復答지 못ᄒᆞ더라(다시 對答지 못ᄒᆞ더라), 復鹹케 ᄒᆞ리오(다시 짜게 ᄒᆞ리오), 復甦ᄒᆞ엿스며(다시 살아낫스며), 復活ᄒᆞ엿스며(다시 살앗스며), 復活ᄒᆞ리라(다시 살아나리라), 復死치도(다시 죽지도), 復活ᄒᆞᆯ 거슬(다시 살 것을), 復問치(다시 뭇지), 復食지 아니ᄒᆞ리라(다시 먹지 아니ᄒᆞ리라), 甦(2) 甦ᄒᆞ엿다(다시 살아낫다), 甦ᄒᆞ리라(다시 살아나리라)

ㅂ. 더(3) : 尤(5) 尤大훈(더 큰 2), 尤多훈 줄(더 잇ᄂᆞ 줄), 尤高훈(더 놉흔), 尤易ᄒᆞ리라(더 쉬우리라), 尤多히(더 만히) 加(2) : 加大히 造ᄒᆞ고(더 크게 짓고), 加愛치(더 사랑치), 益(1) 益貴ᄒᆞ지(더 貴ᄒᆞ지), 剩(1) 剩得ᄒᆞ엿ᄂᆞ이다(더 남겻ᄂᆞ이다)

ㅅ. 더욱/더옥(6) : 尤(5) 尤惡훈(더욱 惡훈), 尤甚ᄒᆞ다(더욱 甚ᄒᆞ다), 尤多히(더욱 만히), 尤甚히(더욱 甚히), 尤大ᄒᆞ리라(더욱 크리라)

ㅇ. 두루(1) : 遍(5) 遍布ᄒᆞ매(두루 퍼지매), 遍布ᄒᆞ니라(두루 퍼지니라), 遍行ᄒᆞ시며(두루 단니시며), 遍行ᄒᆞ야(두루 行ᄒᆞ야),

遍掘ᄒᆞ고(두루 ᄑᆞ고), 環(1) 環照ᄒᆞ매(두루 빗최매)

ㅈ. 드ᄃᆡ여(9) : 遂(4) 遂 起ᄒᆞ야(드ᄃᆡ여 니러나), 遂 往ᄒᆞ야(드ᄃᆡ여 가셔), 遂 怒ᄒᆞ야(드ᄃᆡ여 怒ᄒᆞ야), 遂 問ᄒᆞ야 曰(드ᄃᆡ여 무러 ᄀᆞᆯᄋᆞᄃᆡ)

ㅊ. ᄯᅩᄒᆞᆫ(53) : 亦(7) 亦然ᄒᆞ되(ᄯᅩᄒᆞᆫ 그리ᄒᆞ되), 亦 然ᄒᆞ니라(ᄯᅩᄒᆞᆫ 그러ᄒᆞ니라 2), 亦 死ᄒᆞ엿ᄂᆞᆫ지라(ᄯᅩ한 죽엇는지라), 亦 然ᄒᆞ고(ᄯᅩᄒᆞᆫ 그리ᄒᆞ고), 亦 然케(ᄯᅩᄒᆞᆫ 그러케 2)

ㅋ. 만히(3) : 多(11) 歸케(만히 도라 오게), 多 敗ᄒᆞ고 興ᄒᆞ게 ᄒᆞ며(만히 敗ᄒᆞ고 興ᄒᆞ게 ᄒᆞ며), 多 受ᄒᆞᆯ(만히 밧을), 多 參ᄒᆞ더라(만히 參與ᄒᆞ더라), 多 醫ᄒᆞ시고(만히 곳치시고), 多 受ᄒᆞ고(만히 밧고), 多 賜ᄒᆞᆫ(만히 준), 多 取ᄒᆞ고(만히 取하고), 多 托ᄒᆞᆫ(만히 付託ᄒᆞᆫ), 尤多히 索ᄒᆞ리라(더욱 만히 차지리라), 多 受ᄒᆞ야(만히 밧아), 尤多히 投ᄒᆞ엿도다(더 만히 던졋도다)

ㅌ. 맛ᄎᆞᆷ내(1) : 從來(1) 從來(맛ᄎᆞᆷ내)

ㅍ. 멀니(3) : 遠(4) 遠히 ᄒᆞ고(멀니 ᄒᆞ고), 遠立ᄒᆞ야(멀니 서셔 3)

ㅎ. 몬져(3) : 先(6) 先往ᄒᆞ야(몬져 가셔 2), 先歸ᄒᆞ야(몬져 도라가), 先言ᄒᆞᄃᆡ(몬져 말ᄒᆞᄃᆡ), 先坐ᄒᆞ야(몬져 안져 2), 先來ᄒᆞᆫ(몬져 온), 先有ᄒᆞ되(몬져 잇스되) 首先(2) 首先될 者(몬져 될 者), 首先된 者(몬져 된 者)

가. 무릇/므릇(7) : 大概(65)

나. 반ᄃᆞ시(15) : 必(1) 必成ᄒᆞ리라(반ᄃᆞ시 일우리라)

다. ᄲᆞᆯ니(1) : 速(2) 速往ᄒᆞ야(ᄲᆞᆯ니 가), 速坐ᄒᆞ야(ᄲᆞᆯ니 안져), 疾(1) 疾往ᄒᆞ야(ᄲᆞᆯ니 가셔)

라. 비록(4) : 雖(1) 雖 然이나(비록 그러나)

마. 얼마나(2) : 幾何나(3)

바. 엇지(13) : 奚(1) 奚 知ᄒᆞ리오(엇지 알리오), 豈(1) 豈 行ᄒᆞᄂᆞ뇨(엇지 行ᄒᆞᄂᆞ뇨), 何(1) 何 立ᄒᆞ리오(엇지 서리오), 如何히(1) 如何히 ᄒᆞᆯ고(엇지 ᄒᆞᆯ고)

사. 엇지ᄒᆞ야(3), 何如ᄒᆞ야(4), 如何ᄒᆞ야(5)

아. 오래(2) : 久(2) 久忍ᄒᆞ시나(오래 참으시나), 久在ᄒᆞ다가(오래 잇다가)

자. 이제(1) : 今에(4), 今(6) 今後로는(이제 後로는 2), 今 饑ᄒᆞᆫ

者가(이제 배곱흔 者가), 今 哭ᄒᆞᄂᆞᆫ(이제 우는), 今 飽ᄒᆞᆫ 者(이제 배부른 者), 今 笑ᄒᆞᄂᆞᆫ 者(이제 웃는 者), 今에 百姓을 眷顧ᄒᆞ신다(이제 百姓을 도라 보신다)

차. 자의(16) : 旣(8) 旣滿ᄒᆞ매(자의 ᄎᆞ매), 旣老ᄒᆞᆫ지라(자의 늙은지라), 旣畢ᄒᆞ매(자의 다ᄒᆞ매), 旣得ᄒᆞ엿도다(자의 엇엇도다), 旣畢ᄒᆞ시매(자의 맛치시매 2), 旣閉ᄒᆞ엿고(자의 닷쳣고), 旣出ᄒᆞ매(자의 나가매), 旣近ᄒᆞᆫ(자의 갓가온)

카. 자조(1) : 頻(1) 頻來ᄒᆞ야(자조 와셔)

타. 홀노(2) : 獨(1) 獨 在ᄒᆞ신지라(홀노 계신지라)

파. ᄒᆞᆫ가지로(11) : 偕(2) 偕ᄒᆞ시도다(ᄒᆞᆫ가지로 ᄒᆞ시도다), 偕ᄒᆞ엿스니[14](ᄒᆞᆫ가지로 ᄒᆞ엿스니), 同(15) 同往ᄒᆞ실ᄉᆡ(ᄒᆞᆫ가지로 가실ᄉᆡ), 同在ᄒᆞᆫ(ᄒᆞᆫ가지로 잇ᄂᆞᆫ), 同在ᄒᆞ더니(ᄒᆞᆫ가지로 잇더니), 同在ᄒᆞᆫ(ᄒᆞᆫ가지로 잇ᄂᆞᆫ), 同立ᄒᆞᆫ(ᄒᆞᆫ가지로 선), 同臥ᄒᆞ엿스니(ᄒᆞᆫ가지로 누엇스니), 同食ᄒᆞ기를(ᄒᆞᆫ가지로 먹기를), 同坐ᄒᆞᆫ(ᄒᆞᆫ가지로 안진), 同行ᄒᆞᆯᄉᆡ(ᄒᆞᆫ가지로 行할ᄉᆡ), 同居ᄒᆞ엿스니(ᄒᆞᆫ가지로 잇섯스니), 同行ᄒᆞᆫ(ᄒᆞᆫ가지로 단닌 2), 同殺코져 ᄒᆞᆯᄉᆡ(ᄒᆞᆫ가지로 죽이고져 ᄒᆞᆯᄉᆡ), 同往ᄒᆞᆫ(ᄒᆞᆫ가지로 간), 同行ᄒᆞ시나(ᄒᆞᆫ가지로 行ᄒᆞ시나), 同在ᄒᆞᆯ 時에(ᄒᆞᆫ가지로 잇슬 ᄯᅢ에) 共(3) 共食ᄒᆞ기를(ᄒᆞᆫ가지로 잡수기를), 共食ᄒᆞᄂᆞᆫ(ᄒᆞᆫ가지로 먹ᄂᆞᆫ), 共語ᄒᆞ니(ᄒᆞᆫ가지로 말ᄒᆞ니)

(예12)와 같이 부사류가 漢字語化되지 않은 用例와 種類가 가장 많은 것은, 의미 변별이 쉽지 않고 다른 언어(한자어)로 옮기는 일이 쉽지 않은 한국어 부사의 특성 때문인 것으로 보인다.

접속사 중에서 한자어화되지 않은 것에는 밋(20)과 ᄯᅩ(78)가 있다. '밋'의 경우 이 시기의 다른 국한혼용문에서는 '及'으로 확인되는 경우가 많은데, 『新約全書 국한문』에서는 일괄적으로 '~와/과 밋'으로만

14 '偕'의 훈은 〔함께하다〕이다. 'ᄒᆞᆫ가지로 ᄒᆞ-'라는 구 전체의 의미가 '偕'에 담긴 것이다.

확인된다. 오히려 한국어다운 표현이 되기 위해서는 '밋'을 생략해 써야 할 것이다. 한문의 '及'을 번역할 때에 '~와/과 밋'으로 옮기던 습관 때문에 국문 성경에서도 이런 표현이 쓰이게 된 것일 뿐이다. 따라서 '밋'이 반드시 필요한 것이 아니고, 그것이 '~ 과/와 밋'의 '밋'을 한자어화하지 않기로 결정한 배경이 된 것으로 보인다. 'ᄯᅩ'는 용례가 모두 78개인데, 그 중에 '又'로 漢字語化한 예가 3개 확인된다.[15] 현 단계에서는 예문을 검토해 보아도 漢字語化되지 않은 것들과의 문법적 의미적 차이를 찾기 어렵다.

### 3) 의존명사

의존명사는 용례의 양은 많지만 그 종류는 그리 많지 않다. 빈도와 함께 제시하면 다음과 같다.

(13) 것(228), 곳(1), 대/ᄃᆡ(장소)(12), ᄃᆡ로/대로(8), 동안에(2), 바(28), 수(6), 이(사람)(10), 줄(32), 제(3)(시간), 지(3), 터(1), ᄲᅮᆫ(1)

漢字語化라는 관점에서 보면 이들 의존명사는 크게 두 부류로 나뉜다. 하나는 어휘적 의미가 강한 것으로 번역자의 자의적인 漢字語化 과정에서 불분명한 이유로 한자어화가 이루어지는 부류이고, 다른 하나는 문법적 의미가 더 강한 것으로 한자어화가 되지 않는 부류이다. 장소를 나타내는 '곳, 대/ᄃᆡ', 사람을 나타내는 '이', 시간을 나타내는 'ᄯᅢ,[16]

15 그 예는 다음과 같다. '人子는 來ᄒᆞ야 食ᄒᆞ고 飮ᄒᆞ매 爾等이 又 言ᄒᆞ기를 食ᄒᆞ기를 貪ᄒᆞ고 酒를 嗜ᄒᆞᄂᆞᆫ 人이오 稅吏와 罪人의 親舊로다 ᄒᆞ니 〈눅07:34〉, 主가 又 曰 不義ᄒᆞᆫ 法官의 言을 聽ᄒᆞ라 〈눅18:06〉, 다시 他僕을 遣ᄒᆞ니 又 打ᄒᆞ고 凌辱ᄒᆞ며 그저 送ᄒᆞ거ᄂᆞᆯ 〈눅20:11〉'

제, 동안' 등의 의존명사가 어휘적 의미가 강한 부류에 속하고, '것,[17] 바, 수, 줄, 지, 터, 뿐' 등은 문법적 의미가 더 강한 부류에 속한다. 어휘적 의미가 강한 의존명사는 명사, 동사, 형용사 類와 유사한 경향을 보인다. 또, 漢字語化 과정에서 같은 漢字를 쓰는 同義語가 존재하는 경우, 상대적으로 의미적 自立性이 강한 것이 주로 漢字語化되는 경향을 보인다. '곳'과 '대/ᄃᆡ', 'ᄣᅢ'와 '제'의 漢字語化를 통해서 이러한 경향성을 살필 수 있는데 한 예로, '곳'의 경우 『신약젼셔』의 용례 15개 중에서 한 예를 제외하고는 모두 '處'로 漢字語化되지만 '대/ᄃᆡ'는 12개의 예 중에서 3개만 '處'로 漢字語化된다. 그런데 '대/ᄃᆡ'가 '處'로 漢字語化되는 경우는 '傷處, 暗處, 明處'와 같이 '處'가 자립적이지 못하고 다른 한자와 결합되어 하나의 단어처럼 쓰이는 것으로 보인다.

(14) ㄱ. 곳(1) : 處(13) 容納ᄒᆞᆯ 處가(容納할 곳이), 尊ᄒᆞᆫ 處(놉흔 곳), 閑寂ᄒᆞᆫ 處(閑寂ᄒᆞᆫ 곳), 置ᄒᆞᆯ 處가(둘 곳이), 其 處에(그 곳에 3), 一 處에셔(ᄒᆞᆫ 곳에셔), 隱密ᄒᆞᆫ 處이나(隱密ᄒᆞᆫ 곳에나), 積置ᄒᆞᆫ 處가(싸하 둘 곳이), 在ᄒᆞᆫ 處에는(잇ᄂᆞᆫ 곳에는), 苦痛ᄒᆞᄂᆞᆫ 處에(苦痛ᄒᆞᄂᆞᆫ 곳에), 屍가 在ᄒᆞᆫ(죽엄 잇ᄂᆞᆫ), 骸骨 處라(骸骨 곳이라), ᄒᆞᄂᆞᆫ 處(ᄒᆞᄂᆞᆫ 곳)

ㄴ. 대/ᄃᆡ(9) : 處(3) 其 傷處를 塗ᄒᆞ고(그 傷ᄒᆞᆫ ᄃᆡ에 바ᄅᆞ고), 暗處에셔(어두운 ᄃᆡ셔), 明處에(밝은 ᄃᆡ에)

---

16 『新約全書 국한문』에서 'ᄣᅢ'는 쓰이지 않는다. 『신약젼셔』의 번역문의 'ᄣᅢ'가 모두 '時'로 漢字化되었기 때문이다.

17 '것'의 경우는 그 용법이 다양하기 때문에 어휘적 의미가 강한 것과 문법적 기능이 강한 것 어느 한 쪽에도 속한다고 하기 어렵다. 여기서 문법적 기능이 강한 의존명사에 속하는 것으로 본 것은 구체적 용법상의 빈도가 문법적인 것이 훨씬 많기 때문이다. 이에 대해서는 '것'을 검토한 부분에서 다시 정리할 것이다.

이와 비슷하게 ' 때'는 117개가 모두 '時'로 漢字語化되는 반면, 시간을 나타내는 '제'는 3개가 모두 漢字語化되지 않았다.[18] 또 사람을 가리키는 의존명사 '이'와 '자(者)'는 『신약젼셔』의 번역문에서 '이'는 27회ㅗ 쓰였고, '자(者)'는 227회 쓰였다. 그런데 이 27개의 '이' 중에서 17개가 '者'로 다시 쓰기되고 나머지 10개는 漢字語化되지 않았다. 반면 漢字語인 '자'는 모두 漢字로 바꿔 쓰기가 되었다.

어휘적 의미 담당량이 적고 문법적 기능이 강한 依存 名詞는 대체로 漢字語化되지 않는다. '것, 줄, 수, 터' 등이 확인된 예이다. 그러나 '것'은 다른 의존명사와는 조금 다르다. 어휘적 의미가 강하게 드러나는 예와 문법적 기능이 강하게 드러나는 예, 두 용법으로 나뉘어 한자어화된 예와 한자어화되지 않은 예를 통해서 구분된다. 국문 성경에서 확인된 236개의 '것' 중에서 8개만 한자어화가 되었다.[19] 나머지 228개는 한자어화되지 않았다. 이렇게 한자어화되지 않는 依存 名詞 '것'은 '것'이 쓰인 구성에 따라서 다음과 같이 4가지로 분류된다.

(15) ㄱ. 관형사 뒤(2) : 아모 것(1), 모든 것(2) 등
ㄴ. 관형격 조사 뒤(10) : 爾의 것(1), 他人의 것(1), 爾等의 것(1), 我等의 것(1), 誰의 것(4), 上帝의 것(1), 가의사의 것(1) 등
ㄷ. 용언의 관형사형 뒤(6) : 好흔 것(2), 眞實흔 것(1), 少흔 것(1), 有흔 것(1), 曲흔 것(1) 등
ㄹ. 관형사절 뒤(198) : 荊蔓 裏에 落흔 것, 求ᄒᆞ는 者마다 得홀 것, 我等의 受ᄒᆞ는 것, 其 訓ᄒᆞ심을 異常히 녁이는 것, 稅吏가 稅關에 坐흔 것, 將次 知ᄒᆞ고 明ᄒᆞ게 顯ᄒᆞ지 아닐 것 등

---

18 제(3) 彼等이 '此 言을 聞홀 제 〈눅19:11〉, 審判홀 제 南方 女王이 起ᄒᆞ야 〈눅11:31〉, 審判홀 제 니느웨人이 起ᄒᆞ야 〈눅11:32〉'

19 국문 성경의 '것'이 국한혼용문본에서 한자어화된 예는 다음과 같다. 件(2) 諸件(모든 것 2), 物(3) 諸物(모든 것), 食物(먹을 것), 舊物(묵은 것), 事(1) 何事(어느 것), 者(2) 何者(어느 것), 患者(알는 것).

(예15)의 '것'은 어휘적 의미보다 문법적 기능이 더 큰 것으로 볼 수 있다. (15ㄹ)의 '것'은 (15ㄱ)~(15ㄷ)의 '것'과는 기능이 다르다. (15ㄹ)의 '것'은 선행 관형절을 명사화하는 기능을 갖는다. '것'의 명사화소로서의 機能은 '것'이 이끄는 절이 문장에서 주어, 목적어로 사용되거나, 서술격조사 '이-'와 결합하여 서술어로 쓰이고 있는 사실을 통해서 확인할 수 있다. 서술격조사 '이-'와 결합한 것이 38개이고,주격 조사 및 목적격 조사와 결합한 예가 전체 용례 228개의 약 2/3를 차지한다.[20] 이러한 용법의 '것'이 모두 漢字語化되지 않은 것을 보면, 한국어와 한문의 문법적 차이를 인식하고 있었던 것으로 추정된다.

이렇게 문법적 기능을 가지는 의존명사를 漢字語化하지 않는 것은 '줄, 수, 터'의 경우도 마찬가지이다. '줄'은 '~ㄴ/ㄹ 줄 知ᄒᆞ-/識ᄒᆞ-' 구성에서만 쓰이며, 이때의 '줄'은 앞에서 살핀 '것'과 마찬가지로 名詞化素의 기능을 갖는다. '수'는 '~ㄹ 수 업-, ~ㄹ 수 無ᄒᆞ-' 구성으로만 쓰여 〔불가능〕의 의미를 나타내며, '터'는 '~ㄹ 터 + -이-' 구성으로 쓰여 〔추정, 예정〕의 의미를 나타낸다. 어휘 의미보다는 樣態的 기능을 담당하는 것으로 볼 수 있다.

(16) ㄱ. 줄(32) : ~ㄴ 줄 知ᄒᆞ-(5), ~ㄹ 줄 知ᄒᆞ-(1), ~ㄴ 줄노 知ᄒᆞ-(6), ~ㄴ 줄을 知ᄒᆞ-(9), ~ㄹ 줄을 知ᄒᆞ-(7), ~ㄴ 줄 識ᄒᆞ-(1)
ㄴ. 수(6) : ~ㄹ 수(가) 업-(2), ~ㄹ 수(가) 無ᄒᆞ-(4)
ㄷ. 터(1) : ~ㄹ 터이-

'바'의 경우는 위의 예들과는 달리 설명된다. '바'의 용례는 모두 28개

---

20 명사절을 이끄는 '것'과 결합하는 조사의 종류와 각각의 빈도는 다음과 같다. 과(9), 보다(2), 에(2), 으로(2), 으로써(1), 은(11), 을(80), 이(51), ᄭᅡ지(1), 서술격조사 -이- 결합형(38), 단독형(1).

인데, '所'로 漢字語化하기 쉬운데도 한자어화되지 않은 '바'를 확인할 수 있다. 예를 보이면 다음과 같다.

(17) ㄱ. 衆人이 다 證據ᄒᆞ고 其 口로 出ᄒᆞᆫ 바 恩惠로온 言을 奇異히 녁여 曰 此 人이 요셉의 子가 아니냐 ᄒᆞ니 〈눅04:22〉
ㄴ. 況 此 女人은 아브라함의 子孫이어늘 사단의게 繫ᄒᆞᆫ 바가 된지 十八 年이니 安息日에 此 繫ᄒᆞᆫ 거슬 解ᄒᆞᄂᆞᆫ 거시 合當치 아니냐 〈눅13:16〉
ㄷ. 此는 主ᄭᅴ셔 昔으로브터 聖ᄒᆞᆫ 先知者의 口로 言ᄒᆞ신 바와 ᄀᆞᆺ치 〈눅01:70〉
ㄹ. 然ᄒᆞ나 爾等도 知ᄒᆞᄂᆞᆫ 바니 家主가 盜賊이 何 時에 至ᄒᆞᆯ 줄 知ᄒᆞ엿더면 惺ᄒᆞ야 家를 穿치 못ᄒᆞ게 ᄒᆞ엿스리라 〈눅12:39〉

(17ㄱ)은 'Xᄒᆞᆫ 바'의 형태로 용언의 관형사형과 '바'가 결합한 예이다. 이러한 예는 모두 5개로, '有ᄒᆞᆫ 바, 書ᄒᆞᆫ 바, 繫ᄒᆞᆫ 바, 記錄ᄒᆞᆫ 바(2)'인데, '記錄ᄒᆞ-'의 경우를 제외하면 모두 單音節 漢字 用言과 '바'가 결합한 경우이다. 이들은 모두 '所X'로 간단히 漢字語化할 수 있는데 한자어화하지 않았다. '所X' 형태로 한자어화하면, '所聞', '所書, 所繫, 所記錄'이 된다. 그런데 '所聞'의 경우는 이미 韓國 漢字語로 자리잡아 다른 의미의 번역어로 쓰이고 있었기 때문에[21] '聞ᄒᆞᆫ 바'를 '所聞'으로 바꿀 수 없었을 것이다. 국문의 의미 불분명성 때문에 한자 표기를 갈망하였는데 그것을 한자어로 바꾸었을 경우 동형이의어에 의해 더 큰 의미적 혼란이 생길 수 있는 경우이다. 그러나 나머지 '所書, 所繫, 所記錄'이

---

**21** 그 예는 다음과 같다. 예수가 聖神의 權能으로 갈닐니로 歸ᄒᆞ시니 其 所聞이 四方에 遍ᄒᆞ거늘 〈눅04:14〉, 所聞이 其 近處 四方에 遍布ᄒᆞ더라 〈눅04:37〉, 其 所聞이 이에 더옥 顯出ᄒᆞ매 許多ᄒᆞᆫ 衆이 言도 聞ᄒᆞ고 〈눅05:15〉, 예수의 所聞을 듯고 곳 유대人의 長老 數人을 遣ᄒᆞ야 來ᄒᆞ야 〈눅07:03〉, 此 所聞이 왼 유대와 四方에 遍布ᄒᆞ니라 〈눅07:17〉, 大槩 자의 所聞을 聞ᄒᆞᆷ으로 見코져 ᄒᆞᆫ지 久ᄒᆞ고 〈눅23:08〉

한자어로 다시 쓰기되지 않은 것은 어휘 의미론적으로 설명하기 어려운 부분이다. (17ㄴ)은 '관형절+바+조사' 構成의 예이다. 이들은 격조사와 결합한다는 점 이외에는 (17ㄱ)의 경우와 같다. '繫흔 바가, 言흔 바가, 見ᄒᆞᄂᆞᆫ 바를, 聞ᄒᆞᄂᆞᆫ 바를, 有흔 바를, 諭ᄒᆞ신 바를, 學흔 바에, 記錄흔 바가, 蹂躪흔 바가, 尊崇ᄒᆞᄂᆞᆫ 바는' 등의 예가 확인된다. (17ㄷ)은 '바'와 함께 '-와 갓치' 構成의 漢字語化가 관련된다는 점에서 (17ㄱ), (17ㄴ)과 다르다. 이때의 '갓치'는 '如'로 옮겨지기도 하지만[22] '바' 자체는 일관되게 한자어화되지 않는다. (17ㄹ)은 '관형절+바+서술격조사' 構成의 예이다. 이러한 예로는 '擇흔 바니, 惡ᄒᆞ시ᄂᆞᆫ 바니라, 示ᄒᆞ신 바라, 聖흔 바라, 求ᄒᆞᄂᆞᆫ 바라, 稱흔 바리라' 등이 있다. 'X흔/ᄒᆞᄂᆞᆫ+바'를 '所知, 所擇, 所惡, 所示, 所聖, 所求'로 바꿀 수 있지만, 그 경우 '所X이-'가 되어야 한다. '所X이-'는 한문에 붙는 구결토 중 '이-'계 구결토와 같은 것인데, 『新約全書 국한문』에서는 사용되지 않는 형태이다.

(17ㄱ)~(17ㄹ)의 '바'를 한자어화하지 않은 까닭을 어휘 의미적 관점에서는 설명하기는 어렵다. 예 모두 '所'에 정확히 대응되기 때문이다. 여기서 한국어와 한문의 어순 문제를 생각해 볼 수 있다. '바'가 漢字語化되지 않은 것은, 이들을 漢字語化하려면 국문본 『신약젼셔』의 어순을 바꾸어 다시 쓰기를 해야 하기 때문이다. 예를 들어 '其 口로 出흔 바 恩惠로온 言을'의 '바'를 한자어화하려면 '바'를 '所'로 표현하고, '其 口로 出흔 所를 恩惠로온 言을'로 옮기면 '出흔 所'의 '所'는 漢文에서의 '所'의 기능과 맞지 않는다. 漢文에서의 '所'의 쓰임을 고려하면 '所出'로 어순을 바꾸어야 한다. 『新約全書 국한문』(1906)의 한자어화 원칙 중의 하나는 『신약젼셔』(1906)의 어순을 준수하는 것이므로 이 원칙

22 聞ᄒᆞ고 見흔 거시 다 謂흔 바와 如흠으로써 〈눅02:20〉

을 지켜내기 위하여 '바'를 漢字語化하지 않은 것으로 보인다.

## 5. 非漢字語 요소

국문을 국한혼용문으로 '다시 쓰기' 하면서 漢字語化하지 않는 것이 原則인 예들이 있다. 어휘적 의미를 나타내지 않고, 문법 기능을 담당하는 범주가 한자어화하지 않는 것이 원칙인 예에 해당한다. 첫째, 어휘적 의미가 뚜렷하지 않거나 문맥에 따라 해석되는 것, 혹은 문법적 기능이 강한 요소들이다. 둘째, 하나의 단어가 아닌, 구를 구성하는 요소일 경우 한자어화하지 않는 것으로 확인된다.

전자에 해당하는 것은 크게 세 가지로 나누어 볼 수 있다. ① 어휘적 의미가 뚜렷이 드러나지 않거나 문맥에 따라 해석되는 것으로 '대동사, 지시어' 등이 이에 속한다. ② 선행 요소와의 관계가 긴밀하여 따로 떼어 한자어화하기 어려운 요소이다. '보조용언, 인용 동사, 接辭類/接辭化 過程의 명사, 連語 構成의 用言類, 句를 구성하는 요소' 등이 이에 해당한다. 셋째는 한국어의 의미를 한자어로 옮기기 어려운 '간투사'이다. 4복음서를 검토해 보았을 때 한자어화하지 않은 간투사의 예는 '이야' 하나뿐이다.[23]

### 1) 대동사, 지시어

예가 많지 않고 유형이 단순하므로, 예를 보이고 나서 논의를 계속하기로 한다. 대동사로는 '그리ᄒᆞ-(1), ᄒᆞ-(3)'가 있으며, 지시어로는

23 그 예는 다음과 같다. 이야 나사렛 예수여 我等이 爾로 더브러 무숨 相關이 有ᄒᆞ뇨 我等을 滅ᄒᆞ러 來ᄒᆞ엿ᄂᆞ뇨 我는 爾가 誰인줄을 知ᄒᆞ노니 上帝의 聖者니라 ᄒᆞ거늘 〈눅 04:34〉

'이에(34), 이와(1)'가 있다.

(18) ㄱ. 또 衆드려 謂ᄒᆞ샤ᄃᆡ 雲이 西ᄒᆞ로브터 起ᄒᆞᆷ을 見ᄒᆞ고 爾等이 言ᄒᆞ기를 驟雨가 來ᄒᆞ리라 ᄒᆞᄂᆞ니 果然 그러ᄒᆞ고 〈12:54〉
ㄴ. 맛참 三日 後에 聖殿에셔 遇ᄒᆞ니 先生들 中에 坐ᄒᆞ샤 彼等의게 聽ᄒᆞ기도 ᄒᆞ시며 問ᄒᆞ기도 ᄒᆞ시니 〈02:46〉
ㄷ. 롯이 서돔에셔 出ᄒᆞ던 日에 天으로브터 火와 硫磺이 雨下ᄒᆞ듯 ᄒᆞ야 滅ᄒᆞ엿스니 〈17:29〉, 또 將次 劒이 爾의 心을 刺ᄒᆞ듯 ᄒᆞᆯ 거시오 多人의 心의 思을 露出ᄒᆞ리라 ᄒᆞ더라 〈02:35〉

(19) ㄱ. 天使가 答ᄒᆞ야 曰 我는 이에 上帝 前에 立ᄒᆞᆫ 가브리엘이니 此 好消息을 傳ᄒᆞ야 爾의게 言ᄒᆞ라고 我를 遣ᄒᆞ셧ᄂᆞ니라 〈01:19〉
ㄴ. 同行 中에 在ᄒᆞᆫ 줄 知ᄒᆞ고 一日 程을 行ᄒᆞ야 이에 親戚과 知ᄒᆞᄂᆞᆫ 者 中에셔 尋ᄒᆞ되 〈02:44〉
ㄷ. 맛참 一 祭司長이 其 路가 下去ᄒᆞ다가 見ᄒᆞ고 그저 過去ᄒᆞ고 또 레위 人도 이와 ᄀᆞᆺ치 其 處에 至ᄒᆞ야 見ᄒᆞ고 그저 過去ᄒᆞ되 〈10:32〉

(예18)은 대동사의 예이다. '그러ᄒᆞ고'는 '驟雨가 來ᄒᆞ-'를 반복한 것이고, 나머지는 '-기도 ᄒᆞ-, 듯ᄒᆞ-' 구성이다. 前者는 '亦然ᄒᆞ-' 정도로 한자어화할 수 있는데도 하지 않았고, 後者는 선행 동사와 함께 '如V' 정도로 한자어화할 수 있을 텐데도 한자어화하지 않았다. 이러한 예들은 의존명사 '바'를 설명할 때 언급했던 것과 같이 어순을 바꾸지 않는다는 '다시 쓰기'의 원칙과 함께, 한국어의 문법적 특성을 고려한 것으로 볼 수 있다.

(예19)에 보인 '이에'는 절이 바뀌면서 절의 가장 앞 부분에 쓰인 예가 용례 34개 중에서 16개나 된다. 이는 앞 절의 내용을 지시하는 기능을 갖는다. 이 역시 '如此' 혹은 '如是' 정도로 한자어화할 수 있을 텐데 한자어화하지 않았다. (예19)의 '이-'는 모두 앞에 서술한 내용을 가리

키는 기능을 하는 것으로 국문본의 어순을 준수한다는 한자어화의 원칙에 의하여 한자화되지 않은 것으로 보인다.

### 2) 보조용언, 인용 동사, 연어 구성 요소

'보조용언, 인용 동사, 연어 구성의 용언류 혹은 구 구성 요소' 등은 한자어화하지 않는 것이 일반적이다.

보조용언은 크게 세 부류로 나눌 수 있다. 부정의 보조용언(말-(48), 못ᄒᆞ-(98), 아니(ᄒᆞ)-(132), 않-(1)), '의존명사+ᄒᆞ-' 형 보조용언(번ᄒᆞ-(1), 톄ᄒᆞ-(1), 듯ᄒᆞ-(1), 일반 보조용언(가-(2), 달-(4), 주-(23), 두(-(1), 보-(5), 쓰-(1), 십흐-(2))이 이에 해당된다. 예를 보이면 다음과 같다.

(20) ㄱ. 곳 爾等의 首髮도 皆 數ᄒᆞ시ᄂᆞ니 然ᄒᆞᆫ 故로 懼ᄒᆞ지 마라 爾等이 雀의 多 首보다 貴ᄒᆞ니라 〈눅12:07〉

ㄴ. 曰 定ᄒᆞᆫ 稅外에는 勒微치 말나 ᄒᆞ니 〈눅03:13〉

ㄷ. 誰가 來ᄒᆞ야 言ᄒᆞᄃᆡ 爾의 女兒가 死ᄒᆞ엿스니 師를 苦롭게 마옵쇼셔 ᄒᆞ거늘 〈눅08:49〉

ㄹ. 十二 年을 血漏症이 有ᄒᆞᆫ 女人이 醫員의게 其 家産을 다 虛費ᄒᆞ엿스되 能히 醫치 못ᄒᆞ거늘 〈눅08:43〉

ㅁ. 柱礎를 磐石 上에 置ᄒᆞ매 大水가 生ᄒᆞ야 波濤가 衝ᄒᆞ여도 能히 搖動케 못ᄒᆞᆷ은 善作ᄒᆞᆫ 緣故요 〈눅06:48〉

ㅂ. 쏘ᄒᆞᆫ 彼等의 手로 爾를 攀ᄒᆞ야 足이 石에 觸지 안케 ᄒᆞ시리라 ᄒᆞ엿다 ᄒᆞ니 〈눅04:11〉

ㅅ. 誰던지 上帝國을 奉ᄒᆞ기를 此 女兒와 ᄀᆞᆺ치 奉치 안는 者는 決斷코 入ᄒᆞ지 못ᄒᆞ리라 ᄒᆞ시더라 〈눅18:17〉

ㅇ. 葡萄酒나 燒酒를 飮치 아니ᄒᆞ고 母胎로브터 聖神에 充滿ᄒᆞᆷ을 得ᄒᆞ야 〈눅01:15〉

ㅈ. 爾等이 各各 安息日에 牛나 驢나 廐에셔 解出ᄒᆞ야 牽往ᄒᆞ야 水를 飮케 아니ᄒᆞ겟ᄂᆞ냐 〈눅13:15〉

(21) ㄱ. 我의 所願이 何뇨 火가 已燃ᄒᆞ엿더면 好ᄒᆞᆯ 번ᄒᆞ엿도다 〈눅12:49〉
ㄴ. 彼等이 窺視ᄒᆞ고 探知軍을 送ᄒᆞ야 義人인 톄ᄒᆞ고 其 言을 責잡아 監司의 法律과 權勢 下에 付코져 ᄒᆞ야 〈눅20:20〉
ㄷ. 使徒가 見ᄒᆞ기에 其 言이 虛誕ᄒᆞᆫ 듯ᄒᆞ야 信치 아니ᄒᆞ나 〈눅24:11〉

(22) ㄱ. 日暮ᄒᆞ야 가매 十二 使徒가 就ᄒᆞ야 稟ᄒᆞᄃᆡ 〈눅09:12〉
ㄴ. 이에 他 舟에 在ᄒᆞᆫ 同謀를 手招ᄒᆞ야 來 助ᄒᆞ야 달나 ᄒᆞ니 〈눅05:07〉
ㄷ. 其 中에 一 人이 呼ᄒᆞ야 曰 先生님이여 我 子를 顧ᄒᆞ여 주시기를 求ᄒᆞᄂᆞ이다 〈눅09:38〉
ㄹ. 예수ᄭᅴ 就ᄒᆞ야 曰 主여 我의 同生이 我 獨 事役ᄒᆞ게 두ᄂᆞᆫ 거슬 想覺지 아니ᄒᆞ시ᄂᆞ니잇가 〈눅10:40〉
ㅁ. 小信ᄒᆞᄂᆞᆫ 者들아 今日 在ᄒᆞ다가 來日 竈에 投ᄒᆞᄂᆞᆫ 野草도 上帝가 如此히 被ᄒᆞ시거든 況 爾等일가 보냐 〈눅12:28〉
ㅂ. 예수 曰 何如ᄒᆞ야 我를 尋ᄒᆞ셧ᄂᆞ잇가 我가 我 父家에 在ᄒᆞ여야 쓸 줄을 知치 못ᄒᆞ엿ᄂᆞ잇가 ᄒᆞ시니 〈눅02:49〉
ㅅ. 舊酒를 飮ᄒᆞ고 新酒를 飮ᄒᆞ고 십흔 者가 無ᄒᆞᆫ 거슨 舊物이 好타 ᄒᆞᆷ이니라 〈눅5:39〉

보조용언의 용법은 현대 한국어와 크게 다르지 않다. (예20)은 모두 '勿, 不能, 不' 등으로 漢字語化할 수 있는데 한자어화하지 않았다. '勿, 不能, 不'을 이용하여 한자어화 하는 경우, '勿V, 不能V, 不V'의 형식이 되어 어순을 바꾸지 않는다는 한자어화의 원칙에서 어긋나기 때문인 것으로 보인다.

(예21)의 '번ᄒᆞ-, 톄ᄒᆞ-, 듯ᄒᆞ-'는 漢字語化했을 때 한국어에서의 의미를 정확히 옮기기 어려운 표현들이기 때문에 한자어화하지 않은 것으로 보인다.

(예22)의 일반적인 보조용언의 경우는 모두 漢字語化가 가능한데도 한자어화하지 않았다. 동일한 형태가 본동사로 쓰일 때나 합성 동사의 구성 요소로서 본동사일 때의 의미를 나타낼 경우에는 漢字語化한다. 예를 보이면 다음과 같다.[24]

(23) ㄱ. 起ᄒᆞ야 會堂에셔 出去ᄒᆞ샤 시몬의 家에 入去ᄒᆞ시니(드러가시니) 〈눅04:38〉

ㄴ. 其 父親이 書板을 請ᄒᆞ야(달나 ᄒᆞ여) 書ᄒᆞ야 曰 其 名을 요한이라 ᄒᆞ니 〈눅01:63〉

ㄷ. 我는 水로써 洗禮를 施ᄒᆞ거니와(주거니와) 〈눅03:16〉

ㄹ. 我의 諸穀과 物件을 該處에 積置ᄒᆞ리라(싸하 두리라) ᄒᆞ고 〈눅12:18〉

ㅁ. 他人을 貶論치 말나 ᄯᅩᄒᆞᆫ 爾等이 貶論을 見치(보지) 아닐 거시오 〈눅06:37〉

ㅂ. 康健ᄒᆞᆫ 人은 醫員이 用ᄒᆞᆯ ᄃᆡ 無ᄒᆞ고 病든 人이라야 用ᄒᆞᄂᆞ니(쓰ᄂᆞ니) 〈눅05:31〉

(예23)을 보면, 『신약젼셔』(1906)을 『新約全書 국한문』(1906)으로 '다시 쓰기'를 하였던 집필자는 본용언과 보조용언을 분명히 구분하고, 이해하였던 것으로 보인다. 漢字語化의 방향성이 분명하기 때문이다. 보조용언의 경우는 한자어화된 예가 없다.

引用 動詞란 '~라(고)/~다(고) ᄒᆞ-' 구성에 쓰인 'ᄒᆞ-'를 가리킨다. 본동사로 쓰인 'ᄒᆞ-'도 한자어화되지 않지만, 인용 동사로서의 'ᄒᆞ-'도 漢字語化되지 않았다. 이 시기의 다른 國漢混用文에서는 이러한 경우 일반적으로 '謂, 曰'을 사용했던 것과 다른 점이다. 이는 '謂, 曰'을 이용하여 한자어화하는 경우, 피인용 내용을 '謂, 曰'의 다음에 써야 해서,

---

**24** '십호-'는 본동사로 쓰이지 않았다.

어순을 바꾸지 않는다는 '다시 쓰기'의 원칙에서 어긋나게 되는 것을 우려한 것으로 보인다.[25] 다음은 引用 動詞 'ᄒᆞ-'의 예이다.

(24) ㄱ. 또 아셀 支派 바누엘의 女息 안나라 ᄒᆞᄂᆞᆫ 이는 先知者니 其 年이 旣老ᄒᆞᆫ지라 〈눅02:36〉

ㄴ. 爾 罪를 赦ᄒᆞ엿다 ᄒᆞᄂᆞᆫ 言과 起ᄒᆞ야 行ᄒᆞ라 ᄒᆞᄂᆞᆫ 言이 何 者가 易ᄒᆞ겟ᄂᆞ냐 〈눅05:23〉

連語 構成을 이루는 動詞로는 '가-(1), 노히-(2), 들-(4), 들니-(8), 신기-(1), 없-(3), 잇-(1), 싸우-(1)' 등이 확인된다. 그 예를 보이면 다음과 같다.

(25) ㄱ. 예수가 彼等ᄃᆞ려 謂ᄒᆞ샤ᄃᆡ 婚姻 致賀 간 人이 新郎과 偕 在ᄒᆞᆯ 時에 엇지 禁食ᄒᆞ게 ᄒᆞ리오 〈눅05:34〉

ㄴ. 또 爾와 밋 其 中에 有ᄒᆞᆫ 子息을 地에 投ᄒᆞ며 石 一 塊도 石 上에 疊 노히지 아니ᄒᆞ리니 此는 眷顧ᄒᆞ시ᄂᆞᆫ 日을 爾가 知치 못ᄒᆞᆷ이라 ᄒᆞ시더라 〈눅19:44〉

ㄴ'. 爾等의 見ᄒᆞᄂᆞᆫ 此殿이 日이 至ᄒᆞ면 石 一 塊도 石 上에 疊 노히지 안코 盡壞ᄒᆞ리라 ᄒᆞ시거늘 〈눅21:06〉

25 『新約全書 국한문』에는 '曰, 謂ᄒᆞ-, 諭ᄒᆞ- 答ᄒᆞ-, 言ᄒᆞ-' 등으로 표현된 직접 인용 구문도 적지 않다. 이때는 한자어 용언만 漢字語化한다. 어순의 도치를 피하기 위하여 한자어화하지 않는다는 것은 간접 인용의 경우에 국한된다. 직접 인용의 용례는 모두 111개인데, 이 경우에도 'ᄒᆞ-'가 함께 쓰이며 이때의 'ᄒᆞ-'도 漢字語化되지 않는다. 직접 인용의 예를 보이면 다음과 같다.

예수ㅣ 答ᄒᆞ야 曰 記錄ᄒᆞ엿스ᄃᆡ 主 爾의 上帝씌 敬拜ᄒᆞ고 홀노 그를 奉事ᄒᆞ라 ᄒᆞ엿다 ᄒᆞ시니 〈04:08〉

예수ㅣ 謂ᄒᆞ샤ᄃᆡ 爾等이 人의 前에셔 스ᄉᆞ로 義롭다 ᄒᆞ나 〈16:15〉

我가 爾等ᄃᆞ려 諭ᄒᆞ노니 如此히 罪人 一이 悔改ᄒᆞ면 上帝의 使者 前에 喜홈이 되리라 ᄒᆞ시더라 〈15:10〉

母親이 答ᄒᆞᄃᆡ 然치 아니ᄒᆞ다 요한이라 ᄒᆞᆯ 거시라 ᄒᆞ니 〈01:60〉

我가 또ᄒᆞᆫ 爾等ᄃᆞ려 言ᄒᆞ노니 誰던지 人 前에셔 我를 知ᄒᆞ노라 ᄒᆞ면 〈12:08〉

ㄷ. 起ᄒᆞ야 會堂에셔 出去ᄒᆞ샤 시몬의 家에 入去ᄒᆞ시니 시몬의 丈母가 甚ᄒᆞᆫ 熱病이 든지라 〈눅04:38〉

ㄷ'. 該地에 크게 凶年이 든지라 〈눅15:14〉

ㄹ. 會堂에 一人이 有ᄒᆞ야 汚ᄒᆞᆫ 邪鬼가 들녀 크게 聲呼ᄒᆞ야 〈눅04:33〉

ㄹ'. 卽 其 時에 예수가 患者와 疾病과 惡鬼 들닌 人을 多醫ᄒᆞ시고 쏘 多 瞽를 見케 ᄒᆞ신지라 〈눅07:21〉

ㅁ. 父親이 諸僕의게 命ᄒᆞ야 第一 美服을 出ᄒᆞ여다가 被ᄒᆞ고 手에 指環을 씨우고 履를 신기고 〈눅15:22〉

ㅂ. 七人이 皆 然ᄒᆞ야 子息 업시 死ᄒᆞ고 〈눅20:31〉

ㅅ. 主人이 此 不義ᄒᆞᆫ 廳直이가 智慧 잇게 事를 行ᄒᆞᆷ으로 稱讚ᄒᆞ엿스니 〈눅16:08〉

(25ㄱ), (25ㄴ)의 예는 현대 한국어의 직관으로는 연어 구성으로 보기 어렵다. 그러나 (25ㄷ)~(25ㅁ)의 예는 '병 들-, 귀신 들리-, 반지 끼우-, 신 신기-'와 같은 현대 한국어의 연어 구성(선택 제약)과 다르지 않다. 이렇게 연어 구성을 이루어 한 덩어리로 묶이는 요소라는 점, 漢字語化하는 경우에 어순이 바뀌게 된다는 점 때문에 한자어화가 되지 않은 것이다. (25ㅂ), (25ㅅ)의 예는 접사화 과정에 있는 것이라고 볼 수도 있는데, 나는 '子息 없-, 지혜 잇-'도 연어 구성으로 보았다.

연어 구성을 이루는 동사 중에서 '녁이-'는 좀 특수하다. 30개의 용례가 확인되는데, 그중 한자화된 예가 하나도 없다.

(26) ㄱ. 예수가 聞ᄒᆞ시고 奇異히 녁여 도리키샤 從ᄒᆞᄂᆞᆫ 衆의게 謂ᄒᆞ샤ᄃᆡ 〈눅07:09〉

ㄴ. 예수가 一 啞 邪鬼를 逐ᄒᆞ시니 邪鬼가 旣出ᄒᆞ매 啞者가 言ᄒᆞ거ᄂᆞᆯ 羣衆이 奇異히 녁이나 〈눅11:14〉

ㄷ. 瞽者가 呼ᄒᆞ야 曰 싸윗의 子孫 예수여 我를 矜恤히 녁이쇼셔 ᄒᆞ거ᄂᆞᆯ 〈눅18:38〉

ㄹ. 記錄ᄒᆞᆫ 바 人이 罪人의 同類로 녁엿다 ᄒᆞᄂᆞᆫ 言이 반ᄃᆞ시 我의게 應ᄒᆞ리니 〈누22:37〉

ㅁ. 然ᄒᆞᆷ으로써 爾等이 爾等 祖上의 行ᄒᆞᆫ 事를 證據ᄒᆞ야 善케 녁임이니 彼等은 先知者를 殺ᄒᆞ고 爾等은 其 墓를 築ᄒᆞᄂᆞ니라 〈누11:48〉

'녁이-'는 특정 단어와 연어 구성을 이루는 것은 아니지만 '-히 녁이-(28), -게 녁이-(1), -로 녁이-(1)' 구성으로만 쓰인다. 문장에서 특정 부사어와 공기한다고 할 수 있는데, 이들 역시 (예25)와 마찬가지로 한 덩어리를 이루는 것으로 판단하여 한자어화하지 않은 것으로 추정된다.

(27) ㄱ. 爾等이 엇지ᄒᆞ야 稅吏와 罪人으로 더브러 食ᄒᆞ고 飮ᄒᆞᄂᆞ냐 ᄒᆞ니 〈누05:30〉

ㄱ'. 이에 往ᄒᆞ야 祭司諸長과 領官으로 더브러 何如케 예수를 提畀ᄒᆞ기를 議論ᄒᆞ매 〈누22:04〉

ㄴ. 此는 爾로 ᄒᆞ여곰 學ᄒᆞᆫ 바에 確實ᄒᆞᆷ을 知케 ᄒᆞᆷ이로라 〈누01:04〉

ㄴ'. 가이사 아구스도가 令을 下ᄒᆞ야 天下로 ᄒᆞ여곰 다 戶籍ᄒᆞ라 ᄒᆞ니 〈누02:01〉

(27)은 句 構成의 要素와 여러 어절이 한 덩어리를 이루고 있어 漢字語化되지 않은 예이다.

## 6. 맺는말

國漢混用文 聖經은 諺解文類의 국한혼용문처럼 漢文本 聖經을 저본으로 한 것이 아니고, 국문 성경을 저본으로 '다시 쓰기'한 것이다. 본고

에서는 국문본을 토대로 국한혼용문본을 만들 때 어떤 요소들이 漢字語化되지 않았는가 하는 데에 초점을 맞추어, 그것들이 가지고 있는 문법적, 의미적 특성을 살펴보았다.

먼저, 두 계열의 국한혼용문 성경을 설명하고, 국한혼용문 성경 초기의 '新約全書 국한문' 계열은 그보다 뒤에 나온 '簡易 鮮漢文 新約' 계열의 국한혼용문과 달리 후대로 전승되지 못하였음을 설명하였다. '新約全書 국한문' 계열은 국문의 단점인 의미의 불분명성을 보완했음에도 불구하고 지나치게 한자어가 많이 쓰여 난해한 文語體로 만들어졌기 때문에 도태되고 만 것이다. 그토록 적극적인 한자어화 작업으로 『新約全書 국한문』(1906)을 만들어 내는 과정에서도 한자어화되지 않은 요소들이 있었기에, 본고에서는 이 예들의 특성을 파악하였다. 구체적으로 살펴본 결과 이들은 대부분 한자어로는 표현하기 어려운 한국어의 문법적 특성과 의미적 특성을 갖는 요소들임을 알 수 있었다.

한자어화되는 것이 원칙인데 한자어화되지 않은 예들과 기본적으로 한자어화되지 않는 것이 원칙이었던 예들을 문법 범주 별로 나누어 살펴보았다. 그 결과 어휘적 의미가 분명할수록 한자어화되고, 어휘적 의미보다 문법적 기능이 강하거나 선·후행 요소와의 결합이 긴밀한 연어나 구의 구성 요소일수록 한자어화되지 않는 경향이 있음이 확인되었다. 또, 같은 형태의 것이라도 빈번히 쓰이는 의미와 달리 해석되어야 할 부분에서는 한자어화가 되지 않는다. 한자어화하면 어순이 바뀌는 경우에도 한자어화하지 않는 것이 『新約全書 국한문』의 한자어화 방식임을 알 수 있었다.

6장

# 국한혼용문 성경의 정착 과정

## 1. 國漢混用文 聖經의 유형 및 계열

國漢混用文 聖經은 크게 두 유형, 세 계열로 나뉜다.[1] 첫째 유형은 『新約全書 국한문』(1906)에서 비롯된 초기 국한혼용문 양식이다. 둘째 유형은 '簡易 鮮漢文'[2] 혹은 '簡易 國漢文' 유형으로, 舊譯本 국문 성경을[3] 저본으로 국한혼용문으로 다시 쓴 '簡易 鮮漢文 舊譯' 계열과 改譯本 국문 성경을 저본으로 다시 쓴 '簡易 鮮漢文 改譯' 계열로 나뉜다.[4] '簡易 鮮漢文 舊譯' 계열은 『簡易 鮮漢文 新約聖書』(1913/1936)의 간행 이후 『簡易 鮮漢文 新約 改譯』(1940)의 간행 이전까지의 국한혼용문 성경을 가리킨다.

이 중에서 '新約全書 국한문'과 '簡易 鮮漢文 舊譯' 계열의 초기 國漢混

---

1 게일의 주관 하에 간행된 『新譯 新舊約全書』(1925)가 국한혼용문 성경으로 존재한다. 그러나 게일의 주관으로 간행된 『新譯 新舊約全書』는 성서공회의 인정을 받지 못한 私譯本으로, 再刊된 적도 없어 '국한혼용문 성경의 정착 과정'의 연구 대상에는 포함시키지 않았다.

2 '鮮漢文'은 일본의 식민지였던 시기에 사용하였던 용어이다. 광복 이후에야 '國漢文'이라는 용어를 사용할 수 있었다. 국한혼용문 성경을 가리키는 '簡易 鮮漢文', '簡易 國漢文'이라는 용어는 최근까지도 그대로 사용되었다. 가장 최근에 나온 '簡易 國漢文' 계열의 성경은 2006년에 초판이 나온 『貫珠 聖經全書 簡易 國漢文 改譯改訂版』인데, 2008년의 재판부터 『貫珠 聖經全書 國漢文 改譯 改訂版』으로 이름이 바뀌었다. '簡易 國漢文' 계열임에도 '簡易'라는 표현을 생략한 채 발행되었다. 이러한 서명의 단순화는 같은 계열의 성경 간행이 반복되면서 관례적으로 나타나는 현상이다.

3 舊譯本 국문 성경도 두 가지가 있는데, 하나는 『신약젼셔』(1906)이고, 다른 하나는 『셩경젼셔』(1911)에 포함된 『신약젼셔』이다. 두 신약전서는 기본적으로 큰 차이는 없지만, 『신약젼셔』(1911)는 『신약젼셔』(1906)에서 보이는 문법적인 오류를 수정하고 아주 부분적으로 번역을 수정하고 표기법을 바꾼 부분이 확인된다.

4 대한성서공회의 홈페이지에 공개된 '성서 계보도 2'(아래 URL 참조)에 따르면 '簡易 鮮漢文 舊譯' 계열과 '簡易 鮮漢文 改譯' 계열은 직접적 관련이 없는 것으로 되어 있다. 그러나 이 둘은 같은 유형으로 묶어 다루어야 할 것으로 보인다. '簡易 鮮漢文 舊譯' 계열의 국한혼용문으로서의 특징이 '簡易 鮮漢文 改譯' 계열 성경에 대부분 그대로 반영되어 있기 때문이다.(http://www.bskorea.or.kr/about/owntrans/genealogy/genealogy.aspx)

用文 성경이[5] 국어사적 관점에서 특히 주목된다. '新約全書 국한문' 계열과 '簡易 鮮漢文 舊譯' 계열의 국한혼용문 성경은 公認된 國漢混用文聖經으로, 일반적으로 후자가 전자를 저본으로 만들어진 것으로 논의되고 있다.(숭실대학교 한국 기독교 박물관 학예과 편, 2007:116면) 그러나 실제 텍스트를 구체적으로 살펴보면 그렇지 않다. 전자는 1900년대의 전형적인 국한혼용문의 형태를 보여주는 반면 후자는 현대적 국한혼용문과 유사한 모습을 보여 주고 있다. 또, 얼마 안 되는 간격을 두고 간행된 두 계열의 국한혼용문 중 전자는 도태되고, 후자는 후기까지 이어지고 있다는 점에서 두 계열의 국한혼용문에 주목되는 바이다.

번역 성경과 관련된 지금까지의 연구는 대부분 국문 성경에만 관심을 두고 진행되었다. 국한혼용문 성경은 국어사적인 측면에서는 물론 성서 번역사의 관점에서도 별로 주목받지 못해 왔다. 그래서 국한혼용문 성경이 어떤 과정을 거쳐서 만들어지고 어떻게 보급되었는지, 그리고 국문 성경과는 어떤 영향 관계에 있는지 등에 대해서 밝혀진 것이 많지 않다. 자료를 기반으로 탄탄하게 기술된 것으로 인정 받는 『대한성서공회사』 II(류대영·옥성득·이만열, 1994)에서조차 국한혼용문 성경의 발간과 보급에 대해서 정확하게 기술하지 못하고 있는 것도 아쉬운 부분이다.[6]

나는 두 유형 세 계열(國漢文과 簡易 鮮漢文 舊譯, 簡易 鮮漢文 改譯)

---

5 성경 번역사 초기란 『신약 개역』(1938)과 이것을 저본으로 한 국한혼용문 성경 『簡易 鮮漢文 新約全書 改譯』(1940)이 간행되기 이전까지를 가리킨다. 한국어 성경 번역 초기에는 개인이 번역한 국한혼용문이 간행을 위해 성서공회로 넘어가며 국문 성경과 국한혼용문 성경의 내용이 맞추어졌다. 『簡易 鮮漢文 新約全書 改譯』이 간행된 이후에도 한동안 '簡易 鮮漢文 舊譯' 계열의 성경이 간행된 사실이 확인된다.

6 『대한성서공회사』에서도 제대로 기술하지 못하고 있다고 보는 것은, 현재 전해지고 있는 판본 중 누락된 것도 있고, 국한혼용문 성경 사이의 상관 관계에 대해서도 잘못 기술된 부분이 적지 않게 확인되기 때문이다.

의 국한혼용문 성경의 刊行史를, 2차 자료의 기록과 현존 자료를 확인하여 정리하고, 국한혼용문 성경이 교체되는 과정을 설명하고자 한다. 또, 그동안 단 한 번도 다루어지지 않았던 『簡易 鮮漢文 新約聖書』(대한성서공회 소장)를 중심으로 '簡易 鮮漢文 舊譯' 계열의 특징을 『新約全書 국한문』(1906), 『簡易 鮮漢文 新約全書 改譯』과의 대비를 통하여 밝힐 것이다. 이를 통해 초기 한국어 번역 성경 중 국한혼용문이 오늘날과 같은 국한혼용문으로 바뀌는 과정에 '簡易 鮮漢文 舊譯' 계열의 성경이 기여한 바가 무엇인지, '簡易 鮮漢文 舊譯' 계열의 국한혼용문 성경이 지니고 있는 국어사적 의의가 무엇인지 밝힐 수 있게 될 것이다.

첫번째 연구 대상인 『新約全書 국한문』은 공회의 인증을 받은 것으로 볼 수 있을 것인지부터 의문이 제기될 수 있다.[7] 『新約全書 국한문』은 공인역 성경이 만들어지는 일반적인 과정을 거치지 않고 개인의 저작이 성서공회의 도움으로 발간되었을 뿐인 것으로 여겨질 수 있다. 『新約全書 국한문』으로 간행된 책의 그 어디에도 간행 주체가 밝혀져 있지 않아 더욱 그러한 생각을 가지게 된다. 같은 해에 간행된, 최초의 공인역 성경으로 인정되는 국문 성경 『신약젼셔』(1906)의 표지에 간행 주체가 밝혀지지 않은 것은 『新約全書 국한문』의 경우와 같지만 『신약젼셔』의 속표지에 "Printed for the Bible committee of

---

7 실제로 『新約全書 국한문』(1906)을 私譯이라고 보는 연구는 없지만 홍순탁의 '簡易 鮮漢文 舊譯' 계열 성경에 대해서는 나채운(1990:60)에서 私譯이라는 표현을 사용하고 있다. 또, 대한성서공회의 '簡易 鮮漢文 舊譯' 계열 성경에 대한 입장이 분명하지 않은 것도 이 성경이 공회의 인정을 받은 것인가에 대하여 의문을 품게 하는 배경 중의 하나이다. 국한혼용문 성경의 역사를 정리하면서 이 '簡易 鮮漢文 舊譯'이 '簡易 鮮漢文 改譯' 계열과 무관한 것으로 처리한 것이나, 『대한성서공회사』 II(류대영 외, 1994)에서 게일의 『新譯 新舊約全書』(1925)의 간행에 대해서는 상당한 면을 할애하여 서술하고 있는 반면, 홍순탁의 업적에 대해서는 딱 한 번 "『新約全書 국한문』은 …(중략)… 1931년 홍순탁의 『簡易 鮮漢文 新約全書』가 나올 때까지 널리 읽혔다"(p.89)라는 언급이 있고, 간행 성서 목록에만 포함되어 있을 뿐 구체적으로 다루지 않고 있어 『新約全書 국한문』의 공회 인증에 대하여 의문을 품게 한다.

Korea"라고 밝힌 것과 다르기 때문이다. 그러나 이러한 표식이 없더라도 1909년에 동일 판본을 이용하여 재발행된 『新約聖書 국한문』(1909)이 대영성서공회와 대미국성경회의 이름으로 간행된 것을 보면, 1906년본 또한 공회의 인증을 받은 것으로 보아도 무방할 것으로 생각된다. 또, 이 계열의 국한혼용문 성경을 1926년에 전체 완역본으로 출간하고,[8] '簡易 鮮漢文/國漢文' 계열의 국한혼용문 성경을 성서공회 주관으로 지속적으로 간행하고 있는 것도 공회의 암묵적인 인정을 받은 것으로 볼 수 있는 증거이다.

두번째 연구 대상인 '簡易 鮮漢文 舊譯' 계열인데 지금까지 '簡易 鮮漢文 舊譯' 계열 성경의 최초본이 홍순탁[9] 목사의 『簡易 鮮漢文 新約聖書』(1931)인 것으로 알려져 있었다.(양주삼·정태응, 1937:33; 류대영 외, 1994:689) 그러나 실제로 '簡易 鮮漢文 舊譯' 계열 성경의 구체적인 간행에 대해서는 알려진 바가 거의 없다. 게다가 1931년본은 그 실물이 확인되지도 않는 상황이다.[10] 그런데 본 연구를 위한 자료 조사 과정에

---

8 '新約全書 국한문' 계열 성경의 최초본인 『新約全書 국한문』(1906)은 영국성서공회와 미국성서공회에서 동시에 발간한다. 『新約全書 국한문』의 번역 과정, 번역 저본, 실제 번역자가 누구인가 하는 문제 등이 주된 논의의 대상으로 다루어져 왔다.(유창균, 1967; 이덕주, 1985:456-457; 나채운, 1990:58-59; 히로다카시, 2006:509-511 등) 이 『新約全書 국한문』은 이익채가 '관주영어성경(Revised version Marginal Reference)'을 번역하여 간행한(류대영 외, 1994:89-90) 『신약젼셔 관쥬』(1912)와의 통합 과정을 거쳐 『鮮漢文 貫珠 新約全書』(1926)으로 간행되며, 정태웅·조용규의 번역으로 간행된 『鮮漢文 貫珠 舊約全書』(1926)와 합하여 『鮮漢文 貫珠 聖經全書』(1926)로도 간행되었다. 1926년에 이르러 비로소 新約과 舊約이 모두 갖추어진 국한혼용문 성경의 완역본이 출간되었다.

9 조이제(2002)에 의하면, 오암 홍순탁(1878~1947)은 감리교 목사로 황해도 연백 출신이다. 1900년 기독교에 입문하여 해서지방 전도에 참여하다가, 1911년 협성신학교를 졸업한 후, 서울, 경기, 충남, 평안도 등지에서 목회 활동을 하였다. 원래 한학을 공부하여 한문에 능했다고 한다. 그가 학생들을 위하여 國漢混用文 聖經을 펴냈다는 것은 『閔休先生實記』에 기술되어 있다. 그 내용을 인용하면 다음과 같다. 一九三一年에는 洪淳倬牧師의 努力으로 簡易 鮮漢文의 신약이 五號字로 發行되니 이는 學生의 需用을 特爲한 것으로 各地에셔 多數히 供給되엿다.(양주삼·정태응 편, 1938:33)

서 확인된 대한성서공회 소장의『簡易 鮮漢文 新約聖書』(1931/1932)와 책명 미상의 1936년본에서 '簡易 鮮漢文 舊譯' 계열의 간행과 관련된 중요한 정보를 확인할 수 있었다. 지금까지 학계에 알려진 것보다 '簡易 鮮漢文 舊譯' 계열의 간행 시기가 훨씬 앞당겨질 가능성이 생겼으나, 이 성경 또한 공인역본으로 볼 수 있는지 의문이 제기될 수 있다. 그러나 새로 발견된『簡易 鮮漢文 新約聖書』의 본문을 면밀히 살펴보면 성서공회가 최초의 공인역 完譯 聖經으로 인정한『성경젼셔』(1911)를 저본으로 한 것임을 알 수 있다.[11] 극히 부분적으로 눈에 띄는 문법적 오류를 수정한 부분이 있기는 하지만 본문 내용은 그대로 일치한다. 또한 성서공회가 이 '簡易 鮮漢文 舊譯' 계열의 성경을 상당히 적극적으로 보급하였음을 확인할 수 있는 판권 부분의 확인도 공회 인정을 받았다고 볼 수 있는 증거가 될 수 있다. 이러한 근거로『新約全書 국한문』(1906)과『簡易 鮮漢文 新約聖書』을 공인역 국한혼용문 성경으로 보고, 이들을 주요 연구 대상으로 다룬다.

---

**10** 소장 가능성이 있는 감리교 신학대학, 국립중앙도서관, 국회도서관, 대한성서공회, 서울대, 숭실대 기독교 문서박물관, 연세대, 이화여대, 전주대 등을 조사하여 보았지만, 1931년본을 확인할 수는 없었다. 지금으로서는 대한성서공회에서 소장하고 있는 1932년본이 가장 이른 판본으로 확인된다. 따라서 현재로서는 1931년본의 이름이『簡易 鮮漢文 新約聖書』인지도(이덕주, 2002:27; 류대영 외, 1994:689) 정확하지 않다. 실물이 확인된 '簡易 鮮漢文 舊譯' 계열 성경의 이름은『簡易 鮮漢文 新約聖書』와『簡易 鮮漢文 新約』 두 가지이다.

**11** '簡易 鮮漢文 舊譯' 계열의 底本에 대한 구체적 논의는 지금까지 없었다. 숭실대 소장의『簡易 鮮漢文 新約』(1935)의 해제에『新約全書 국한문』(1906)을 저본으로 하였다고 언급한 것이 유일하다. 그러나 이는 사실이 아니다. 3의 2)에서 다시 다루겠지만, 1913년부터 간행된 '簡易 鮮漢文 舊譯' 계열의 국한혼용문 성경들은『신약젼셔』(1911)를 저본으로 만들어졌다.

## 2. 판권 및 속표지 부분의 확인

'新約全書 국한문' 계열, '簡易 鮮漢文 舊譯' 계열 그리고 '簡易 鮮漢文 改譯' 계열 국한혼용문 성경들이 어떻게 발간되었는지를 기존 연구 및 실사 결과를 바탕으로 정리하고, 이에 근거하여 '新約全書 국한문' 유형의 국한혼용문 성경이 '簡易 鮮漢文' 유형의 국한혼용문 성경으로 교체되는 과정을 정리한다. 이러한 작업이 필요한 것은 '簡易 鮮漢文 舊譯' 계열의 성경이 간행된 후에도 '新約全書 국한문' 계열의 성경이 상당 기간 계속 간행되기 때문이다. 또, 『新約全書 국한문』(1906)과 『簡易 鮮漢文 新約聖書』(1913/1936)이 보여주는 국한혼용문의 차이점을 분명히 드러내기 위해서도 국한혼용문 성경의 간행사를 정확히 알고, 그것을 바탕으로 두 유형의 성경을 대조할 필요가 있기 때문이다.

### 1) 系列別 發刊 記錄 및 現存本의 整理

나는 류대영 외(1994:686-690)에 수록된 목록을 기본 대상으로 하고, 실사 검증을 통해 확인된 구체적인 국한혼용문 성경을 추가하여 국한혼용문 성경의 발간사를 정리한다.[12] 류대영 외(1994)를 정리의 기본으로 삼은 것은 기존 연구 자료들 중에서 자료의 정리가 가장 충실하다고 판단하였기 때문이다. 목록 앞에 '*'를 붙인 자료는 류대영 외(1994)에는 없지만 현존본을 확인할 수 있는 것이고, '~'를 붙인 자료는 류대영 외(1994)에는 있지만 현존본을 확인하지 못한 것이다. 다만, 류대영 외(1994:683-690)에는 1945년까지 간행된 성경 목록만이 정리되어 있어 이후의 자료는 직접 작성하였고, *는 생략하였다. 소장

12 이 자료를 정리하는 데에 참조한 선행 연구는 다음과 같다.(발간 연대순) 노고수(1981), 최현배(1982), 민영진(1984), 류대영·옥성득·이만열(1994), 리진호(1996), 한국교회사문 연구원 편(2002), 숭실대학교 한국기독교박물관 학예과 편(2007).

처는 접근성이 좋은 곳으로 한둘만 제시하였다.

ㄱ. '新約全書 국한문' 계열의 국한혼용문 성경

1906『新約全書 국한문』, 미국성서공회(2종), 연세대학교 소장(2종), 『韓國聖經大全集』 13 수록.[13]

~1908『新約全書 국한문』, 대영성서공회.

1909『新約全書 국한문』, 대미국성경회, 대영성서공회(2종), 연세대학교 소장.

~1910『新約全書 국한문』, 대미국성경회 .

* 1910『新約全書 국한문』, 대영성서공회, 감리교 신학대학교 소장.

1911『新約全書 국한문』, 대미국성서공회, 대영성서공회(2종), 연세대학교 소장(1종).

1921『新約全書 국한문』, 대영성서공회, 연세대학교 소장.

* 1922『新約全書 국한문』, 대영성서공회, 『韓國聖經大全集』 23 수록.

1923『新約全書 션한문』, 대영성서공회, 대한성서공회 소장.

~1925『新約全書 鮮漢文』, 대영성서공회.

* 1926『新約全書 션한문』, 대영성서공회, 연세대학교·대한성서공회 소장.[14]

1926『鮮漢文 貫珠 聖經全書』, 대영성서공회, 연세대학교 소장, 대한성서공회 소장, 『韓國聖經大全集 28』 수록.

~1926『鮮漢文 貫珠 新約全書』, 대영성서공회.

~1930『新約全書 션한문』, 대영성서공회.

* 1926/1931『鮮漢文 貫珠 新約全書』, 대영성서공회, 대한성서공회, 국립중앙도서관 소장.[15]

---

**13** 앞에서 언급한 대로 『韓國聖經大全集』에 수록된 자료들은 그 영인 저본의 출처가 밝혀져 있지 않아서 소장처를 알 수 없다. 또 영인 과정에서 확대 복사한 것이 대부분이어서 원본의 크기도 제대로 파악할 수 없다. 『韓國聖經大全集』에 수록된 자료들은 내용을 확인하는 데에 이용할 수 있을 뿐이다.

**14** 이 연세대학교 소장본에는 명치 44년(1911) 초판, 대정(大正) 15년(1926) 10판 발행이라는 간행 기록이 있다. 1911년부터 1926년 사이의 '新約全書 션한문'은 현존 자료가 그리 많지 않은데, 간행과 관련된 중요한 기록이다.

* 1926/1933『鮮漢文 貫珠 聖經全書』, 대영성서공회, 대한성서공회 소장.[16]
* 1926/1936『鮮漢文 貫珠 新約全書』, 대영성서공회, 대한성서공회 소장.[17]
* 1926/1937『鮮漢文 貫珠 聖經全書』, 대영성서공회, 대한성서공회 소장.[18]
* 1926/1939『鮮漢文 貫珠 聖經全書』, 조선성서공회, 대한성서공회 소장.[19]
* 1926/1940『鮮漢文 貫珠 聖經全書』, 조선성서공회, 대한성서공회 소장.[20]
* 1926/1941『鮮漢文 貫珠 新約全書』, 조선성서공회, 대한성서공회 소장.[21]
* 1939『新約全書 션한문』, 朝鮮聖書公會, 국립중앙도서관 소장.

**ㄴ. '簡易 鮮漢文 舊譯' 계열의 국한혼용문 성경**

* 1913/1936『簡易 鮮漢文 新約聖書』, 대영성서공회, 대한성서공회 소장.(OB BS315.K634 1936b)

~1931『簡易 鮮漢文 新約全書』, 대영성서공회.

1931/1932『簡易 鮮漢文 新約聖書』, 대영성서공회, 대한성서공회 소장.

---

**15** 1926년 초판의 3판으로, 스코틀랜드 성서공회에서 2007년 5월에 기증한 것이다.

**16** 이『鮮漢文 貫珠 聖經全書』는『聖經全書』의 시작 부분 속표지에는 1931년 간행으로 되어 있는데,『新約全書』시작 부분의 속표지에는 1933년 간행으로 되어 있다. 인쇄상의 문제로 보이는데, 여기서는 신약을 중심으로 1933년본으로 다룬다. 또, 대정 15년(1926)에 초판을 낸 후 소화(昭和) 8년年(1933) 4판을 내었다는 간행 기록도 있다.

**17** 1926년판의 6판이다.

**18** 1926년판의 7판으로, 성경전서 표제면에는 1935년으로 되어 있고, 신약전서 표제면에는 1937년으로 되어 있다.

**19** 1926년판의 8판으로, 구약전서 표제면에는 1926년, 신약전서 표제면에는 1939년으로 되어 있다.

**20** 1926년판의 9판인데 표제면에 '1935년 聖經全書', '1937년 구약전서', '1940년 新約全書'로 되어 있다.

**21** 1926년판의 9판 발행으로, 표제면에는 1939년으로 되어 있다.

1935『簡易 鮮漢文 新約』, 대영성서공회, 대한성서공회 소장,『韓國聖經大全集』35 수록.

1935/1948『簡易 國漢文 新約』, 대영성서공회, 대한성서공회 소장.[22]

1936『簡易 鮮漢文 新約』, 대영성서공회, 대한성서공회 소장.

1951『簡易 國漢文 新約』, 대한성서공회, 대한성서공회 소장.[23]

ㄷ. '新約全書 鮮漢文 改譯' 계열의 국한혼용문 성경

* 1937『簡易 鮮漢文 舊約 改譯』, 대영성서공회, 대한성서공회 소장(2종).

1939『簡易 鮮漢文 舊約 改譯』, 조선성서공회, 대한성서공회 소장.

1940『簡易 鮮漢文 新約 改譯』, 조선성서공회, 대한성서공회 소장,『韓國聖經大全集』45 수록.

* 1940『簡易 鮮漢文 新約聖書 改譯』, 조선성서공회, 대한성서공회 소장.

1954『簡易 國漢文 新約』, 대한성서공회, 대한성서공회 소장.

1954/1967『簡易 國漢文 新約』, 대한성서공회, 대한성서공회 소장.[24]

1955『簡易 國漢文 新約 改譯』, 대한성서공회, 대한성서공회 소장.[25]

1956/1958『簡易 國漢文 新約全書 改譯 附 詩篇』, 대한성서공회,『韓國聖經大全集』52 수록.[26]

1956/1962『簡易 國漢文 新約全書』, 대한성서공회, 대한성서공회 소장.

---

22 1935년판의 4판으로 밝혀져 있다.

23 1951년 간행의『簡易 國漢文 新約』은 '簡易 鮮漢文 改譯' 계열이 출간된(1940) 후에 인쇄된 것인데도 '簡易 鮮漢文 舊譯' 계열이다. 책 마지막 장의 인쇄 기록에 따르면 런던, 뉴욕, 서울의 聖書協會聯盟이 1951년에 일본에서 20,000부를 인쇄한 것으로 되어 있다. 한국전쟁으로 한국에서의 성경 인쇄가 어려워지자 일본에서 인쇄한 것으로 생각되는데, 판형으로 보아 모두 1935년본을 가져다가 그대로 인쇄한 것으로 판단된다.

24 표제면에는 1954년으로 되어 있고, 1954년판의 3판인 것으로 밝혀져 있다.

25 책등 서명은『簡易 國漢文 新約全書』로 되어 있고, 스코틀랜드 성서공회 기증 성서로 주기되어 있다. 대한성서공회 자료실 청구기호 OB BS2215.K64 1955b.

26 이『韓國聖經大全集』수록본은 속표지 앞면의 간기는 1956년인데, 속표지 뒷면의 영문 간행 기록에는 한국에서 1958년 2월에 10,000부를 인쇄한 것으로 되어 있다. 1956년과 1958년에 각각 인쇄되었던 것으로 보인다.

1961『簡易 國漢文 聖經全書 改譯』, 대한성서공회, 대한성서공회 소장.

1962『簡易 國漢文 聖經全書 改譯』, 대한성서공회, 대한성서공회 소장.

1964『貫珠 聖經全書 簡易 國漢文 한글판』, 대한성서공회, 대한성서공회 소장.[27]

---

27 대한성서공회 소장본의 '한글판'이라는 용어는 '한글로 된'이라는 의미가 아니라, '한글 맞춤법(1933)에 따른'이라는 의미이다. 최초의 한국어 성경『예수셩교누가복음젼셔』(1882)의 간행 이후 계속된 한글 전용 성경은『성경전서 개역 한글판』(1952) 이전까지 1933년에 공포된 한글맞춤법을 지키지 않는다. 이는 교계 내부의 사정 때문이었는데 이에 대해서는 류대영 외(1994: 172-179)에 자세히 기술되어 있다.『貫珠 聖經全書 簡易 國漢文 한글판』이후 1964/1983년본에서는 '한글판'이라는 용어가 없어진다. 이 1964/1983년본은 1964년본을 1983년에 인쇄한 것인데, 속표지 뒷면의 영문 발간 기록에 1983년 5월에 10,000부를 인쇄하였고, 그것이 45쇄라는 기록이 있다. 결국 1964년본을 여러 번 찍어내면서 '한글판'이라는 용어를 삭제한 것이다. 그것이 언제부터였는지는 지금으로서는 정확히 알 수 없지만, 1967년판에 '한글판'이라는 용어가 없는 것으로 보아 1964년과 1967년 사이였음을 짐작할 수 있다.

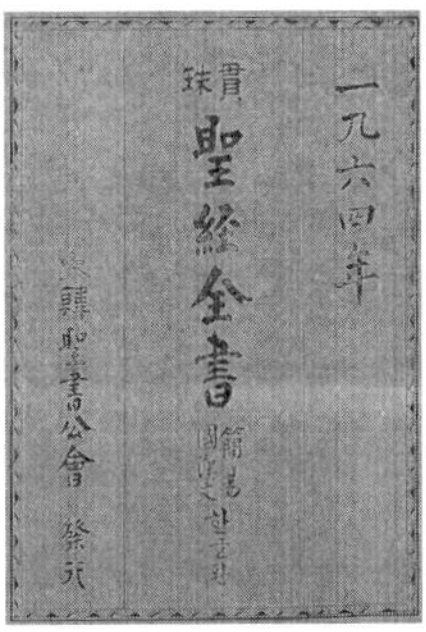

<OB BS315.K64 1964>

<BS315.K64 1983c>

위의 사진에서 보듯 '한글판'이라는 용어가 삭제된 것은 '한글맞춤법을 지킨 성경'이라는 표지가 불필요해졌기 때문일 것이다. 성경 간행시 책명을 수정한 예들은 더 있다. 改譯改訂版의 2006년 초판은『貫珠 聖經全書 簡易國漢文 改譯改訂版』이라는 이름이었으나 2008년판부터는『貫珠 聖經全書 國漢文 改譯改訂版』이라는 이름으로, '簡易'가 생략된 것도 그 한 예이다.

또, 대한성서공회에서는 '『성경전서 표준새번역』(1993)→『성경전서 표준새번역 개정판』(2001)→『성경전서 새번역』(2004)'과 같이 이름을 간략화하여 수정하며 그 이유를 성경의 이름을 쉽고 친숙하게 부를 수 있도록 한다고 밝혔다.(대한성서공회 홈페이지 공지사항 참조)

1964/1983 『貫珠 聖經全書 簡易 國漢文』, 대한성서공회, 대한성서공회 소장.

1980 『簡易 國漢文 聖經全書 改譯』, 대한성서공회, 대한성서공회 소장.

2006 『貫珠 聖經全書 簡易 國漢文 改譯改訂版』, 대한성서공회, 대한성서공회 소장.

2008 『貫珠 聖經全書 國漢文 改譯改訂版』, 대한성서공회, 대한성서공회 소장.

### 2) '簡易 鮮漢文 舊譯' 系列의 새 資料

'1)'의 작성을 위하여 국한혼용문 성경의 현존본을 조사하는 과정에서 여러 종의 새로운 간본들을 확인할 수 있었다. 그 중에서 특히 큰 의미를 갖는 자료로 2종의 '簡易 鮮漢文 舊譯' 계열의 성경을 확인할 수 있었는데 이 절에서는 그 2종의 자료를 소개한다. 이들은 모두 대한성서공회 교회사문헌정보자료실 도서관에 소장된 것들인데(2011년 기준), 국한혼용문 성경 간행사와 직접 관련이 있는 중요한 정보들을 담고 있다.

첫 번째 자료는 서명이 『簡易 鮮漢文 新約聖書』이다. 청구기호가

<改譯改訂版>(2006)

<改譯改訂版>(2008)

'OB BS315.K634 1932'인 것으로 스코틀랜드 성서공회가 2007년 5월 14일 대한성서공회에 기증한 성경이다. 〈그림 1〉과 〈그림 2〉는 그 속 표지와 판권 부분을 보인 것이다.

NEW TESTAMENT
EASY MIXED SCRIPT
簡易鮮漢文新約聖書
救主降生一千九百三十二年
朝鮮京城
大英聖書公會發行
BRITISH & FOREIGN BIBLE SOCIETY
NO. 5 TYPE 1932

<그림 1>『簡易 鮮漢文 新約聖書』(1931/1932)의 속표지

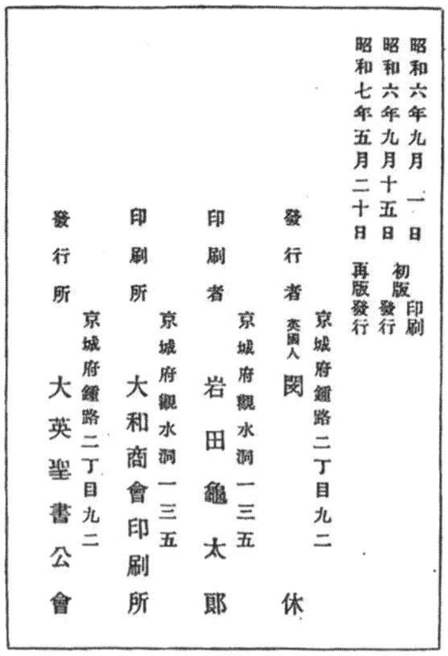
昭和六年九月一日 印刷
昭和六年九月十五日 初版發行
昭和七年五月二十日 再版發行
發行者 京城府鍾路二丁目九二 英國人 閔休
印刷者 京城府觀水洞一三五 岩田龜太郎
印刷所 京城府觀水洞一三五 大和商會印刷所
發行所 京城府鍾路二丁目九二 大英聖書公會

<그림 2>『簡易 鮮漢文 新約聖書』(1931/1932)의 판권

〈그림 1〉 속표지의 제일 위에는 "NEW TESTAMENT : EASY MIXED SCRIPT"라는 영문 제목이 있고, '救主降生一千九百三十二年'이라는 간행 연도 표시가 오른쪽에 있고, 중앙에 '簡易 鮮漢文 新約聖書'라는 제목이 있고, 왼쪽에 '朝鮮 京城 大英聖書公會發行'이라는 발행 주체가 기록되어 있다. 제일 아래 쪽 왼쪽에 작은 글씨로 NO. 5 TYPE 라고 되어 있는 것은 5호 활자로 인쇄했다는 의미이고, 오른편에 다시 1932라는 간행 연도 기록이 작은 글씨로 인쇄되어 있다. 〈그림 2〉 판권 부분의 내용을 보면, 初版은 昭和 六年(1931) 九月 一日 인쇄하고 九月 十五日 발행되었으며, 이 책은 昭和 七年에 간행된 재판본임을 알 수 있다. 발행인은 英國人 閔休로 되어 있는데, 이 사람은 1906년 4월부터 1937년 10월까지 영국 성서 공회 서울 지부의 총무로 근무했던 Hugh

Miller로 각주 9번에 언급했던 『閔休先生實記』(1938)의 주인공이다.

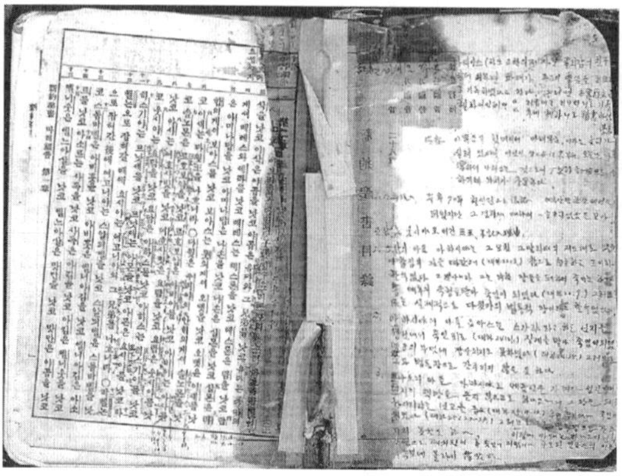

<그림 3> 『簡易 鮮漢文 新約聖書』
(1913/1936)의 목록 및 속표지 부분

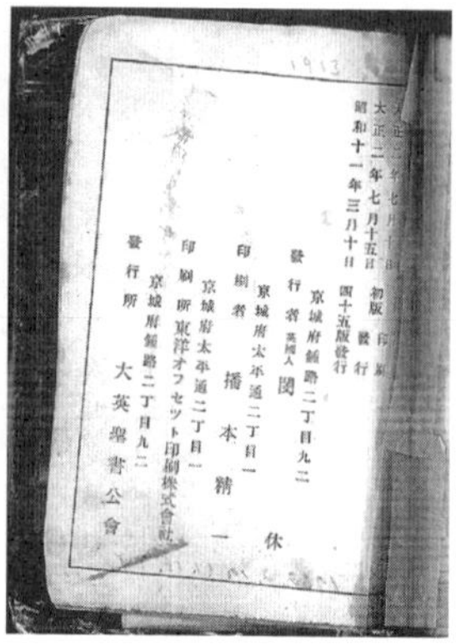


<그림 4> 『簡易 鮮漢文
新約聖書』(1913/1936)의 판권

두 번째 자료는 표지나 판권 부분에서 책 이름이 확인되지는 않지만 소장처의 일반 주기를 통해 『簡易 鮮漢文 新約聖書』라는 서명이 확인되는 국한혼용문 성경이다. 청구기호가 'OB BS315.K634 1936b'로 되어 있는 책이다. 이 책은 첫 번째 자료로 소개한 『簡易 鮮漢文 新約聖書』(1931/1932)와 동일한 판본이다.

이 책은 판권 부분의 정보와 서지 사항에 주목해야 할 내용들이 있다. 우선 〈그림 4〉의 판권지에는 '簡易 鮮漢文 舊譯' 계열의 간행과 관련된 중요한 정보 두 가지가 기록되어 있다. 하나는 初版을 大正 二年 七月 十日 인쇄하고 七月 十五日 발행했다는 기록이고, 다른 하나는 四十五版의 현존본인 이 책은 昭和 十一年에 발행했다는 기록이다.

'大正 二年'은 1913년으로 지금까지 '簡易 鮮漢文 舊譯' 계열이 처음 간행된 것이 1931년이라고 알려진 것보다 그 시기가 훨씬 앞당겨질 수 있다는 점에서 중요한 기록이며, 1913년부터 1936년에 이르는 23년 사이에 45판을 간행했다는 기록은 일 년에 두 번 정도 간행되었다는 간행의 역사를 보여 준다는 점에서 중요하다.[28] 성경을 인쇄할 때에는 한 번에 대개 2천 부에서 2만 부 정도를 인쇄한다는 기록(류대영 외,

1994:87· 683-690)과 영국성서공회가 1913년부터 1936년까지 23년간 반포한 신약성서가 총 77만여 부 가량되었다는 기록을 참조하면,(류대영 외, 1994:272·293) 약 20~40만 부 정도가 '簡易 鮮漢文 舊譯' 계열 국한혼용문 성경이었을 것으로 추정된다.[29] 이를 통해 국한혼용문 성경이 얼마나 많은 호응을 받았는지를 짐작해 볼 수 있다.

'簡易 鮮漢文 舊譯' 계열의 간행과 관련된 기록으로는『閔休先生實記』에 남아 있는 것이 전부인 것으로 보이고, 이 계열의 자료로 남아 있는 것이 많지 않아 간행과 관련된 사실을 거의 확인할 길이 없었는데, 이제 후쇄본이기는 하지만 初版과 관련된 기록을 담고 있는 자료를 확보하게 된 것이니『簡易 鮮漢文 新約聖書』(1913/1936)의 발견이 중요하지 않을 수 없다. 그러나 이 성경의 발견으로 앞에서 보인『閔休先生實記』의 기록(1931년의 간이 선한문 신약 발행)과 현존 자료 사이에 차이가 생기게 되었다. 그 까닭으로 두 가지 가능성을 생각해 볼 수 있다. 하나는『閔休先生實記』에 있는 '一九三一年'이라는 기록이 1913년의 誤植일 가능성이고, 다른 하나는『閔休先生實記』의 필자들이 집필 과정에서 첫번째 자료, 즉 〈그림 1〉의 간본을 참조했을 가능성이다.

簡易 鮮漢文의 신약이 五號字로 발행되었다는『閔休先生實記』의 언급에 유의해 볼 필요가 있다. 지금까지 알려진 '簡易 鮮漢文 舊譯' 계열

---

**28** 계열별 發刊 記錄 및 現存本 整理를 하다 보면 성경 간행 연도 사이에 간극이 상당하다. 따라서 해마다 두 번 정도 간행한 것으로 추정하는 것이 무리로 보일 수도 있다. 그러나 나의 추정은 확인 가능한 1차 자료의 판권지 및 속표지의 간행 기록에 근거한 것이다. 초기의 성경들은 우리나라에 잘 보존되어 있지 않고, 초기 한국어 성경에 대한 성서공회의 간행 기록도 영국성서공회의 기록 이외에는 제대로 남아 있는 것이 없다. 류대영 외(1994)의 정리가 충실하지 못하다고 여겨지는 것도 그 때문일 것이다. 우리가 의존할 수 있는 성경 간행 기록 중에서 신뢰할 수 있는 것은 현존본의 판권에 기록된 간행기록들이다.『簡易 鮮漢文 新約聖書』(1913/1936)의 발견을 중시하는 것도 바로 이 때문이다.

**29** '簡易 鮮漢文 舊譯' 계열은 영국성서공회에서만 간행한다.

의 현존본은 모두 6호 활자로 간행된 것이기 때문이다.[30] 5호 활자로 발행되었다는 『閔休先生實記』의 기록은 『閔休先生實記』의 필자들이 참조한 것이 지금까지 '簡易 鮮漢文 舊譯' 계통의 대표본으로 알려져 있는 6호 활자본 『簡易 鮮漢文 新約』(1935) 계열의 판본과 다른 것임을 알려주는 증거이다. 이에 비하여 이번에 새롭게 발견된 『簡易 鮮漢文 新約聖書』(1913/1936)과 『簡易 鮮漢文 新約聖書』(1931/1932)는 모두 5호 활자로 인쇄된 같은 판본이다. 『閔休先生實記』의 필자들이 참조한 것이 5호 활자본이라면, 이들 대한성서공회 소장의 『簡易 鮮漢文 新約聖書』와 같은 판본일 것인데, 그 중 1931년에 초판이 간행된 것으로 기록되어 있는 첫번째 자료의 간행 연대를 참조한 것일 가능성이 높다.

『簡易 鮮漢文 新約聖書』(1913/1936)의 서지 사항에는 또 한 가지 주목되는 부분이 있다. "표제면에는 1937년으로 되어 있음"이라는 주기가 있는 것이다. 이는 대개 속표지의 간행 연대 표지가 1937년으로 되어 있는 경우를 가리킨다. 그런데 실사 결과 속표지는 망실되어 사실 여부를 확인할 수 없었다.(〈그림 3〉 참조) 판권 부분에도 책 이름은 기록되어 있지 않아서, 책명이 실제 『簡易 鮮漢文 新約聖書』였는지도 알 수 없다.(〈그림 4〉 참조) 표제면에는 1937년으로 되어 있다는 일반 주기가 서지 사항 작성 당시 책의 표제면 즉 속표지가 있어 그 내용을 적은 것이라면 『簡易 鮮漢文 新約聖書』라는 이름 역시 표제면의 것을 따랐을 것으로 추정된다. 서지 정보가 작성된 이후에, 언젠가 그 속표지가 없어져서 지금은 남아 있지 않은 것으로 생각된다.

---

30 숭실대학교기독교박물관 소장본과 대한성서공회 소장본이 있다. 『韓國聖經大全集』 35에 영인되어 수록된 '簡易 鮮漢文 新約(1935)'의 저본은 그 소장처를 파악하기 어렵다. 영인본이기 때문에 책의 크기나 활자의 크기도 정확히 알 수는 없지만 책의 면수와 면당 수록 내용이 같은 것으로 보아 대한성서공회에 소장된 6호 활자본의 판본(OB BS315.K634 1935)일 것으로 추정된다. 대한성서공회에는 이 외에도 '簡易 鮮漢文 舊譯' 계열의 6호 활자본으로 'OB BS315.K634 1936'의 『簡易 鮮漢文 新約』(1936)도 소장되어 있다.

이들 두 권의 5호 활자 인쇄본 『簡易 鮮漢文 新約聖書』는 이외에도 다음과 같은 세 가지 중요한 사실을 알려 준다.

첫째는 자료의 이름이 『簡易 鮮漢文 新約聖書』라는 사실이 눈에 띈다. 대부분의 국내 간행 성경의 이름이 新約全書, 舊約全書, 聖經全書 등인 것과 대조적이다. 신약, 구약 전체를 통틀어 '聖書'라는 제목을 붙인 것은 이 판본이 유일하다.

둘째는 두 권의 5호 활자본 『簡易 鮮漢文 新約聖書』는 지금까지 '簡易 鮮漢文 舊譯' 계열의 대표본으로 알려진 『簡易 鮮漢文 新約』(1935)과 표기상 중요한 차이가 있다는 사실이다. 같은 '簡易 鮮漢文 舊譯' 계열이지만 5호 활자본들에서는 아래아가 확인되고, 『簡易 鮮漢文 新約』에서는 확인되지 않는다는 점이다. 지금까지는 성경에서 '·'가 폐지된 것이 『시편 개역』(1936)부터라고 알려져 있었다.(류대영 외, 1994:60) 그러나 '·'는 개역본이 나오기 전인 『簡易 鮮漢文 新約』에서도 사용되지 않았다. 간단히 한 구절만 예로 들어 보이면 다음과 같다.

(1) ㄱ. 나도 仔細히 根源을 밀워여 슯힘으로써 ᄎᆞ례로 써셔 데오빌노 閣下의게 보내ᄂᆞᆫ 거시 맛당ᄒᆞᆫ 줄노 아노니 이는 너로 ᄒᆞ여곰 비혼 바의 確實홈을 알게 홈이로라 (『簡易 鮮漢文 新約聖書』(1913/1936), 눅01:03-04)

ㄴ. 나도 仔細히 根源을 밀위여 삷힘으로써 차례로 써셔 데오빌노 閣下의게 보내는 거시 맛당한 줄노 아노니 이는 너로 하여곰 배혼 바의 確實함을 알게 함이로라 (『簡易 鮮漢文 新約』(1935), 눅01:03-04)

셋째는 『簡易 鮮漢文 新約聖書』에는 난상에 대지(大旨) 분류가 되어 있다는 점이다. '대지'란 성경의 이해를 돕기 위하여 하나의 주제를 담고 있는 성경 몇 절의 내용을 묶어 요약하여 제시해 주는 것이다. 지금까지는 대지가 붙은 최초의 성경이 1958년에 간행된 것으로 알려져 있었다.[31] 그러나 새로 발견된 2종의 새 자료 『簡易 鮮漢文 新約聖書』를 보면 전체에 걸쳐 대지가 붙어 있음을 확인할 수 있다. 앞에 제시한 〈그림 3〉과 다음에 제시하는 〈그림 5〉에서 같은 대지를 확인할 수 있다. 이 또한 『簡易 鮮漢文 新約聖書』(1931/1932)와 『簡易 鮮漢文 新約聖書』(1913/1936)가 같은 판본임을 알 수 있는 증거이다.

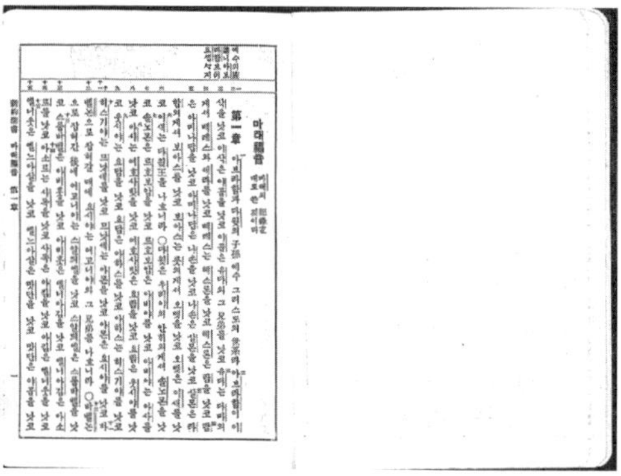

<그림 5> 『簡易 鮮漢文 新約聖書』(1931/1932)의 속표지 부분

이러한 증거 자료들을 통하여 대지를 붙인 성경의 초판본의 연대가 1913년까지 거슬러 올라가야 함이 입증된 것이다.

## 3. 세 系列 國漢混用文 聖經의 交替 過程

새로 발견한 자료와 확인된 목록을 정리한 2장을 바탕으로 세 계열의 國漢混用文 聖經의 공존 양상을 보이면 〈표 1〉과 같다.

이 장에서는 〈표 1〉을 바탕으로 國漢混用文 聖經이 현대적 문체의

31 성서공회 홈페이지 '성서에 관하여〉우리말 성서번역사〉우리말 성경 번역에 관하여〉개역과 개정 역본〉연도별 출판 현황' 부분과 '계보도2' 참조.(www.bskorea.or.kr/about/owntrans/about/bibabout02.aspx)

『簡易 國漢文 新約全書 改譯』(1956)에 이르기까지의 과정을 세 단계로 나누어 검토하면서 '簡易 鮮漢文 舊譯' 계열의 역할을 정리한다. 주로 ㉠, ㉡, ㉢ 세 시기의 國漢混用文 聖經의 공존 양상을 중심으로 살펴볼 것이다. ㉣ 이후의 시기에 이르면 한글맞춤법을 적용한 텍스트를 底本으로 한 것인가 아닌 것인가 하는 문제만 남을 뿐, 계열별 國漢混用文의 차이를 드러내지는 않기 때문이다.

<표 1> 國漢混用文 聖經의 시기별 공존 양상

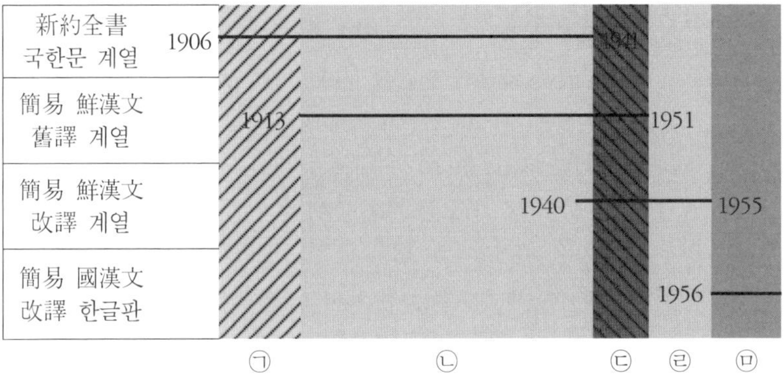


## 1) 第1期 : 『新約全書 국한문』(1906)의 獨存期

이 시기는 ㉠에 해당하는 1906년부터 1913년까지를 가리킨다. 국한혼용문 성경으로는 한 종류만이 존재하던 시기로서 『신약젼셔』(1906)와 『新約全書 국한문』이 공존하던 시기이다.

(2) ㄱ. 마르다는 隨從ᄒᆞᄂᆞᆫ 事가 多홈으로 奔走ᄒᆞᆫ지라 예수ᄭᅴ 就ᄒᆞ야 曰 主여 我의 同生이 我獨 事役ᄒᆞ게 두ᄂᆞᆫ 거ᄉᆞᆯ 想覺지 아니ᄒᆞ시ᄂᆞ니잇가 彼를 命ᄒᆞ샤 我를 助給ᄒᆞ라 ᄒᆞ쇼셔 ᄒᆞ니 主가 答ᄒᆞ야 曰 마르다야 마르다야 爾가 多ᄒᆞᆫ 事로 念慮ᄒᆞ고 憂ᄒᆞ나 然ᄒᆞ나 不足ᄒᆞᆫ 거시 一이 有ᄒᆞ도다 마리아는 此 善ᄒᆞᆫ 職分을 擇ᄒᆞ엿ᄉᆞ니 奪치 못ᄒᆞ리라 ᄒᆞ시더라 (『新約全書 국한문』(1906), 눅10:40-42. 띄어쓰기 필자)

ㄱ'. 마르다는 슈죵ᄒᆞᄂᆞᆫ 일이 만흠으로 분주ᄒᆞᆫ지라 예수ᄭᅴ 나아가 ᄀᆞᆯᄋᆞᄃᆡ 쥬여 내 동ᄉᆡᆼ이 나 혼자 일ᄒᆞ게 두ᄂᆞᆫ 거슬 ᄉᆡᆼ각지아니ᄒᆞ시ᄂᆞ니잇가 뎌를 명ᄒᆞ샤 나를 도아주라 ᄒᆞ쇼셔 ᄒᆞ니 쥬가 ᄃᆡ답ᄒᆞ야 ᄀᆞᆯᄋᆞ샤ᄃᆡ 마르다야 마르다야 네가 만흔 일노 념려ᄒᆞ고 근심ᄒᆞ나 그러나 부족ᄒᆞᆫ 거시 ᄒᆞ나히 잇도다 마리아는 이 션ᄒᆞᆫ 직분을 ᄐᆡᆨᄒᆞ엿스니 ᄲᅢ앗지못ᄒᆞ리라 ᄒᆞ시더라 (『신약젼셔』(1906), 눅10:40-42. 띄어쓰기 본문 유지)

ㄴ. 此 後에는 예수가 諸 城과 村에 遍 行ᄒᆞ시며 上帝國의 福音을 傳播ᄒᆞ실ᄉᆡ 十二 弟子가 ᄒᆞᆫ 가지로 ᄒᆞ고 ᄯᅩᄒᆞᆫ 惡鬼를 逐出ᄒᆞ시며 病을 醫ᄒᆞ여 주신 數女人이 有ᄒᆞ니 곳 七 邪鬼가 出ᄒᆞᆫ 막달나 마리아와 ᄯᅩᄒᆞᆫ 헤롯의 廳直이 구사의 妻 요안나와 수산나와 外 他 諸 女人이라 彼等의 有ᄒᆞᆫ 財物노써 隨從드더라 (『新約全書 국한문』(1906), 눅08:01-03. 띄어쓰기 필자)

ㄴ'. 이 후에는 예수가 모든 셩과 촌에 두루 ᄃᆞᆫ니시며 하ᄂᆞ님의 나라의 복음을 젼파ᄒᆞ실ᄉᆡ 열두 뎨ᄌᆞ가 ᄒᆞᆫ가지로 ᄒᆞ고 ᄯᅩᄒᆞᆫ 악귀를 ᄶᅩᆺ차내시며 병을 곳쳐주신 두어 녀인이 잇스니 곳 닐곱 샤귀가 나간 막달나 마리아와 ᄯᅩᄒᆞᆫ 헤롯의 쳥직이 구사의 안ᄒᆡ 요안나와 수산나와 다른 여러 녀인이라 뎌희가 잇ᄂᆞᆫ ᄌᆡ물노써 슈죵드더라 (『신약젼셔』(1906), 눅08:01-03. 띄어쓰기 본문 유지)

(2ㄱ)과 (2ㄴ)은 (2ㄱ')와 (2ㄴ')를 저본으로 만들어낸 것이다. (2ㄱ), (2ㄴ)와 같이 국문을 국한혼용문으로 만들며 대부분의 實辭를 漢字語로 바꾸는 방식은[32] 당시 글쓰기 방식의 대표적인 예인 것으로 생각된다. 『신약젼셔』(1906)의 한글 전용 본문을 국한혼용문으로 다시 써 나가며 국문에 반영되어 있던 띄어쓰기는 하지 않은 것이 '新約全書

32 임상석(2008)은 김형철(1997), 민현식(1994), 홍종선(2000) 등의 연구를 참조하여 국한혼용문을 1유형(한문 문장체), 2유형(한문 구절체), 3유형(한문 단어체)으로 나누고 개화기 학술 잡지의 문체를 계량적으로 분석하였는데, 그의 기준에 의하면 『新約全書 국한문』은 3유형에 속한다.

국한문' 계열의 특징이다. 이는 1900년대에 국한혼용문을 사용한 텍스트에서 어렵지 않게 볼 수 있는 글쓰기 양식이다. 김영민(2009:407)에서 밝히고 있듯, 이 시기의 국문과 국한혼용문은 어떤 사람을 독자로 상정하는가에 따라 결정된 것으로 볼 수 있다.(류대영 외, 1994:82-83) 이런 관점에서 본다면 이 시기는 국문 성경과 국한혼용문 성경의 독자가 나뉘어 있고, 형태가 다른 성경이 공존하던 시기였던 것으로 추정해 볼 수 있다. (2ㄱ'), (2ㄴ')의 독자는 (2ㄱ), (2ㄴ)을 읽기 어려웠을 것이지만 (2ㄱ), (2ㄴ)의 독자들은 (2ㄱ'), (2ㄴ')도 읽을 수 있었을 것이다. 그러나 漢字와 漢文에 익숙했던 당시의 양반·유식 계층은 한글 전용으로 된 글을 읽는 것보다 글자의 형태를 통해 의미를 파악하는 것이 더 쉬웠을 것이고 그래서 더 쉽게 느껴지는 (2ㄱ), (2ㄴ)을 선호하였을 것이다.[33]

양반·유식 계층의 목마름으로 만들어진 초기의 국한혼용문 성경은,[34] 국문을 국한혼용문으로 '다시 쓰기'를 하고, 원고를 다듬던 사람들의 한문 지식이나 직관에 따라 자의적으로 고유어를 漢字語로 전환한 것이었을 것이다. 따라서 이것이 '한자어→(우리말) 의미 해석'의 과정에서 문제를 일으켰을 수도 있다. (2)는 그러한 가능성이 있는 예들인데, 실제로 (2ㄴ)의 '諸'는 (2ㄴ')에서는 '여러'로 나타나 있으나

33 이는 『新約全書 국한문』 간행에 대한 류대영 외(1994:82-89)에서도 확인할 수 있는 사실이다. 선교 대상의 중심이 민중 계층으로 정해져 민중의 언어인 한글 위주의 성경이 대부분이긴 하였으나 한국 교회 내에는 다수의 양반 지식층/한문 선호층이 있었고 이들에 대한 배려로 한문 성경이나 국한혼용문 성경이 꾸준히 공급되었으며, 언더우드와 게일도 국한혼용본 작업을 지원하였다는 기록이 확인된다. 또, 당시 국한혼용문은 '순한글로 썼을 경우 의미가 불분명한 것과 순한문의 경우 어미가 없는 두 개의 주요 단점을 보완한 것'으로 인식되어 BFBS(British and Foreign Bible Society)본부에서도 국한혼용본 출판을 허락하였다고 한다.

34 '『新約全書 국한문』은 유식층을 대상으로 한 것이었으나 당시 혼용본을 지지하는 측에서는 식자층이 오히려 한글에 익숙해져 한문 사용을 적게 하는 효과까지 줄 것이라고 주장하기도 하였다'는 기록도 전한다.(류대영 외, 1994:88)

『신약젼셔』(1906) 누가복음 전체를 살펴보면 56회가 '모든'으로, 8회가 '여러'로 표현되어 있어 읽고 이해하는 과정에서 서로 다른 해석을 하는 문제가 발생했을 가능성이 있다. 또, '싱각'을 '想覺'으로, '디답'을 '答'으로, '뎌희가'를 '彼等의'로 전환한 경우도 있어 해석에 문제를 일으킬 수 있는 漢字語化가 적지 않았을 것임을 짐작할 수 있다. 다음 절에서 살펴볼 『簡易 鮮漢文 新約聖書』(1913/1936) 이후 '簡易 鮮漢文 舊譯' 계열의 국한혼용문 성경은 이러한 방식의 國漢混用文 쓰기 방식이 지니고 있는 문제를 인식하고, 국문을 국한혼용문으로 다시 쓰기를 하는 새로운 원칙을 적용하여 만든 것으로 볼 수 있다.

### 2) 第2期 : 두 類型의 國漢混用文 聖經의 共存期

이 시기는 '簡易 鮮漢文 舊譯' 계열의 성경이 처음 나온 1913년부터 '簡易 鮮漢文 改譯'(1940) 계열의 성경이 나오기 전까지이다.

한글 전용 성경과 국한혼용문 성경의 독자가 분리되어 있던 시대적 상황 하에서 『新約全書 국한문』(1906) 계열의 성경이 자의적인 다시 쓰기 방식으로 만들어진 것이었다면, 『簡易 鮮漢文 新約聖書』(1913/1936)는 『신약젼셔』(1911)를 저본으로 하여[35] 이전과는 다른 국한혼용문을 구사한 성경이었다. 국문을 國漢混用文化 하는 방식이 많이 달라졌는데, (2)와 (3)의 예문을 대조해 보면 이를 분명히 확인할 수 있다.

---

35 '簡易 鮮漢文 舊譯' 계열이 『신약젼셔』(1906)이나 『新約全書 국한문』을 저본으로 하였다는 기존의 기술(이덕주, 2002:27)은 사실이 아니다. 『신약젼셔』나 『新約全書 국한문』의 본문과 『신약젼셔(1911)』의 본문을 『簡易 鮮漢文 新約聖書』(1913/1936)의 본문과 대조해 보면 분명히 드러난다. 『신약젼셔』에서 수정된 내용이 『簡易 鮮漢文 新約聖書』에 그대로 반영되어 있다. 외래어 표기의 교체(짜윗〉다윗 : 눅01:27, 서불논〉스불논 : 마태04:15), 어휘의 교체(왼 유딕〉온 유대 : 눅23:05), 표기의 교체(슬픈〉슯흔 : 눅07:32), 문법 요소의 교체(쥬가〉쥬끠셔) 등 여러 부분에서 확인할 수 있는 사실이다. 『新約全書 국한문』을 저본으로 하였다면 『신약젼셔』와 『簡易 鮮漢文 新約聖書』에 그러한 변화가 같은 양상으로 반영되어 있을 리가 없다.

(3) ㄱ. 마르다는 隨從하는 일이 만흠으로 奔走한지라 예수씌 나아가 갈아대 主여 내 同生이 나혼자 일하게 두는 것을 생각지 아니하시나잇가 뎌를 命하샤 나를 도아주라 하쇼셔 하니 主씌셔 對答하야 갈아샤대 마르다야 마르다야 네가 만흔 일노 念慮하고 근심하나 그러나 不足한 것이 하나이 잇도다 마리아는 이 善한 職分을 擇하엿스니 빼앗지 못하리라 하시더라 (『簡易 鮮漢文 新約全書』(1913/1936), 눅10:40-42)

ㄱ'. 마르다는 슈죵ᄒᆞ는 일이 만흠으로 분주ᄒᆞᆫ지라 예수씌 나아가 ᄀᆞᆯᄋᆞᄃᆡ 쥬여 내 동싱이 나 혼자 일ᄒᆞ게 두는 거슬 싱각지 아니ᄒᆞ시ᄂᆞ잇가 뎌를 명ᄒᆞ샤 나를 도아주라 ᄒᆞ쇼셔 ᄒᆞ니 쥬씌셔 ᄃᆡ답ᄒᆞ야 ᄀᆞᆯᄋᆞ샤ᄃᆡ 아르다야 마르다야 네가 만흔 일노 념려ᄒᆞ고 근심ᄒᆞ나 그러나 부족ᄒᆞᆫ 거시 ᄒᆞ나히 잇도다 마리아는 이 션ᄒᆞᆫ 직분을 틱ᄒᆞ엿스니 빼앗지못ᄒᆞ리라 ᄒᆞ시더라 (『신약젼셔』(1911), 눅10:40-42)

ㄴ. 이 後에는 예수씌셔 모든 城과 村에 두루 단니시며 하나님의 나라의 福音을 傳播하실새 열두 弟子가 한 가지로 하고 쏘한 惡鬼를 쫏차내시며 病을 곳쳐 주신 두어女人이 잇스니 곳 닐곱 邪鬼가 나간 막달나 마리아와 쏘한 혜롯의 廳直이 구사의 안해 요안나와 수산나와 다른 여러 女人이라 뎌희가 잇는 財物노써 隨從드더라 (『簡易 鮮漢文 新約聖書』(1913/1936), 눅08:01-03)

ㄴ'. 이 후에는 예수씌셔 모든 셩과 촌에 두루 ᄃᆞᆫ니시며 하ᄂᆞ님의 나라의 복음을 젼파ᄒᆞ실시 열두 뎨ᄌᆞ가 ᄒᆞᆫ가지로 ᄒᆞ고 쏘ᄒᆞᆫ 악귀를 쫏차내시며 병을 곳쳐주신 두어 녀인이 잇스니 곳 닐곱 샤귀가 나간 막달나 마리아와 쏘ᄒᆞᆫ 헤롯의 쳥직이 구사의 안ᄒᆡ 요안나와 수산나와 다른 여러 녀인이라 뎌희가 잇ᄂᆞᆫ 지물노써 슈죵드더라 (『신약젼셔』(1911), 눅08:01-03)

같은 구절을 인용한 것인데, (2ㄱ)과 (3ㄱ), (2ㄴ)과 (3ㄴ)의 국한혼용문을 대비해 보면 전혀 다르다는 것을 알 수 있다. (3)이 이전 국한혼용문 성경인 『新約全書 국한문』과 달라진 것들이다. (3ㄱ)과 (3ㄱ'), (3ㄴ)과 (3ㄴ')를 대비해 보면 다시 쓰기의 저본이 된 『신약젼서』의 본문과 『簡易 鮮漢文 新約全書』의 본문이 완전히 동일하다는 것을 알 수 있다. 다시 쓰기를 한 사람의 한자어 지식에 의하여 본문을 자의적으로 다시 쓴 부분들이 확인되는 『新約全書 국한문』과는 다른 방식으로 만들어진 것이다. 『新約全書 국한문』과 같이 漢字語化할 수 있는 모든 것을 한자로 '다시 쓰기' 하는 국한혼용문이 아닌, 한자어라고 판단되는 단어만을 한자 표기로 '바꿔 쓰기' 하는 방식으로 『簡易 鮮漢文 新約聖書』를 만든 것이다.[36]

『簡易 鮮漢文 新約聖書』(1913/1936)가 나옴으로써 국한혼용문 성경은 두 계열이 공존하게 된다. 즉 한자로 표기된 한자어를 그 음대로 읽으면 한글 전용 성경을 읽을 때와 같은 결과를 가져오는, 이른바 언문일치를 이루었다고 할 수 있는 '簡易 鮮漢文 舊譯' 계열의 국한혼용문 성경과 다시 쓰기를 하는 사람의 한자어 지식으로 본문의 단어를 한자어로 바꾸어 적은, 그래서 한글 전용 성경과 다른 내용이 되어버릴 위험이 있는 '新約全書 국한문' 계열의 국한혼용문 성경이 공존하게 된 것이다.

현대적 관점에서 본다면 (3ㄱ'), (3ㄴ')와 같은, 한글 표기 국한혼용문이 선호되었을 것이지만, 『簡易 鮮漢文 改譯』(1940)이 간행된 후 1941년까지도 '新約全書 국한문' 계열이 간행된 것을 보면(2.1. 참조) (2ㄱ), (2ㄴ)류의 국한혼용문을 선호하는 이들이 적지 않았던 것을 짐작할 수 있다. 더구나, '舊約'의 국한혼용문 성경의 간행 과정을 보면 성서 번역자들 사이에 (2ㄱ), (2ㄴ)류 국한혼용문의 선호도가 상대적으로 높았음을 알 수 있다. 이를 단적으로 보여주는 것이 다음과 같은

36 이와 같은, '한자어에서 유래한 말은 한자로 적고 외래어와 고유어는 한글로 적는다'라는 방식은 대한성서공회의 홈페이지에서도 이미 밝히고 있다. 다만, 당시에는 한자어 여부를 판별할 기준이 될 만한 국어사전이 없었기 때문에 현대 한국어의 관점에서 볼 때 적절하지 않은 한자 표기들이 적지 않다.

예들이다.

(4) ㄱ. 太初에 하ᄂᆞ님이 天地를 創造ᄒᆞ시다 ᄯᅡ이 混沌ᄒᆞ고 空虛ᄒᆞ야 黑暗이 물 우에 잇ᄂᆞᆫ지라 하ᄂᆞ님의 神이 水面에 運行ᄒᆞ시더라 하ᄂᆞ님이 빗치 잇스라 ᄒᆞ시니 빗치 잇거ᄂᆞᆯ 빗츨 보시고 선히 녁이샤 ᄇᆞᆰ고 어두움을 분별ᄒᆞ야 ᄇᆞᆰ은 거슬 낫이라 ᄒᆞ시고 어두운 거슬 밤이라 ᄒᆞ시다 저녁이 되며 아촘이 되니 第一日이러라 (『新譯新舊約全書』(1925), 창세기01:01-05)

ㄴ. 太初에 하ᄂᆞ님이 天地를 創造ᄒᆞ시다 地가 混沌ᄒᆞ고 空虛ᄒᆞ야 黑暗이 깁흠 우에 在ᄒᆞ고 하ᄂᆞ님의 神은 水面에 運行ᄒᆞ시더라 하ᄂᆞ님이 ᄀᆞᆯᄋᆞ샤ᄃᆡ 光이 有ᄒᆞ라 ᄒᆞ시니 光이 有커ᄂᆞᆯ 하ᄂᆞ님이 光을 鑑ᄒᆞ시니 善ᄒᆞᆫ지라 光과 暗을 分ᄒᆞ샤 光을 晝라 ᄒᆞ시고 暗을 夜라 ᄒᆞ시다 夕이 되며 朝가 되니 第一日이러라 (『鮮漢文 貫珠 聖經全書』(1926), 창세기01:01-05)

ㄷ. 태초에 하ᄂᆞ님이 텬디를 창조ᄒᆞ시다 ᄯᅡ이 혼돈ᄒᆞ고 공허ᄒᆞ야 흑암이 깁흠 우에 잇고 하ᄂᆞ님의 신은 슈면에 운힝ᄒᆞ시더라 하ᄂᆞ님이 ᄀᆞᆯᄋᆞ샤ᄃᆡ 빗치 잇스라 ᄒᆞ시니 빗치 잇거ᄂᆞᆯ 하ᄂᆞ님이 빗츨 보시니 션ᄒᆞᆫ지라 빗과 어두움을 ᄂᆞᆫ호샤 빗츨 낫이라 ᄒᆞ시고 어두움을 밤이라 하시다 져녁이 되며 아촘이 되니 첫재날이러라 (『관주 구약젼셔』(1930), 창세기01:01-05)

ㄹ. 태초에 하나님이 텬디를 창조하시다 ᄯᅡ이 혼돈하고 공허하야 흑암이 깁흠우에 잇고 하나님의 신은 슈면에 운행하시더라 하나님이 갈아샤대 빗치 잇스라 하니시 빗치 잇거늘 하나님이 빗츨 보시니 션한지라 빗과 어두움을 난호샤 빗츨 낫이라 하시고 어두움을 밤이라 하시다 져녁이 되며 아참이 되니 첫재날이러라 (『구약기역』(1936), 창세기01:01-05)

ㅁ. 태초에 하ᄂᆞ님이 텬디를 창조ᄒᆞ시다 ᄯᅡ이 혼돈ᄒᆞ야 공허ᄒᆞ고 깁흠 우에 캄캄홈이 잇ᄂᆞᆫᄃᆡ 하ᄂᆞ님의 신이 물 우에 운동ᄒᆞ시더라 하ᄂᆞ님이 ᄀᆞᆯᄋᆞ샤ᄃᆡ 빗치 잇스라 ᄒᆞ시니 곳 빗치 잇거ᄂᆞᆯ 하ᄂᆞ님이 빗츨 보시매 됴흔지라 하ᄂᆞ님이 빗과 어두옴을 분변ᄒᆞ시고 하ᄂᆞ님이 빗츨 낫이라 하시며 어두옴을 밤이라 ᄒᆞ신ᄃᆡ 져녁이 되며

아춤이 되니 첫재날이러라 (『구약젼셔』(1911), 창세기01:01-05)

(4ㄱ)은 게일이 한국인 조사 정동명·이창직·이원모의 도움으로 1914년 완성하였지만, 1925년에야 간행될 수 있었던 것으로 알려진 『新譯 新舊約全書』(1925)의 창세기 부분이고,[37] (4ㄴ)은 영국성서공회의 공인을 받아 발간된 최초의 관주본 국한혼용문 성경인 『鮮漢文 貫珠 聖經全書』(1926)의 창세기 부분이다. 게일의 국한혼용문 구약 번역이 이미 완성되었음에도 불구하고 성서공회에서는 그것을 받아들이지 않고 (4ㄴ)과 같은 형태의 국한혼용문 성경을 다시 만든 것이다. 여기서 주목되는 것은 (4ㄱ)과 (4ㄴ)의 국한혼용문의 차이가 '국한문'과 '간이선한문'의 차이와 유사하다는 점이다. (4ㄴ)은 (4ㄷ)의 원고를 저본으로 다시 쓴 것이라고 할 수 있다.[38] (4ㄴ)은 實辭를 漢字로 표기하고 있다. 방법적인 면에서 보면 (2ㄱ)과 같은 다시 쓰기의 원리가 적용되었다고 할 수 있다. 반면에 (4ㄱ)에서는 한글 전용 본문의 한자어만을 한자로 표기하였다. (4ㄱ)은 (3ㄴ)의 바꿔 쓰기 원리와 같은 기준을 적용한 것인데, (4ㄱ)이 성서위원회의 공인을 받지 못한 James Scarth Gale의 개인역본이라는 사실을 근거로 당시 성서공회에서 '簡易 鮮漢

37 '舊約'의 國漢混用文化는 舊譯의 개정과 동시에 이루어져 국문의 개역본보다 먼저 완성되었다. 1911년 구성된 개역자회(Board of Revisers)의 게일이 주도하고 한국인 조사 세 사람(정동명, 아창직, 이원모)의 도움으로 1914년에 완성된 것이다.(류대영 외, 1994:123-124) 그러나 이때 완성된 국한혼용문 구약은 바로 출간되지 못하고 게일의 『新譯 新舊約全書』(1925)에 흡수되어 간행된다.

38 (4ㄴ)은 1926년본이고 (4ㄷ)은 1930년본인데 앞 것이 뒷 것을 저본으로 하였다고 할 수 있는지 의구심이 들 수도 있다. (4ㄴ) 『鮮漢文 貫珠 聖經全書』(1926)의 속표지에는 '창세긔와 츌애급긔와 레위긔는 改譯인 바 此 三 篇 중에…' 하는 注意가 있다. 한글 성경 改譯本이 아직 출간되지 않은 시기이지만 국한혼용문 성경에 이미 개역 원고들이 활용되었다는 증거이다. (4ㅁ)의 舊譯本과 대조해 보면 (4ㄷ)이 (4ㄹ)과 같은 改譯本임을 더욱 분명히 알 수 있다. 다만, 둘의 간행 시기가 달라 (4ㄹ)에서는 아래아를 사용하지 않은 점이 다를 뿐이다. 간행 연대가 늦기는 하지만 (4ㄴ)을 만들 때 (4ㄷ)의 원고를 참조한 것으로 보인다.

文' 계열보다 '新約全書 국한문' 계열의 국한혼용문을 선호하였다고 생각할 수도 있다.

그러나 간행 기록을 종합적으로 살펴보면 '簡易 鮮漢文 舊譯' 계열의 성경이 '新約全書 국한문' 계열보다 더 많이 보급되었다. 『簡易 鮮漢文 新約聖書』는 1913년에서 1936년 사이 23년간 45번이나 인쇄되었다. 이를 통하여 '簡易 鮮漢文 舊譯' 계열은 일 년에 두 번 정도 간행되었다는 것을 알 수 있다. 반면, '新約全書 국한문' 계열의 성경은 1911년에서 1926년까지 15년간 10번 간행되었다는 기록이 있다. '簡易 鮮漢文 舊譯' 계열이 더 많이 보급되었다는 것을 알 수 있다. 이러한 '簡易 鮮漢文 舊譯' 계열과 '新約全書 국한문' 계열의 공존과 경쟁은 『簡易 鮮漢文 新約改譯』(1940)을 간행할 때에 '簡易 鮮漢文 舊譯'의 바꿔 쓰기 방식이 채택됨으로써 마무리된다.

### 3) 第3期 : 國漢混用文 聖經의 統合期

이 시기는 '新約全書 국한문' 계열은 더이상 간행되지 않게 되는 한편, 성서공회의 주도로 『신약 개역』(1938)이 간행되고 그것을 저본으로 한 『簡易 鮮漢文 新約 改譯』이 만들어져 '簡易 鮮漢文 舊譯' 계열의 국한혼용문 성경과 '簡易 鮮漢文 改譯' 계열의 성경이 공존하던 때이다. 이후 한글맞춤법에 따라 본문 표기를 전면적으로 바꾼 『신약전서 개역 한글판』(1952)이 나오고 그것을 바탕으로 한 『簡易 國漢文 新約全書 改譯』(1955)이 간행되어 성경의 단일화가 이루어짐으로써 통합이 완료된다.

'新約全書 국한문' 계열과 '簡易 鮮漢文 舊譯' 계열의 경쟁에서 전자가 도태되고 후자가 살아남아 '簡易 鮮漢文 改譯' 계열의 형성에 영향을 주어 동일한 방식의 국한혼용문 성경이 만들어지되, 본문의 번역을 바꾼 부분과 개정된 표기법이 반영되며 자연스럽게 통합이 이루어졌다. 중요한 것은 성서공회의 주도로 새로운 번역이 이루어져 『신약 개역』이 간행되고 그것을 저본으로 한 『簡易 鮮漢文 新約 改譯』이 만들어지는 과정에서 '簡易 鮮漢文 舊譯' 계열이 미친 영향이다. 이는 다음 예문을 보면 알 수 있다.

(5) ㄱ. 유대王 헤롯 ᄣᅢ에 아비야 班列에 祭司長 하나이 잇스니 일홈은 사가랴요 그 안해는 아론의 子孫이니 일홈은 엘니사벳이라 이 두 사람이 하나님 압헤 義人이니 主의 모든 誡命과 規例대로 欠이 업시 行하더라 엘니사벳이 受胎를 못함으로 뎌희가 無子하고 두 사람의 나이 만터라 (『簡易 鮮漢文 新約 改譯』(1940), 눅01:05-07)

ㄴ. 유대王 헤롯 ᄣᅢ에 아비야 班列에 祭司長 하나이 잇스니 일홈은 사가랴요 그 안해는 아론의 子孫이니 일홈은 엘니사벳이라 이 두 사람이 하나님 압헤 義人이니 主의 誡命과 禮節을 좃차 行하야 欠이 업는지라 다만 無子함은 엘니사벳이 受胎를 못함이니 두 사람의 나이 ᄯᅩ한 만터라 (『簡易 鮮漢文 新約』(1935), 눅01:05-07)

ㄷ. 유대왕 헤롯 ᄣᅢ에 아비야 반렬에 졔사쟝 하나이 잇스니 일홈은 사가랴요 그 안해는 아론의 자손이니 일홈은 엘니사벳이라 이 두 사람이 하나님 압헤 의인이니 쥬의 모든 계명과 규례대로 흠이 업시 행하더라 엘니사벳이 슈태를 못함으로 뎌희가 무자하고 두 사람의 나이 만터라 (『신약 개역』(1938), 눅01:05-07)

ㄹ. 유대왕 헤롯 ᄣᅢ에 아비야 반렬의 졔ᄉᆞ쟝 ᄒᆞ나이 잇스니 일홈은 사가랴요 그 안ᄒᆡ는 아론의 ᄌᆞ손이니 일홈은 엘니사벳이라 이 두 사ᄅᆞᆷ이 하ᄂᆞ님 압헤 의인이니 쥬의 계명과 례졀을 좃차 힝ᄒᆞ야 흠이 업ᄂᆞᆫ지라 다만 무ᄌᆞ함은 엘니사벳이 슈ᄐᆡ를 못ᄒᆞᆷ이니 두 사람의 나이 ᄯᅩᄒᆞᆫ 만터라 (『신약젼셔』(1911), 눅01:05-07)

(5ㄱ)과 (5ㄴ)의 차이는 (5ㄷ)과 (5ㄹ)의 차이에서 비롯된 것이다. 본문의 번역이 달라져서 두 계열의 차이가 생긴 것일 뿐, 국문 성경의 본문에서 漢字語만을 한자로 표기한다는 원리는 다르지 않다. 결국 『簡易 鮮漢文 新約 改譯』은 『簡易 鮮漢文 新約』(1935)의[39] 漢字語 표기

방식을 그대로 이어받되, 그 저본이 『신약 개역』이라는 점만 다른 것이다.

그러나 『簡易 鮮漢文 新約 改譯』의 국한 혼용 표기 결과가 『簡易 鮮漢文 新約』과 완전히 동일한 것은 아니다. 『簡易 鮮漢文 新約』에서 한글로 표기한 부분을 경우에 따라서는 『簡易 鮮漢文 新約 改譯』에서 다시 『新約全書 국한문』의 한자어로 바꾼 부분도 있고, 같은 의미를 나타내는 다른 형태의 한자어를 쓰기도 하였다.

(6) ㄱ. 大槩 樹마다 其 實로써 知ᄒᆞᄂᆞ니 荊棘에셔 無花果를 摘지 못ᄒᆞ고 蒺藜에셔 葡萄를 摘지 못ᄒᆞᄂᆞ니라 (『新約全書 국한문』(1906), 눅06:44)

ㄴ. 大槩 樹마다 그 열매로써 아나니 가시에셔 無花果를 싸지 못하고 찔네에셔 葡萄를 싸지 못하나니라 (『簡易 鮮漢文 新約』(1935), 눅06:44)

ㄷ. 나무는 各各 그 열매로 아나니 가시나무에서 無花果를, 또는 蒺藜에서 葡萄를 따지 못하느니라 (『簡易 鮮漢文 新約全書 改譯』(1940), 눅06:44)

(7) ㄱ. 人이 燈火를 燃ᄒᆞ야 器로 盖치도 아니ᄒᆞ고 平牀 下에 置치도 아니ᄒᆞ고 다만 燈檠 上에 置ᄒᆞ야 入去ᄒᆞᄂᆞᆫ 者로 ᄒᆞ여곰 其 光을 見케 ᄒᆞᄂᆞ니 (『新約全書 국한문』(1906), 눅08:16)

ㄴ. 사람이 燈불을 켜서 그릇으로 덥지도 아니하고 平牀 아래 놋치도 아니하고 다만 燈檠 우에 노하 드러가는 者로 하여곰 그 빗츨 보

39 『簡易 鮮漢文 新約』은 『簡易 鮮漢文 新約聖書』(1913/1936)의 본문에서 'ㆍ'의 표기를 'ㅏ' 혹은 'ㅡ'로 바꾸었다. 참조로, 『簡易 鮮漢文 新約聖書』의 누가복음 부분을 인용한다. "유대王 헤롯 ᄯᅢ에 아비야 班列에 祭司長 ᄒᆞ나이 잇스니 일홈은 사가랴요 그 안ᄒᆡ는 아론의 子孫이니 일홈은 엘니사벳이라 이 두 사ᄅᆞᆷ이 하나님 압헤 義人이니 主의 誡命과 禮節을 좃차 行ᄒᆞ야 欠이 업ᄂᆞᆫ지라 다만 無子홈은 엘니사벳이 受胎를 못홈이니 두 사람의 나이 ᄯᅩᄒᆞᆫ 만터라"

게 하나니 (『簡易 鮮漢文 新約』,(1935) 눅08:16)

ㄷ. 누구던지 燈불을 켜서 그릇으로 덥거나 平床 아래 두지 아니하고 燈檠 우에 두나니 이는 드러가는 者들노 그 빗츨 보게 하려 함이라 (『簡易 鮮漢文 新約全書 改譯』(1940), 눅08:16)

(6), (7)과 같은 차이는 『新約全書 국한문』, 『簡易 鮮漢文 新約』, 『簡易 鮮漢文 新約全書 改譯』에서 적지 않게 발견된다. 살펴보면 (6ㄴ)과 (6ㄷ), (7ㄴ)과 (7ㄷ)의 차이는 해당 어휘 차원의 문제일 뿐, (6ㄱ)과 (6ㄴ), (7ㄱ)과 (7ㄴ)의 차이에서처럼 기본적인 다시 쓰기 원리가 달라진 것이라고 볼 수는 없다. 즉, '新約全書 국한문' 계열의 국한혼용문 쓰기 방식은 이후 혼용문으로 이어지지 않지만 '簡易 鮮漢文 舊譯' 계열의 국한혼용문 쓰기 방식은 改譯 이후의 국한혼용문에 그대로 이어지고 있는 것이다.

## 4. 簡易 鮮漢文 舊譯 系列 聖經의 國語史的 意義

한글 전용 성경의 보급이 우리 어문 생활에 큰 영향을 주었다는 사실은 이미 널리 알려져 있다. 한글의 보급, 표기법과 띄어쓰기의 확립, 번역 문체의 정착 등 그 영향은 여러 방면에서 확인된다. 그러나 '甚怒ᄒᆞ야', '山 斷崖에 至ᄒᆞ야', '知ᄒᆞ노니 上帝의 聖者니라', '湖邊에 在ᄒᆞᆫ', '新 酒는 新 帒에 盛ᄒᆞ여야'와 같은 소위 漢文句 혹은 漢文語體의 초기 국한혼용문이 '甚히 怒하야', '山 랑쩌러지에 니르러', '아노니 하나님의 거륵한 者니라', '湖水가에 잇는', '새 술은 새 負袋에 너허야'와 같은 현대적 국한혼용문으로 바뀌고, 이것이 개화기의 국한혼용문과는 어떤 영향 관계에 있는지에 대해서는 논의된 적이 없었다. 이 장에서는 '簡

易 鮮漢文 舊譯' 계열 성경의 발간과 보급이 현대적 국한혼용문의 정착에 어떤 영향을 주었는지를 검토함으로써 '簡易 鮮漢文 舊譯' 계열의 성경이 지니는 국어사적 의의를 밝힌다.[40]

무엇보다도 현대적 국한혼용문의 모태가 되었다는 점이 '簡易 鮮漢文 舊譯' 계열이 지니는 가장 큰 국어사적 의의일 것이다.[41] 3의 2)에서 '簡易 鮮漢文 舊譯' 계열의 국한혼용문 쓰기 방식이 현대적 국한혼용문의 그것과 방식이 다르지 않다는 점을 확인한 바 있다. 여기서는 누가복음을 대상으로 『新約全書 국한문』(1906)과 『簡易 鮮漢文 新約聖書』(1913/1936), 『簡易 國漢文 新約全書 改譯』(1956)의[42] 번역이 얼마나 유사한지 혹은 다른지를 한자로 표기된 어휘들의 비율로 검토해 봄으로써 앞에서의 논의를 보완한다. 이를 통해 국한혼용문 성경의 정착 과정에서 『簡易 鮮漢文 新約聖書』로 대표되는 '簡易 鮮漢文 舊譯'이 '簡易 鮮漢文 改譯' 계열의 성경에 어떤 영향을 주었는지도 확인할 수 있다.

〈표 2〉는 『新約全書 국한문』과 『簡易 鮮漢文 新約聖書』, 『簡易 國漢文 新約全書 改譯』의 누가복음을 대상으로 한글로 표기된 어절과 한자로 표기된 어절을 구분해서 그 수를 헤아리고, 전체 어절 대비 한자 표기 어절의 비율을 보인 것이다. 짐작할 수 있었던 결과지만, '新約全書 국

---

40 한국어 성경은 국문이든 국한혼용문이든 중국어 성경의 영향을 생각하지 않을 수 없다. 중국어(한문) 성경이 한국어 성경의 정착 과정에 어떻게 간섭했는지에 대한 언급은 후속 논문을 준비 중이다.

41 현대적 국한혼용문의 모태는 『서유견문』이나 다른 영역의 국한문체라는 논의가 많다. 1913년 간행본에서부터 확인되는 '簡易 鮮漢文' 계열이 보여주는 국한혼용문은 현대 한국어의 국한혼용문과 별 차이가 없다. 그러나 『서유견문』이나 초기 국한문체의 글들은 오늘날의 국한혼용문과는 전혀 다른 모습이다. 이에 나는 현대 국한혼용문의 모태를 『서유견문』보다는 성경의 '簡易 鮮漢文' 계열로 보고 있다. 또, 이것을 중세의 언해체와 유사하다고 본다.

42 한글맞춤법(1933)을 채용한 성경은 1952년에야 간행되었고, 이것을 저본으로 만들어진 국한혼용문 성경이 『簡易 國漢文 新約全書 改譯』(1956)이기 때문에 이것을 본격적인 대비를 위한 '簡易 鮮漢文 改譯' 계열의 대표본으로 삼았다.

한문' 계열에서의 한자 표기 어절의 비율이 80%에 달하는 데에 비하여 '簡易 鮮漢文 舊譯' 계열과 '簡易 鮮漢文 改譯' 계열의 비율은 23%에도 미치지 못한다. 특히 『簡易 鮮漢文 新約聖書』, 『簡易 國漢文 新約全書 改譯』의 본문 구성에서 한자 표기어의 비율이 아주 유사한 것을 확인할 수 있다. 『簡易 國漢文 新約全書 改譯』의 국한혼용문 쓰기 원리가 『簡易 鮮漢文 新約聖書』의 그것과 다르지 않다는 것을 보여주는 결과라고 할 수 있다.

<표 2> 세 계열 성경의 '누가복음'의 표기 문자별 비율

| | 전체 어절 수 | 한자 표기 어절 수 | 한자 표기 어절 비율 |
|---|---|---|---|
| '新約全書 국한문' 계열 | 14,813 | 11,754 | 79.35% |
| '簡易 鮮漢文 舊譯' 계열 | 15,502 | 3,506 | 22.62% |
| '簡易 鮮漢文 改譯' 계열 | 15,523 | 3,539 | 22.80% |

여기서 또 한 가지 지적해 둘 것은 이러한 『簡易 鮮漢文 新約聖書』의 표기 방식이 거슬러 올라가면 15~16세기의 불경 언해에서의 그것과 다르지 않다는 점이다.[43] (8ㄱ)과 (8ㄴ)을 대비해 보면 이를 확인할 수

43 簡易 鮮漢文 계열의 국한혼용문이 중세 불경 언해와도 같은 형태라는 점에서 간이선한문 성경이 『용비어천가』 식의 "전통 국한혼용체의 회복"이라고 볼 수도 있을 것이다. 나는 아직 『용비어천가』(독자를 일반인으로 상정하지 않았기 때문에 한자음을 주음하지 않은 것으로 보이는 형태)와 『석보상절』이나 『월인천강지곡』(한자음을 주음한 형태)의 국한혼용문 중 어떤 것이 전통 국한혼용문체가 될 수 있는지 확신이 서지 않는다. 그래서 경전 언해라는 점과 비슷한 내용을 담고 있다는 점을 바탕으로 이 문헌들을 대신하여 『법화경』을 예로 들었다. 또, '전통 국한 혼용체'나 '전통 언해체'라는 용어는 '현토식/개화기 국한문체'라는 용어, 즉 일본 문체의 영향을 받은 국한혼용문을 전제로 하는 것인데, 나는 아직 개화기의 국한문체를 일본의 영향, 즉 일한문체의 영향으로 보아야 하는 것인지 확신이 서지 않는다. 따라서 이와 관련된 상세 기술은 생략하였다. 무엇보다 내가 전통 국한혼용체로의 회복이나 복귀라고 쓰지 않은 이유는, 근대국어 시기에 단절된 문체인데 그것을 '전통'이라고 볼 수 있을지 자신이 없기 때문이다.

있다.

(8) ㄱ. 그 ᄢᅴ 長者ㅣ 즉재 이 念을 호ᄃᆡ 이 지비 ᄒᆞ마 큰 브릐 ᄉᆞ로미 ᄃᆞ외니 나와 諸子ㅣ ᄒᆞ다가 이제 나디 아니ᄒᆞ면 반ᄃᆞ기 ᄉᆞᆯ요미 ᄃᆞ외리니 내 이제 반ᄃᆞ기 方便을 펴 諸子ᄃᆞᆯᄒᆞ로 이 害ᄅᆞᆯ 免케 호리라 코 아비 諸子ᄋᆡ 몬졋 ᄆᆞᅀᆞ매 各各 즐규미 잇ᄂᆞᆫ ᄃᆞᆯ 아라 種種 珍玩앳 奇異ᄒᆞᆫ 거슬 ᄠᅳ데 반ᄃᆞ기 즐겨 着ᄒᆞ리라 ᄒᆞ야 닐오ᄃᆡ 너희의 어루 玩好ᄒᆞᆯ 꺼시 希有ᄒᆞ야 得호미 어려우니 네 ᄒᆞ다가 가지디 아니ᄒᆞ면 後에 반ᄃᆞ기 시름ᄒᆞ야 뉘으츠리니 이 ᄀᆞᄐᆞᆫ 種種앳 羊車 鹿車 牛車ㅣ 이제 門 밧긔 잇ᄂᆞ니 어루 노녀 노ᄅᆞᆺᄒᆞ리니 너희 이 火宅애 ᄲᆞᆯ리 나와ᅀᅡ 올ᄒᆞ니 네 欲ᄋᆞᆯ 조차 다 반ᄃᆞ기 너를 주리라 (『法華經諺解』 卷2, 66ㄴ-67ㄱ)

ㄴ. 또 ᄀᆞᆯᄋᆞ샤ᄃᆡ 엇던 사ᄅᆞᆷ이 두 아ᄃᆞᆯ이 잇ᄂᆞᆫᄃᆡ 그 말재 아ᄃᆞᆯ이 아비의게 말ᄒᆞ야 ᄀᆞᆯᄋᆞᄃᆡ 아바지여 產業에셔 내가 맛당히 엇을 것을 내게 주쇼셔 ᄒᆞ거늘 아비가 產業을 ᄂᆞᆫ화 주엇더니 그 後 몃칠이 못 되야 말재 아ᄃᆞᆯ이 財物을 다 모화 가지고 멀니 다른 地方에 가 놀며 거긔셔 虛浪放蕩ᄒᆞ야 그 產業을 虛費ᄒᆞ야 다 업시 ᄒᆞ엿더니 그 ᄯᅡ에 크게 凶年이 든지라 비로소 窮乏ᄒᆞ매 그 地方 ᄒᆞᆫ 百姓의게 가셔 븟쳐 사니 들노 보내여 도야지를 치라 ᄒᆞ엿ᄂᆞᆫᄃᆡ 먹이는 사ᄅᆞᆷ이 업스매 도야지 먹ᄂᆞᆫ 팟ᄲᅥᆸ질노 充腹ᄒᆞ고져 ᄒᆞ다가 ᄭᆡ닷고 곳 ᄀᆞᆯᄋᆞᄃᆡ 내 父親의 數多ᄒᆞᆫ 품軍은 먹을 糧食이 裕餘ᄒᆞ되 나는 여긔셔 주려 죽겟도다 내가 니러 나셔 父親ᄭᅴ 도라가 닐ᄋᆞ기를 父親이여 내가 하ᄂᆞᆯ과 父親ᄭᅴ 罪를 엇엇스매 只今브터는 敢히 아ᄃᆞᆯ이라 닐ᄏᆞᆺ지 못ᄒᆞ리니 나를 품軍에 ᄒᆞ나로 보쇼셔 ᄒᆞ리라 ᄒᆞ고 이에 니러 나셔 父親ᄭᅴ 도라갈ᄉᆡ 相距가 오히려 머나 父親이 보고 이에 惻隱히 녁여 달녀 가 목을 안고 입을 맛초니 (『簡易 鮮漢文 新約聖書』(1913/1936), 눅15:11-20)

불경 언해문에서도 '簡易 鮮漢文' 계열의 국한혼용문과 마찬가지로 한자어만을 한자로 적고, 고유어는 그대로 한글로 표기하고 있다. 고유어 표현을 억지스럽게 한자어로 표현해 내고자 하지 않았다는 것이다. 이러한 『簡易 鮮漢文 新約聖書』의 다시 쓰기 원리는 1910년대의 일반적 국한혼용문과는 사뭇 다른 형태로 보인다. 조규태(1992: 10-13)에서는 1900~1910년대의 교과서를 분석하고 그 중 많은 것이 전통적 언해문과는 다른 '일본글을 모방한 국한혼용문'이라고 지적하였고, 민현식(1994a)에서도 개화기 국한문체 배경론에서 1900~1910년대의 국한혼용문이 일본의 영향을 받은 기형적 국한혼용문이라고 지적하였다. 그러나 그러한 지적과는 달리 『簡易 鮮漢文 新約聖書』의 본문 표기는 전통 언해문과 같은 모습을 지니고 있다.

여기에서 주목해야 할 것이 바로 『簡易 鮮漢文 新約聖書』의 초판이 1913년에 간행되었다는 사실이다. 이 시기는 실제 조규태(1992)나 민현식(1994a)의 지적에서와 같이 국한혼용문의 문체 모색기였으며, 국한혼용문 글쓰기의 방향성 정립에 혼란을 겪던 시기였다. 바로 이 시기에 『簡易 鮮漢文 新約聖書』의 초판이 간행되어 이후 23년간 '簡易 鮮漢文 舊譯' 계열의 성경이 20만 부 이상 보급되었다. 이 간행과 보급 사실이 한국과 한국어에 전통 언해문 방식의 국한혼용문체가 회복되고 정착할 수 있게 한 하나의 배경이 되었을 것이다.

## 5. 國漢文 그리고 簡易 鮮漢文 舊譯과 簡易 鮮漢文 改譯

지금까지 국한혼용문 성경을 대상으로 현존본이 확인되는 것과 2차 자료에서만 확인되는 것들을 구분하여 정리하고, 국한혼용문 성경의 간행과 보급, 수정 및 교체와 통합을 통한 정착 과정에 대하여 살펴보았다. 그간 알려지지 않았던 대한성서공회 소장의 5호 활자 인쇄본 2종을 찾아내 국한혼용문 성경을 두 유형 세 계열로 체계화하며 다음과 같은 몇 가지 사실을 실증적으로 밝혔다.

첫째, 새롭게 발견된 두 권의 『簡易 鮮漢文 聖經』 자료를 통하여 지금까지 1931년으로 알려졌던 『簡易 鮮漢文 聖經』의 최초 간행 연도를 1913년으로 수정해야 함을 밝혔다.

둘째, 성경에 大旨가 들어간 것이 1958년본부터인 것으로 기술되어 왔었으나 새 자료 1913/1936년본에도 대지가 붙어 있음을 확인하였다.

셋째, 최초로 아래아 '·'를 사용하지 않은 성경이 『簡易 鮮漢文 新約』(1935)이라는 것도 새롭게 확인한 사실이다. 1935년본에서의 아래아 폐지는 1933년 한글맞춤법이 제정·보급되면서 그에 부응하려는 노력이었던 것으로 보인다. 그러나 『簡易 鮮漢文 新約』(1935)에 맞춤법이 전면적으로 반영된 것은 아니다.

살펴보았듯이, 국문을 국한혼용문으로 다시 쓰는 국문 성경의 國漢混用文化는 '新約全書 국한문' 계열, '簡易 鮮漢文 舊譯' 계열, '簡易 鮮漢文 改譯' 계열의 과정을 순차적으로 밟아온 것이 아니다. 고유어까지도 한자어 표현으로 바꾸어 다시 쓰고자 했던 '新約全書 국한문' 계열은 그 명맥이 끊어지고, 한자어만 한자 표기를 하고 고유어나 외래어는 한글로 표기하는 '簡易 鮮漢文 舊譯' 계열의 국한혼용문 쓰기 방식이 현대적 국한혼용문으로 이어졌다. '簡易 鮮漢文 舊譯' 계열의 국한혼용문 쓰기 방식이 15·16세기 국한혼용문체와 유사하다는 점도 국어사적으로 큰 의의를 지닌다. 또, '簡易 鮮漢文 舊譯' 계열이 갖는 이러한 국어사적 의의를 입증하기 위하여 각 계열별 자료의 한자 어휘에 대한 계량적 결과를 보이기도 하였다.

나는 한국어 번역 성경에 한정하여 국한혼용문을 살펴보았으나 1890~1910년대는 여러 매체와 문서에 다양한 유형의 국한혼용문이 공존하던 시기였다. 영역을 넓혀 국한혼용문의 전체적 유형을 분류하고, 유형별로, 시기별로 한자어와 고유어의 공존 양상과 국한혼용문 작성의 구체적 원리를 밝혀내야 할 것이다.

# 7장

# 국한혼용문 성경과 현대 한국어 문체의 상관성

## 1. 국한혼용문 성경 연구의 의의

지금까지 한국어 번역 성경에 대한 연구는 대부분 한글 전용 성경에 초점이 맞추어져 있었다. 국한혼용문 성경에 대해서는 오랫동안 별 관심이 없었던 것이다. 이는 국어사적으로만 그런 것이 아니라, 성경 번역사에서도 마찬가지이다. 성경 번역사를 가장 포괄적으로 다룬『대한성서공회사』II(류대영·옥성득·이만열, 1994)에서도 현재 전해지고 있는 국한혼용문 판본들 중에 빠뜨린 것이 적지 않으며, 국한혼용문 성경들 사이의 상관 관계에 대해서도 잘못 기술한 부분들이 발견된다. 그러나 현대 한국어 문체의 정착이라는 관점에서 보면 국한혼용문 성경의 형성 및 정착 과정에는 주목되는 점들이 적지 않다.

19세기 말 개신교[1] 계열의 개인 번역 성경에서부터 시작되어 1906년에 공인역 발간으로 일단락된 한국어 번역 성경의 표기 방식은 한글 전용이었다. 이후에 간행된 최초의 국한혼용문 성경인『新約全書 국한문』(1906)이나 완역본『성경전서』(1911)의 간행 이후 새로 간행된『簡易鮮漢文 新約全書』(1913)는 모두 앞서 번역된 한글 성경을 바탕으로 만들어졌다. 여기에서 주목되는 것은 이러한 한글 성경의 국한혼용문화 과정과『新約全書 국한문』과『簡易鮮漢文 新約全書』라는 두 유형의 국한혼용문 성경 중에서 후자가 오늘날 사용되는 국한혼용문 성경의 전범이 되었다는 사실이다. 한글 성경이 19세기 말~20세기 초의 한글 보급 및 문어 사용 양상에 큰 영향을 주었다면, 한글 전용 성경의 국한혼용문화와 국한혼용문 성경의 보급은 이와는 또다른 관점에서 현대 한국어 문체의 정착과 상관성을 지닐 수 있음을 의미하기 때문이다.

나는 국한혼용문 성경이 한글 전용 성경을 바탕으로 만들어졌다는

1『四史聖經』과『聖經直解廣益』등의 천주교 계열의 성경도 있다. 그러나 이들은 완역이 아니며, 국문 성경이기 때문에 이번 논의에서는 제외하였다.

사실(히로다카시, 2006:532-534; 유경민, 2011:282-283)을 전제로, 현대 한국어 문체의 정착이라는 맥락 위에서 국한혼용문 성경의 형성과 보급 양상이 의미하는 바를 검토한다. 이를 바탕으로 현대 한국어 문체의 정착과 국한혼용문 성경의 형성 및 보급이 지니고 있는 상관성을 고찰한다.

개신교 한국어 성경 번역사의 초기[2]에는 두 계열의 국한혼용문 성경, 즉 '新約全書 국한문' 계열과 '簡易鮮漢文 舊譯' 계열의 국한혼용문 성경이 존재한 것으로 확인된다.[3] '新約全書 국한문' 계열은 『新約全書 국한문』 이후 간행된 국한혼용문 성경들을 가리키고, '簡易鮮漢文 舊譯' 계열은 『簡易鮮漢文 新約聖書』의 간행 이후 『簡易鮮漢文 新約 改譯』(1940)의 간행 이전까지의 '簡易鮮漢文'이라는 명칭으로 간행된 성경들을 가리킨다.(유경민, 2011a:276-277)

유경민(2011a)에서는 이들 두 유형의 국한혼용문 성경이 만들어진 방식이나 후대로의 전승 과정이 다름을 확인하였는데, 이 시기 국한혼용문의 형성에 대한 기존의 연구에서 밝혀진 것과는 다른 특성들을 설명하였다. 나는 이 시기 국한혼용문의 형성 방식에 대한 연구들을 대조하여, 이를 통해 국한혼용문 성경의 정착 및 보급 과정에 대한 이 연구가 현대 한국어 문체의 정착 과정을 이해하는 데에 기여하도록 할 것이다.

한국어 번역 성경의 초기본들을 다룰 때에 반드시 언급해야 한다고

---

2 성경 번역사 초기란 『신약 개역』(1938)과 이것을 바탕으로 한 국한혼용문 성경인 『簡易鮮漢文 新約全書 改譯』(1940)이 간행되기 이전까지를 가리킨다. 『簡易鮮漢文 新約全書 改譯』부터 국한혼용문 성경의 발행을 성서공회가 주관하면서 한글 전용 성경과 국한혼용문 성경의 내용이 표기 수단만 다를 뿐 문장이 완전히 같아졌기 때문이다. 본고에서는 이 『簡易鮮漢文 新約全書 改譯』 간행 이전의 국한혼용문 성경을 논의의 대상으로 한다.

3 이들 이외에 국한혼용문 성경으로 게일의 주관 하에 간행된 『新譯 新舊約全書』(1925)가 있다. 그러나 이 게일본은 성서공회에서 인정하지 않은 私譯本으로, 再刊된 적도 없기 때문에 이번 논의 대상에서는 제외하였다.

생각하는 것 중의 하나가 한글 번역본의 저본이 무엇이었느냐 하는 문제일 것이다. 그러나 나는 한글 번역본의 저본의 확정 및 영향 문제가 반드시 우선적이어야 한다고 생각하지 않는다. 여기에는 세 가지 이유가 있다. 첫째는 현대 한국어 문체의 형성이라는 관점에서 보면 한국어 번역 성경의 저본이 무엇이었든 초기 국한혼용문 성경의 정착 과정을 살피는 데에는 크게 관련이 없기 때문이다. 한국어 성경의 독자는 이미 번역되고 간행된 텍스트의 문체를 접할 뿐, 번역 저본이 무엇이든 그 저본의 영향을 받지는 않을 것이기 때문이다. 둘째는 초기의 성경 번역에서와는 달리, 1910년대 이후의 성경 번역에서는 한문 성경만이 아니라 영어 성경 및 라틴어, 희랍어 성경을 함께 번역 저본으로 활용하였기 때문에 초기의 한글 성경 번역의 저본이 무엇이었는가 하는 문제는 현대 한국어 문체 형성과는 거리가 먼 문제이다. 셋째는 한글 성경을 국한혼용문 성경으로 바꾸는 데에 한문(중국어) 성경이 (특히 어휘 면에서) 영향을 주었을 가능성을 배제할 수는 없지만 한문 성경의 영향보다는 한글 성경에서의 교작(交作)이 어떤 방식으로 이루어졌는지에 더 관심을 두어야 할 것이라고 판단하였기 때문이다.

## 2. 해체 혹은 변형[4] : 개화기 국한혼용문의 형성

지금까지 국어사 연구에서 19세기 말~20세기 초의 국한혼용문이 형성된 과정을 보는 관점은 크게 두 가지로 나눌 수 있다. 하나는 한문의 해체를 통해 만들어졌다고 보는 것이고, 다른 하나는 한문에 익숙했던 사람들이 그들에게 익숙한 문체로, 한문 문법의 영향을 받아 글

4 '변형'이라는 용어는 한국어 문장을 한문 문법에 따라 한문 구로 바꿀 때, 국어 구문법과 다른 특징이 나타남을 보이기 위한 용어이다.

을 쓰면서 만들어졌다고 보는 것이다. 전자에 속하는 논의에는 김상대(1985), 심재기(1992), 민현식(1994), 김홍수(2004), 김주필(2007), 배수찬(2008) 등이 있고, 후자의 논의에는 홍종선(1996, 2000), 임상석(2008), 한영균(2008, 2011, 2013), 안예리(2013) 등이 있다. 국한혼용문에 대한 두 관점에 대하여 각각 절을 달리하여 살핀다.[5]

### 1) 한문의 해체를 통해 형성되었다는 견해

19세기 말~20세기 초의 국한혼용문의 형성에 대해서 처음 구체적인 견해를 보인 것은 김상대(1985)로, 다음과 같은 기술이 확인된다.

(1) 오늘날 국어의 문체는 國漢文體가 主流的 文體로 되어 있거니와 그 傳統을 찾아 19세기와 20세기의 交替期로 거슬러 올라가 開化期의 國漢文體의 양상을 살펴보면 이에는 두 가지 경향이 있었음을 보게 된다. 〈예 생략 : 예문 (1), (2)는 1900년대 학회지, (3)은 『대조선독립협회회보』임〉 즉 (1~2)와 같은 "순한문에 한글로 현결한 식"의 國漢文體(第一形)와 (3)과 같은 "한문을 국어의 구조로 풀어서 거기에 한글로 현결한 식"의 國漢文體(第二形)가 그것이다. 〈중간 생략〉 原理的인 차원에서 第一形 國漢文體는 口訣文과 그리고 第二形 國漢文體는 吏讀文과 각각 긴밀히 관련되어 있음을 간파할 수 있다. (김상대, 1985:8-9)

우선 (1)에서 "오늘날 국어의 문체는 國漢文體가 主流的 文體"라는 표현이 주목된다. 이때의 오늘날은 1985년을 기준으로 한 것이지만, 이를 현대 한국어의 문체를 가리키는 것으로 보아도 무방할 것으로 판

5 이들 중에서 배수찬(2008)과 임상석(2008)은 이 시기 국한혼용문의 형성 혹은 유형에 대한 논의에서 각각 민현식(1994), 홍종선(2000)의 논의를 바탕으로 하고 있고, 김홍수(2004)는 국한혼용문의 유형만 다루고 그 형성 과정에 대해서는 구체적으로 언급하지 않았으므로 본고의 구체적인 논의에서는 제외한다.

단된다. '순한문에 한글로 현결'한 것은 口訣文과 '한문을 국어의 구조로 풀어서 거기에 한글로 현결'한 것은 吏讀文과 대응시키고 있는 점도 주목할 만하다. 특히 한문을 국어의 구조로 풀어서 한글로 현결한 것으로 보는 것은 이 시기의 국한혼용문을 '한문의 해체'를 통해 형성되었다고 본 것인데, 이것이 본고의 논의의 출발점이 된다. 다만, 이 시기의 국한혼용문 자료의 일부만을 고려한 것은 문제로 지적할 수 있다. 국한혼용문을 제1유형과 제2유형으로 구분한 김상대(1985)의 국한혼용문 유형론은 2.2)에서 다룰 홍종선(1996, 2000)의 한문어체나 한자어체, 한영균(2013)의 『西遊見聞』류나 『國民小學讀本』류 등을 고려하지 않은 결과이다.

(1)은 심재기(1992/1999:98-100)에서[6] 좀 더 구체화된다.

(2) 여기에서 우리는 國漢混用體 세 類型의 判別基準을 設定할 必要를 느낀다. 그 基準은 오늘날의 國文體 文章이 일단 漢文體 文章의 解體化 過程의 最終終着點이라고 하는 視覺에서 만들어 볼 수 있다. 〈중간 생략〉 懸吐體는 漢文의 一次分節에 의한 吐의 挿入이요, 直譯諺解는 二次分節에 의해 四, 五字 程度의 語句 다음에 語尾가 붙은 것이요, 意譯諺解는 다시 三次分節을 하여 웬만한 漢字語까지 풀어가며 우리말 語尾를 붙였다고 假定할 수 있다.

그러므로 懸吐體는 口訣吐만 빼면 거의 完璧한 漢文原文으로의 復元이 가능하다. 〈예문 생략〉 直譯諺解體는 현토체를 한번 더 分節하여 漢文語順과 우리말 語順의 決定的인 差異인 敍述語 位置에 變動이 생긴다. 즉 目的構成에서 敍述語前置의 우리말 構造로 바뀐다. 그러나 이른바 漢文體에만 存在하는 轉移語가 그대로 남아있다. 〈중간 생략〉 直譯諺解에서는 "그런고로, 인ᄒᆞ야 연이나 ᄒᆞ야뻐, ᄒᆞ여곰 더불어 -ᄒᆞᆫ 바, ᄒᆞ물며 ᄯᅩᄒᆞᆫ" 등으로 나타난다. 〈중간 생략〉 그리고 固

6 심재기(1992)는 심재기(1999)에 재수록되었고, 인용면은 심재기(1999)의 것을 따랐다.

有한 우리말 語辭가 자연스러움에도 불구하고 漢字語에 吐를 붙인 語句가 存在한다. "雀이 燕의 巢룰 脫ᄒᆞᆫ 話라" "機ᄒᆞᆯ 時에 行ᄒᆞᆫ 事룰 讀치 못ᄒᆞ얏ᄂᆞ냐" 따위가 그것이다. 意譯諺解體는 直譯諺解體보다는 훨씬 우리말에 가까워졌으나 아직 완전한 국문체에는 이르지 않은 것이다. 부분적으로는 直譯諺解의 痕迹을 남기고 있을 뿐만 아니라 古典漢文에서 즐겨 쓰이던 修辭技法이 남아있는 文體이다. 轉移語는 消滅되어 보이지 않으나 固有語로 바꾸어야할 漢字語가 아직 남아 있다. 〈중간 생략〉 쥬교요지 같은 것을 意譯諺解體의 範疇에 넣어 생각할 수 있을 것이다. 이 意譯體가 漢文의 殘影을 전혀 보이지 않을 때 그것을 국문체라고 말할 수 있을 것이다.

위의 인용문에서, "오늘날의 國文體 文章이 일단 漢文體 文章의 解體化 過程의 最終終着點"이라는 설명은 김상대(1985)의 관점을 그대로 잇고 있는 표현이다. '현토체, 직역언해체, 의역언해체'는 한문 해체의 정도에 따른 구분으로, "漢文의 一次分節에 의한 吐의 挿入"이 懸吐體, "二次分節에 의해 四, 五字 程度의 語句 다음에 語尾가 붙은 것"을 직역언해체, "웬만한 漢字語까지 풀어가며 우리말 語尾를 붙"인 것을 의역언해체라고 명명한 것이다. 여기에서 주목할 부분은 의역언해체가 한문의 잔영을 전혀 보이지 않을 때 국문체로 볼 수 있다는 부분이다. 심재기(1992)의 국한혼용문의 유형 구분도 앞에서 언급한 김상대(1985)와 같이 2.2)에서 다룰 홍종선(1996, 2000)의 한문어체나 한영균(2013)의 『西遊見聞』류에 해당하는 국한혼용문을 포괄하지 못한 한계를 지닌다.

민현식(1994)은 심재기(1992)보다는 김상대(1985)에 더 가까운 입장에서 국한혼용문을 논의하였다. 이 시기의 국한혼용문에 대하여 '구절 현토식 국한문체', '어절 현토식 국한문체'라는 용어를 사용하는데, 이는 김상대(1985)가 '제1유형 국한문체'와 '제2유형 국한문체'로 구분한 것과 같다.

(3) 서유견문의 국한문체는 '어절' 단위로 한글을 懸吐하여 '어절 현토식 국한문체'라고 할 수 있으며 한글토를 빼면 국어 어순식 한문, 즉 서기체문이 된다. 반면 위의 예들(대한유학생학보, 1907; 호남학보, 1908 예)은 긴 '구절'을 단위로 한글을 懸吐하므로 '구절 현토식 국한문체'라 할 수 있고, 여기서 한글토만 빼면 그대로 국어 어순이 아니라 한문구조가 되므로 중세의 구결문과 같은 구조이다. 〈중간 생략〉 서유견문식 국한문은 한문문법을 깨뜨리고 구성되었기에 (다) 이두문에 가깝고 구결식 국한문체는 한문문법 구조를 유지하고 현토한 한문이기에 (가)에 속한다.(민현식, 1994:127)

민현식(1994)은 이 시기 국한혼용문을 다루는 글에서 가장 많이 인용되는 업적 중의 하나이다. 그러나 민현식(1994)에서 '긴 구절'을 단위로 한글을 '懸吐'한다고 표현하고 그것을 '구절 현토식 국한문체'라고 명명하였는데 그것이 구체적으로 어떤 유형의 것을 가리키는지가 문제가 될 수 있다. 심재기(1992)에서 "四, 五字 程度의 語句 다음에 語尾가 붙은 것"이라고 설명하고 '직역언해체'로 명명한 것과 같은 것으로 생각하기 쉽다. 그러나 민현식(1994)에서는 '구절 현토식 국한문체'가 구결문과 같은 구조를 지니는 것이라고 보기 때문에 심재기(1992)의 '직역언해체'보다는 '현토체'의 문장을 가리키는 것으로 볼 수 있고, 김상대(1985)의 제1유형 국한문체에 해당하는 것이다.

한편, 민현식(1994)의 '어절 현토식 국한문체'는 『西遊見聞』식의 국한혼용문을 가리킨다고 할 수 있다. 문제는 '한글 토를 빼면 국어 어순식 한문, 즉 서기체문이 된다'는 표현인데, 이것은 부분적으로만 인정되는 것으로 판단된다. 『西遊見聞』의 문장이 모두 서기체문이 된다고 볼 수 없다는 점도 그렇지만, 어절 단위로 토를 붙인 국한혼용문의 가장 전형적인 유형이라고 할 수 있는 심재기(1994)에서의 "雀이 燕의 巢를 脫혼 話라" "機홀 時에 行혼 事룰 讀치 못ᄒᆞ얏ᄂᆞ냐"와 같은 직역언해체에도 적용될 수 없다. '직역언해체' 문장을 서기체문이라고 할 수는 없는 것이다. 즉 "雀이 燕의 巢를 脫亨 話라", "機홀 時에 行亨 事를 讀치 못亨얏느냐"에서 한글 부분을 제외하면 '雀燕巢脫話', '機時行事讀'이 된다. 심재기의 이른바 '직역언해체'에서는 '못亨얏느냐'와 같이 한글로 표기되는 요소들이 적지 않은데, 이두문은 한자만을 사용하므로 '못亨얏느냐' 같은 예들은 존재하지 않는다. 그런데 이 시기 국한혼용문 중에서는 이러한 요소들이 적지 않다. 유경민(2011b)에서 검토한 『新約全書 국한문』(1906)의 한자(어)화 되지 않는 요소들이 이에 해당한다. 김상대(1985)나 민현식(1994)에서 이 시기 국한혼용문을 '口訣文형'과 '吏讀文형'으로 구분한 것은 이러한 예들을 고려하지 못한 것으로 볼 수 있다. 또 민현식(1994)의 '어절 현토식 국한문체'는 심재기(1992)의 '의역언해체'와도 그 가리키는 대상이 다르다. 심재기(1992)의 '의역언해체'는 "雀이 燕의 巢를 脫亨 話라", "機홀 時에 行亨 事를 讀치 못亨얏느냐"와 같은 '직역언해체'의 문장에서 부자연스러운 한자어를 고유어로 바꾼 것을 가리키기 때문이다.

이렇게 보면, 민현식(1994)의 국한혼용문 유형 구분도 김상대(1985), 심재기(1992)에서와 마찬가지로 2.2)에서 다룰 홍종선(2000)의 한문구체나 한영균(2013)의 제2유형 국한혼용문(『是日也放聲大哭』류 국한혼용문)을 고려하지 못했다는 지적이 가능하다. 결국 민현식(1994)의 '어절 현토식 국한문체'나 '구절 현토식 국한문체'도 김상대(1985)의 분류와 다르지 않다.[7]

김주필(2007)은 앞선 연구들과 달리 19세기 말의 국한혼용문의 형성 방식에 대하여 구체적 형성 과정을 명시적으로 다루고 있다. (4)가 그 예이다.

7 이러한 문제를 고려하여 이 시기 국한문체를 다시 구분하려 한 것이 홍종선(1996, 2000)과 한영균(2013)이다. 이들에 대해서는 2의 2)에서 다룬다.

(4) 한문 문장을 우리말의 단어 수준으로 분단하여 분단된 형태를 우리말 문장 성분의 순서에 따라 재배열하고, 그 분단된 각 형태 다음에 조사나 어미-필요한 경우에 접미사를 그 앞에 추가하고-를 붙여서 (6.3)의 문장을 만든 것으로 보이는 것이다. 〈중간 생략〉 이러한 국한문의 특성으로 인하여 국한문에 사용된 실사들은 우리말 문장에 사용되는 단어와는 다른, 이른바 한문 투의 특성을 갖는 예들이 많다. 〈중간 생략〉 우리말에서 자립적으로 사용하지 않는 1음절 한자어 어근이 널리 사용되며 〈중간 생략〉 한문에서 '부사, 관형사, 대명사'로 사용되는 형태들이 국한문에서는 접두사처럼 그 뒤에 오는 단어에 결합되어 사용되기도 하는 것이다. 〈중간 생략〉 이런 점에서 국한문에 사용된 문장은 통사적으로는 우리말 문장이지만 문장을 구성하는 성분에는 한문을 구성하는 단어들의 형태론적 특성이 많이 나타난다고 할 수 있다.(김주필, 2007:204)

위에서 드러나듯, 김주필(2007)은 19세기의 국한혼용문이 한문 문장을 분할하여 한국어 어순에 따라 배열하고, 필요한 한국어 문법 형태소를 삽입하여 만들어진 것으로 본다. 후기 중세국어 시기에 경서를 언해할 때에 사용한 방법을 그대로 따르고 있다고 보는 것이다. 물론 (4)의 인용문은 1894년 공문식을 공포한 후 관보에 실린 〈大君主展謁宗廟誓告文〉에 대한 기술이지만, 김주필(2007)의 앞부분에 실린 요약문을 보면 19세기 말 국한혼용문 전반이 이러한 방식으로 형성되는 것으로 보고 있다. 또 김주필(2007)은 이 시기 국한혼용문의 유형을 나누지 않고, 종합적으로 다루고 있는 것이 (1)~(3)의 예에서 언급한 연구자들과 다른 점이다. 이는 경서류 언해의 방식을 보이는 국한혼용문 이외의 유형에 대해서는 관심을 두지 않았기 때문일 것이다.

(1)~(4)를 통해 한문의 해체가 현대 한국어 국한혼용문체의 연원이 된다는 견해를 살펴보았다. 요약하면, 19세기 말~20세기 초의 국한혼용문이 '구결문〉이두문〉언해문'이라는 과정을 거쳐 형성된 것으로 보고 있다는 것이다. 필자로서는 이들의 견해를 그대로 받아들이기 어

려운데, 다음과 같은 이유 때문이다.

첫째는 개화기의 국한혼용문은 원전(그것이 한문이든, 한글이든 혹은 다른 외국어이든)이 존재하는 경우도 있지만, 원전이 없는 창작물인 경우도 많기 때문이다. 한문 원전이 존재하지 않는데 어떻게 한문의 해체가 이 시기 국한혼용문의 뿌리가 된다고 할 수 있는 것인지 그 과정을 구체적으로 기술한 연구가 없다.

둘째는 '구결문〉이두문〉언해문'이라는 과정을 거친다는 설명은 15~16세기의 언해문 자료만을 본다면 받아들일 수 있는 견해일지 모른다. 그러나 17세기 이후의 국어사 자료들, 특히 백두현(2006)에서 다루고 있는 언간, 일기, 조리서 등의 한글 필사본 자료들의 경우에는 한문의 해체와 연결시키기 어려운 부분들이 많다. 구어를 그대로 한글로 옮긴 것이 많기 때문이다. 이들 이외에도 구어를 그대로 옮긴 자료로 고소설, 시조, 가사 등의 문학 작품들도 있는데 이 중 시조, 가사류는 국한혼용문인 경우가 많고, 현대 한국어의 국한혼용문은 이들과도 무관하지 않아 보인다. 그런데 (1)~(4)의 논의들에서처럼 한문의 해체가 현대 한국어 국한혼용문의 연원이라는 견해를 따르면, 17세기 이후의 이러한 자료들은 현대 한국어의 국한혼용문과 무관한 것이 되고 만다.

셋째는 한영균(2013)의 4장에서 언급한 이 시기 국한혼용문의 사용 양상을 고려하면, (1)~(4)의 견해를 받아들이기 어려워지는 데에 있다. 현대 한국어의 국한혼용문의 형성이 '구결문〉이두문〉언해문(직역언해체〉의역언해체)'라는 단계를 밟아 형성된다는 기존 견해에 따르면, 현토체 국한혼용문(구절 현토체 국한혼용문)이 가장 먼저 나타나고 다른 것들도 앞에서 언급한 순서를 밟아야 할 것이다. 그러나 한영균(2013)의 분석을 보면, 1890년대의 국한혼용문 중에는 구절 현토체 국한혼용문이 사용된 것을 보기 어렵고, 구절 현토체 국한혼용문이 널리 쓰인 것은 1900년대의 중반 이후인 것으로 확인된다.

### 2) 국문 글쓰기 모색의 과정에서 한문 문법의 영향을 받았다는 견해

이미 언급하였듯이 이 시기의 국한혼용문이 한문의 사용을 벗어나 국어 문장 쓰기를 하는 과정에서 이전 시기에 익숙했던 한문 문법의 영향을 받아 만들어졌다고 보는 연구들이 있다. 홍종선(1996, 2000), 한영균(2008, 2011, 2013) 등이 그 예이다.

홍종선(1996:35)에서는 '한문체, 한문구 국한문체, 한문어 국한문체, 우리말 국한문체'로 나누었다. 이 중 본고의 논의의 대상이 되는 것은 '한문구 국한문체, 한문어 국한문체, 우리말 국한문체'인데, 이들에 대한 기술을 보면 다음과 같다.(홍종선, 1996:35-39)

(5) (한문구 국한문체는) 한문으로 이루어진 구절 단위에 한글로 토를 단 정도의 국한문 표기 모습을 보여준다. 〈중간 생략〉 전체의 통사 체계가 기본적으로 국어의 구조이다. 다만 구절(X')내에서는 한문 구조를 종종 가지므로 아직 국어의 실제 모습과는 상당히 거리를 두고 있는 문체이다. (한문어 국한문체는) 통사 구조는 구절 안에서도 국어의 체계를 가졌으나 그 구성이나 선택이 한문식으로 된 단어(Xo)가 자주 나타나는 문장이다. (2)에서는 '기석에, 출하야……' 등 단어 모두가 한자어 차원을 넘는 한문어이다. (우리말 국한문체는) 15세기 훈민정음으로 쓰여진 문헌에서도 보이던 전통적인 국한문체로, 이후 대다수의 언해본에서도 이 같은 문체를 보여 왔다.

문제는, '우리말 국한문체'가 '15세기 훈민정음으로 쓰여진 문헌에서 확인되는 전통적인 국한문체'를 가리킨다고 한 점이다. 이렇게 보는 경우 현대국어의 국한혼용문의 뿌리를 후기 중세국어 시기의 언해문에 두게 되는 문제가 발생한다.[8] 이러한 문제로 홍종선(2000:12-13)에서

8 언해문을 현대국어 국한혼용문의 연원으로 보는 것이 바람직하지 않은 까닭은 2.1)의

는 국한혼용문의 유형을 다시 '한문체, 한문구체, 한문어체, 한자어체'로 구분하면서, '우리말 국한문체'라는 용어를 '한자어체'로 바꾸고 좀 더 구체적인 설명을 보탰다.

(6) 한문체는 사실상 한문 문장 구조에 우리말 토가 대개 잉여적으로 보충되어 있지만, 한문구체는 우리말 통사구조 안에 한문구가 들어와 있는 것이다.
한문어체에서 한문식 어구는 글 안에서 단어 수준으로 이해되면서 문장의 한 성분을 이룬다. 그러나 이 한문식 어구는 인용부호 안에 들어가는 것과 같은 개념으로 쓰인 것이 아니라, 문장의 다른 성분들과 마찬가지로 사용되었으므로, 이러한 한문어가 포함된 표현 방식은 그 나름대로 하나의 문체를 이룬다고 할 것이다.
한문구체에서 한문구는 우리말 문장 안에서 하나의 구절과 같은 기능을 갖는다. '鼻高色白ᄒᆞ며'나 '髮赤眼碧ᄒᆞ고'는 '體形이 長大ᄒᆞ고'와 함께 각각 하나의 하위문을 이루는 등위 접속 구절이다. 이에 비해 한문어체에서 한문어는 오직 하나의 낱말일 뿐이다. 한문어는 하나의 단어인 것이다.
문장에서 한문어는 사라지고 한자어만이 한자로써 한글과 더불어 쓰이는 글은 '한자어체'라 부를 수 있다. 한자어체에 등장하는 한자어는 모두 이미 우리말이 되어버린 어휘들이다. 한문구나 한문어가 섞인 문장으로 한글로만 쓴다면 해독하기가 너무 어려우므로 이들은 모두 한자를 섞어 쓰지 않을 수가 없을 것이다. 이에 반해 한자어는 대개 우리말로 바뀐 귀화어이므로 한글로도 쓸수가 있어 한자어체는 한글 전용의 문장이 가능하다. (홍종선, 2000:12)

홍종선(1996, 2000)은 국한혼용문의 유형에 대해서는 한문 문법의 영향이 어느 정도인가에 따라서 상당히 구체적으로 설명하고 있지만,

마지막 부분에서 설명하였다.

이 시기 국한혼용문이 어떻게 형성되었는가에 대해서나, '한문구체, 한문어체, 한자어체'의 상관 관계에 대해서는 분명히 설명하지 않았다. 유형 분류의 기준을 세우는 데에 주력하고, 현대국어의 문체 형성에 그들 각각이 어떤 영향을 주었는가는 관심을 두지 않은 것이다.

한영균(2013:223-224)에서는 이 시기 국한혼용문의 유형을 한문 문법의 영향 정도에 따라서 ①『神斷公案』류, ②『是日也放聲大哭』류 ③『西遊見聞』류, ④『국민소학독본』류로 나누었다. 이 시기의 국한혼용문으로 볼 수 있는 것은 ②, ③, ④인데, 각각 구문적, 어휘적 영향 및 한문구 용언의 출현 여부에 따라 구분한 것이다. 이들을 구분하는 기준은 한문 문법이 영향을 주는 방식에 있는데, '① 한문의 요소를 그대로 사용하는 경우 ② 한문 문법의 간섭 결과가 체언구에 반영된 경우 ③ 한문 문법의 간섭 결과가 용언구에 반영된 경우 ④ 기타'로 정리하였다.(한영균, 2013 2장) 이 시기 국한혼용문 속에 나타나는 한문구를 체언구와 용언구로 구분하고 ②와 ③이 모두 나타나는 경우를 제2형 국한혼용문(『是日也放聲大哭』류), ③만 나타나는 경우를 제3형 국한혼용문(『西遊見聞』류), 제4형 국한혼용문(『國民小學讀本』류)은 ②, ③ 모두 나타나지 않는다는 것이다. 홍종선(2000)에서 '한문구' 혹은 '한문어'로 지칭했던 것을 체언구과 용언구로 구분하고, 그것이 잔존하는 양상이 이 시기 국한혼용문의 유형 구분 기준이 될 수 있다는 사실을 밝혔다는 데에 의의를 부여할 수 있다.

홍종선(1996, 2000)이나 한영균(2011, 2013)의 연구는 한문 문법의 영향 정도에 따라서 근대 국한혼용문의 유형을 이전의 연구보다 좀더 세분화하고 각각의 특징을 밝히려 했다는 의의를 갖는다. 그러나 이들 연구도 현대국어의 국한혼용문과 근대의 국한혼용문 사이의 연관성은 구체적으로 언급하지 않았다. 즉 한문구 혹은 한문어체를 사용한 문장이나, 『西遊見聞』류 국한혼용문이나 『國民小學讀本』류 국한혼용문이 어떻게 해서 현대적 국한혼용문으로 바뀌는지는 설명하지 않은 것이다.

이와 비교할 때 다음 장에서 다룰 국한혼용문 성경의 정착 과정은 양자의 관계를 설명할 수 있는 근거를 제시해 준다. 이것이 국한혼용문 성경의 정착 과정에 대한 연구가 지니는 중요한 의의이다.

## 3. 국한혼용문 성경의 두 유형과 각 유형의 국한혼용문화 방식

이 장에서는 '新約全書 국한문' 계열과 '簡易鮮漢文 舊譯' 계열의 국한혼용문화 방식을 설명한다. 한글 전용 성경을 국한혼용문 성경으로 변환하는 과정은 2장에서 살핀 기존의 국한혼용문의 형성 과정에 대한 어느 연구와도 일치하지 않는다. 한글 전용 성경을 국한혼용문으로 바꾸는 방식은 '다시 쓰기'와 '바꿔 쓰기'인데, 전자는 '新約全書 국한문' 계열의 방식이고, 후자는 '簡易鮮漢文 舊譯' 계열의 국한혼용문화 방식이다.

### 1) '新約全書 국한문' 계열의 다시 쓰기 방식

『新約全書 국한문』(1906)의 국한혼용문화는 유경민(2012)에서 밝힌 바에 따르면, '다시 쓰기' 과정에 의한 것이다. 즉 고유어로 표기된 실사들을 모두 의미적으로 그에 대응하는 한자어로 바꾸고 그것을 한자로 표기한 것이다. 유경민(2012)에서는 용언만을 대상으로 한 것이어서 체언의 경우를 다루지 않은 한계는 있지만, 한글 성경을 국한혼용문 성경으로 변환하면서 사용한 방식을 설명하고 명시화하기에는 충분한 것으로 보인다.

『新約全書 국한문』의 다시 쓰기 한자어화 원리는 크게 두 가지이다.

① 고유어를 한자어 표현으로 대치하고, 표기도 한자로 다시 쓰는 경우 ② 한글로 표기된 한자어를 다른 한자어로 대치하고, 한자로 다시 쓰는 경우. 유경민(2012)에서 정리한, 다시 쓰기 방식에 의한 한자어화의 예를 보이면 다음과 같다. 괄호 안에 제시된 고유어는 『新約全書 국한문』의 저본으로 추정되는 『신약젼셔』(1906)의 표현이다.

(7) ㄱ. 嫁ᄒᆞ-(싀집가-), 覺ᄒᆞ-(ᄭᆡ닷-/생각ᄒᆞ-), 却ᄒᆞ-(져바리-/니져바리-/물니치-), 降ᄒᆞ-(나리-), 盖ᄒᆞ-(덥-), 開ᄒᆞ-(열-/펴-), 去ᄒᆞ-(가-), 拒ᄒᆞ-(막-), 擧ᄒᆞ-(들-), 建ᄒᆞ-(세우-), 憩ᄒᆞ(쉬-)-, 擊ᄒᆞ-(치-), 見ᄒᆞ-(보-), 牽ᄒᆞ-(ᄭᅳ을-), 遣ᄒᆞ-(보내-), 結ᄒᆞ-(맷-/열-), 潔ᄒᆞ-(ᄭᆡᆨ긋ᄒᆞ-), 傾ᄒᆞ-(기울-), 耕ᄒᆞ-(갈-), 驚ᄒᆞ-(놀나-), 啓ᄒᆞ-(열니-), 繫ᄒᆞ-(매이-), 固ᄒᆞ-(굿-), 叩ᄒᆞ-(두다리-), 顧ᄒᆞ-(도라 보-/보-), 枯ᄒᆞ-(마르-), 高ᄒᆞ-(놉ㅎ-), 瞽ᄒᆞ-(눈 멀-)

ㄴ. 可ᄒᆞ-(옳-), 加ᄒᆞ-(더ᄒᆞ-), 居ᄒᆞ-(살-/계시-/거ᄒᆞ-), 哭ᄒᆞ-(울-), 曲ᄒᆞ-(굽-), 過ᄒᆞ-(지나-), 難ᄒᆞ-(어렵-), 動ᄒᆞ-(움직이-), 得ᄒᆞ-(엇-), 凉ᄒᆞ-(셔늘ᄒᆞ-), 留ᄒᆞ-(머므-), 銘ᄒᆞ-(샤이-), 名ᄒᆞ-(일홈ᄒᆞ-), 無ᄒᆞ-(업-), 拜ᄒᆞ-(절ᄒᆞ-), 報ᄒᆞ-(갑ㅎ-), 補ᄒᆞ-(깁-)

ㄷ. 過去ᄒᆞ-(지나가-), 歸來ᄒᆞ-(도라오-), 歸去ᄒᆞ-(도라가-), 棄置ᄒᆞ-(ᄇᆞ려두-), 渡去ᄒᆞ(건너가-), 露出ᄒᆞ-(드러내-), 望見ᄒᆞ-(ᄇᆞ라보-), 拂棄ᄒᆞ-(ᄯᅥ러ᄇᆞ리-), 上去ᄒᆞ-(올나가-), 率去ᄒᆞ-(다려가-), 厭棄ᄒᆞ-(슬혀ᄇᆞ리-), 入去ᄒᆞ-(드러가-), 助給ᄒᆞ-(도아주-), 出來ᄒᆞ-(나오-), 出去ᄒᆞ-(나가-), 下去ᄒᆞ-(내려가-)

ㄹ. 驕ᄒᆞ-(교만ᄒᆞ-), 救ᄒᆞ-(구ᄒᆞ-)救援하-(1940)/保存하-(1940)), 對ᄒᆞ-(ᄃᆡ답ᄒᆞ-), 慕ᄒᆞ-(ᄉᆞ모ᄒᆞ-), 迷ᄒᆞ-(희미ᄒᆞ-), 誓ᄒᆞ-(ᄆᆡᆼ셰ᄒᆞ-), 逃ᄒᆞ-(도망ᄒᆞ-), 煩ᄒᆞ-(번거ᄒᆞ-), 謝ᄒᆞ-(샤례ᄒᆞ-), 譬ᄒᆞ-(비유ᄒᆞ-), 試ᄒᆞ-(시험ᄒᆞ-)

(7ㄱ)은 1음절 한자어의 예로 『표준국어대사전』(1999)에 등재되어

있지 않은, 즉 현대 한국어에서는 사용하지 않는 '1음절 한자어+ᄒᆞ-' 용언의 목록이다. (7ㄴ)은 『표준국어대사전』에서 확인되는 '1음절 한자어+ᄒᆞ-' 용언의 예이다. (7ㄷ)은 '一單語 一音節 漢字語化'의 원리로 한자어화한 예들이다. (7ㄹ)은 2음절 한자어가 1음절 한자어로 교체된 예인데, 한문 고전 강독을 통해 습득된 한문 투의 영향인 것으로 보인다. (7ㄱ)~(7ㄷ)은 고유어를 한자어로 다시 쓰기 한 예이고, (7ㄹ)은 한자어를 다른 한자어로 다시 쓰기 한 예이다.

### 2) '簡易鮮漢文 舊譯' 계열의 바꿔 쓰기 방식

앞에서 살핀 '新約全書 국한문' 계열의 한글 성경은 국한혼용문 성경의 교작자가 자의적으로 익숙한, 임의의 한자를 선택하여 다시 쓰기 방식으로 한자어화한 것이다. 그러나 '簡易鮮漢文 舊譯' 계열에서는 전혀 다른 국한혼용문화 방식이 확인된다.

(8) ㄱ. 마르다는 슈죵ᄒᆞᄂᆞᆫ 일이 만흠으로 분주ᄒᆞᆫ지라 예수씌 나아가 ᄀᆞᆯᄋᆞᄃᆡ 쥬여 내 동ᄉᆡᆼ이 나 혼자 일ᄒᆞ게 두는 거슬 ᄉᆡᆼ각지 아니ᄒᆞ시ᄂᆞ니잇가 뎌를 명ᄒᆞ샤 나를 도아주라 ᄒᆞ쇼셔 ᄒᆞ니 쥬가 ᄃᆡ답ᄒᆞ야 ᄀᆞᆯᄋᆞ샤ᄃᆡ 마르다야 마르다야 네가 만흔 일노 념려ᄒᆞ고 근심ᄒᆞ나 그러나 부족ᄒᆞᆫ 거시 ᄒᆞ나히 잇도다 마리아는 이 션ᄒᆞᆫ 직분을 ᄐᆡᆨᄒᆞ엿스니 ᄲᅢ앗지 못ᄒᆞ리라 ᄒᆞ시더라 (『신약젼셔』(1906), 눅 10:40-42)

ㄴ. 마르다는 슈죵ᄒᆞᄂᆞᆫ 일이 만흠으로 분주ᄒᆞᆫ지라 예수씌 나아가 ᄀᆞᆯᄋᆞᄃᆡ 쥬여 내 동ᄉᆡᆼ이 나 혼자 일ᄒᆞ게 두는 거슬 ᄉᆡᆼ각지 아니ᄒᆞ시ᄂᆞ잇가 뎌를 명ᄒᆞ샤 나를 도아주라 ᄒᆞ쇼셔 ᄒᆞ니 쥬씌셔 ᄃᆡ답ᄒᆞ야 ᄀᆞᆯᄋᆞ샤ᄃᆡ 마르다야 마르다야 네가 만흔 일노 념려ᄒᆞ고 근심ᄒᆞ나 그러나 부족ᄒᆞᆫ 거시 ᄒᆞ나히 잇도다 마리아는 이 션ᄒᆞᆫ 직분을 ᄐᆡᆨᄒᆞ엿스니 ᄲᅢ앗지 못ᄒᆞ리라 ᄒᆞ시더라 (『신약젼셔』(1911), 눅 10:40-42)

ㄷ. 마르다는 隨從ᄒᆞᄂᆞᆫ 事가 多ᄒᆞᆷ으로 奔走ᄒᆞᆫ지라 예수ᄭᅴ 就ᄒᆞ야 曰 主여 我의 同生이 我獨 事役ᄒᆞ게 두ᄂᆞᆫ 거ᄉᆞᆯ 想覺지 아니ᄒᆞ시ᄂᆞ니잇가 彼를 命ᄒᆞ샤 我를 助給ᄒᆞ라 ᄒᆞ쇼셔 ᄒᆞ니 主가 答ᄒᆞ야 曰 마르다야 마르다야 爾가 多ᄒᆞᆫ 事로 念慮ᄒᆞ고 憂ᄒᆞ나 然ᄒᆞ나 不足ᄒᆞᆫ 거시 一이 有ᄒᆞ도다 마리아는 此 善ᄒᆞᆫ 職分을 擇ᄒᆞ엿스니 奪치 못ᄒᆞ리라 ᄒᆞ시더라 (『新約全書 국한문』(1906), 눅10:40-42)

ㄹ. 마르다는 隨從하는 일이 만흠으로 奔走한지라 예수ᄭᅴ 나아가 갈아대 主여 내 同生이 나혼자 일하게 두는 것을 생각지 아니하시나잇가 뎌를 命하샤 나를 도아주라 하쇼셔 하니 主ᄭᅴ셔 對答하야 갈아샤대 마르다야 마르다야 네가 만흔 일노 念慮하고 근심하나 그러나 不足한 것이 하나이 잇도다 마리아는 이 善한 職分을 擇하엿스니 빼앗지 못하리라 하시더라 (『簡易鮮漢文 新約全書』(1913), 눅10:40-42)

(9) ㄱ. 이 후에는 예수가 모든 셩과 촌에 두루 ᄃᆞᆫ니시며 하ᄂᆞ님의 나라의 복음을 젼파ᄒᆞ실식 열두 뎨ᄌᆞ가 ᄒᆞᆫ가지로 ᄒᆞ고 ᄯᅩᄒᆞᆫ 악귀를 쫏차내시며 병을 곳쳐주신 두어 녀인이 잇스니 곳 닐곱 샤귀가 나간 막달나 마리아와 ᄯᅩᄒᆞᆫ 헤롯의 쳥직이 구사의 안ᄒᆡ 요안나와 수산나와 다른 여러 녀인이라 뎌희가 잇ᄂᆞᆫ 직물노써 슈죵드더라 (『신약젼셔』(1906), 눅08:01-03)

ㄴ. 이 후에는 예수ᄭᅴ셔 모든 셩과 촌에 두루 ᄃᆞᆫ니시며 하ᄂᆞ님의 나라의 복음을 젼파ᄒᆞ실식 열두 뎨ᄌᆞ가 ᄒᆞᆫ가지로 ᄒᆞ고 ᄯᅩᄒᆞᆫ 악귀를 쫏차내시며 병을 곳쳐주신 두어 녀인이 잇스니 곳 닐곱 샤귀가 나간 막달나 마리아와 ᄯᅩᄒᆞᆫ 헤롯의 쳥직이 구사의 안ᄒᆡ 요안나와 수산나와 다른 여러 녀인이라 뎌희가 잇는 직물노써 슈죵드더라 (『신약젼셔』(1911), 눅08:01-03)

ㄷ. 此 後에는 예수가 諸 城과 村에 遍 行ᄒᆞ시며 上帝國의 福音을 傳播ᄒᆞ실식 十二 弟子가 ᄒᆞᆫ 가지로 ᄒᆞ고 ᄯᅩᄒᆞᆫ 惡鬼를 逐出ᄒᆞ시며 病을 醫ᄒᆞ여 주신 數女人이 有ᄒᆞ니 곳 七 邪鬼가 出ᄒᆞᆫ 막달나 마리아와 ᄯᅩᄒᆞᆫ 헤롯의 廳直이 구사의 妻 요안나와 수산나와 外 他 諸 女人이라 彼等의 有ᄒᆞᆫ 財物노써 隨從드더라 (『新約全書 국한

문』(1906), 눅08:01-03)

ㄹ. 이 後에는 예수띄셔 모든 城과 村에 두루 단니시며 하나님의 나라의 福音을 傳播하실새 열두 弟子가 한 가지로 하고 또한 惡鬼를 쫒차내시며 病을 곳쳐 주신 두어女人이 잇스니 곳 닐곱 邪鬼가 나간 막달나 마리아와 또한 헤롯의 廳直이 구사의 안해 요안나와 수산나와 다른 여러 女人이라 뎌희가 잇는 財物노써 隨從드더라 (『簡易鮮漢文 新約聖書』(1913), 눅08:01-03)

성경의 같은 구절을 인용한 것인데, (8ㄷ, ㄹ)과 (9ㄷ, ㄹ)이 전혀 다르다는 것을 알 수 있다. 우선 『簡易鮮漢文 新約聖書』(1913)의 인용인 (8ㄹ)과 (9ㄹ)은 (8ㄷ)과 (9ㄷ)에 제시된 『新約全書 국한문』의 해당 부분과 전혀 다르다. 『新約全書 국한문』의 국한혼용문화는 한자어를 최대한 많이 쓰고자 하는 방식으로 고유어들을 한자어화한 것임에 비하여 『簡易鮮漢文 新約聖書』의 국한혼용문화는 한자어만을 한자 표기로 '바꿔 쓰기'하는 방식을 취하고 있다. 『簡易鮮漢文 新約聖書』의 국한혼용문은 『簡易 國漢文 新約全書 改譯』(1956)으로 그대로 이어졌고, 현대의 국한혼용문으로 직접 이어졌다.

두 계열의 국한혼용문 성경의 출현과 보급의 문제는 '한문-국한혼용문-한글'이라는 개화기의 세 가지 글쓰기 방식 및 각각의 글쓰기 방식이 지향한 독자 계층, 그리고 국한혼용문 성경의 편집자가 지니고 있었던 언어 능력 등 이 시대의 문어 사용과 관련된 다양한 문제들이 복합적으로 작용된 결과이다. 특히 '簡易鮮漢文 舊譯'(1913~) 계열의 등장과 국한혼용문 성경의 정착 과정은 이 시기의 사회·문화적 배경의 변화와 무관하지 않다.

# 4. 두 계열 국한혼용문 성경의 국어 문체사적 위상

'新約全書 국한문' 계열의 국한혼용문 성경의 문체 특성은 한문체의 표현 방식을 벗어나지 못한 것이라고 할 수 있다. 이에 비하여 '簡易鮮漢文 舊譯' 계열의 국한혼용문 성경은 한글 전용 문장에서 한자어만 한자로 표기하는 새로운, 혹은 전통적인 방식[9]을 도입한 것이라고 할 수 있다. 여기에서 중요한 것은 '簡易鮮漢文 舊譯' 계열의 국한혼용문이 오늘날의 국한혼용문에 직접적으로 이어진다는 점이다.

<표 1> 세 國漢混用文 성경의 '누가복음'의 표기 문자별 비율

| | 전체 어절 수 | 한자 표기 어절 수 | 한자 표기 어절 비율 |
|---|---|---|---|
| '新約全書 국한문' 계열 | 14,813 | 11,754 | 79.35% |
| '簡易鮮漢文 舊譯' 계열 | 15,502 | 3,506 | 22.62% |
| '簡易鮮漢文 改譯' 계열 | 15,523 | 3,539 | 22.80% |

유경민(2011b)에서 살핀 누가복음을 대상으로 한 『新約全書 국한문』(1906)과 『簡易鮮漢文 新約聖書』(1913), 『簡易 國漢文 新約全書 改譯』(1956)의[10] 번역의 유사성에 대한 검토 결과가 한 방증이 될 수 있다.

『簡易鮮漢文 新約聖書』의 국한혼용문은 1900년대의 일반적 국한혼용문과는 사뭇 다르다. 조규태(1992:10-13)에서는 1900~1910년대의 교

9 '새로운'이라는 표현과 '전통적'이라는 표현을 함께 사용한 까닭은 簡易鮮漢文 舊譯 계열의 문장이 전통 언해문과 같은 형태의 국한혼용문으로 작성되어 전통적인 것으로 보이긴 하지만 이러한 방식의 국한혼용문은 18~19세기에는 존재하지 않았던 문체로, 긴 시간이 지난 후에 다시 새롭게 등장한 방식임을 나타내기 위함이다.

10 조선어학회의 『조선어맞춤법통일안』(1933)을 따른 성경은 1952년에야 간행되었고, 이것을 저본으로 만들어진 국한혼용문 성경이 『簡易國漢文 新約全書 改譯』(1956)이기 때문에 이것을 본격적인 대비를 위한 '簡易鮮漢文 改譯' 계열의 대표본으로 삼았다.

과서를 분석하여 그 중 많은 것이 전통적 언해문과는 다른 '일본글을 모방한 국한혼용문'이라고 지적하였고, 민현식(1994)에서도 개화기 국한문체 배경론에서 1900~1910년대의 국한혼용문이 일본의 영향을 받은 기형적 국한혼용문이라고 지적하였다. 그러나 그러한 지적들과는 달리 『簡易鮮漢文 新約聖書』의 본문 표기는 중세국어 시기의 언해문과 같은 모습을 지니고 있다.(유경민, 2011b:297-300)

또한 우리는 '簡易鮮漢文 舊譯' 계열의 초판이 1913년에 간행되었다는 사실에 주목해야 한다. 이 시기는 국문 글쓰기의 방향성을 정립해 나가는 모색기였으며, 한문에서 국문으로 가는 국한혼용문의 문체 모색기였다. 바로 이 때에 '簡易鮮漢文 舊譯' 계열의 초판이 간행되었고, 이후 23년간 '簡易鮮漢文 舊譯' 계열의 성경이 20만 부 이상 보급된 것이다. 이 간행과 보급에 대한 사실이 한국에, 한국어에 '簡易鮮漢文 舊譯' 계열의 국한혼용문체가 정착할 수 있게 한 것으로 보인다. 그렇다고 이 시기의 이 국한혼용문체를 언해문 방식의 계승이나 회복으로 보는 데에는 무리가 있다. 중세국어 시기의 국한혼용문은 '문어(文語) 생활을 하지 못하고 있는 어리석은 백성'을 위한 것이었고, 이 시기의 국한혼용문은 '한문 문식력을 가진 식자층'을 위한 것으로, 그 대상이 전혀 다르기 때문이다.

## 5. 게일의 『牖蒙千字』와 국한혼용문 성경의 문체

국한혼용문 성경의 정착 방향과 관련하여 염두에 두어야 할 것이 한글 전용 성경의 번역 및 국한혼용문 성경의 편찬과 간행에 깊숙히 관여하였던 게일(James Scarth Gale)의 국한혼용문 한국어 독본인 『牖蒙千字』 권1, 2, 3의 존재와 그 문체이다.[11] 『牖蒙千字』는 게일이 한국 아동의 교육에 사용할 목적으로[12] 편찬한 일종의 국한혼용문 독본인데,[13] 『牖蒙千字』가 간행된 시기 및 그 문체를 고려하면 두 유형의 국한혼용문 성경의 편찬 및 후대 전승 과정과 관련해서 시사하는 바가 크다. 우선 『牖蒙千字』 권1, 2, 3의 첫부분을 예시하고 논의를 진행하기로 한다.[14]

(10) ㄱ. 地球는 우리 居處하는 데니 물과 흙이 合하야 된 거신데 地面 四分의 三은 물이오 四分의 一은 흙이라 녯적에는 모지다 하엿스나 時方은 둥글다 하나니라 이 地球는 한 둥근덩이가 단단히 뭉처서 堅固하게 된 物件으로서 晝夜 쉬지 안코 돌매 晝夜가 밧괴여 유롭과 아머리가 兒孩가 夕飯을 먹을 제 우리 大韓 兒孩는 朝飯을 먹나니 이 世上 智識이 녯날 生覺보다 勝하도다 (『牖蒙千字』 권1(1903) 제1과. 띄어쓰기 필자)

ㄴ. 余가 가이로에 在할 時에 東洋 古書를 多得하여 閱覽하더니 其中에 一卷 冊子를 見한 則 머사ㅣ라 하는 者의 現夢이라 滋味가 有하기로 飜譯하여 記載하노라 其言에 曰 五月初日은 우리 先祖의 規例를 依하여 恪勤이 守할 節日이기로 早朝에 起하여 洗漱하고 祈禱한 後에 빽쌋이라 하는 高山에 登座하여 祈禱하랴 할새 思想이 一定치 못하여 精神이 散亂하거늘 (『牖蒙千字』 권2(1904) 제1과. 띄어쓰기 필자)

ㄷ. 本港之茶會中 商은 一不參議ᄒᆞ고 各自以肥己之心으로 來囑植民

---

11 『牖蒙千字』의 문체가 지니는 의미에 대해서는 발표회에서 토론을 맡아 주신 이상현 선생님의 논의에서 시사받은 바 크다. 이 자리를 빌어 감사의 마음을 전한다.

12 『牖蒙千字』의 편찬 목적에 대해서는 외국인을 위한 한국어 독본으로 보는 견해도 있지만, 한문 교과서 혹은 한국 아동을 위한 독본으로 보는 것이 합리적일 것이다. 권1, 권2의 서문에 한국 아동을 위해 만든 것이라고 분명히 서술하고 있기 때문이다. 『牖蒙千字』에 대한 연구가 이 글의 목적은 아니므로 더 이상 논의하지 않는다.

13 『牖蒙千字』의 제4권에 해당하는 『牖蒙續編』은 제1과의 '홍범'을 제외하고는 모두 한문으로 구성되어 있다.

14 『牖蒙千字』 권1, 2, 3은 국립중앙도서관의 자료를 참조하였다.

曰 如此還送은 不可輕佻이니 更加深量ᄒᆞ야 以俟下回가 如何如何오 有一提議者ㅣ 從中忿然曰 姑依其言ᄒᆞ야 嚴守其船이 可也ㅣ라 (『牖蒙千字』 권3(1905). 띄어쓰기 필자)

(10ㄱ)의 국한혼용문은 '簡易鮮漢文 舊譯' 계열의 국한혼용문과 같은 방식으로 만들어진 것이고, (10ㄴ)의 국한혼용문은 '新約全書 국한문' 계열의 국한혼용문과 같은 방식이다. (10ㄷ)은 한문 문장을 분할하여 조사와 어미만을 첨가한 문장이다.

게일은 잘 알려진 대로 19세기 말부터 국한혼용문 성경의 필요성을 설파하고 결국 『新約全書 국한문』(1906)을 만드는 데에 적극적으로 관여했던 인물이다.[15] 그런데 게일은 그의 저서에서 '簡易鮮漢文 舊譯' 계열의 국한혼용문체의 국한혼용문이 가능함을 보였다. 1903년에 간행된 『牖蒙千字』 권일의 예문 (10ㄱ)이 그것이다. 그러나 그의 주도 하에 간행된 『新約全書 국한문』은 예문 (10ㄴ)과 같은 형식의 국한혼용문을 사용하였다. 여기에는 무슨 까닭이 있는 것일까?

초기의 국한혼용문 성경 편찬과 간행은 기본적으로 학자와 상류층을 위한 것이었다. '하나님께서 학자들과 상류층의 생각을 기독교로 돌아오게 하시는데 이는 이전에 없었던 일'이라든가 '번역자회 위원들의 직접적인 감독하에 국한문 혼용으로 쓰여졌으므로 이들 계층들에게 복음을 전할 최상의 도구가 적절한 때에 준비된 것'이라는 혼용본 위원회 보고서의 기술이(cf. 이만열·옥성득, 2007:264) 이를 잘 보여준다. 이에 비해서 『簡易鮮漢文 新約全書』(1913)는 학생들을 위하여 만든 것이다.[16] 10년이 채 지나지 않아서 국한혼용문 성경의 수요자가 바뀐 것

---

15 cf. 이만열·옥성득(2007:146-151·263-264)

16 『閔休先生實記』에 이와 관련된 기록이 있다. "一九三一年(一九一三年의 誤植 : 필자)에는 洪淳倬 牧師의 努力으로 簡易鮮漢文의 新約이 五號字로 發行되니 이는 學生들의 需用을 特爲한 것으로 各地에서 多數히 供給되엿다"(양주삼·정태웅 편, 1937:33)

이다. 4장에서 보인 바와 같이 두 유형의 국한혼용문 성경 중에서 '簡易鮮漢文 舊譯' 계열의 국한혼용문 성경이 오늘날의 국한혼용문 성경으로 이어지는 것도 이러한 사회·문화적 변화와 무관하지 않다고 보아야 할 것이다. 한문의 자장 안에서 문어 생활을 영위하기 바라던 학자 및 상류층을 위한 국한혼용문에서 한문 문식력은 가지지 못했으나 한글 전용보다 가독성이 높은 일반인을 위한 국한혼용문으로의 이행, 이것이 『簡易鮮漢文 新約全書』에서 『簡易鮮漢文 新約全書 改譯』(1940)으로 이어지는 국한혼용문 성경의 정착 과정의 사회·문화적 배경으로 해석된다.

## 6. 개화기 그리고 국한혼용문 성경

개신교 유입의 초기에 한국어 성경은 한글 전용으로 번역되었다. 그러나 곧 이 국문 성경은 국한혼용문으로 교작(交作)된다. 국문이 국한혼용문이 되는 과정에서 두 유형의 국한혼용문 성경이 만들어졌다. 살펴보았듯이, 고유어나 고유어 구문을 한자어로 표현하는 '다시 쓰기'와 한글로 표기된 한자어를 한자로 바꾸기만 하는 '바꿔 쓰기' 방식에 의해 두 유형의 국한혼용문이 만들어졌다.

나의 입장은 『新約全書 국한문』(1906) → 『簡易鮮漢文 新約全書』(1913)가 보여주는 문체의 변화와 국한혼용문 성경의 정착 과정은 돌연한 것도 아니지만, 그렇다고 해서 전자를 후자로 변환한 것으로 볼 수도 없다는 것이다. 양자의 국한혼용문은 본질적으로 그 성격이 다르다고 보아야 할 것이기 때문이다. 『新約全書 국한문』의 국한혼용문은 한문 문법의 영향을 벗어나지 못한 특징들을 보인다. 이에 비해서 『簡易鮮漢文 新約全書』의 국한혼용문은 좀 더 자연스러운데, 모든 실사를 한자로 표현한다는 태도에서 벗어났기 때문이다. 이러한 국한혼용문 성경의 정착 과정은 현대 한국어의 문체 형성 과정의 한 전범을 보여주는 것으로, 국문 성경이 개화기의 한글 보급에 큰 영향을 주었다면, '簡易鮮漢文 舊譯' 계열의 국한혼용문 성경의 보급은 『簡易鮮漢文 新約全書』의 방식의 국한혼용문이 현대 한국어 문체로 자리잡는 데에 큰 영향을 주었다고 볼 수 있다. 1910년대는 일제의 무단정치가 실시되던 시기로, 일본에서 간행된 몇몇 잡지와 조선총독부 기관지의 역할을 담당했던 『매일신보』를 제외하고는 변변한 대중매체를 보기 힘든 시기였다. 아울러 일부 활자본 고소설과 단행본류가 간행되기는 하였지만, 문어 생활에 미친 영향이 성경만큼 큰 예는 찾기 어렵기 때문이다.

8장

# 국어사적 연구 대상으로서의 한국어 번역 성경의 의의

## 1. 문체 혼돈기의 한국어 번역 성경

개신교에서 간행한 한국어 번역 성경은 최초의 전서(全書)인 『예수셩교젼셔』(1887) 이후로 개정이 아닌 새로운 번역 성경만도 20여 종에 달하는 방대한 자료이다. 게다가 중역이든 의역이든 직역이든 성경은 궁극적으로 동일한 원문에 대한 번역이기 때문에 번역이 달라진 부분이 있다고 하더라도 기본적으로 같은 내용을 전달하고 있어 개화기 이후 120여 년 동안의 어휘의 의미와 용법의 변화를 살피는 데에 유용한 자료이다. 즉, 공시적으로나 통시적으로 번역본들 사이의 대비 연구에 적절한 조건을 갖추고 있는 자료이다.

성경 자료가 국어학적 혹은 국어사적으로 다루어져야 하는 이유는 ① 초기 번역 성경[1]에 쓰인 어휘의 종류 및 의미와 용법이 현대의 성경과 상당히 다르다는 점, 그러면서도 현대 한국어 성경에서 확인되는 어색한 표현들이 이전 시기의 번역의 영향일 가능성이 크다는 점 ② 한국어 어휘 연구에서 개화기 어휘에 대한 연구가 상대적으로 부족하다는 점[2] ③ 인명·지명 등 외래어의 수입 및 정착과 관련하여 한국에서의 외래어 표기법이 어떻게 시작되고 정착되었는지를 밝히는 데에 중요한 몫을 차지하게 될 것이라는 점 때문이다. 한국어 번역 성경 자료

1 초기 번역 성경이란 성서공회 개역본인 『셩경젼셔 개역』(1938) 이전에 출판된 한국어 번역 성경들을 일컫는다. 『예수셩교젼셔』(1887), 『신약젼셔』(1900, 1904, 1906), 『新約全書 국한문』(1906), 『簡易 鮮漢文 新約全書』(1913), 게일역본 『新譯舊新約全書』(1925) 등이 대표적인 예이다.

2 가장 대표적인 국어 사전인 국립국어원 간행의 『표준국어대사전』에도 『예슈셩교젼셔』(1887)에 쓰인 '갈또(옆구리), 능간(권세), 마암(마음), 오맘(어머니), 젼약(저녁), 구만두다(그만두다), 더지우다/더지오다(던지우다), 잃다(잃다)' 등 상당히 흔히 쓰이는 평안도 방언을 반영한 단어들이 실리지 않은 것을 확인할 수 있었다. 『표준국어대사전』은 고어나 방언을 상당히 많이 싣고 있는 바, 이들 『예수셩교젼셔』에 쓰인 단어들이 표제항으로 실리지 않은 것은 최초의 번역 성경에 실린 단어들조차 제대로 정리된 적이 없었기 때문인 것으로 보인다.

에 대한 통시적 연구를 통해 초기 번역 성경이 후대 성경 번역에 얼마나 어떤 영향을 주었는지를 살피고, 초기 번역 성경의 어휘의 용법을 같은 시기의 다른 문헌(신문, 잡지, 교과서, 문학 작품 등)에 쓰인 의미 및 용법과 대비하여 성경에 쓰인 어휘의 보편성과 특수성을 밝혀야 할 것이다. 이를 위하여 어절 단위 대비를 통하여 외국어 표기 및 어휘 변화를 살필 것이며 성경의 장절 대비 DB를 통하여 번역본별 문장 구조를 대조적 방법으로 고찰한다. 지금까지 한국어 번역 성경에 대한 국어학적 혹은 국어사적 연구가 대부분 국문 성경[3]에 한정되어 있었다.[4] 국한혼용문 성경에 대한 연구가 상대적으로 적은데,[5] 국한혼용문 번역 성경은 일반적인 개화기의 국한혼용문과는 다른 방식으로 만들어졌다는 사실에 주목해야 한다. 한문을 언해한 국한혼용문이거나 처음부터 국한혼용문으로 집필이 된 것이 아니라, 국문 성경을 저본으로

---

3 한글 번역 성경의 효시에 대해서는 로마 천주교와 개신교의 입장이 다르다. 천주교회는 최창현(1790~1800)이 한문으로 된 『聖經廣益』과 『聖經直解』를 재편집한 필사본 『성경직해광익』을 효시로 보고, 개신교는 1882년 3월 스코틀랜드 연합장로회 소속 선교사 John Ross가 John Macintyre와 함께 만주 심양에서 출판한 『예수셩교 누가복음젼셔』를 효시로 본다.

4 한국에 개신교 선교사들이 들어오기 시작할 때, 동아시아 선교의 경험이 없었던 당시 선교사들은 중국 산둥성(山東省)에서 선교하던 미국 북장로회 선교부 소속의 John L. Nevius 목사의 선교 정책(Nevius Mission Plan)에 의거하여 한국 선교의 방향을 수립하였다. 그 안에는 ① 사람을 회개시키는 것은 하나님의 말씀이므로 좋은 성경 번역이 중요하고도 시급한 과제이다 ② 모든 기독교 서적이나 출판물은 한문을 쓰지 않고 한글로만 쓰도록 한다는 세부 정책이 포함되어 있었기 때문에 한국에서의 초기 성경 번역이 국문으로 시도되었고, 많은 성경 번역과 기독교 문서 활동을 위해 한글에 대한 연구물과 사전들이 만들어졌다. 그러나 곧 현지에서는 국문의 보급이 현실적이지 못하다는 것을 깨닫고 국한혼용문 성경 작업을 진행하게 된다.

5 100편이 넘는 성경 관련 국어학 연구 중에서 한자 혹은 한문과 관련된 주제를 다룬 것은 김봉희(1987), 박찬욱(1988)과 히로다카시(2006) 정도이다. 김봉희(1987)는 서지학적으로 기독교 문서 간행사를 다루며 이수정, 언더우드, 게일, 펜윅의 국한혼용문 성경을 거론하여 그 중요성을 부각시켰고, 박찬욱(1988)은 한문 성경을 다루었고, 히로다카시(2006)는 『新約全書 국한문』(1906)의 저본을 확인하려 하였다. 그러나 이들의 연구는 국한혼용문의 국어사적 연구와는 거리가 먼 것들이다.

하여 한자어화하는 방식으로 만들어졌다는 것이다.

『新約全書 국한문』(1906)은 최초의 공인역(公認譯) 전서(全書)인 『신약젼셔』(1906)을 저본으로 한자어화한 것이다. 『신약젼셔』의 번역은 게일이 번역자회의 회원일 때 착수되었으나 점차 게일의 뜻과 맞지 않는 방향으로 전개되었고, 1922년 3월 구역을 개역하는 과정에서 게일은 번역자회를 떠나[6] 개인적인 한국어 번역 성경을 발행한다. 게일은 자연스러운 국한혼용문 성경을 지향하였기 때문에 『신약젼셔』를 저본으로 한 『新約全書 국한문』과 『奇一 新譯 新舊約全書』(1925)를 대비하는 것은 극명한 차이를 드러내는 당대의 국한혼용문을 대조하는 것으로서 20세기 초의 국한혼용문의 유형을 파악하는 데에 이바지하게 될 것이다.

구체적으로는 마가복음과 마태복음을 중심으로 살필 것인데, 까닭은 『Rules and by laws』(1891)에 제시된 선교사들의 '한국어 학습 과정'의 기본에 '마가복음, 마태복음 번역하기와 오륜행실 읽기, 한자 학습' 등이 명시되어 있기 때문이다. 한국어 학습 단계에서부터 읽고, 번역하며 문장 구조를 파악하고 단어의 뜻을 헤아리는 영역이었으므로 한국어 번역 성경이 완성되는 단계에서도 가장 완성도 있게 번역되었으리라고 판단하였다.

연구 방법에 있어서, 성경의 원전은 장과 절로 구분되어 있어 상대적으로 데이터베이스화가 수월하다. 번역 성경 텍스트를 성경의 장, 절 구분에 따라 전자텍스트화한(〈그림 1〉) 후, 본문의 대조가 용이한 형태로 정렬하여, 정렬된 텍스트를 에디터와 문맥 색인 도구를 이용하

6 게일이 번역자회의 회장을 맡은 것은 언더우드가 소천(1916)한 이후이며, 게일의 뜻과 맞지 않은 일들은 신약 번역의 문제가 아니고 구역을 개역하는 과정에서였고, 게일이 번역자회를 떠난 것은 1922년 3월의 일이었음을 지적하여 주신 심사자께 지면을 빌어 감사의 마음을 전한다.

여 단어의 대응 양상을 일목요연하게 파악할 수 있는 형태로 가공하여 살펴보았다.

```
<190601마태03:07a> 바리시 教人과 사두기 教人이 洗禮를 受ᄒᆞ러 多來흠을 見ᄒᆞ고 謂ᄒᆞ야 曰 毒蛇
<190601마태03:07b> 바리시 교인과 사두기 교인이 세례를 밧으러 만히옴을 보고 닐너 ᄀᆞᆯᄋᆞᄃᆡ 독샤
<190601마태03:08a> 然ᄒᆞᆫ 故로 悔改흠에 合當ᄒᆞᆫ 實果를 結ᄒᆞ고
<190601마태03:08b> 그런 고로 회기흠에 합당ᄒᆞᆫ 열ᄆᆡ를 ᄆᆡᆺ고
<190601마태03:09a> 心에 思ᄒᆞ기를 아브라함이 我等의 祖上이라 ᄒᆞ지 말나 我가 爾等의게 謂ᄒᆞ노니
<190601마태03:09b> ᄆᆞᄋᆞᆷ에 ᄉᆡᆼ각ᄒᆞ기를 아브라함이 우리 조샹이라 ᄒᆞ지 말나 내가 너희게 닐ᄋᆞ노니
<190601마태03:10a> 今에 斧를 樹根에 置ᄒᆞ엿스니 善果를 結치 아니ᄒᆞᄂᆞᆫ 樹ᄂᆞᆫ 盡斫ᄒᆞ야 火에 投ᄒᆞ
<190601마태03:10b> 이제 독긔를 나무ᄲᅮ리에 노핫스니 됴흔열ᄆᆡ ᄆᆡᆺ지 아니ᄒᆞᄂᆞᆫ 나무는 다ᄶᅵᆨ어 불에
<190601마태03:11a> 我ᄂᆞᆫ 水로 洗禮를 施ᄒᆞ야 爾等으로 悔改케 ᄒᆞ거니와 我 後에 來ᄒᆞ시ᄂᆞᆫ 者ᄂᆞᆫ 我
<190601마태03:11b> 나는 물노 셰례를 주어 너희로 회기ᄒᆞ게 ᄒᆞ거니와 내 뒤에 오시ᄂᆞᆫ 이는 나보다
<190601마태03:12a> 手에 箕를 擧ᄒᆞ고 打穀場을 淨케 ᄒᆞ샤 正穀은 收ᄒᆞ야 庫間에 入ᄒᆞ고 粃穅은 滅
<190601마태03:12b> 손에 키를 들고 타작마당을 졍ᄒᆞ게 ᄒᆞ샤 알곡은 모화 곡간에 드리고 쭉졍이는
<190601마태03:13a> 此 時에 예수가 갈닐니로셔 요단江에 至ᄒᆞ야 요한의게 洗禮를 受ᄒᆞ려 ᄒᆞ신ᄃᆡ
<190601마태03:13b> 이 ᄯᅢ에 예수가 갈닐니로셔 요단강에 니르러 요한의게 셰례를 밧으려 ᄒᆞ신ᄃᆡ
<190601마태03:14a> 요한이 辭ᄒᆞ야 曰 我가 맛당히 君의게 洗禮를 受ᄒᆞᆯ 터인ᄃᆡ 君이 我의게 來ᄒᆞ시
<190601마태03:14b> 요한이 ᄉᆞ양ᄒᆞ야 ᄀᆞᆯᄋᆞᄃᆡ 내가 맛당히 그ᄃᆡ의게 셰례를 밧을 터인ᄃᆡ 그ᄃᆡ가 내
<190601마태03:15a> 예수ㅣ 答ᄒᆞ야 曰 今에 許ᄒᆞ라 我等이 如此히 諸義를 行ᄒᆞᄂᆞᆫ 거시 合當ᄒᆞ니라
```

<그림 1> 본문 대비용 DB

〈그림 1〉과 같이 성경 DB는 전체적으로 문장-구절-어절 단위의 대조·분석이 수월하게 구성되어 있다. 다만 게일 번역본은 공인역 성경들과 다른 부분이 많아 대응 관계가 규칙적이지 않아 내용별 분절 작업을 통해 별도의 DB로 정리한 후 대조 자료를 만들어 사용하였다.

또, 성경 간행사를 검토해 보면 개정판이 출간된 이후에도 이전의 판본이 그대로 간행된다든가, 같은 시기에 다른 판본이 간행되는 것들을 확인할 수 있는데, 그 구체적인 실상과 함께 그렇게 다양하게 간행하게 된 까닭이 무엇인지, 그것들의 차이는 무엇인지를 규명해야 한다. 현대 한국어 번역 성경들도 마찬가지로 다양한 번역본과 판본들이 활용되고 있기 때문이다. 『신약젼셔』, 『新約全書 국한문』과 『奇一 新譯 新舊約全書』도 같은 시대에 다른 취지로 간행되어 다른 독자층을 형성했던 번역본들이기에 이번 연구를 통해 이 문제에 접근할 수 있다.

## 2. 선행 연구 동향

초기 번역 성경을 포괄적으로 다룬 국어학적 연구의 대표적인 예로는 정길남(1987, 1992)을 들 수 있다. 19세기 말~20세기 초에 간행된 초기 번역 성경을 대상으로 한 것인데, 정길남(1987)은 표기법과 문법 형태를 다루었고, 정길남(1992)은 음운 현상[7]과 조사, 어미를 다루었다. 번역 성경을 대상으로 한 연구는 특히 개화기 문체와 어휘 연구에 대한 연구가 많다. 개화기가 '오랫동안 쓰여 왔던 한문 직역투 문체'에서 '한글 구어체 문체'로의 변화 속에서 여러 유형의 문체가 경쟁을 벌이던 시기였으므로 국어사 기술을 위한 개화기의 문체 연구는 오랫동안 중요하게 조명되어 왔던 부문이다. 번역 문체를 다룬 것으로는 김영덕(1969, 1971), 김동언(2003), 김성은(2009) 등을 들 수 있다.[8] 특히 김성은(2009)은 게일[9]의 번역 문체[10]를 연구하였는데, 한자 문화권의 근대어 성립과 발전의 관점에서, 즉 '한자와 한글', '한자와 가나'라는 언어의 이중 구조 속에서 근대어 및 근대 문체 성립의 문제를 안고 있었던 한국과 일본을 대비하여 꼼꼼히 살펴보았다. 그러나 『텬로력뎡(天路歷程)』(1895)의 연구에 국한되어 게일의 번역 성경은 다루지 않았다.

지금까지의 한국어 번역 성경에 대한 어휘론적 연구가 지니고 있는 문제점은 다음과 같이 정리할 수 있다. ① 하나의 번역 성경을 대상으로 한 연구에서도 본문 전체를 대상으로 한 어휘 검토가 이루어진 적

---

7 이 이외에 음운론적 접근을 보인 것으로 최명옥(1985, 1994)을 들 수 있으며, 송민(1973)은 천주교 자료를 대상으로 음운과 어휘를 다루었다.

8 류대영 외(1994)는 게일의 연례 보고서 및 밀러 서신을 인용하여 개역 성경 번역을 둘러싼 번역 이론 논쟁을 구체적으로 소개하였는데 이로써 게일의 번역 문체가 연구자들에게 주목받기 시작하였다.

9 영국성서공회에서 逐字譯의 원칙을 시달한 상황에서 게일은 한국어풍의 번역문체, 즉 한국인들의 이해를 돕는 방향으로의 성경의 의역의 필요성을 강조한 선교사이다.

10 번역 문체 연구 중에는 게일역의 『텬로력뎡(天路歷程)』을 대상으로 한 것이 많다. 그러나 게일의 문체에 대한 연구에서는 그가 주도하여 번역한 『新譯 新舊約全書』(1925)에 대한 연구가 필요한 것으로 판단된다.

이 없다. 복음서, 전도서 등의 일부분만을 검토해 왔기 때문에 어휘의 활용, 어휘 의미의 변화 등에 관한 전면적이고 본격적인 연구가 진행되지 못한 상황이다. 이는 점진적으로 대비 연구의 영역을 확장해 나가며 해결해야 할 문제이다. ② 어휘 변화에 대한 통시적 연구가 거의 없다. 현대의 새로운 번역 성경이 출간되면 그것을 대상으로 그 이전의 것들과 대조한 연구는 있지만, 19세기 중엽에서 20세기 말에 이르기까지의 성경에서 구체적 개별 어휘들이 어떻게 교체되었고, 현대 한국어 성경에 어떤 흔적을 남겼는지에 대한 연구는 찾아보기 힘들다. ③ 어휘의 용법을 구체적으로 검토한 연구가 드물다. 어떤 어휘의 용법이 성경 특유의 용법인지 아니면 그 시기의 일반적인 용법인지가 제대로 밝혀진 것이 없는 것이다. 이에 나는 구축한 '번역 성경 데이터베이스'와 '성경 어휘사 데이터베이스'를 활용하여 포괄적인 성경 어휘사 연구의 기반을 다지는 한 형태를 보이고자 한다.

동양 삼국에서의 초기 성경 번역 작업은 대부분 중역(重譯)이었다. 또, 일본이나 중국으로 파견되어 성경 번역을 주도한 선교사들은 모두 일단 중국에서 선교를 위한 기초 훈련을 받은 후에 조선이나 일본으로 부임했다. 물론 한국이나 일본의 지식인들이 한문 성경에 대한 해독 능력을 가지고 있었던 점도 중국어 성경을 중역의 일차적 저본으로 삼았던 배경이 되었겠지만, 중국에서의 선교 교육 과정을 거쳐 한국이나 일본으로 파견되는 선교사 파견의 절차 역시 삼국이 한자 문화권이라는 사실 못지않게 삼국의 성경 번역 과정과 관련이 있는 것으로 볼 수 있다.[11] 한국에서의 초기 번역과 선교 방법의 조언자 역할을 담당했던 John L. Nevius & John Ross의 선교 정책이나 번역 결과물들을 더

11 중국어 성경 번역도 원문을 보았다는 사례들이 있어 중역이라고 단선적으로 말하기 어렵고, 한국어 성경 번역도 최종 번역문의 결정은 원문 대조 검토에 따라 이루어졌기 때문에 중국어 번역본의 중역이라고 단언하기는 어렵다.

들여다보아야 하는 이유가 여기에 있다.

국어사적으로 한국어 번역 성경에 대한 연구는 초기 성경 번역이 이루어지던 19세기 말~20세기 초가 한·중·일 삼국에서의 문자 생활의 재정비가 이루어졌던 시기라는 점도 중요한 의의를 갖는다. 중국의 경우는 성경이 번역되기 시작해서 40~50년이 지난 후에 백화체(官話) 성경이 간행되지만, 한국과 일본의 경우에는 처음부터 한자가 아닌 한글 혹은 가나를 이용한 성경이 간행되었다.[12] 자국 문자를 이용한 성경의 번역과 간행은 자국의 문자 체계나 문법 그리고 사전의 간행에도 영향을 주어 중국·일본·한국에서 성경을 번역하는 데에 힘을 쏟았던 모리슨, 헵번, 언더우드 세 사람이 사전을 편찬하기도 하였다.[13] 일본이나 한국의 성경 번역사는 서양 선교사들에 의해 먼저 번역된 중국어 성경을 한국과 일본에 파견된 선교사들이나 성경 번역자들이 참고하고 활용함으로써 시작된 것인데, 중국어 성경의 번역은 단순한 텍스트의 번역만이 아니었다. 성경 용어의 번역을 둘러싼 논쟁들에서도 알 수 있듯, 서양적 사고를 반영한 텍스트를 동양인들에게 어떻게 전달할 것인가 하는 문제가 제기되었고, 중국어로 번역된 용어를 한국이나 일본에서 수용할 때에도 같은 문제가 제기되었다. 따라서 삼국의 성경

---

12 물론 한국의 경우와 마찬가지로 일본에서도 가나 성경의 간행 후 얼마 지나지 않아 가나와 한자를 함께 사용한 성경이 간행되며, 한국에서와는 달리 혼용문 성경이 주류가 된다. 이는 일본의 현대 표기 방식의 정착과 관련이 있다.

13 이들이 간행한 사전은 각각 『Robert Morrison : A dictionary of the Chinese language : in three parts』(1823, 전6권); Curts Hepburn, 『和英語林集成(1867)』; Underwood, 『A Concise Dictionary of Korean Language』(1890, 한영·영한자전)이다. 각 사전의 간행 시기는 다르지만, 편찬자가 성경 번역에 필요하다고 판단하여 편찬했다는 공통점이 있다. 선교사들이 그 나라의 언어를 이해하기 위하여 편찬한 사전이나 문법서는 동양으로 파견되는 선교사들의 교육 과정과 함께 검토되어야 할 과제이다. 캐나다 토론토 대학교의 게일의 논저 자료나 예일 대학교 도서관의 디지털 자료실(http://findit.library.yale.edu/)의 기록을 통해 선교사들의 한국어 학습 과정을 살펴볼 수 있다.

번역 과정에 대한 연구는 한·중·일 세 나라의 해당 시기의 지식 교섭사의 중요한 한 부분을 차지하게 되는 것이다. 성경에 등장하는 'Jesus-耶穌-예수', 'olive-甘藍나무', 'flute-organ-風琴-피리' 등과 같은 외국어의 정착 문제도 이와 관련된다.

## 3. 국문 성경과 국한혼용문 성경

설명하였듯이 19세기 말 조선의 개신교는 Nevius Mission Plan에 의거해 국문 성경 사업에 주력하였다. 그러나 현지에서의 신문이나 간행되고 읽히는 책을 보았을 때, 글을 읽는 사람들이 국한혼용문을 선호하는 상황으로 여겨졌기 때문에[14] 성서공회의 반대에도 불구하고 국한혼용문 성경이 간행되었다. 김영민(2009:407)에서 밝히고 있듯, 이 시기의 국문과 국한혼용문은 어떤 독자를 상정하는가에 따라 결정된 것으로, 시대의 요구에 부응한 결과물이었던 것이다. 이런 관점에서 본다면 이 시기는 국문 성경과 국한혼용문 성경의 독자가 나뉘어 있고, 독자별 다른 성경이 공존하던 시기였음을 추정해 볼 수 있다.(류대영 외, 1994:82-83)

(1) ㄱ. 그런 고로 이러케 긔도 ᄒᆞ라 하늘에 계신 우리 아바지여 일홈의 거륵 ᄒᆞ심이 나타나옵시며
나라히 림ᄒᆞ옵시며 ᄯᅳᆺ이 하늘에셔 처럼 ᄯᅡ헤셔도 일우여 지이다

14 다음은 류대영 외(1994:84)에 소개된 '언더우드가 BFBS에 혼용본 인쇄를 요청한 편지의 일부(1903.12.23)'의 내용이다. "현재 관리들과 중산 계급은 거의 혼용체를 사용하고 있습니다. 한국에서 가장 많이 발행되는 신문이 혼용체이고, 한국 정부의 공문서도 대부분 혼용체이며, 학무국에서 발행되는 거의 모든 문서가 혼용체인데 예외적으로 성경만 국문으로 발행됩니다."

오늘날 우리의게 일용홀 량식 주옵시고
우리죄룰 면ᄒᆞ여 주옵쇼셔 우리도 우리게 죄지은 사룸을 면ᄒᆞ여 주엇ᄉᆞ옵ᄂᆞ니다
우리룰 시험에 들지말게 ᄒᆞ옵시고 다만 악에셔 구ᄒᆞ옵쇼셔 대개 나라와 권셰와 영광이 아바지끠 영원이 잇ᄉᆞ옵ᄂᆞ니다 아멘 〈1900시험역마태06:09-13〉

ㄴ. 그런 고로 이러케 긔도ᄒᆞ라 하놀에 계신 우리 아바지여 일홈을 거륵ᄒᆞ게 ᄒᆞ옵시며
나라히 림ᄒᆞ옵시며 뜻이 하놀에셔 일운 것ᄀᆞᆺ치 짜에셔도 일우어 지이다
오늘날 우리의게 일용홀 량식을 주옵시고
우리가 우리의게 죄 지은 쟈를 샤ᄒᆞ야 준 것ᄀᆞᆺ치 우리 죄를 샤ᄒᆞ야 주옵쇼셔
우리를 시험에 들지 말게 ᄒᆞ옵시고 다만 악에셔 구ᄒᆞ옵쇼셔 대개 나라와 권셰와 영광이 아바지끠 영원히 잇ᄉᆞ옵ᄂᆞ이다 아멘 〈1906공인역〉

ㄷ. 然ᄒᆞᆫ 故로 如此히 祈禱ᄒᆞ라 天에 在ᄒᆞ신 我等의 父여 名을 聖ᄒᆞ게 ᄒᆞ옵시며
國이 臨ᄒᆞ옵시며 旨가 天에셔 成ᄒᆞᆫ 것ᄀᆞᆺ치 地에셔도 成ᄒᆞ여지이다
今日 我等의게 日用홀 糧食을 賜ᄒᆞ옵시고
我等이 我等의게 罪를 得ᄒᆞᆫ 者를 赦ᄒᆞ야 준 것ᄀᆞᆺ치 我等의 罪를 赦ᄒᆞ야 주옵시고
我等을 試驗에 入ᄒᆞ지 말게 ᄒᆞ옵시고 다만 惡에셔 救ᄒᆞ옵쇼셔 大槩 國과 權勢와 榮光이 父끠 永遠이 有ᄒᆞ옵ᄂᆞ니다 아멘 〈1906국한문〉

ㄹ. 그런 故로 이러케 祈禱하라 하날에 계신 우리 아바지여 일홈을 거륵하게 하옵시며
나라가 臨하옵시며 뜻이 하날에셔 일운 것갓치 짜에셔도 일우어 지이다
오날날 우리의게 日用할 糧食을 주옵시고

우리가 우리의게 罪 지은 者를 赦하야 준 것갓치 우리 罪를 赦하야 주옵시고
우리를 試驗에 들지 말게 하옵시고 다만 惡에셔 救하옵쇼셔 大槩 나라와 權勢와 榮光이 아바지씌 永遠히 잇사옵나이다 아멘 〈1913/36·1935간이선한문〉

ㅁ. 그런 故로 祈禱ᄒᆞ기를 하늘에 계신 우리 아바지여 일홈이 거룩ᄒᆞ옵시며
나라이 臨ᄒᆞ옵시며[15] 뜻이 하늘에셔 일음ᄀᆞᆺ치 따에셔도 일우어지이다
오ᄂᆞᆯ날 우리의게 日用ᄒᆞᆯ 糧食을 주옵시고
우리가 우리의게 罪 지은 者를 容恕ᄒᆞ야줌ᄀᆞᆺ치 우리 罪를 赦ᄒᆞ야 주옵시고
試驗에 들지 말게 ᄒᆞ옵시고 惡에셔 求ᄒᆞ옵쇼셔 나라와 權勢와 榮光이 아바지씌 永遠히 잇ᄂᆞ이다 아맨ᄒᆞ라 〈1925게일〉

『新約全書 국한문』(1906)은 漢字語化할 수 있는 모든 것을 한자어로 '다시 쓰기' 한 것이고, 『簡易 鮮漢文 新約聖書』는 한글로 표기된 한자어를 한자 표기로 '바꿔 쓰기'만 하는 방식으로[16] 만들어진 국한혼용문이다.[17] 간행 기록을 종합적으로 살펴보면 '簡易 鮮漢文 舊譯' 계열의 성

---

15 간이선한문 성경에서만 '나라가'로 조사 '가'를 쓰고 있고, 나머지 국문, 국한문 성경에서는 모두 '이'를 쓰고 있다. 현대 한국어 번역 성경에서도 개역개정과 공동 번역에서만 '아버지의 나라가 오게 하시며'로 번역하고 있다. (새 번역에서는 전혀 달리 '그 나라를 오게 하여 주시며'로, 1919년 펜윅 번역본에서의 '나라를 림ᄒᆞ시게 ᄒᆞ옵시며'와 같이 번역하고 있어 논외로 함) 간이선한문 성경에서 조사 '이'를 '가'로 교체한 것은 '나라ㅎ'의 'ㅎ'에 대한 인식 차이 때문이었던 것으로 보인다. 조사 '가'는 1900년 시험역본에서부터 확인되기 때문이다.

16 James Scarth Gale의 개인역본인 『新譯 新舊約全書』(1925)도 (1ㄹ)과 같은 간이선한문 계열의 국한혼용문으로 작성되었다고 볼 수 있다. 게일은 성서공회의 성경 번역 원칙이 조선의 언어 현실과 괴리가 있다고 판단하고, 번역자회의 회장직을 그만두고, 현지화된 언어로 개인역본을 추진하였고, 윤치호 등의 지원을 받아 간행하였다.

17 이와 같은 '한자어에서 유래한 말은 한자로 적고 외래어와 고유어는 한글로 적는다'라는 방식은 대한성서공회의 홈페이지에서도 이미 밝히고 있다. 다만, 당시에는 한자어 여

경이, 고유어까지도 한자어 표현으로 바꾸어 다시 쓴, 즉 가능하면 한자어를 많이 써서 집필한 '新約全書 국한문' 계열보다 더 많이 보급되었고, 더 많은 호응을 받았다는 것을 확인할 수 있다.(유경민, 2011ㄱ:277·289) 간이 선한문식 국한혼용문이 현대 국한혼용문의 모태와 관련될 것으로 보이는 까닭이 여기에 있다.

또, 국어사적으로 주목되는 점은 이 '簡易 鮮漢文 舊譯' 계열의 국한혼용문 쓰기 방식이 15·16세기의 언해문의 국한혼용문체와 유사하다는 것이다. 한문을 저본으로 언해한 국한혼용문과 국문을 저본으로 한 국한혼용문이 같은 형태로 확인되고, 그것이 정착되어 지금까지도 이어졌다는 것이다. 이는 그 유형이 가장 쉽고, 자연스러운 우리식 국한혼용문이었기 때문일 것이다.[18]

(2) ㄱ. 나라를 사랑ᄒᆞ는 者쟈ᄂᆞᆫ 사람의 도리를 守직히며 〈노동야학독본〉
ㄴ. 나라를 사랑ᄒᆞ는 者ᄂᆞᆫ 사람의 도리를 守며

(3) ㄱ. 爾의 盟誓ᄒᆞᆫ 거슬 반다시 主의 前에셔 守ᄒᆞ라 ᄒᆞ엿스나 〈1906국한문마태 05:33〉
ㄴ. 네 밍셰ᄒᆞᆫ 거슬 반ᄃᆞ시 쥬 압헤셔 직희라 ᄒᆞ엿스나 〈1906마태 05:33〉
ㄷ. 盟誓를 져ᄇᆞ리지 말고 主 안에셔 직히라 ᄒᆞ엿스나 〈1925게일〉

---

부를 판별할 기준이 될 만한 국어사전이 없었기 때문에 현대 한국어의 관점에서 볼 때 적절하지 않은 한자 표기들이 적지 않다.

**18** 중세국어 시기에 간행된 불경 언해는 한문을 해독하지 못하는 이들을 위한 것이다. 가능한 한 일반 독자가 알기 쉬운 어휘를 사용하는 것이 바람직하였을 것이고, 이는 불경 언해의 '단음절+ᄒᆞ-'형 용언의 비율이 유교 경전의 '단음절+ᄒᆞ-'형 용언의 비율보다 낮게 나타나는 현상을 통해서도 드러나는 것으로 설명하기도 한다.(한영균, 2008:245) 성경도 마찬가지로 가능한 한 많이 읽히도록, 독자가 이해하기 쉽도록 쓰고자 했던, 불경과 같은 목적의 책이기에 유사한 문체로 완성된 것으로 볼 수 있다.

(예2)를 집필한 유길준은 궁극적으로 국문으로 가기 위한 국한혼용문을 시도한 것이고,(김영민, 2009:414) (3ㄱ)의 국한혼용문 성경을 작성한 유성준은 국문을 잘 읽지 않는 한문 향유층을 위하여 한자를 문장의 주문자(主文字)처럼 표현하여 구사하였던 것이다. 그 결과 『新約全書 국한문』에서의 용언들은 모두 '한자어+ᄒᆞ-'나 '한자어+이-'의 형태로 표현된다. 『노동야학독본』과 『新約全書 국한문』 모두 국문을 국한혼용문으로 '다시 쓰기'하였기 때문에 역방향으로 보면 모두 한자의 훈독처럼 보이기도 한다. 그러나 한자어 뒤에 붙은 어미나 조사를 살펴보면 (예2)와 (예3)의 두 국한혼용문은 다른 면모가 드러난다. 유길준의 국한혼용문이 현대국어의 국한혼용문의 모태가 되었을 것으로 논의되기도 하지만 (예2)나 (3ㄱ)보다는 (3ㄷ)의 게일의 국한혼용문이 현대국어 문체에 더 가깝다는 것을 확인할 수 있다.

### 1) 한자어화의 원리

(1ㄷ)이 한자어화된, 다시 쓰기의 예이고, (1ㄹ)이 한자화된, 바꿔 쓰기의 예이다. 본절에서는 (1ㄷ)과 같은 한자어화의 원리를 살핀다.

첫째, 漢字 一音節마다 國文의 一意味가 대응되는 자유 결합(free com-bination)의 특성을 보인다. '맛나보->遇見ᄒᆞ-, 엿보->窺ᄒᆞ->窺視ᄒᆞ-, ᄇᆞ라보->望見ᄒᆞ-, 지나가->過去ᄒᆞ-, 도라가->歸去ᄒᆞ-, 올나가->上去ᄒᆞ-, 내려가->下去ᄒᆞ-, 드러가->入去ᄒᆞ-, 나가->出去ᄒᆞ-, 다려가->率去ᄒᆞ-, 건너가->渡去ᄒᆞ-, 도라오->歸來ᄒᆞ-, 나오->出來ᄒᆞ-' 등과 같은 예가 해당된다. 一音節(遇ᄒᆞ-, 窺ᄒᆞ-, 望ᄒᆞ-, 過ᄒᆞ-, 歸ᄒᆞ-, 渡ᄒᆞ-, 上ᄒᆞ-, 下ᄒᆞ-, 入ᄒᆞ-, 出ᄒᆞ-, 率ᄒᆞ-, 渡ᄒᆞ-)만으로도 나타낼 수 있는 의미를 『新約全書 국한문』 및 당대의 텍스트들에서는 '-去, -來' 등을 결합하여 각 글자의 의미를 살려 표현하였다. 이러한 한자어화 예들을 통하여 '一單語 一音節 漢字語化'의 원리를 추론해 볼 수 있다.

둘째, 국문의 2음절 한자어들이 국한문본에서 1음절 한자 표기어로 교체된 예이다. 한문 고전 강독에 익숙해 있던 識者層에 의한 漢文句 혹은 漢文語體로 쓰여졌다. '교만ᄒᆞ->驕ᄒᆞ-, ᄉᆞ모ᄒᆞ->慕ᄒᆞ-, 희미ᄒᆞ-> 迷ᄒᆞ-, ᄆᆡᆼ세ᄒᆞ->誓ᄒᆞ-, 도망ᄒᆞ->逃ᄒᆞ-, 비유ᄒᆞ->譬ᄒᆞ-, 시험ᄒᆞ->試ᄒᆞ-, 원망ᄒᆞ->怨ᄒᆞ-, 의지ᄒᆞ->依ᄒᆞ-, 의론ᄒᆞ->議ᄒᆞ-, 의심하->疑ᄒᆞ-, 증거ᄒᆞ->證ᄒᆞ-, 칙망ᄒᆞ-/ᄭᅮ짓->責ᄒᆞ-, 부탁ᄒᆞ->托ᄒᆞ-, 다ᄒᆡᆼᄒᆞ->幸ᄒᆞ-, 민망히>憫히' 등이 이에 해당한다.

### 2) 한자어화하지 않는 경우

語彙的 意味를 지니지 않는 요소는 漢字語化하지 않는다는 원칙은 국어사적으로 借字表記에서 文法 形態素를 音借字를 이용해 표기한 것과도 통한다. 국한문 성경의 한자어화 과정에서 한자어화되지 않은 예를 보면 대략 다음과 같다.

① 어휘적 의미가 뚜렷이 드러나지 않거나 문맥에 따라 해석되는 '대동사, 지시어' 등 ② 선행 요소와의 관계가 긴밀하여 그 자체만 따로 떼어 한자어화하기 어려운 보조용언, 인용 동사, 接辭類, 接辭化 過程의 명사, 連語 구성의 用言類, 句를 이루는 요소 ③ 한국어의 의미를 한자어화하기 어려운 간투사 ④ 虛辭類, 句動詞+虛辭 構成 ⑤ 否定語+(代)動詞 構成, 否定語+補助 用言 構成 ⑥ 특히 보조용언의 경우는 한자어화한 예가 확인되지 않는다.

(4) ㄱ. 起ᄒᆞ야 會堂에셔 出去ᄒᆞ샤 시몬의 家에 入去ᄒᆞ시니 시몬의 丈母가 甚ᄒᆞᆫ 熱病이 든지라 〈04:38〉

ㄴ. 該地에 크게 凶年이 든지라 〈15:14〉

ㄷ. 卽 其 時에 예수가 患者와 疾病과 惡鬼 들닌 人을 多醫ᄒᆞ시고 또 多 瞽를 見케 ᄒᆞ신지라 〈07:21〉

ㄹ. 父親이 諸僕의게 命ᄒᆞ야 第一 美服을 出ᄒᆞ여다가 被ᄒᆞ고 手에 指環을 ᄭᅵ우고 履를 신기고 〈15:22〉

ㅁ. 答ᄒᆞ야 曰 主人아 今年만 乊 容納ᄒᆞ쇼셔 我가 遍掘ᄒᆞ고 肥料를 주리니(거름을 주리니) 〈13:08〉

ㅂ. 禍가 有ᄒᆞᆯ진뎌 爾等 바리식 教人이여 爾等이 會堂에 高 座와 市에셔 問安 밧는 거슬 喜ᄒᆞᄂᆞᆫ도다 〈11:43〉

ㅅ. 誰던지 爾等을 待接지 아니ᄒᆞ거든 其 城에셔 離ᄒᆞᆯ 時에 爾等의 足에 塵도 拂去ᄒᆞ야 彼等의게 證據를 삼으라 ᄒᆞ시니 〈09:05〉

ㅇ. 맛참 ᄒᆞᆷᄭᅴ 飮食 잡수실 時에 餠을 持ᄒᆞ샤 祝謝ᄒᆞ시고 擘ᄒᆞ야 賜ᄒᆞ시매 〈24:30〉

국한문 성경에서는 특히 (예4)의 '病이 들-, 凶年이 들-, 疾病과 惡鬼 들-, 指環을 씨-, 履를 신-, 肥料를 주-, 問安 밧-, 證據를 삼-, 飮食 잡수시-'와 같이 고정된 표현에서의 동사를 한자어화하지 않는다. '-히 녁이-, -게 녁이-, -로 녁이-'와 같이 고정된 구문의 동사도 한자어화하지 않은 것으로 파악된다.

그러나 전체적으로는 한자어화 및 비한자어화가 일률적이지 않은 특징을 갖는다. 이는 한자어화의 기본 원리가 있었다고는 하나 현실적으로는 한문 향유층인 내국인과 중국어 성경을 참조하는 선교사 및 한국인 조력자들의 논의 속에서 자의적으로 한자어화가 이루어졌기 때문인 것으로 보인다.

## 4. 문장 구조의 대비

다른 번역본들이 문장의 길이, 어절 수까지 성경 원문과 맞추기 위해 어색하고 잉여적인 요소가 많은 한국어 번역문을 만들었던 반면 게일역본은 번역문에서 형식적인 요소들을 빼고 자연스럽고 일상적인 문장을 쓰고자 했음을 확인할 수 있다.

(5) ㄱ. 동침치 안코 아달을 나으메 밋처 일홈을 칭ᄒᆞ여 예수라 ᄒᆞ다라 〈1887마태01:25〉

ㄴ. 아돌 낫키ᄭᅡ지 안히로 알지 아니ᄒᆞ고 일홈을 예수ㅣ라 ᄒᆞ엿ᄂᆞ니라 〈1900시험역〉

ㄷ. 동침ᄒᆞ지 아니ᄒᆞ고 아돌을 나흐매 일홈을 예수ㅣ라 ᄒᆞ니라 〈1904임시역〉

ㄹ. 아돌을 낫키ᄭᅡ지 동침치 아니ᄒᆞ더니 나흐매 일홈을 예수라 ᄒᆞ니라 〈1906공인역〉

ㅁ. 子를 生ᄒᆞ기ᄭᅡ지 同寢치 아니ᄒᆞ더니 生ᄒᆞ매 名을 예수라 ᄒᆞ니라 〈1906국한문〉

ㅂ. 同寢치 아니ᄒᆞ더니 아돌을 나흐매 일흠을 예수라 ᄒᆞ니라 〈1925게일〉

(6) ㄱ. 야곱은 마리아의 夫 요셉을 生ᄒᆞ엿스니 그리스도라 ᄒᆞᄂᆞᆫ 예수가 마리아의게셔 誕生ᄒᆞ시니라 〈1906국한문마태01:16〉

ㄴ. 야곱은 마리아의 남편 요셉을 나핫스며 이 마리아의게셔 그리스도라 ᄒᆞᄂᆞᆫ 예수ㅣ 誕生ᄒᆞ시니 〈1925게일〉

(예5)를 보면 게일역본이 로스본(1887)과 유사하다. 로스는 한국인 조력자들의 도움으로 번역문을 썼다는 사실과 한국어와 한국 문학에 관심이 많았고 가장 한국스러운 한국어를 구사하기 위해 게일이 애썼다는 사실을 생각해 보면 당연한 결과이기도 하다. 『신약젼셔』의 간행 과정을 보아도 임시역본(1904)의 문장이 로스본이나 게일역본과 유사하게 간결하고 자연스러운 문체로 되어 있는데, 이 임시역본 또한 번역자회 활동을 하던 개인의 수정본일 가능성이 있기 때문에(유경민, 2014:76) 이해되는 상황이다.

또, 자연스러운 한국어 번역 성경을 지향했던 게일역본의 특징은 주어와 서술어, 목적어와 서술어의 위치를 가까이 둔다는 것이다. (예6)이 그 한 예이다.

# 5. 고유어와 한자어의 사용

## 1) 한자어 對 한자어

연구 대상인 두 성경 모두 국한혼용문이지만 게일역본에는 1음절 한자어보다는 2음절 한자어가 더 많이 쓰이고, 한자어 빈도도 더 낮다는 것을 알 수 있다. 각주 17번에서 설명하였듯이 후대 문헌에서 더 많이 확인되는 2음절 한자어에 비해 단음절 한자어는 상대적으로 한문 투의 표현인 것으로 여겨진다.

(7) ㄱ. 예수를 謁ᄒᆞ고 敬拜ᄒᆞ나 尙 疑ᄒᆞᄂᆞᆫ 者가 有ᄒᆞ거ᄂᆞᆯ 〈1906국한문마태28:17〉
ㄴ. 예수를 뵈옵고 敬拜ᄒᆞ나 오히려 疑心ᄒᆞᄂᆞᆫ 者가 잇거ᄂᆞᆯ 〈1925게일〉

(8) ㄱ. 天과 地의 諸 權을 다 我의게 賜ᄒᆞ셧스니 〈1906마태28:18〉
ㄴ. 하ᄂᆞᆯ과 ᄯᅡ의 모든 權勢를 다 내게 주셧스니 〈1925게일〉

(예7)에서의 '疑'와 '疑心', (예8)에서의 '權'과 '權勢'와 같이, 게일역본에서의 2음절 한자어와 공인역본에서의 1음절 한자어의 대응 예들은 '父-父親', '離-離別', '病-癩病', '地-地方', '地-土地', '魚-生鮮' 등 어렵지 않게 확인할 수 있다. 이는 '광무개혁'을 중심으로 문자 사용에 대한 인식과 방법의 모색이 다양하게 시도되었던 시기의 문헌에서 어렵지 않게 확인할 수 있는 1음절 한자어에서 2음절 한자어로의 교체 양상이다. 1음절 한자어는 한문 투의 표현으로 한국어 문장에서 2음절 이상의 한자어에 비하여 상대적으로 단어로서의 자립성이 약할 뿐 아니라 기능부담량도 떨어진다. 『新約全書 국한문』(1906)은 외래적 言語資材인 한자 형태소가 국어 문장에 토착화하는 과정상을 보이는 국한혼용 문체로서 1음절 한자어가 많이 사용되었다. 이후의 국한혼용문 번역

성경에서는 점차 2음절 이상의 한자어의 사용 빈도가 높아지는 것을 확인할 수 있다.

(9) ㄱ. 童貞女가 孕胎ᄒᆞ야 子를 生ᄒᆞ리니 名은 이마누엘이라 ᄒᆞ리라 ᄒᆞ시니 譯ᄒᆞᆫ則 上帝가 我等과 同在ᄒᆞ시다 홈이라 〈1906국한문마태01 : 23〉

ㄴ. 處女가 孕胎ᄒᆞ야 아ᄃᆞᆯ을 나코 일홈을 임마누엘이라 ᄒᆞ리라 ᄒᆞ니 임마누엘은 하ᄂᆞ님이 우리와 ᄒᆞᆷᄭᅴ계시다 ᄒᆞᄂᆞᆫ ᄯᅳᆺ이러라 〈1925게일〉

(10) ㄱ. 悔改ᄒᆞ라 天國이 近ᄒᆞ니라 ᄒᆞ니 〈1906마태03:02〉

ㄴ. 悔改ᄒᆞ라 天國이 臨ᄒᆞ엿ᄂᆞ니라 ᄒᆞ니 〈1925게일〉

(11) ㄱ. 크게 地動ᄒᆞ며 主의 天使가 天으로셔 下來ᄒᆞ야 石을 轉ᄒᆞ고 其上에 坐ᄒᆞ엿ᄂᆞᆫ듸 〈1906마태28:02〉

ㄴ. 크게 地動ᄒᆞ며 主의 使者가 하ᄂᆞᆯ노셔 ᄂᆞ려와 돌을 구을니고 그 우에 안즈니 〈1925게일〉

(12) ㄱ. 海邊에 在ᄒᆞᆫ 서불논地와 납달니地와 요단江 越邊 異邦人의 갈닐니여 〈1906마태04:15〉

ㄴ. 湖水가의 스불논과 납달니며 요단江 上流 異邦人의 갈닐니여 〈1925게일〉

한자어로 표현하더라도 (예9)의 '童貞女'와 '處女', (예10)의 ' 近ᄒᆞ-'와 '臨ᄒᆞ-', (예11)의 '天使'와 '使者', (예12)의 '海邊'과 '湖水가', '越邊'과 '上流'와 같이 다른 어휘로 표현하는 예도 확인된다. (예12)와 관련하여 살펴보면, 중국어 성경에서는 '海'[19]로 쓰였고, 일본어 성경에서는

19 헬라어에서는 '바다'를 뜻하는 단어로 표현되었다.

'海'와 '湖'가 판본별로 달리 쓰였다. 게일역본에서 '湖水~上流'라고 한 것을 보면, '海'의 시작과 끝부분을 실제로는 '湖'로 보므로 게일이 성경의 지형적인 지식을 살리고, 실제적 내용을 고려하여 표현함으로써 원문대로의 번역보다는, 읽는 사람의 이해를 돕기 위해 노력하였다는 것을 추정할 수 있다.

### 2) 한자어 對 고유어

마태복음만을 대비해 보더라도 『新約全書 국한문』과 『奇一 新譯 新舊約全書』(1925)의 대비에서 '鹽-소곰', '受ᄒᆞ--밧-'과 같은 한자어와 고유어의 사전 풀이식 단순 대응은 1,000종 가량이 확인된다. '越邊'을 '건너偏'으로, '善行'을 '착ᄒᆞᆫ 行實'과 같은 류이다. 예를 보이면 (예13)과 같다.

(13) ㄱ. 예수가 洗禮를 受ᄒᆞ시고 곳 水에셔 上來ᄒᆞ실시 天이 開ᄒᆞ고 上帝의 神이 鴿의 貌樣으로 降ᄒᆞ야 其 上에 臨ᄒᆞ심을 見ᄒᆞ시더니 〈1906국한문마태03:16〉

ㄴ. 洗禮를 베풀고 보니 예수ㅣ물에셔 올나오시며 하늘이 열니고 하ᄂᆞ님의 神이 비둙이 貌樣으로 예수의 머리우에 降臨ᄒᆞ더니 〈1925게일〉

(14) ㄱ. 萬一 此 言이 監司의 耳에 聞ᄒᆞᆯ지라도 我等이 勸ᄒᆞ야 爾等을 無事ᄒᆞ게 ᄒᆞ리라 ᄒᆞ니 〈1906마태28:14〉

ㄴ. 이 말이 總督의 귀에 들닐지라도 우리가 勸ᄒᆞ야 너희로 無事ᄒᆞ게 ᄒᆞ리라 〈1925게일〉

(15) ㄱ. 또 ᄲᆞᆯ니 가셔 그외 뎨ᄌᆞ들의게 닐ᄋᆞ듸 그가 죽음에셔 니러나샤 너희보다 몬져 갈닐니로 가셧시니 거긔셔 너희가 그를 뵈오리라 내가 임의 너희 ᄃᆞ려 닐넛ᄂᆞ니라 ᄒᆞ거늘 〈1900마태28:07〉

ㄴ. 또 ᄲᆞᆯ니 가셔 그의 뎨ᄌᆞ들의게 닐ᄋᆞ듸 그가 죽은가온듸셔 살아

나셔 너희보다 몬져 갈닐니로 가셧스니 거긔셔 너희가 그를 뵈오리라 ᄒᆞ라 내가 임의 너희ᄃᆞ려 닐넛ᄂᆞ니라 ᄒᆞ거늘 〈1904마태28:07〉

ㄷ. 또 ᄲᅧᆯ니 가셔 그의 뎨ᄌᆞ들의게 닐ᄋᆞᄃᆡ 그가 죽은가온ᄃᆡ셔 살아나셔 너희보다 몬져 갈닐니로 가셧스니 거긔셔 너희가 그를 뵈오리라 ᄒᆞ라 내가 임의 너희ᄃᆞ려 닐넛ᄂᆞ니라 ᄒᆞ거늘 〈1906마태28:07〉

ㄹ. 且 速히 往ᄒᆞ야 그의 弟子等의게 謂ᄒᆞᄃᆡ 그가 死中에셔 甦生ᄒᆞ야 爾等보다 몬져 갈닐니로 往ᄒᆞ셧스니 該處에셔 爾等이 그를 謁ᄒᆞ리라 ᄒᆞ라 我가 임의 爾等ᄃᆞ려 謂ᄒᆞ엿ᄂᆞ니라 ᄒᆞ거늘 〈1906마태28:07〉

ㅁ. ᄲᅧᆯ니 가셔 그의 弟子들의게 닐ᄋᆞᄃᆡ 그가 죽엇다가 復活ᄒᆞ샤 너희보다 몬져 갈닐니로 가셧스니 거긔셔 너희가 뵈오리라 ᄒᆞ라 내가 임의 너희 ᄃᆞ려 닐넛ᄂᆞ니라 〈1925게일〉

(16) ㄱ. 然홈으로 爾等은 往ᄒᆞ야 모든 百姓으로 弟子를 삼아 父와 子와 聖神의 名으로 洗禮를 施ᄒᆞ고 〈1906마태28:19〉

ㄴ. 너희ᄂᆞᆫ 가셔 모든 百姓으로 弟子를 삼아 聖父와 聖子와 聖神의 일홈으로 洗禮를 주고 〈1925게일〉

(17) ㄱ. 爾等은 救濟홀 時에 右手가 ᄒᆞᄂᆞᆫ 거슬 左手가 知치못ᄒᆞ게 ᄒᆞ라 如此히 ᄒᆞ여야 爾의 救濟홈이 隱密홀지니 隱密ᄒᆞᆫ 中에 鑒ᄒᆞ시ᄂᆞᆫ 爾 父가 報ᄒᆞ시리라 〈1906마태06:03-04〉

ㄴ. 너희ᄂᆞᆫ 올흔 손이 ᄒᆞᄂᆞᆫ거슬 왼손이 모르게 ᄒᆞ라 이러케 ᄒᆞ여야 너희 救濟홈이 隱密홀지니 隱密ᄒᆞᆫ 中에 보시ᄂᆞᆫ 너희 아바지ᄭᅴ셔 갑흐시리라 〈1925게일〉

(예14)~(예17)은 관습적인 한문 투의 사용과 생략을 보인 예이다. 문장 초입에 쓰인 '萬一, 然고로, 또(且), 如此히(이러케) 등의 표현은 개화기 국한혼용문에서 어렵지 않게 볼 수 있는 한문 투인데, 게일역본에서는 (1ㅁ)이나 (17ㄴ)의 '그런 故로', '이러케'에서와 같이 유의미

한 맥락이 아니고서는 관습적인 표현은 확인되지 않는다.

한국어 번역 성경의 문장 구조와 어휘를 범범한 시각에서 훑으며 특성을 설명하였다. 국어사적 연구의 가능성을 시사하기 위함이다. 외국에서의 성경 연구는 매우 활발하다. 이는 Bible review(Washington, D.C. : Biblical Archaeology Society, 1984-), Sémiotique et bible : bulletin d'etudes et d'echanges(Lyon : Centre pour l'Analyse du Discours Religieux, 1975-), Internationale Zeitschriftenschau für Bibelwissenschaft und Grenzgebiete. (Stuttgart : Verlag Katholisches Bibelwerk 1952-) 등 영어, 프랑스어, 독일어로 국제적 학술지가 간행되고 있다는 사실을 통해서도 짐작해 볼 수 있다. 그러나 한국에서의 성경 번역이나 한국어 번역 성경에 관한 연구는 이들 국제 학술지에는 단 한 편도 게재된 적이 없다. 특히 국혼혼용문 성경에 대한 연구가 미흡한 실정이다. 그러나 초기 성경 번역 시기, 즉 개화기의 국어사에서의 주된 연구가 국한혼용문이고, 양적으로 한국어 성경 자료가 그 시기의 자료 중 적지 않은 부분을 차지하고 있으므로 국한혼용문 번역 성경에 대한 국어사적 연구를 제외한 개화기의 한국어 연구는 온전해질 수 없다.

9장

# James Scarth Gale의 국한혼용문 번역 성경(1925)의 가치

# 1. 게일의 한국어 번역 성경의 국어국문학적 의의

게일(James Scarth Gale, 奇一, 1863~1936)의 저작물 중에서 유독 번역 성경 자료가 국어국문학적 연구 자료에서 제외되었던 것은 그것을 국어학 또는 국문학의 영역으로 끌어들여 언어 및 텍스트의 일반적 현상과 동궤에서 논의하기 어렵다고 보았기 때문이다. 불경, 유학서 등의 문헌들이 중세국어와 근대국어의 연구 대상으로 활용되고 있음에도 개신교 번역 성경 자료는 종교 서적이라는 편견 때문인데, 국어문학적 혹은 국어사적 연구 대상으로 거의 다루어지지 않는다. 이는 개신교의 간행물의 출발이 천주교의 문헌들보다 훨씬 늦기 때문이기도 하고, 현대 한국어 번역 성경의 문장이 국어 문법을 기준으로 보았을 때 비문이 많고, 단어 사용 및 서술어의 활용 형태가 종교색을 띄고 경도되어 있어 어휘적으로나 문법적으로 일반 언어 현상과 관련성이 적어 연구 의의가 크지 않다고 보기 때문일 것이다.

국문 성경을 지향하던 초기 성경 번역 시기에 게일은 국한혼용문 성경 간행을 斷行하였고, 결국 그것은 성서공회의 인정을 받지 못하였다. 사역(私譯)본으로 이른 시기에 국한혼용문 성경을 간행한 게일은 1888년 처음 한국(조선)에 들어와[1] 1927년 한국을 떠날 때까지 언더우드(Horace Grant Underwood), 아펜젤러(Henry Gerhard Appenzeller) 등의 초기 선교사들과 함께 한국어 성경번역위원회를 책임졌던 캐나다 출신의 선교사[2]이다. 게일은 개인적으로 한국어 문법

1 일본 요코하마에 도착하여 하루만 그곳에서 머물고 바로 조선행 배를 타고, 부산 제물포로 들어왔다. 이때 마중한 사람이 언더우드이고, 게일은 훗날 언더우드의 『한영ᄌᆞ뎐』(1890) 편찬 작업을 도우며 조선말 공부에 도움을 받았을 것으로 보인다.

2 게일은 신학 교육을 받지 않고 문학사 학위를 받은 상태로 캐나다 YMCA의 파송으로

서 『ᄉᆞ과지남(辭課指南)』(1893),[3] 韓譯書 『텬로력뎡(天路歷程)』(1895), 『韓英字典』(1897)[4] 등을 편찬하고, 영문과 한국어로 많은 저작 활동을 하였으며 한국의 구운몽이나 춘향전 및 고전시가들을 英譯하여 외국에 소개하기도 한 '문인'으로 평가받기도 한다. 게일은 그만한 집필력을 가지고 있었던 것이다. 개신교 한국어 성경 번역의 역사상 전무후무한 개인 번역 성경전서인 『奇一 新譯 新舊約全書』(1925)에 특별히 관심을 두는 까닭은, 번역과 문체의 혼돈기였던 19세기 말~20세기 초에 작성된 다른 일반적인 국한혼용문과 다른 특징을 보이고 있기 때문이다. 나아가 그 특징이 현대국어 문체 형성에 매우 중요한 영향을 끼쳤기 때문이다.

개신교측 최초의 한국어 번역 성경은 『예수셩교 누가복음 젼셔』(John Ross, 1882)이고, 최초의 국한혼용문 성경은 『新約全書 국한문』(兪星濬, 1906)이다.[5] 이후 국한혼용문 성경은 한글 성경의 발간에

---

조선에 들어왔다. 그러나 곧 경기가 나빠져 캐나다로부터의 급여가 끊길 상황에 처했고, 이때 한국에서 만난 미국 선교사 마펫(Samuel Austin Moffet) 등의 도움으로 1891년 8월 31일자로 미국북장로교회 소속 선교사가 되었고, 1897년 5월에 목사 안수를 받은 것으로 전한다.(서선영, 2008:15-16)

3 영어권 학습자를 대상으로 한 한국어 학습서로 한국어 문헌에서 어미를 추출하여 문어형을 제시하고, 그에 해당하는 구어형을 대조시켜 설명한 것이 특징이다. 그러나 한국어의 형태적인 기원이나 중세국어에 대한 지식이 없기 때문에 종결어미에 대한 분석이나 설명의 오류들이 적지 않게 확인된다.

4 초판은 '1부 : 한영사전'과 '2부 : 중영사전'으로 구분되어 있는데, 1부는 『한불ᄌᆞ뎐』(1880), Underwood의 『영한사전』을 기초로 편찬되었고, 2부는 Giles의 『Chinese Dictionary』로부터 도움을 받은 것으로 기록되어 있다. 서문에 사전을 편찬한 동기를 '외국인이나 한국인이 한국어와 문학을 공부하는 데 도움을 주기 위하여'라고 밝히고 있다. 1911년에 출판된 2판에서는 중영사전 부분을 삭제하였다. 1판(3만 5천 어휘, 로마자모순 배열), 2판(5만여 어휘, 한글자모순 배열)까지는 『韓英字典』으로 요코하마에서 인쇄되었으나 3판(8만 2천 어휘, 한글자모순 배열)은 『韓英大字典』(1931)으로 표제를 바꾸었고, 서울에서 출판하였다.

5 1883년의 訓點 舊新約全書나 1884년의 漢字 口訣 懸吐 聖經(『新約聖書馬太傳』, 『新約聖書馬可傳』, 『新約聖書路加傳』, 『新約聖書約翰傳』, 『新約聖書使徒行傳』)과 한글을 병기한 『馬可(마가)의 傳(젼)ᄒᆞᆫ 福音書諺解(복음셔언ᄒᆡ)』 등의 李樹廷의 간행물들은 현대

맞추어 국한문 계열, 簡易鮮漢文(國漢文) 계열, 簡易鮮漢文 改譯 계열이 간행되었다. 이를 앞 장에서는 '두 유형 세 계열'로 구분하여 설명하였다. 최초의 간이선한문 계열의 성경은 大正 二年(1913)에 발간되었는데, 점차 국한문 계열 성경은 도태되고, 간이선한문 계열 성경의 문체가 국한혼용문 번역 성경의 주가 되었다. 국한문 계열의 성경은 한학에 조예가 깊은 편집자가 자의적으로 漢字語化한 국한혼용문으로 가능한 한 많은 한자어를 쓰고자 한 의도가 엿보인다. 이에 반해 간이선한문 계열의 성경은 좀 더 쉽게, 한자어 사용의 양을 줄인 국한혼용문이다. 그런데 간이선한문 계열의 문체도 게일의 입장에서는, 비현실적인 표현들, 즉 성경 번역의 원칙에 맞추기 위해 보수성을 버리지 못한 형태이거나 한문 구문의 영향권에 있는 표현들이 많아 현실 언어와 맞지 않고, 자연스럽지 않은 문체로 여겨졌다. 그리하여 게일이 번역자회 활동을 통해 축적된 한국어 성경 번역의 방법들과 한국 문학의 번역 경험, 한국어 문법의 습득을 통해 쌓인 한국어 감각을 집결하여 『奇一新譯 新舊約全書』를 간행한 것이다. 게일은 당대의 글쓰기의 주된 흐름이 국한혼용문인 것을 그 누구보다 잘 알고 있었고, 글을 읽는 사람들에게 성경이 읽히기 위해서는 국한혼용문의 형태여야 한다는 생각으로, 번역자회의 회장으로서 국한혼용문 성경의 발행을 추진하였으나 다른 번역자들의 반대로 개인적인 한국어 번역 성경을 발행해야 했던 것이다. 그러나 이것은 결국 성서공회로부터 公認받지 못하였다.[6] 그

국어의 문체에 영향을 준 국한혼용문으로 보기 어렵기 때문에 본고의 연구 대상에서는 제외하였다.

6 『新約全書 국한문』(1906)도 공회의 정식 인증을 받아 간행된 공인역은 아니었으나, 1909년에 동일 판본을 이용하여 간행된 『新約聖書 국한문』(1909)이 대영성서공회와 대미국성경회의 이름으로 간행된 것을 보면, 후에라도 공회의 인증을 받은 것으로 볼 수 있다. 그러나 게일의 『新譯 新舊約全書』(1925)는 끝까지 공회로부터 인증받지 못하였다.

러나 이 私譯本이 성경 개역자들에게는, (1)에서 확인되는 바와 같이, 성서공회의 한국어 성경 번역의 기본 자료로 활용되었다.

(1) Yet it was what he claimed, a smoothly-reading text, and when the Bible Society's revised translation was finally published in 1937 it bore a greater resemblance to Gale's bible than has ever been admitted. The revisers made such poor progress without Gale that they decided to base their work on his version after all, making only minimal changes.(Richard Rutt, 1972:74)[7]

(예1)은 1937년(신약은 1940년)에 발간된 간이선한문 계열의 개역본이 『奇一 新譯 新舊約全書』를 기본으로 삼았다는 사실에 대한 기록이다. 성서공회 소속의 개역자들이 처음에는 게일 번역본을 보지 않고 개역 작업을 하였으나 진전이 없어 결국엔 게일역본을 기본으로 삼아 게일 번역본과 흡사한 개역본을 출판하게 되었다는 내용이다. 구체적으로 다음과 같은 예를 통해 그 사실을 확인할 수 있다.

(2) ㄱ. 여호와끠셔 주신 두려움이 유다 ᄉ면렬국에 림ᄒ야 여호사밧으로 더브러 싸호지 못ᄒ게 ᄒ니 엇던 블네셋 사ᄅᆞᆷ이 여호사밧의게 례물을 드리며 은으로 죠공을 드리고 아라비아 사ᄅᆞᆷ이 ᄯᅩᄒᆞᆫ 즘싱 ᄯᅦ를 가져오니 곳 슈양 칠쳔 칠빅과 슈염소 칠쳔 칠빅이더라 〈1911력ᄃᆡ하17:10-11〉

ㄴ. 여호와ㅣ 賜ᄒ신 恐懼가 유다 四面列國에 臨ᄒ야 여호시밧으로 더브러 戰치 못ᄒ게 ᄒ니 何許 블네셋人이 여호사밧의게 禮物을 納ᄒ며 銀으로 朝貢을 納ᄒ고 아리비아人이 亦牲畜群을 가져오니 卽 牡羊 七千七百과 牡山羊 七千七百이더라 〈1926[8]歷代下

7 리차드 러트의 이 저서는 게일 연구에 관한 교과서로 사용되고 있다.(서선영, 2008:3)

17:10-11〉

ㄷ. 여호와ㅣ 유다 四面列國으로 두려워ᄒᆞ게 ᄒᆞ샤 여호시밧으로 더브러 싸호지 못ᄒᆞ게 ᄒᆞ시니 불네셋 사름 中에 잇던 ᄒᆞᆫ 者ᄂᆞᆫ 禮物과 許多ᄒᆞᆫ 銀을 여호사밧의게 드리고 아리비아 사름은 즘싱째를 드리니 수羊과 수염소가 各各七千七百이더라 〈1925歷代下17:10-11〉

ㄹ. 여호와씌셔 유다 사면렬국에 두려움을 주샤 여호사밧과 싸호지 못하게 하시매 블네셋 중에셔는 여호사바싀게 례물을 드리며 은으로 공을 바쳣고 아라비아 사람도 즘생쎄 곳 슈양 칠쳔칠백과 슈염소 칠쳔칠백을 드렷더라 〈1937/9력대하17:10-11〉

(2ㄹ)이 『셩경젼셔 개역』(1939)이다. (2ㄹ)은 (2ㄴ)에 대한 개역본인데 조사나 어미를 맞추려고 하고는 있으나 (2ㄷ), 즉 게일본의 영향을 더 많이 받은 것으로 보인다. 게일譯 국한혼용문 성경은 (2ㄴ)과 같은 국한문 계열의 성경보다는 간이선한문 계열과 유사한 문체적 특성을 갖는다. 성공회 소속 선교사로 한국에 파견되어 와 있던 러트(Richard Rutt)의 글 (예1)을 보면 한국어 성경 번역의 초기 문체 정착 및 현대적 문체 형성에 가장 큰 영향을 준 것은 게일역본 국한혼용문이었던 것을 알 수 있다. 게일 번역본을 참조하여 집필된 개역 한국어 번역 성경은 『새번역 신약』이 발행된 1967년까지 활용된 성경이기에 현대 한국어 번역 성경의 문체나 현대 한국어 문체와 직접적으로 관련되었을 것으로 보인다.

현대 한국어 문체와 한국어 번역 성경의 상관성에 대한 추정은 19세기 말~20세기 초의 간행물들 중 개신교 성경만큼 판권의 간행 기록이

---

**8** (2ㄴ)은 『鮮漢文 貫珠 聖經全書』(1926)인데, 『新約全書 국한문』(1906)을 발행한 후, 구약을 國漢文化하여 낱권으로 발행하다가 1926년 국한문화한 신약과 구약을 묶어 관주본 성경전서로 발행한 것이다. 즉, 국한문 계열의 구약전서는 따로 발행된 것이 없다. 『鮮漢文 貫珠 聖經全書』는 한글 성경 『구약젼셔』(1911)를 국한문화한 것인데, (2ㄱ)과 (2ㄴ)을 대비해 보면 국문의 국한문화가 무엇인지 그 방식을 잘 알 수 있다.

확실하고, 많은 부수가 주기적으로 인쇄되고, 유통된 문헌이 드물기 때문이다.(유경민, 2011:277) 내가 한국어 번역 성경의 역사 위에서 국어학적으로 가장 주목해야 할 것이 게일 번역본이라고 생각하는 데에는 몇 가지 이유가 있다. 첫째, 종교 서적으로서의 원칙주의적 번역보다 문장의 완성도를 추구하였다는 것이다. 이는 번역자 이전에 작가로서, 집필가로서의 게일의 역량과 관련된다. 둘째, 말씀 선교를 중심에 둔 개신교에서 성경 번역을 중시하는 것은 당연한데, 특히 게일은 저작 및 출판물에 대한 애정이 깊은 집필자였고, 성경을 '읽히는' 텍스트로 완성하고 싶어했다는 점이다. 더 많이 읽히기 위해 문장을 다듬고, 정확한 의미를 전달하기 위해 시대적 글쓰기 경향까지 고려하며 성경을 번역하고자 한 그의 태도가 여러 보고서에서 확인된다. 셋째, 게일이 처음부터 끝까지 직접 일관성 있게 번역하고 검토하여 오류를 최소화하고, 문체적 일관성과 체계성을 갖춘 텍스트를 간행하였다는 것이다. 성경을 영역별로 나누고 번역 담당자에게 일임한 후 모여서 교정하며 번역본을 완성해갔던 공인역본과 다른 면모이다. 넷째, 게일이 사대주의적 입장을 취했고, 한문 및 중국 문학을 존중했고, 국한혼용문 성경의 필요성을 주장하며 국문 성경의 무가치성을 강조하긴 하였으나 식자층 및 인쇄물에 관심을 둔 사람들을 의식하며 당대에 그들에게 가장 일반적인 문체를 구사하고자 했다는 점이다. 게일은 한국어 성경 번역자들이 지향하는 보수성을 탈피하고 조금 더 자유로운 문체를 구사하기 위하여 선교사로서의 많은 혜택을 포기하면서까지 개인 번역본을 간행하였다. 따라서 『寄一 新譯 新舊約全書』의 문체적 특징을 살펴보는 것은, 종교적 차원의 접근이 아니다. 한국의 개화기에 한국 사회와 한국 문학과 한국어에 열중해 있던, 젊은 외국인 선교사가 그 시대에 가장 적합한 문체로 표현하고자 했던 가장 한국적인 문체를 살펴보는 것이기에 국어학 및 국어사적 연구 의의가 충분하다.

## 2. 『奇一 新譯 新舊約全書』(1925)[9]의 간행 의의

### 1) 문체 모색기에 국한혼용문 성경 간행

국한혼용문의 형성은 대개 한문의 해체나 변형에 의한 것으로 논의된다. 해체에 의한 국한혼용문이란 한문을 한국어의 구조로 풀어서 거기에 한글로 현결(懸訣)한 형태를 가리킨다. 그러나 중세국어 시기의 국한혼용문 이후, 19세기 말~20세기 초에 다시 본격적으로 등장한 국한혼용문을 한문을 분할하여 한국어 어순에 따라 배열하고, 필요한 한국어 문법 형태소를 삽입한, 한문의 해체에 의한 방식으로 형성된 문체라고 보기는 어렵다. 예를 들면 17세기 이후의 시조, 가사류 등의 국한혼용문 중에는 한문 원문 없이 구어가 그대로 텍스트에 표현된 예들이 적지 않다. 또, 18세기 중반 이후 쏟아져 나오는 역학서와 시가류도 한문의 해체에 의한 국한혼용문으로 보기는 어렵다. 19세기 말부터 시도되어 20세기 초에 발행된 국한혼용문 번역 성경도 한글 성경을 한자(어)화 한 것이기에 한문의 해체에 의한 방식으로 국한혼용문 번역 성경이 만들어졌다고 보기는 어렵다. 그보다는 국한혼용문의 연원(淵源)을 '한문 지향의 시기를 지나 국문 쓰기를 모색하는 과정에서 익숙하던 한문 문법의 영향이 자연스럽게 한문구(체언구나 용언구)나 단어 표현에 반영된 것'에 두는 것이 더 타당할 것이다. 다음은 한영균(2013:230-231)에서 보인 예인데, 국한혼용문 성경 번역보다 앞서[10] 간행된 것들로서 한문과 국한혼용문의 연관성을 생각해 볼 수 있는 대

---

9 번역 당시의 철필 원고가 게일이 초대 담임목사(1900~1927)를 맡았던 서울 연동교회에 기증되어 있는 것으로 알려져 있다.

10 국한혼용문 성경 번역은 최초의 국한혼용문 성경인 『新約全書 국한문』(兪星濬, 1906)의 발행 이후 『簡易鮮漢文 新約全書 改譯』(1940)이 발행되기 전까지의 시기를 초기로 보고, 이 시대의 국한혼용문 성경의 문체 연구에 주력하는데 이후의 국한혼용문 번역 성경은 초기에 정착된 것에 대한 개역본들이기 때문이다.

표적인 문헌들이다.

(3) ㄱ. 却說 肅宗大王卽位十六年에 慶尙道晉州府城內에 一個士族이 有ᄒᆞ니 姓은 許오 名은 憲이니 〈『皇城新聞』 1906.5.19. '神斷公案' 第一段〉

ㄴ. 盖 日本이 歐洲 和蘭國과 其交를 通홈이 二百餘 年에 過ᄒᆞ나 夷狄으로 擯斥ᄒᆞ야 邊門의 關市를 許ᄒᆞᆯ ᄯᆞ름이러니 〈兪吉濬 『西遊見聞』 序, 1895〉

ㄷ. 우리 王國에 사는 臣民의 最急務ᄂᆞᆫ 다만 學業을 힘쓰기에 잇ᄂᆞ니라 ᄯᅩᄒᆞᆫ 나라의 富强이며 貧弱은 一國 臣民의 學業에 關係ᄒᆞ니 汝等 學徒ᄂᆞᆫ 泛然이 알지 말며 學業은 다만 讀書와 習字와 算數 等 課業을 修ᄒᆞᆯ ᄲᅮᆫ 아니오 平常 父母와 敎師와 長上의 敎訓을 조차 言行을 바르게 ᄒᆞ미 最要ᄒᆞ니라 〈『國民小學讀本』 第一課, 1895〉

(3ㄱ)은 '一個士族이 有ᄒᆞ니'와 같은 (어순)해체문이 보이긴 하지만 한문 구조에 한국어 조사나 어미가 사용된 국한혼용문이다. (3ㄴ)은 한국어 어순으로 쓰였지만 한문구 용언의 표현이 확인된다. (3ㄷ)은 (3ㄴ)보다 한문에서 멀어진 구조이고, 실사도 한글로 표기한 것을 확인할 수 있다. (예3)은 다양하게 시도되었던 국한혼용문을 간단히 보인 예인데, 주목해야 할 점은 (3ㄱ)에서 (3ㄷ)까지의 변화가 시간 차를 둔, 점진적인 변화가 아니었다는 것이다. 19세기 말~20세기 초는 국한혼용문의 문체 모색기로서, 텍스트의 성격에 따라, 혹은 집필자의 의도에 따라 다양한 문체가 사용되었다. 국가 차원에서는 국문 사용을 권장하는 시기였음에도 한문 文識性을 갖춘 식자층이나 집필자들은 (예3)과 같은 여러 유형의 국한혼용문을 시도하였던 것이다. 읽는 대상을 고려해 보았을 때, (3ㄱ)과 같은 신문류나 (3ㄴ)과 같은 기행문보다는 (3ㄷ)의 『國民小學讀本』이 쉽게 표현되었을 것이다. 21세기, 현대국어의 사용자가 보기에도 (3ㄷ)이 (3ㄱ)이나 (3ㄴ)보다 자연스

럽게 읽히는 것을 보면, (3ㄷ)과 같은 유형이 현대한국어의 문체에 영향을 주었을 것으로 추정된다. 국한혼용문 번역 성경은 (3ㄴ)과 유사한 양상의 국한문 계열에서 점차 (3ㄷ)의 형태로, 그리고 (3ㄷ)보다 한자어 요소가 줄고 고유어 표현이 더 많아지는 간이선한문 계열로, 간이선한문 계열보다 더 현대적인 문체로 번역된 게일 성경이 현대의 한국어 번역 성경을 비롯한 현대 한국어의 문체 형성에 영향을 준 것으로 보인다. 게일 번역본은 간이선한문 계열과 유사한 국한혼용문이면서도 게일은 사전 편찬의 경험을 살려 당대의 실용 한자어를 중심으로 문장을 만들고, 섬세한 의미 차이들을 고려하며 한국어 성경 번역 어휘들을 선별하여 썼다. 또, (예1)에서와 같이 한국어 성경 개역자들이 참조하지 않을 수 없었던 번역본으로 꼽고 있기 때문에 현대적 국한혼용문에 직접적인 영향을 주었을 것으로 보는 것이다.

### 2) 『寄一 新譯 新舊約全書』의 간행 과정

게일이 성서공회의 번역자회의 회장직을 맡게 된 것은 언더우드 사후의 일이다. 언더우드는 사실 번역자회의 회장직을 맡고 있으면서도 번역 외의 선교 사역 쪽에 더 전념하였다. 회장직을 맡게 된 게일은 자신의 번역에 대한 입장을 더욱 분명히 하였다. 당시 성서위원회에서는 '성경의 전체 의미를 살리기 위해서는 가감없이 번역'해야 한다는 원칙을 세우고 있었으나, 게일은 이와 다른 입장을 일관되게, 강경하게 표명하였다. '낱말 하나하나를 그대로 옮기는 동시에 조선어풍에 맞도록 번역하는 것'은 실제 번역을 안 해 본 사람들의 관점일 뿐이라는 것이 게일의 입장이었다. 실제 하디(Robert A. Hardie)는 '게일의 번역본을 검토하면 할수록 더 좋아하게 된다'고 고백하기도 하였다.(서선영, 2008:52) 게일이 강조했던 '조선어풍'의 번역은 조선 사람들에게 더 잘 이해되는 것이었고, 이것이 눈에 쉽게 들어오는 국한혼용문의 방식으로 표현되어야만 한다고 생각했던 것으로 보인다. 문필가로서의 게일은, 로스본은 일반 서민 계층의 구어체를 표방하였기 때문에 국문을 선택하였다는 것이다. 그러나 게일은 윤치호, 주시경 등 젊은 지식인들과 교류가 많았고, 한국의 문자 생활은 그러한 식자층에 의하여 이루어진다고 생각하였다. 따라서 그가 말하는 조선어풍이란 당연히 지식인들의 문체,[11] 즉 국한혼용문이었던 것이다. BFBS (British and Foreign Bible Society)의 입장이 '가능한 한 축자역(literal translation)'이었던 데에 반해 게일은 '축자적 번역의 만족도가 높을 수는 있으나, 성경은 읽혀야 하고, 읽히기 위해서는 의미(sense)를 중심으로 독자들에게 익숙한 언어로 표현해야 함'을 강조하였다. 형식적이고 원칙적인 번역보다 유연성 있는 번역 태도로 독자에게 의미를 분명하게 전하는 것이 가장 중요하다고 생각한 것이다. 그래서 게일은 철저하게 조선어스러운 조선어 성경을 만들고자 하였고, 그 과정에서 게일의 문체는 성서공회에서 추구하였던 word translation(낱말 하나하나를 그대로 옮겨 어절 수를 맞추는 번역)과도, 영어의 문장 구조와도 멀어지게 되었다. 이에 대하여 당시 BFBS의 총무를 맡았던 밀러(H. Miller, 민휴)를 중심으로 게일식 번역을 비판하는 선교사들이 많았고, 결국 게일은 1922년 성서위원회를 떠났다. 게일은 회장직까지 역임했던 번역자회(Board of Official Translators)를 탈퇴하면서까지 기존의 성경 번역문과는 다른 차원의 한국어 번역 성경을 발행하는

**11** 김승우(2014:92-93)에서는 게일이 한국 문학의 위상과 특징을 한문 문화권의 테두리 안에서 검토하며 그가 한국의 한문 작품의 번역에 매진하였다고 설명한다. 그러나 이러한 관점이, 게일이 대중적이지 않고, 한국어의 문체를 한문의 하위 영역쯤으로 여기며 한국 고유어로는 글쓰기가 불가능하다는 생각을 가지고 있었다고(김승우, 2014:96) 단정하는 데까지 확장될 수 있을지 의문이다. 게일은 국한혼용문 사역 성경을 번역하기 전에는 번역자회에서 한글 성경 번역을 오랫동안 했었고, 그 실력과 성실성을 인정 받아 회장직까지 역임하였기 때문이다. 또, 게일이 중화사상의 틀 안에 있는 사람이었다면, 그의 국한혼용문은 간이선한문 계열보다는 국한문 계열과 더 유사한 형태가 되었어야 했다.

데에 뜻을 두었던 것이다. 게일의 사역본 성경이 한국어 성경 번역사에서, 국어학적으로, 더 중점적으로 다루어져야 할 필요가 있는 것은 그것이 게일의 전적인 책임하에 번역되고, 검토되고, 교정된 것이기에 여러 번역자가 영역을 나누어 번역한 것보다 일관성 있게, 그 완성도가 더 높다고 볼 수 있기 때문이다. 게일에게 한국어가 외국어이기는 하지만 그는 한국어 성경의 번역 이전에 이미 韓英字典과 한국어 문법서를 간행한 바 있고, 한국어로 시가까지 쓰면서 이미 자신만의 한국어 문장력을 가지고 있었던 것으로 보인다. 그는 한국의 시조를 英譯하여 영미권에 소개하고, 한국의 시와 문학에 대한 자신의 견해를 잡지에 기고하기도 하면서 문학적 교류를 통해 조선과 서양의 간극을 좁힐 수 있다고 믿었던 사람이다. 게일은 이러한 선상에서 한국어 성경 번역을 하면서 보수적인 성경의 문체를 자신의 문체, 혹은 한국의 문학 작품과 같이 자연스러운 문체, 혹은 현실적인 문체로 바꾸고 싶어

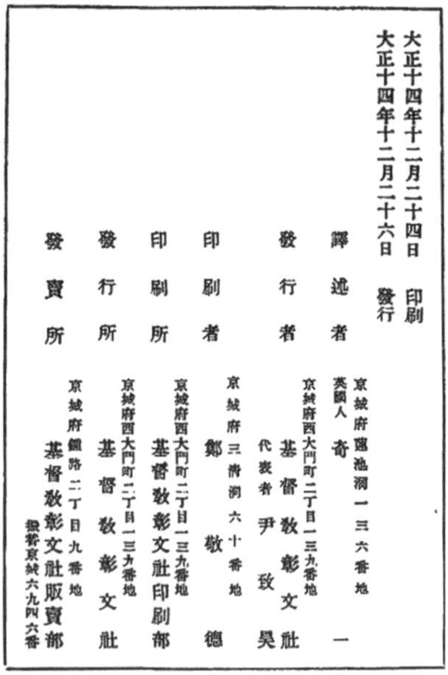
大正十四年十二月二十四日 印刷
大正十四年十二月二十六日 發行
譯述者 京城府蓮池洞一三六番地 英國人 奇 一
發行者 京城府西大門町二丁目一三九番地 基督敎彰文社 代表者 尹 致 旲
印刷者 京城府三淸洞六十番地 鄭 敬 德
印刷所 京城府西大門町二丁目一三九番地 基督敎彰文社印刷部
發行所 京城府西大門町二丁目一三九番地 基督敎彰文社
發賣所 京城府鍾路二丁目九番地 基督敎彰文社販賣部 振替京城六九四六番

<그림 1>『寄一 新譯 新舊約全書』의 판권

했다. 게일이 성서공회의 번역 성경보다 쉽고 자연스러운 문장으로 한국어 번역 성경을 간행하고 싶었다고 밝히고 있는 것을 보면, 그는 당대의 가장 현실적이고 실용적인 문체를 지향하였고, 이것이 성경이 대중에게 다가갈 수 있는 방법이라고 믿고 있었던 것으로 보인다. 게일은 자신의 번역 입장을 고수하며, 읽히는 성경, 참된 조선어, 흐름이 끊기지 않게 읽어나갈 수 있는 조선어풍 성경을 국한혼용문으로 완성하였다.[12] 〈그림 1〉은 게일 성경의 판권 부분이다. 성서공회의 인정을

받지 못하고 개인 번역본으로 남게 되었으나 후에 성서공회 소속의 한국어 성경 개역자들[13]이 게일 번역본을 참고하지 않을 수 없었다고 기록한 (예1)을 보면, 게일의 문체는 20세기 초 한국어 '문체 모색기'에 만들어진 가장 자연스러운 유형이었을 것으로 짐작된다.

〈그림 1〉에서 확인되는 바와 같이 基督敎 彰文社에서 개인적으로 출판한 『奇一新譯 新舊約全書』는 그야말로 '번역이 반역'이 된 경우이다. 『奇一新譯 新舊約全書』는 번역자회의 회장직을 역임하였던 게일을 이단(heretical)으로 의심받게 하였고, 급기야는 외경(apocrypha)으로까지 취급된 한국어 번역 성경이다. 당시 그러한 판단들의 준거는 게일의 문체가 기존 성서공회에서 간행하던 보수적 문체와 다르다는 데에 있었다. 게일은 스스로 'sweet easy-flowing Korean', 'smoothly reading text'를 추구한다고 하였으나, 번역위원회에서는 게일의 번역문이 'shortened the original', 'sacrificed meaning to style'이라고 평가하며 외면한 것이다. 성서공회에서 배척 당한 게일의 문체는, 한국어 문법서를 저술하고, 한국어로 시를 쓰고, 외국 문학서들을 한국어로, 한국의 문학을 영어로 번역하고, 『韓英大字典』을 편찬해낼 정도로 한국어 어휘를 잘 알고, 현실 언어 감각이 뛰어났던 한국어 학자의 문체였던 것이다.

---

12 게일 성경에 띄어쓰기가 전혀 되어 있지 않은 것을 보면, 당시 조선어 쓰기는 띄어쓰기가 보편적이지 않았음을 알 수 있다. 게일이 소속되어 있던 북장로교회에서는 성경을 높이 평가했으나 당시 한국어 성경 사업의 주체였던 BFBS와 남장로교회에서는 게일의 성경 출판을 달가워하지 않았다.

13 1911년 『성경전서』가 나온 후 번역자회(Board of Official Tranlators)는 개역자회(Board of Revisers)로 조직을 개편하였는데, 여기에 임명된 사람은 언더우드(Horace Grant Underwood), 게일(James Scarth Gale), 레널즈(William Davis Reynolds)였다.

## 3. 한국어 번역 성경의 문체 변화

원문에 대한 번역 문헌은 크게 의역과 직역 자료로 나뉜다. 중세국어 시기의 언해 자료들도 하나의 원문에 대해 직역문과 의역문으로 번역된 자료들을 볼 수 있는데 대개는 먼저 나온 것이 의역문이고 나중에 나온 것이 직역문이다. 원문의 이해를 돕기 위해 처음에는 쉽게 풀어 의역을 하지만 그 과정에서 원문의 뜻을 잃는 경우들도 있어 나중에 간행하는 것은 원문을 최대한 살려 직역을 하는 것이다. 의역된 문장은 대개 자연스럽게 다듬어져 구어적인 경향을 보인다. 의역은 언어사용자(register)를 고려하여 당시의 대중적인 언어가 반영되는 반면 직역은 문어적 성격을 띠기 마련이다.

그러나 한국어 성경 번역의 경우는 좀 달랐다. 말씀 중심 선교를 중시하는 성서공회에서 번역의 초기 단계에서 단어 수와 전체 분량을 맞출 정도의 직역, 즉 축자역을 추구한다. 그런 과정을 거친 후에, 쉽고 현실적인 문체를 추구하는 의역 성경이 등장하였다. 그러나 이러한 의역 성경들은 성서공회의 출판 지원 및 예배당에서의 활용상의 문제로 再版되지 못하고 곧 묻히곤 하였다. 그래서 개인 번역 성경들은 후대의 성경 번역 과정에 큰 영향을 주지 못한 것으로 여겨졌다. 그러나 게일의 한국어 번역 성경에 대해 언급된 것들을 보면, 적어도 게일의 번역 성경은 달랐다. 그 점을 구체적으로 살펴보도록 하자.

### 1) 정확한 번역 문체와 쉽고 자연스러운 번역 문체의 대립

성경의 국한혼용문화 방식[14]은 고전소설의 표기 방식 중의 하나로

14 성경의 국한혼용문화 방식에는 크게 두 가지가 있다. '국한문'과 '간이국한문'이 그것이다. 나는 후자의 문체가 현대적 국한혼용문의 뿌리가 된 것으로 본다.

통용되던 형태를 따른 것으로서 성경의 국한혼용문이 현대적 국한혼용문의 뿌리가 된 것으로 보기는 어렵다(한영균, 2015:98)는 지적도 있다. 그러나 한국어 번역 성경은 공회를 중심으로, 혹은 한 개인이 전적으로 전체의 텍스트를 책임지고 일관성 있게 집필한 것으로 성경의 문체를 설정하고 논의할 수 있지만 작자마다 다른 양상을 보이는 '고전소설의 문체'를 규정하고 논의하는 데에는 무리가 있어 보인다. 작가 중심이라면 가능하겠지만 말이다. 게일이 문학적으로 관심이 많았고, 문학 작품 활동을 많이 했다고 해서 게일의 성경 번역의 문체가 고전소설이나 시가 등의 문학 작품의 문체를 표방하고 있다고 보기도 어렵다. 게일은 국한혼용문 성경 번역 이전부터 번역자회의 회장으로서 국문 성경 번역 작업을 수행한 사람이었다. 성경 번역의 지침들에 대해 충분한 인식이 있었고, 자연스러운 문체를 지향하면서도 성경 번역의 지침들과의 합의점을 찾아가며 가장 완성도 있는 성경 번역 문체를 만들고자 노력한 선교사였다. 그러한 연마 과정 속에서 국한혼용문 성경의 필요성을 인지하였던 것으로 보인다. 이것이 비록 성서공회의 인정을 받지는 못했으나 한국어 성경 개역자들에게 영향을 주어 그 문체가 후대까지 이어지고 있음은 선교사들의 여러 보고서와 게일 연구서들에서 (예1)과 같이 이미 확인되었다. 게일 번역 성경이 공회의 인정을 받지 못한 것은 네비우스 선교 정책에 '모든 기독교 서적과 출판물은 한글 전용이어야 한다'고 명시되어 있었기 때문이었을 것이다. 당시 한글을 전용해야 한다고 했던 것은, 현실 언어에 근거한 기준이라기보다는 선교 대상을 상류층이 아니라 근로자 및 일반 대중을 우선으로 하고, 부녀 전도와 소년 교육에 주력하고자 했던 기본 정책에 맞춘 결과였을 것이다.

지금까지 한국어 번역 성경에 대한 전체적, 체계적 고찰이 없이 논의된, 국어학에서의 국한혼용문에 대한 연구는 임상석(2008:37)의 지적대로 근대국어의 국한혼용문과 현대국어의 국한혼용문 사이의 연관성 및 그 구체적인 형성과 변천의 과정을 제대로 설명하지 못하고 있다고 볼 수 있다. 여기에 국한혼용문 번역 성경의 정착 과정을 살피는 의의가 있다. 국한혼용문 혹은 현대 한국어 문체[15]의 정착 과정을 설명할 수 있는 열쇠가 한국어 번역 성경의 문체 연구와 관련이 될 것으로 보이기 때문이다. 국한혼용문 번역 성경에 대한 연구가 이러한 문제 해결의 관건이 될 수 있는 것은, 한국어 번역 성경은 같은 내용에 대하여 시대별로 번역과 개정 작업을 반복해 왔다는 점이다. 그 과정에서 가장 중시되었던 것이 텍스트의 일관성과 현실 언어를 통한 소통력과 독자 중심 텍스트의 지향성이 뚜렷했고, 국문과 국한혼용문 텍스트가 동시대에 표기만 달리하여 반복적으로 만들어졌고, 이에 대한 상세한 보고서 자료들이 뒷받침되고 있고, 대부분은 판권을 확인할 수 있어 그 저작 및 개정 과정이 비교적 분명한 자료이기 때문이다. 이렇게 그 발행 과정이 분명한 문헌은 19세기 말~20세기 초, 문체 혼돈기의 자료 중에 그리 많지 않다. 다음은 같은 구절에 대한 각 번역서의 문장을 대비하여 제시한 예인데, 한국어 번역 성경의 문체 변화를 어렵지 않게 확인할 수 있다.

(4) ㄱ. 예수ㅣ 잇그러 벳아니 마ᄌᆞᆫ 편에 니ᄅᆞ샤 손을 드러 뎌희ᄅᆞᆯ 위ᄒᆞ야 복을 비실식 ᄆᆞᄎᆞᆷ 빌 ᄯᅢ에 무리ᄅᆞᆯ ᄯᅥ나 승텬ᄒᆞ심을 닙으시니 무리가 절ᄒᆞ고 심히 깃버ᄒᆞ야 예루살넴에 도라가 늘 셩뎐에 잇서 하ᄂᆞ님을 찬숑ᄒᆞ더라 아멘 〈1900눅24:50-53〉
ㄴ. 예수ㅣ 잇ᄭᅳ시고 벳다니 ᄃᆡᄒᆞᆫ 곳에 니ᄅᆞ샤 손을 들어 복을 비실

15 홍종선(2000:12)에서 설명하듯 한문 구나 한자어가 섞인 문장을 한글로만 표기하면 해독하기가 어려워 한자를 병기하였다. 그러나 이미 우리말로 인식되어버린 귀화어류의 한자어는 한글 전용으로 표기하여도 해독의 문제가 거의 발생하지 않는다. 그래서 현대국어에서, 많은 한자어를 사용하고 있으면서도 점차 한글 전용을 쓰게 된 것이다. 이러한 까닭에 현대국어의 문체가 한글 전용으로 표기되고 있다 하여도, 그 연원은 이전 시기의 국한혼용문에 있을 것으로 보는 것이다.

ᄉᆡ 맛ᄎᆞᆷ 빌 ᄯᅢ에 무리를 ᄯᅥ나 승텬ᄒᆞ심을 닙으시니 무리가 례ᄇᆡ를 드리고 심히 깃버ᄒᆞ야 예루살넴에 도라가 늘 셩뎐에 잇서 하ᄂᆞ님을 찬숑ᄒᆞ더라 〈1904눅24:50-53〉

ㄷ. 예수가 잇ᄭᅳ러 벳아니 마즌 편에 니르샤 손을 드러 뎌희를 위ᄒᆞ야 복을 비실ᄉᆡ 맛ᄎᆞᆷ 비실 ᄯᅢ에 무리를 ᄯᅥ나 하ᄂᆞᆯ노 ᄋᆞᆯ나가시니 무리가 경ᄇᆡᄒᆞ고 심히 깃버ᄒᆞ야 예루살넴에 도라가 늘 셩뎐에 잇서 하ᄂᆞ님을 찬숑ᄒᆞ더라 〈1906눅24:50-53〉

ㄹ. 예수가 引ᄒᆞ야 벳아니 越便에 至ᄒᆞ샤 手를 擧ᄒᆞ야 彼等을 爲ᄒᆞ야 福을 祝ᄒᆞ실ᄉᆡ 맛ᄎᆞᆷ 祝ᄒᆞ실 時에 衆을 離ᄒᆞ야 天으로 昇ᄒᆞ시니 衆이 敬拜ᄒᆞ고 甚히 喜ᄒᆞ야 예루살넴에 歸ᄒᆞ야 恒常聖殿에 在ᄒᆞ야 上帝를 讚頌ᄒᆞ더라 〈1906국한문 눅24:50-53〉

ㅁ. 예수ㅣ 잇ᄭᅳ러 벳아니 마진便에 니르샤 손을 들어 뎌희를 爲하야 福을 비실새 맛참 비실ᄯᅢ에 무리를 ᄯᅥ나 하날노 올나가시니 무리가 敬拜하고 甚히 깃버하야 예루살렘에 도라가 늘 聖殿에 잇서 하나님을 讚頌하더라 〈1913/1936눅24:50-53〉

ㅂ. 뎌희를 ᄃᆞ리시고 벳아니 마즌偏에 니르샤 손을 들어 뎌희를 爲ᄒᆞ야 祝福ᄒᆞ실ᄉᆡ 비실 ᄯᅢ에 무리를 ᄯᅥ나 하ᄂᆞᆯ노 올나가시니 무리가 敬拜ᄒᆞ고 甚히 깃버ᄒᆞ야 예루살넴으로 도라가 늘 聖殿에셔 하ᄂᆞ님을 讚頌ᄒᆞ더라 〈1925눅24:50-53〉

ㅅ. 예수ᄭᅴ셔 뎌희를 다리고 벳아니 압ᄭᅡ지 나가샤 손을 드러 뎌희의게 축복하시더니 축복하실 ᄯᅢ에 뎌희를 ᄯᅥ나 (하날노 올니우시니 뎌희가 (그의게 경배하고) 큰 깃븜으로 예루살넴에 도라가 늘 셩뎐에 잇서 하나님을 찬숑하니라 〈1939눅24:50-53〉

ㅇ. 예수께서 저희를 데리고 베다니 앞까지 나가사 손을 들어 저희에게 祝福하시더니 祝福하실 때에 저희를 떠나 (하늘로 올리우)시니 저희가 (그에게 敬拜하고) 큰 기쁨으로 예루살렘에 돌아가 늘 聖殿에 있어 하나님을 讚頌하니라 〈1956눅24:50-53〉

(예4)는 개인 번역 시기를 지나 성서공회의 주관으로 간행한 한국어 번역 성경들의 예이다. (4ㄱ)은 시험역 『신약젼셔』(1900), (4ㄴ)은 임시역 『신약젼셔』(1904), (4ㄷ)은 공인역 『신약젼셔』(1906), (4ㄹ)은

(4ㄷ)을 저본으로 한자(어)화된『新約全書 국한문』(1906), (4ㅁ)은 유경민(2011)에서 처음 그 존재를 확인한『簡易鮮漢文 新約聖書』, (4ㅂ)은 게일역『needs一 新譯 新舊約全書』, (4ㅅ)은 국문 공인역 성경의 개역본인『신약 개역』(1938~매해 간행), (4ㅇ)은 (4ㅅ)을 저본으로 한『簡易國漢文 新約全書 改譯』(1956)이다. 같은 국한혼용문이지만 (4ㄹ)의 '越便'이 (4ㅁ)에서는 '마즌 偏'으로 표현되었는데, 국한문 계열의 '越便'은 이전 국문에서의 '마즌편'을 그대로, '一單語 一音節'의 원리에 의하여 한자어화한 것이다. 그러나 한문에 능통한 특정 집필자가 자의적으로, 비실용적인 '越便'이라는 표현을 쓴 것에 대하여 간이선한문 계열에서는 '마즌 偏'으로 수정되었다. 이렇게 한자어를 최대한 많이 사용하기 위해 자연스럽지 않은 한자어를 인위적으로 만들어 사용하는 국한문 계열(유경민, 2011:283)과 같은 표현이 당시에 흔히 쓰인 국한혼용문이었음을 유경민(2014), 임상석(2008), 한영균(2015) 등에서 밝혔다. 이에 반해 간이선한문 계열 국한혼용문은 현실적으로 활용되는 한자어만 한자로 표기하는 국한혼용문 방식이었다. 게일 번역본에서는 간이선한문 계열과 같은 방식을 취하고 있다. 이는 '祝福ᄒᆞ실식'도 마찬가지이다. 당대에 이미 '복을 빌-'이라는 뜻으로 '祝福ᄒᆞ-'라는 한자어가 자연스럽게 쓰였던 상황인데 당대의 고답적이고 보수적인 국한문 계열에서는 국문의 표현을 그대로, '福을 祝ᄒᆞ-'라고 표현하고, (4ㅁ)의 간이선한문 계열에서는 '福을 빌-'로 표현하였다. 자연스럽고 격식 있는 문장을 지향한다고 스스로 밝힌 게일(김승우, 2014:96)은 한자어로, '祝福ᄒᆞ-'라고 표현하였다. 이후 한국어 번역 성경에서는 게일 역본에서와 같은 '祝福ᄒᆞ-' 형태가 확인된다. 게일은 '一單語 一音節'의 인위적인 한자어 표현으로부터 자유로웠던 것으로 보인다. 신약전서 전체적으로 국한문 계열에서 (4ㄹ)에서와 같이 해체된 한자어구로 표현된 것을『needs一 新譯 新舊約全書』에서 2음절 한자어로 표현한 것이, 변화를 보이는 번역어구 중 약 12%로,[16] 대부분은 간이선한문 계열에

서 고유어로 '다시 쓰기'된 예들이 2음절 한자어로 '다시 쓰기'되었다. 이러한 결과로 짐작해 볼 수 있는 것은 단순히 한자어의 많고 적음으로 국한혼용문의 난이도나 현대성을 말하기도 어렵다는 것이다. (5ㅁ)에서 '깁ᄒᆞ심을 被ᄒᆞᆫ'과 같이 국한문 계열에서 '고유어 一單語에 대한 한자어 一音節'의 원리에 의해 국한문 계열에서 한자어화하였던 예를 게일역본에서는 '부르심을 닙은'과 같이 고유어로 표현한 예도 상당수이기는 하다. 게일은 쉽고 자연스러운 문체를 추구하였고, (예1)을 통해서도 알 수 있듯이 게일의 문체는 당시 현실적인 문체로 인정되었다. 국한문 계열보다 한자어 사용이 적음에도 불구하고 식자층(적어도 당시 基督敎彰文社[17] 대표였던 윤치호)에게 인정받는 문체였으며, 간이선한문 계열보다 2음절 한자어의 사용이 더 많음에도 불구하고, 당시 언어 사용자들(적어도 개역 작업에 참여하였던 사람들)은 게일 번역본을 더 현실적인 번역문으로 인정한 것이다. 그 결과, 개역본 성경(1937)의 문체는 게일역본을 기본으로 삼았고, (4ㅅ)과 (4ㅇ)에서와 같이 게일의 문체는 이후의 한글 전용 성경과 국한혼용문 성경에, 즉 한국어 번역 성경 전반의 문체에 영향을 주게 된 것이다.

### 2) 고유어 一單語에 대한 一音節 漢字語化로부터의 해방

앞 절에서 확인한 바와 같이 게일 번역 한국어 성경의 가장 큰 특징은 당시 식자층에서 두루 사용하던 문체, 즉 한자어를 최대한 많이 쓰기 위해 인위적인 한자어를 사용하였던 방식의 문체를 벗어나 자연스

16 국한문 계열에서 한자어나 한문 어구로 표현된 예 중 고유어로 표현된 예가 약 63%이고, 나머지 어절은 대비가 어려운 형태이거나 국한문 계열과 게일역본이 같은 한자어로 표현된 경우이다.

17 당시 기독교 창문사의 발기에 참여한 인사는 윤치호, 이상재, 유성준 등 600여 명의 식자층 교인들이었다.

러운 실용-정착 한자어 중심으로 국한혼용문을 구사하였다는 것이다. 이러한 특징은 성경 번역의 원칙, 즉 전체 분량과 구체적인 어절 수까지 맞추도록 하여, 기존의 국문 번역 성경의 고유어 一單語를 한자어 一音節로 표현하던 원리로부터 자연스러워진 결과이다. 이러한 '一單語 一音節 원리'로부터의 탈피는 다음과 같은 몇 가지 특징으로 표현된다.

첫째, 게일 번역본에서는 한문 부사의 사용이 대부분 사라졌다. 이는 같은 문법 기능을 하는 한자와 그것의 번역어의 중복을 피하여 간결한 문체를 구사하고자 한 결과이다. (4ㄱ)~(4ㅁ)에서 '~ㄹ새'와 '맛참'이 중복되는 예가 그러한 경우인데 (4ㅂ)에서는 '맛참'이 생략되었다. 게일은 굳이 어절 수를 맞추는 것보다는 자연스러운 문장으로 표현하는 것을 더 중요하게 여겼기 때문이다.

둘째, 이전 번역본에서는 서술어 앞에 와야할 명사 구문이 뒤로 빠지며 '이는~이다' 구문으로 많이 쓰였는데, 게일 번역본에서는 문장의 서술어를 문장의 끝으로 보낸 어순 도치의 '~이다' 구문을 대부분 자연스러운 한국어 문장의 어순으로 교체하였다. (예5)의 '片紙ᄒᆞ노니'와 관련된 어순이 이에 해당하는 한 예인데,[18] 어순에 대해서도 게일 번역본에서는 기존 번역본의 틀을 벗어나더라도 자연스럽게 구사하고자 한 결과이다.

(5) ㄱ. 예수 그리스도의 죵과 야고보의 형뎨된 유다가 부름을 닙은 쟈 곳 하ᄂᆞ님 아바지 안헤 ᄉᆞ랑ᄒᆞ심을 엇고 예수 그리스도를 위ᄒᆞ야 보젼ᄒᆞᆫ 쟈의게 편지ᄒᆞ노니 〈1900유다01:01〉

ㄴ. 예수 그리스도의 죵이오 야고보의 형뎨 유다가 부르심을 닙은

---

**18** 게일 번역본과 (4ㄱ)의 임시역본의 어순이 같은 데 대하여, 게일이 임시역본을 참조하여 번역한 것으로 보이지는 않는다. (4ㄱ)은 (4ㄴ)의 공인역본의 1차 작업으로, 한국인 조력자들의 영향으로 자연스러운 한국어 문장을 구사한 결과였을 것이고, 그것과 게일이 지향하였던 자연스러운 한국어 문장이 일치하고 있는 것이다.

쟈의게 편지ᄒᆞ노니 이는 하ᄂᆞ님 아바지 안에셔 ᄉᆞ랑ᄒᆞ심을 엇고 예수 그리스도를 위ᄒᆞ야 보호ᄒᆞ심을 닙은 쟈라 〈1906유다01:01〉

ㄷ. 예수 그리스도의 僕이오 야고보의 兄弟 유다가 召ᄒᆞ심을 被ᄒᆞᆫ 者의게 片紙ᄒᆞ노니 此ᄂᆞᆫ 天父의 內에셔 愛ᄒᆞ심을 得ᄒᆞ고 예수 그리스도를 爲ᄒᆞ야 保護ᄒᆞ심을 被ᄒᆞᆫ 者라 〈1911유다01:01〉

ㄹ. 예수 그리스도의 죵이오 야고보의 兄弟 유다가 부르심을 닙은 者의게 片紙하노니 이는 하나님 아바지 안에셔 사랑하심을 엇고 예수 그리스도를 爲하야 保護하심을 닙은 者라 〈1913/1935유다01:01〉

ㅁ. 예수 그리스도의 죵 야고보의 兄弟 유다ᄂᆞᆫ 부르심을 닙은 者 곳 하ᄂᆞ님 아바지 안에셔 ᄉᆞ랑ᄒᆞ심을 엇고 예수 그리스도를 爲ᄒᆞ야 保護ᄒᆞ심을 닙은 者의게 片紙ᄒᆞ노니 〈1925유다01:01〉

ㅂ. 예수 그리스도의 죵이오 야고보의 형뎨인 유다는 부르심을 닙은 쟈 곳 하나님아바지 안에셔 사랑을 엇고 예수 그리스도를 위하야 직히심을 닙은 쟈들의게 편지하노라 〈1939유다01:01〉

ㅅ. 예수 그리스도의 죵이요 야고보의 兄弟인 유다는 부르심을 입은 者곧 하나님 아버지 안에서 사랑을 얻고 예수 그리스도를 爲하여 지키심을 입은 者들에게 片紙하노라 〈1956유다01:01〉

셋째, 한문을 읽기 위해 붙이던 어미나 조사의 사용이 게일 번역문에서는 많이 생략되었다. (예5)를 보면, 이전 번역문에서 '僕이오, 죵이오'로 표현되었던 것이 게일 번역본인 (5ㅁ)에서는 '-이오'가 생략되었다. 게일 번역문에서는 이러한 '~이-'系 서술구가 많이 쓰이지 않는다.

### 3) 15~16세기 언해문과의 유사성

게일의 국한혼용문 번역 성경의 문체는 공교롭게도 15~16세기의 용비어천가 식, 혹은 불경 언해 식 국한혼용문과 닮아 있다.

(6) ㄱ. 웛月ᅙᅵᆫ印쳔千강江지之콕曲

ㄴ. 月웛印힌千쳔江강之징曲콕 第뗑十씹一힗 釋셕譜봉詳썅節졇 第뗑十씹一힗 〈월인석보11 1앞〉

ㄷ. 聖神이 니ᅀᆞ샤도 敬天勤民ᄒᆞ샤ᅀᅡ 더욱 구드시리이다 님금하 아ᄅᆞ쇼셔 落水예 山行 가 이셔 하나빌 미드니잇가(聖神雖繼 敬天勤民 迺益永世 嗚呼 嗣王監此 洛表遊畋 皇祖其恃) 〈용비어천가 제125장 52앞〉

용비어천가 식 국한혼용문이란, (6ㄱ)~(6ㄴ)처럼 한자음을 한글로 해당 한자의 옆에 표기해주는 방식((6ㄱ)과 (6ㄴ)은 한자가 선행하는지, 한글로 표기된 한자음이 선행하는지의 차이가 있다)이 아니라 (6ㄷ)과 같이 한자음의 표기 없이 한자와 한글을 섞어 쓰는 국한혼용문이다. 중세국어 시기의 대부분의 번역문(언해문)이 이러한 형태였다. 게일의 번역문과 중세국어 시기의 국한혼용문의 가장 큰 공통점은 정착된 한자어만 한자로 적고, 고유어로 쓰이는 단어들은 굳이 한자어화하여 한자로 표기하지 않았다는 점이다. 간이선한문 계열이나 게일 번역본 외의 20세기 초의 일반적인 국한혼용문은 가능한 한 많은 한자어 표현을 쓰기 위해 (4ㄹ)과 같이 대부분의 어휘를 한자어화하여 한자로 표기한 형태였기 때문이다. 중세국어 시기의 언해문과 게일 번역 국한혼용문 한국어 성경의 문체가 유사한 것은, 이들이 공통적으로 '더 많은 사람들에게 읽혀지는 책'의 발행을 목적으로 하였기 때문이었을 것이다.

유성준이 집필한 것으로 알려진 '國漢文 계열' 국한혼용문 번역 성경은 대부분의 실사를, 가능한 한 많은 한자어로 '바꿔 쓰기' 한 것으로 자연스럽지 못한 한문 투, 고답적 문어체가 만들어져 오래 전승되지 못했다. 이에 반해 이미 정착되어 일상적으로 쓰이는 한자어만 한자로 표기한 '簡易鮮漢文 계열'의 국한혼용문 성경은 현대적 국한혼용문의 모태가 되어 현대 한국어 문체에 영향을 준 것으로 이미 논의된 바 있다.(유경민, 2014:293) 그러나 개인 번역으로 간행된 『寄一新譯 新舊約

全書』(1925)의 문체는 '簡易鮮漢文 계열'의 국한혼용문보다 더 한국적인(조선풍으로), 자연스러운 문체로 집필되었다. 이는 단순히 한자어의 많고 적음의 문제가 아니라, 역량 있는 개인에 의해 일관성 있게, 간결하고 실용적인 어휘가 사용되고, 문맥에 적절한 어휘가 취사선택되었기 때문이다. 이는 4장과 5장에서 더 구체적으로 설명한다.

게일은 성서공회의 보수적 문체의 틀을 벗어나 자연스러운 현실 언어를 번역 성경에 구사하고자 하였고, 한문의 영향을 벗어나 한국어다운 한국어 문체로 번역하고자 하였다. 이후 개역자들이 게일본의 영향을 많이 받았다고는 하지만 성서공회의 번역 원칙 하에 보수성을 탈피하기는 쉽지 않았을 것이다. 그래서 게일 번역본을 기본으로 개역되었다고는 하지만 게일 번역본 이후의 개역본 성경의 문체가 게일역본보다 더 보수적인 면들이 확인된다. 그러나 현대 한국어의 문체와 비교해 보면, 성서공회에서 발행한 번역 성경의 문체보다는 게일 번역 문체와 더 흡사한 것을 알 수 있다. 이제 구체적으로 게일 번역 국한혼용문 성경의 문체적 특성을 문법과 어휘 차원에서 살필 것인데, 문법과 관련하여서는 문장 구조와 문장 구성 요소의 검토를 통해 구체화한다.

## 4. 문법적 특징

본장에서는 문장 구조와 문장 구성 요소를 중심으로 게일 번역 국한혼용문 성경의 문체의 특징을 살핀다.

첫째, 한문의 접속사를 그대로 번역하는 문두의 지시사가 생략된다.

(7) ㄱ. 이에 예수ㅣ 말솜ᄒᆞ샤ᄃᆡ 사단아 물너가라 긔록ᄒᆞ엿스ᄃᆡ 쥬 너의 하ᄂᆞ님ᄭᅴ 경비ᄒᆞ고 홀노 그를 셤기라 ᄒᆞ엿다 ᄒᆞ시니 〈1906마태 04:10〉

ㄴ. 이에 예수가 言ᄒᆞ샤ᄃᆡ 사단아 退ᄒᆞ라 記錄ᄒᆞ엿스ᄃᆡ 主 爾의 上帝ᄭᅴ 敬拜ᄒᆞ고 惟獨 그를 奉事ᄒᆞ라 ᄒᆞ엿다 ᄒᆞ시니 〈1906마태04:10〉

ㄷ. 이에 예수ㅣ 말삼ᄒᆞ샤대 사단아 물너가라 記錄하엿스대 主 너의 하나님ᄭᅴ 敬拜하고 홀노 그를 셤기라 하엿다 하시니 〈1913/1936마태04:10〉

ㄹ. 예수ㅣᄀᆞᆯᄋᆞ샤ᄃᆡ 사단아 물너가라 經에 닐넛스ᄃᆡ 主 너의 하ᄂᆞ님만 敬拜하라 하엿ᄂᆞ니라 〈1925마태04:10〉

ㅁ. 이에 예수ᄭᅴ셔 말삼하샤대 사단아 물너가라 記錄하엿스대 主 너의 하나님ᄭᅴ 敬拜하고 다만 그를 셤기라 하엿나니라 〈1956마태04:10〉

(8) ㄱ. 이는 션지쟈 이사야로 ᄒᆞ신 말ᄉᆞᆷ을 일우려 ᄒᆞ심이니 닐넛스ᄃᆡ 〈1906마태04:14〉

ㄴ. 此ᄂᆞᆫ 先知者 이사야로 ᄒᆞ신 言을 成ᄒᆞ려 ᄒᆞ심이니 云ᄒᆞ엿스ᄃᆡ 〈1906마태04:14〉

ㄷ. 이는 先知者 이사야로 하신 말삼을 일우려하심이라 닐넛스대 〈1913/1936마태04:14〉

ㄹ. 先知者 이사야의 말ᄉᆞᆷ이 일우도다 닐넛스ᄃᆡ 〈1925마태04:14〉

ㅁ. 이는 先知者 이사야로 하신 말삼을 일우려하심이라 닐넛스대 〈1956마태04:14〉

(예7)~(예8)에서처럼 '이에, 이는'과 같이 문두의 지시사가 접속사처럼 사용된 것을 한문의 영향으로 볼 수 있다. 게일 번역본 이후의 현대 개역본에서도 이러한 지시사가 확인되고 있는데, 성서공회의 공인역본 번역 성경은 성서공회에서 고수하는 보수성을 탈피하기 어렵기 때문인 것으로 보인다.

둘째, 어순을 좀더 한국어스럽게 손질하고, 문장 성분들을 간결하게, 2~3음절의 한자어로 표현하는 것이 게일 번역본의 큰 특징인데 이러한 과정 속에서 어미와 조사 표현이 가장 많이 달라졌다. 공인역본으로 간행되는 개역본에서는 전체 분량에 변화를 일으키는 구체적인 어휘나 수식의 방식을 게일 번역본과 같이 바꾸기는 쉽지 않았을 것이고, 대신 문말 어미의 표현에서 특히 게일 번역본의 영향을 많이 받은 것을 확인할 수 있다. 즉, (예1)에서 개역자들이 게일역본을 기본으로 하였다는 것은, 내용적인 부분보다는 문법 요소를 수용하였다는 의미일 것으로 추정된다. 이를 뒷받침하는 근거는 번역본 곳곳에서 확인된다.

(9) ㄱ. ᄉᆞ십일을 밤낫으로 금식ᄒᆞ신 후에 주리시더니 〈1906 마태04:02〉
ㄴ. 四十日을 晝夜로 禁食ᄒᆞ신 後에 飢ᄒᆞ시더니 〈1906마태04:02〉
ㄷ. 四十日을 밤낫으로 禁食ᄒᆞ신 後에 주리시더니 〈1913/1936마태04:02〉
ㄹ. 예수ㅣ 四十 晝夜를 禁食ᄒᆞ시고 주리신지라 〈1925마태04:02〉
ㅁ. 四十日을 밤낫으로 禁食ᄒᆞ신 後에 주리신지라 〈1956마태04:02〉

(10) ㄱ. 시험ᄒᆞᄂᆞᆫ 쟈가 예수ᄭᅴ 와셔 ᄀᆞᆯᄋᆞᄃᆡ 네가 만일 하ᄂᆞ님의 아ᄃᆞᆯ이어든 이 돌을 명ᄒᆞ야 ᄯᅥᆨ이 되게 ᄒᆞ라 ᄒᆞ니 〈1906마태04:03〉
ㄴ. 試驗ᄒᆞᄂᆞᆫ 者가 예수ᄭᅴ 來ᄒᆞ야 曰 爾가 萬一 上帝의 子어든 此石을 命ᄒᆞ야 餠이 되게 ᄒᆞ라 ᄒᆞ니 〈1906마태04:03〉
ㄷ. 試驗하는 者가 예수ᄭᅴ 와셔 갈아대 네가 만일 하나님의 아달이어든 이돌을 命하야 ᄯᅥᆨ이 되게 하라 하니 〈1913/1936마태04:03〉
ㄹ. 試驗者가 와셔 ᄀᆞᆯᄋᆞᄃᆡ 네가 하ᄂᆞ님의 아ᄃᆞᆯ이어든 이돌노 食物이 되게 ᄒᆞ라 〈1925마태04:03〉
ㅁ. 試驗하는 者가 예수ᄭᅴ 나아와셔 갈아대 네가 만일 하나님의 아달이어든 命하야 이돌들이 ᄯᅥᆨ덩이가 되게 하라 〈1956마태04:03〉

(예10)에서와 같이 인용구문의 변화, 즉 인용 표현의 생략도, 실사와 관련된 문제는 아니기 때문에 본고에서는 '어미와 조사의 표현' 문

제, 즉 문법적 차원의 문제로 분류하여 처리하였다. 개역본의 기본 어절 수와 어휘는 성서공회에서 간행한 이전 번역 문체의 것을 따르지 않을 수 없었을 것이고, 조사나 어미는 대부분 게일 번역문의 것을 따르고 있다. 공회의 번역 원칙 하에서 자연스러운 문체를 구사하는 최선의 방법이었을 것이다.

셋째, 국한문 계열에서는 한문 투의 국한혼용문을 구사하며 의미가 중복되는 어미, 조사와 부사의 중복, 어구나 구절의 중복 등이 많았는데 게일 번역본에서는 의미가 중복되는 표현들을 과감히 생략하여 간결하고 자연스러운 문체를 구사하였다.

(11) ㄱ. 갈닐니 히변에 둔니시다가 두형뎨를 보시니 베드로라 ᄒᆞᄂᆞᆫ 시몬과 그 동싱 안드레라 뎌희가 바다에 그물을 던지니 곳 어부라 〈1906마태04:18〉

ㄴ. 갈닐니 海邊에 行ᄒᆞ시다가 兄弟二人을 見ᄒᆞ시니 베드로라 ᄒᆞᄂᆞᆫ 시몬과 其 同生 안드레라 彼等이 海에 網을 投ᄒᆞ니 곳 漁父라 〈1906마태04:18〉

ㄷ. 갈닐니 海邊에 단니시다가 두 兄弟를 보시니 베드로라 하는 시몬과 그 同生 안드레라 뎌희가 바다에 그물을 던지니 곳 漁父라 〈1913/1936마태04:18〉

ㄹ. 예수ㅣ 갈닐니 湖水가에 둔니시다가 보시니 두 漁父가 湖水에 그물을 더지니 베드로라 ᄒᆞᄂᆞᆫ 시몬과 그 同生 안드레라 〈1925마태04:18〉

ㅁ. 갈닐니 海邊에 단니시다가 두 兄弟를 곳 베드로라 하는 시몬과 그 兄弟 안드레가 바다에 그물 던지는 것을 보시니 뎌희는 漁父라 〈1956마태04:18〉

(12) ㄱ. ᄀᆞᆯᄋᆞᄃᆡ 만일 내게 업ᄃᆡ여 절ᄒᆞ면 이 모든 거슬 주리라 ᄒᆞ니 〈1906마태04:09〉

ㄴ. 曰 萬一 我의게 伏拜ᄒᆞ면 이 모든 거슬 予ᄒᆞ리라 ᄒᆞ니 〈1906마태04:09〉

ㄷ. 갈아대 만일 내게 업대여 절하면 이 모든 것을 주리라 하니 〈1913/1936마태04:09〉

ㄹ. ᄀᆞᆯᄋᆞᄃᆡ 내게 敬拜ᄒᆞ면 다주리라 〈1925마태04:09〉

ㅁ. 갈아대 만일 내게 엎대여 敬拜하면 이 모든 것을 네게 주리라 〈1956마태04:09〉

(예4)에서 '~새 맛참'이 그랬던 것처럼, (예11)을 보면 성서공회에서 간행된 한국어 번역 성경들은 모두 '~니 곳'과 같이 연결어미와 한자의 기능이 중복된, 즉 한문의 영향을 받은 표현이 그대로 사용되고 있다. (예12)의 '만일~면'도 같은 예이다. '~니 곳'에서 '곳'이 생략되고, '만일~면'에서 '만일'이 생략되어 의미의 변화 없이 간결한 문장이 완성된 것을 확인할 수 있다.

(13) ㄱ. 마태와 밋 도마와 알븨오의 아ᄃᆞᆯ 야고보와 밋 예렬이라ᄒᆞᄂᆞᆫ 시몬과 야고보의 아ᄃᆞᆯ 유다와 ᄯᅩ 가롯인 유다ㅣ니 이ᄂᆞᆫ 예수ᄅᆞᆯ 판 쟈ㅣ니라 〈대전집1900[19]눅06:15-16〉

ㄴ. 마태와 밋 도마와 알바요의 아ᄃᆞᆯ 야고보와 밋 분렬이란 시몬과 야고보의 아ᄃᆞᆯ 유다와 ᄯᅩ 가롯인 유다ㅣ니 이ᄂᆞᆫ 예수ᄅᆞᆯ 판 쟈ㅣ니라 〈개화기1900눅06:15-16〉

ㄷ. 마태와 밋 도마와 알배오의 아ᄃᆞᆯ 야고보와 밋 예렬이란 시몬과 야고보의 아ᄃᆞᆯ 유다와 ᄯᅩ 가롯 유다ㅣ니 이는 예수를 ᄑᆞᆫ 쟈ㅣ니라 〈1904눅06:15-16〉

ㄹ. 마태와 밋 도마와 알패오의 아ᄃᆞᆯ 야고보와 밋 예열이라ᄒᆞᄂᆞᆫ 시몬과 야고보의 아ᄃᆞᆯ 유다와 ᄯᅩ 가롯 유다니 이는 예수를 잡아줄 쟈더라 〈1906눅06:15-16〉

---

19 『신약전셔』(1900) 시험역은 『韓國聖經大全集 9』와 『開化期 國語資料集成 성서문헌편 9』에 실려 있는데,(유경민, 2014:74) 후자가 켄뮤어가 교정 작업을 한 것으로, 삼문출판사에서 큰 활자로 인쇄한 것이다. (예12)에서는 『開化期 國語資料集成 성서문헌편 9』의 수록본을 제시하였다.(유경민, 2014:76)

ㅁ. 마태와 및 도마와 알패오의 子 야고보와 및 鋭熱이라ᄒᆞᄂᆞᆫ 시몬과 야고보의 子 유다와 또 가룟 유다니 此는 예수를 捉畀홀 者더라 〈1906눅06:15-16〉

ㅂ. 마태와 및 도마와 알패오의 아달 야고보와 및 예열이라 하는 시몬과 및 야고보의 아달 유다와 또 가룟 유다니 이는 예수를 잡아 줄 者더라 〈1913/1936눅06:15-16〉

ㅅ. 마태와 도마와 알패오의 아ᄃᆞᆯ 야고보와 熱心者라 ᄒᆞᄂᆞᆫ 시몬과 야고보의 아오 유다와 예수를 잡아 준 者 가룟 유다라 〈1925눅06:15-16〉

ㅇ. 마태와 도마와 및 알패오의 아달 야고보와 및 셀놋이라 하는 시몬과 및 야고보의 아달 유다와 및 예수를 파는 者 될 가룟 유다라 〈1956눅06:15-16〉

(예13)에서는 'A와 및 C와', 'A와 B와 및', 'A와 및', 'A와 또'와 같이 한자와 같은 기능을 가진 한국어 문법형태소가 중복되어 나타나 있다. 그러나 게일 번역본에서는 'A와 B와'나 'A와 B' 형태로만 쓰인 것을 볼 수 있다. 공인역본에서는 한문의 요소를 그대로 '및'이나 '또'로 번역하여 전체 어절 수를 지켜나가고자 한 것인데, 게일 번역본에서는 이를 생략하여 간결하고 실용적인 한국어식 문체를 완성한 것이다.

(14) ㄱ. 이에 예수ㅣ 말ᄉᆞᆷᄒᆞ샤ᄃᆡ 샤탄아 물너 가거라 긔록ᄒᆞᆫ ᄃᆡ 잇ᄉᆞ니 쥬 너희 하ᄂᆞ님ᄭᅴ 절ᄒᆞ고 오직 이만 셤기라 ᄒᆞ셧다 ᄒᆞ시니라 〈1900마태04:10〉

ㄴ. 이에 예수ㅣ 말ᄉᆞᆷᄒᆞ샤ᄃᆡ 사단아 물너가라 긔록ᄒᆞ엿ᄉᆞᄃᆡ 쥬 너의 하ᄂᆞ님ᄭᅴ 례비ᄒᆞ고 홀노 그를 셤기라 ᄒᆞ셧다 ᄒᆞ시니 〈1904마태04:10〉

ㄷ. 이에 예수ㅣ 말ᄉᆞᆷᄒᆞ샤ᄃᆡ 사단아 물너가라 긔록ᄒᆞ엿ᄉᆞᄃᆡ 쥬 너의 하ᄂᆞ님ᄭᅴ 경비ᄒᆞ고 홀노 그를 셤기라 ᄒᆞ엿다 ᄒᆞ시니 〈1906마태04:10〉

ㄹ. 이에 예수가 言ᄒᆞ샤ᄃᆡ 사단아 退ᄒᆞ라 記錄ᄒᆞ엿ᄉᆞᄃᆡ 主 爾의 上

帝끠 敬拜ᄒ고 惟獨 그를 奉事ᄒ라 ᄒ엿다 ᄒ시니 〈1906마태04:10〉

ㅁ. 이에 예수ㅣ 말삼하샤대 사단아 물너가라 記錄하엿스대 主 너의 하나님끠 敬拜하고 홀노 그를 셤기라 하엿다 하시니 〈1913/1936마태04:10〉

ㅂ. 예수ㅣ ᄀᆞᆯᄋᆞ샤ᄃᆡ 사단아 물너가라 經에 닐넛스ᄃᆡ 主너의 하ᄂᆞ님만 敬拜하라 하엿ᄂᆞ니라 ᄒ시니 〈1925마태04:10〉

ㅅ. 이에 말삼하샤대 사단아 물너가라 記錄되엿스대 主 너의 하나님끠 敬拜하고 다만 그를 셤기라 하엿나니 〈1956마태04:10〉

(예14)의 예를 보면 게일 번역본에서는 '하ᄂᆞ님만 敬拜하라'라고 표현된 부분이 한글 번역본에선 '하ᄂᆞ님끠 경ᄇᆡᄒ고 홀노 그를 셤기라', (14ㄹ)에서는 '上帝끠 敬拜ᄒ고 惟獨 그를 奉事ᄒ라', (14ㅁ)에서는 '하나님끠 敬拜하고 홀노 그를 셤기라', (14ㅅ)에서는 '하나님끠 敬拜하고 다만 그를 셤기라'와 같이 의미가 중복되어 표현된 것을 볼 수 있다. 이는 영어 성경의 'only', 중국어 성경의 '單'에 대한 번역 부분이다. (예11)~(예13)에서와 같이 게일은 중복되는 어구만 생략한 것이 아니라 (예14)에서와 같이 같은 의미의 구절도 과감히 생략하여 간략한 문체를 구사하였다.

(15) ㄱ. 이ᄣᅢ브터 예수ㅣ 반포ᄒ기를 시작ᄒ야 ᄀᆞᆯᄋᆞ샤ᄃᆡ 뉘웃쳐 곳치라 텬국이 갓가오니라 ᄒ시니라 〈1900마태04:17〉

ㄴ. 이ᄣᅢ브터 예수ㅣ 비로소 젼파ᄒ야 ᄀᆞᆯᄋᆞ샤ᄃᆡ 회ᄀᆡᄒ라 텬국이 갓가오니라 〈1904마태04:17〉

ㄷ. 이ᄣᅢ브터 예수가 비로소 젼파ᄒ야 ᄀᆞᆯᄋᆞ샤ᄃᆡ 회ᄀᆡᄒ라 텬국이 갓가오니라 〈1906마태04:17〉

ㄹ. 此時로브터 예수가 비로소 傳播ᄒ야 曰 悔改ᄒ라 天國이 近ᄒ니라 〈1906마태04:17〉

ㅁ. 이ᄣᅢ브터 예수ㅣ 비로소 傳播하야 갈아샤대 悔改ᄒ라 天國이 갓가오니라 〈1913/1936마태04:17〉

ㅂ. 이때브터 예수ㅣ 傳道ᄒᆞ야 ᄀᆞᆯᄋᆞ샤ᄃᆡ 悔改ᄒᆞ라 天國이 臨ᄒᆞ엿ᄂᆞ니라 ᄒᆞ시더라 〈1925마태04:17〉

ㅅ. 이때브터 예수ㅣ 비로소 傳播하야 갈아샤대 悔改하라 天國이 갓가오니라 〈1956마태04:17〉

영어 성경의 'begin' 구문에 대하여 (예15)에서와 같이 다른 번역본들에서는 '이때브터~시작ᄒᆞ-'나 '이때브터~비로소'로 번역한 데 비해 게일역본에서는 '이때브터'로만 표현하여 매우 간결하면서도 한문 투가 아닌, 자연스러운 한국어 문체를 완성하였다.

넷째, 게일 번역본에서는 인용 동사가 쓰인 '~라 하엿-', '~라 닐넛-', '經에 닐넛-'의 경우를 제외하고는 과거 시제를 쓰지 않는다.

(16) ㄱ. 어두운ᄃᆡ 안즌 ᄇᆡᆨ셩이 큰빗츨 보앗고 죽을디경과 그늘에 안즌 자의게 빗치 빗최엿도다 ᄒᆞ엿ᄂᆞ니라 〈1906마태04:16〉

ㄴ. 暗處에 坐ᄒᆞᆫ 百姓이 大光을 見ᄒᆞ엿고 死地와 陰翳에 坐ᄒᆞᆫ 者의게 光이 照ᄒᆞ엿도다 ᄒᆞ엿ᄂᆞ니라 〈1906마태04:16〉

ㄷ. 어두운 대 안진 百姓이 큰빗츨 보앗고 죽을地境과 그늘에 안진 者의게 빗치 빗최엿도다 하엿나니라 〈1913/1936마태04:16〉

ㄹ. 어두운 ᄃᆡ 안즌 者가 큰비츨 보고 死亡의 그늘에 안즌 者의게 光明이 빗최엿도다 ᄒᆞ니라 〈1925마태04:16〉

ㅁ. 黑暗에 안즌 百姓이 큰빗츨 보앗고 死亡의짜와 그늘에 안즌 者들의게 빗치 빗최엿도다 하엿나니라 〈1956마태04:16〉

(예16)를 비롯하여 앞에 제시한 예들에서도 볼 수 있듯이 게일은 시제를 전체적으로 현재 시제로 맞추어 표현하고 있다. 과거 시제와 미래 시제까지 섞어 쓴 공인역본 번역 성경들과 비교해 보면 '불변의 진리'에 대해서는 현재 시제를 사용한다는 글쓰기 원칙을 자신의 문체 안에서 일관성 있게 지키고자 한 것으로 보인다.

## 5. 어휘적 특징

게일이 한국어에 조예(造詣)가 상당하였다 하더라도 19세기 말~20세기 초, 언어 혼효의 시기에 외국인으로서 조어력을 발휘하여 새로운 어휘를 만들어내는 일은 쉽지 않았을 것이다. 따라서 게일의 문체에서 볼 수 있는 어휘에는, 『韓英字典』을 편찬할 때 정리-습득된 한국어 지식과 문학 작품들의 번역 과정에서 터득하게 된 한국의 문화 및 한국어 텍스트와 독자의 특성 등이 투영되어 있을 것으로 생각한다. 게일 스스로 더 많은 사람들에게 더 쉽고 자연스럽게 읽히는 성경을 간행하고자 한다는 보고서를 남긴 것으로 보아 게일은 가장 현실적이고 보편적인 문체를 구사하기 위해 노력하였을 것이다. 읽히는 성경, 이해하기 쉬운 성경의 발행을 위해서는, 아무리 오랫동안 유지되어온 성경만의 보수적인 틀과 기본 어휘라 하더라도 시대의 글쓰기 상황에 맞추어 다듬어져야 한다는 것이 그의 생각이었다. 독자가 있는 텍스트로서의 한국어 성경의 간행을 위해 게일은 모든 지위를 버리고 개인적으로 한국어 성경 全書를 번역하였고, 완성도 있는 국한혼용문 한국어 성경을 간행하였다고 스스로 자부하였을 것임이 분명하다. 그 과정에서 外經의 오해까지 싹터 교인들에게 잘 활용되지 않는 성경이 되고 말았으나 국어사적으로는 게일의 이 단독 번역 성경이 더 큰 의의가 있다. 공인역 성경들은 보수적 종교 서적으로서의 틀에 갇혀 당대 다른 부류의 텍스트들의 흐름과는 별 상관없이 만들어져 국어사적으로나 문체사적으로 살필 수 있는 국어학적 요소들이 많지 않지만 게일의 문체를 통해서는 당대의 현실 언어, 식자층이 추구했던 문체를 들여다볼 수 있고, 이것을 현대 한국어와 한국어 번역 성경과 대비하며 그 영향 관계를 가늠해 볼 수 있는 것이다. 게일의 국한혼용문 성경의 어휘적 특징은 다른 공인역 성경에 쓰인 어휘들과의 대비를 통해 드러날 것인데, 먼저 고유어와 한자어로 나누어 살펴본다.

첫째, 관형어가 명사를 수식하는 고유어 구문을 하나의 한자어로 표현한 예가 많다.

(17) ㄱ. 어두운ᄃᆡ 안즌 ᄇᆡᆨ셩이 큰빗츨 보앗고 죽을 디경과 그늘에 안즌 자의게 빗치 빗최엿도다 ᄒᆞ엿ᄂᆞ니라 〈1906마태04:16〉
ㄴ. 暗處에 坐ᄒᆞᆫ 百姓이 大光을 見ᄒᆞ엿고 死地와 陰翳에 坐ᄒᆞᆫ 者의게 光이 照ᄒᆞ엿도다 ᄒᆞ엿ᄂᆞ니라 〈1906마태04:16〉
ㄷ. 어두운 대 안진 百姓이 큰빗츨 보앗고 죽을 地境과 그늘에 안진 者의게 빗치 빗최엿도다 하엿나니라 〈1913/1936마태04:16〉
ㄹ. 어두운 ᄃᆡ 안즌 者가 큰비츨 보고 死亡의 그늘에 안즌 者의게 光明이 빗최엿도다 ᄒᆞ니라 〈1925마태04:16〉
ㅁ. 黑暗에 안즌 百姓이 큰빗츨 보앗고 死亡의 ᄯᅡ와 그늘에 안즌 者들의게 빗치 빗최엿도다 하엿나니라 〈1956마태04:16〉

(17ㄹ)에서는 이전 공인역본에서 '죽을 디경/地境'으로 표현된 부분을 '死亡'으로 표현하고, '死亡 그늘'과 '光明'을 대조적으로 사용한 문체를 구사하고 있으나 공인역 성경들은 그렇지 못하다. 게일본을 참조했다는 개역본에서는 게일이 썼던 '死亡'이라는 어휘를 가져다 쓰긴 하였으나 기존 번역문과의 어절 수를 맞추기 위해 '死亡의 ᄯᅡ와 그늘에'라고 표현하여 간결하면서도 분명하게 의미 전달을 하고 있는 게일 문체와는 또 다른 표현 형태가 되었다.

둘째, 게일역본에서는 '(經에) 닐넛스ᄃᆡ'로 통일되어 있는 데 반해 게일 전후의 공인역본에서는 '닐넛스ᄃᆡ, 닐ᄋᆞ샤ᄃᆡ, 謂ᄒᆞ샤ᄃᆡ, ᄀᆞᆯᄋᆞ샤ᄃᆡ, 云ᄒᆞ엿스ᄃᆡ, 記錄하엿스대/되엿스대' 등의 여러 형태로 표현되어 있다. 텍스트 전체를 관통하는 일관된 표현을 쓰고 있어 문헌 자료로서의 가치를 높였다고 할 수 있다.

(18) ㄱ. 예수ㅣ ᄃᆡ답ᄒᆞ야 ᄀᆞᆯᄋᆞ샤ᄃᆡ 긔록ᄒᆞ엿스ᄃᆡ 사ᄅᆞᆷ이 ᄯᅥᆨ으로만 살거시 아니오 오직 하ᄂᆞ님의 입으로 나오ᄂᆞᆫ 모든말솜으로 살거

시라 ᄒᆞ엿ᄂᆞ니라 ᄒᆞ시거늘 〈1906마태04:04〉

ㄴ. 예수ㅣ 答ᄒᆞ야 日 記錄ᄒᆞ엿스ᄃᆡ 人이 餠으로만 活ᄒᆞᆯ 거시 아니오 오직 上帝의 口로 出ᄒᆞᄂᆞᆫ 諸言으로 活ᄒᆞᆯ거시라 ᄒᆞ엿ᄂᆞ니라 ᄒᆞ시거늘 〈1906마태04:04〉

ㄷ. 예수ㅣ 對答하야 갈아샤대 記錄하엿스대 사람이 썩으로만 살것이 아니오 오직 하나님의 입으로 나오는 모든 말삼으로 살것이라 하엿나니라 하시거늘 〈1913/1936마태04:04〉

ㄹ. 예수ㅣᄀᆞᆯᄋᆞ샤ᄃᆡ 經에 닐넛스ᄃᆡ 사ᄅᆞᆷ이 食物노만 살지 아니ᄒᆞ고 하ᄂᆞ님의 모든 말ᄉᆞᆷ으로 살니라 ᄒᆞ엿ᄂᆞ니라 〈1925마태04:04〉

ㅁ. 예수ᄭᅴ셔 對答ᄒᆞ야 갈아샤대 記錄되엿스대 사람이 썩으로만 살 것이 아니오 하나님의 입으로 나오는 모든 말삼으로 살것이라 하엿나니라 하시니 〈1956마태04:04〉

(19) ㄱ. 이는 션지쟈 이시야로 말ᄉᆞᆷᄒᆞ신 쟈ㅣ니 ᄀᆞᆯᄋᆞ샤ᄃᆡ 뷘 들에 목소릐 잇셔 웨여 닐ᄋᆞᄃᆡ 쥬의 길을 예비ᄒᆞ며 그 쳡경을 곳게 ᄒᆞ라 ᄒᆞ니라 〈1900마태03:03〉

ㄴ. 이는 션지쟈 이새야로 말ᄉᆞᆷᄒᆞ신 쟈ㅣ니 ᄀᆞᆯᄋᆞ샤ᄃᆡ 뷘들에 소릐 잇서 웨쳐 ᄀᆞᆯᄋᆞᄃᆡ 쥬의 길을 예비ᄒᆞ며 그 쳡경을 곳게ᄒᆞ라 ᄒᆞᆷ이러라 〈1904마태03:03〉

ㄷ. 이는 션지쟈 이사야로 말ᄉᆞᆷᄒᆞ신 쟈니 닐넛스ᄃᆡ 광야에 소릐 잇서 웨쳐 ᄀᆞᆯᄋᆞᄃᆡ 쥬의 길을 예비ᄒᆞ며 그 쳡경을 곳게 ᄒᆞ라 ᄒᆞᆷ이러라 〈1906마태03:03〉

ㄹ. 此ᄂᆞᆫ 先知者 이사야로 言ᄒᆞ신 者니 云ᄒᆞ엿스ᄃᆡ 曠野에 聲이 有ᄒᆞ야 呼ᄒᆞ야 日 主의 路를 豫備ᄒᆞ며 其 捷徑을 直케 ᄒᆞ라 ᄒᆞᆷ이러라 〈1906마태03:03〉

ㅁ. 뎌ᄂᆞᆫ 先知者 이시야가 말ᄒᆞᆫ 者니 닐넛스ᄃᆡ 曠野에셔 웨치ᄂᆞᆫ 소릐잇서 ᄀᆞᆯᄋᆞᄃᆡ 主의 길을 豫備ᄒᆞ야 捷徑ᄒᆞ야 平坦케ᄒᆞ라 ᄒᆞ니라 〈1925마태03:03〉

ㅂ. 뎌는 先知者 이시야로 말삼하신 者라 닐넛스ᄃᆡ 曠野에 웨치는 者의 소래가 잇서 갈아대 너희는 主의 길을 豫備하라 그의 捷徑을 平坦케 하라 하엿나니라 〈1956마태03:03〉

(예18)의 다른 번역본에서는 '記錄하엿스대/되엿스대'로 표현되었지만 게일 번역본에서는 '經에 닐넛스되'로 되어 있는 것을 볼 수 있다. (예19)에서도 다른 번역본에서는 '골ᄋᆞ샤되, 닐넛스되, 云ᄒᆞ엿스되' 등으로 번역한 것을 게일역본에서는 (예18)에서와 같이 '닐넛스되'로 표현한 것을 볼 수 있다. 게일은 성경 전서를 전적으로 책임지고 혼자서 번역하였기 때문에 이러한 부분을 일관성 있게 맞추어 표현할 수 있었던 것이다. 한문 강독 투의 문체에서 벗어나 자신이 생각하는 자연스러운 한국어 표현을 만들어가고 있는 것이다.

셋째, 한문 강독 과정에서 습득된 한문 번역 투 국한혼용문이 아니라 일상적으로 활용되는 한자어로 국한혼용문을 구사한다.

(20) ㄱ. 예수ㅣ 무리ᄃᆞ려 닐ᄋᆞ시되 너희 필경 이런 쇽담을 내게 말ᄒᆞ려니 의원아 네 병을 곳치라 ᄒᆞ고 가버나옴에 힝ᄒᆞᆫ 거술 우리가 드른대로 여긔 고토에셔 ᄯᅩ 힝ᄒᆞ라 ᄒᆞ리라 ᄒᆞ시고 〈1900눅04:23〉

ㄴ. 예수ㅣ 무리ᄃᆞ려 닐넛스되 너희 필경 이런 쇽담을 내게 말ᄒᆞ리니 의원아 네 병을 곳치라 ᄒᆞ고 가버나움에 힝ᄒᆞᆫ 거슬 우리가 드른대로 여긔 고토에셔 ᄯᅩ 힝ᄒᆞ라 ᄒᆞ리라 ᄒᆞ시고 〈1904눅04:23〉

ㄷ. 예수가 뎌희게 닐ᄋᆞ샤되 너희가 필경 이런 쇽담으로 내게 말ᄒᆞ리니 의원아 네 병을 곳치라 가버나움에 힝ᄒᆞᆫ 거슬 우리가 드럿스니 그대로 여긔 고향에셔도 힝ᄒᆞ라 ᄒᆞ리라 ᄒᆞ시고 〈1906눅04:23〉

ㄹ. 예수가 彼等의게 謂ᄒᆞ샤되 爾等이 畢竟 如此ᄒᆞᆫ 俗談으로 我의게 言ᄒᆞ리니 醫員아 爾의 病을 醫ᄒᆞ라 가버나움에 行ᄒᆞᆫ 거슬 我等이 聞ᄒᆞ엿스니 그대로 此處 故鄕에셔도 行ᄒᆞ라 ᄒᆞ리라 ᄒᆞ시고 〈1906눅04:23〉

ㅁ. 예수ㅣ 뎌희의게 닐ᄋᆞ샤되 너희가 必然 醫員아 네 病을 곳치라 ᄒᆞᄂᆞᆫ 俗談을 가지고 닐ᄋᆞ기를 네가 가버나움에셔 行ᄒᆞᆫ 일을 우리가 드럿스니 그대로 故鄕에셔도 行ᄒᆞ라 ᄒᆞ리라 〈1925눅

04:23〉

ㅂ. 예수끠셔 뎌희게 닐아샤대 너희가 반다시 醫員아 너를 곳치라 하는 俗談을 引證하야 내게 말하기를 우리의 드른 바가 가버나움에셔 行한 일을 네 故鄕 여긔셔도 行하라 하리라 〈1940[20]눅04:23〉

ㅅ. 예수께서 저희에게 이르시되 너희가 반드시 醫員아 너를 고치라 하는 俗談을 引證하여 내게 말하기를 우리의 들은 바 가버나움에서 行한 일을 네 故鄕 여기서도 行하라 하리라 〈1956눅04:23〉

(20ㄹ)의 국한문 계열 번역본에서는 '彼等, 爾等, 我等'과 같이 한문투의 자의적인 한자어를 사용하고 있으나 게일 번역본 이후의 국한혼용문에서는 고유어 '뎌희, 너희, 우리'로 표현하였다. 가능한 한 모든 실사를 한자어화하 작위적인 국한혼용문과는 다르다. 다른 부분을 보면, 국한문 계열의 '衆人'에 대해서도 게일역본에서는 '무리'라고 쓰고 있다. 또한, (20ㅁ)의 '必然'이 (20ㅂ)에서 '반다시'로 표현된 것은 이 시기 '必然'과 '반다시'의 사용 비중이 비슷했던 것으로 이해할 수 있다. 다른 부류의 텍스트들에서도 '반다시'와 '必然'은 동의 경쟁을 하고 있는 것으로 확인된다.

넷째, 유의어들의 의미를 구분하여 성경 번역에 적합한 단어를 선별하여 문장에 사용한 흔적들을 확인할 수 있다.

(21) ㄱ. 이때브터 예수ㅣ 반포ᄒᆞ기롤 시작ᄒᆞ야라 〈1900마태04:17〉

ㄴ. 이때브터 예수ㅣ 비로소 젼파ᄒᆞ야 〈1904마태04:17〉

ㄷ. 이 때브터 예수가 비로소 젼파ᄒᆞ야 〈1906마태04:17〉

---

20 (20ㅂ)은 1940년에 발행된 『簡易 鮮漢文 新約 改譯』이고, (20ㅅ)은 1956년에 발행된 『簡易 國漢文 新約全書 改譯』이다. (20ㅂ)과 (20ㅅ)의 가장 큰 차이는 1952년 발행된 『신약전서 개역 한글판』에 준한 맞춤법 교정의 반영 여부이다.

ㄹ. 此 時로브터 예수가 비로소 傳播ᄒᆞ야 〈1906마태04:17〉
ㅁ. 이 ᄣᅢ브터 예수ㅣ 비로소 傳播하야 〈1913/1936마태04:17〉
ㅂ. 이 ᄣᅢ브터 예수ㅣ傳道ᄒᆞ야 〈1925마태04:17〉
ㅅ. 이 ᄣᅢ브터 예수ㅣ 비로소 傳播하야 〈1956마태04:17〉

(예21)에서는 공인역본 국한혼용문의 '傳播ᄒᆞ-'와 게일본의 '傳道ᄒᆞ-'의 대응을 볼 수 있는데 게일의 『韓英字典』(1897)을 보면 '젼도ᄒᆞ다'는 'To preach-the Gospel'로 종교적인 단어로 풀이되어 있고, '젼파ᄒᆞ다'는 '젼ᄒᆞ다, ᄲᅮ리다'와 유사한 의미로 'To proclaim, to spread abroad, to announce what should be kept quiet'로 일상적인 단어로 풀이되어 있다. 반면, 언더우드의 『한영ᄌᆞ뎐』(1890)에는 '젼도ᄒᆞ-'는 없고, '젼파ᄒᆞ오'만 등재되어 있고 'To reveal, divulge, make public'으로 일상적인 의미로만 풀이되어 있다. 시험역 한글 성경(1900)에서는 '반포ᄒᆞ-'로 번역되어 있는데, 언더우드의 『한영ᄌᆞ뎐』에는 '반포(ᄒᆞ다)'가 등재되어 있지 않고, 게일의 『韓英字典』에는 '반포ᄒᆞ-'가 '눈호-'나 '펴-'와 유사한 의미이며 'To issue a proclamation, to announce officially'라고 풀이되어 있다. 초기 한국어 성경 번역자들이 게일의 사전을 활용하였을 가능성을 보여주는 예이기도 하다. (예21)을 통해 '전도하다'라는 동사가 게일에 의해 한국어 번역 성경에서 처음 쓰인 것을 알 수 있다.

(22) ㄱ. 너희를 ᄃᆡ졉지 아니ᄒᆞ며 듯지 안는 곳이 잇거든 〈1906마가06:11〉
ㄴ. 爾等을 待接지 아니ᄒᆞ며 聽치 안는 處가 有ᄒᆞ거든 〈1906마가06:11〉
ㄷ. 너희를 待接지 아니하며 듯지 안는 곳이 잇거든 〈1913/1936마가06:11〉
ㄹ. 너희를 迎接지 아니ᄒᆞ며 듯지 안는 곳이 잇거든 〈1925마가06:11〉

ㅁ. 너희를 迎接지 아니하고 너희 말을 듯지도 아니하거든 〈1956마가06:11〉

(예22)에서는 게일본의 '迎接'과 성서공회에서 발행한 이전 번역본의 '待接'이 대응되고 있는 것을 볼 수 있다. 게일의 『한영ᄌᆞ뎐』(1890)과 『韓英大字典』(1897)에는 '대졉'은 등재되어 있지 않고, '영졉ᄒᆞ-'는 언더우드의 『한영ᄌᆞ뎐』(1890)에만 등재되어 있는데 'To great a guest, to go out to welcome a friend'라고 풀이되어 있다. 중국어(한문) 성경에서는 '接待'라고 표현되어 있어 '迎接'이라는 단어도 게일이 처음 한국어 성경 번역어로 채택한 것으로 볼 수 있다.

(23) ㄱ. 무리가 대단히셩내여 예수롤 엇더케 쳐치ᄒᆞ리오ᄒᆞ야 서로의론ᄒᆞ더라 〈1900눅06:11〉
ㄴ. 무리가 대단히셩내여 예수를 엇더케 쳐치ᄒᆞ리오ᄒᆞ여 서로의론ᄒᆞ더라 〈1904눅06:11〉
ㄷ. 무리가 분ᄒᆞᆫᄆᆞᄋᆞᆷ이ᄀᆞ득ᄒᆞ야 예수를 엇더케 쳐치ᄒᆞᆯ거슬 서로의론ᄒᆞ더라 〈1906눅06:11〉
ㄹ. 衆人이 忿心이滿ᄒᆞ야 예수를 如何케 處置ᄒᆞᆯ거슬 相議ᄒᆞ더라 〈1906눅06:11〉
ㅁ. 무리가 忿ᄒᆞᆫ 마암이 가득하야 예수를 엇더케 處置할것을 서로議論하더라 〈1913/1936눅06:11〉
ㅂ. 무리가 憤ᄒᆞᆫ ᄆᆞᄋᆞᆷ이 ᄀᆞ득ᄒᆞ야 예수를 엇더케 處置ᄒᆞ고 서로議論ᄒᆞ더라 〈1925눅06:11〉
ㅅ. 무리가 憤氣가 가득하야 예수를 엇더케 處置할 것을 서로議論하니라 〈1956눅06:11〉

(예23)을 보면, '셩내-', '분ᄒᆞᆫᄆᆞᄋᆞᆷ', '忿心', '忿ᄒᆞᆫ 마암', '憤ᄒᆞᆫ ᄆᆞᄋᆞᆷ', '憤氣'가 대응되고 있는데, '忿'과 '憤'의 混記를 볼 수 있다. 이에 해당하는 중국어(한문) 성경을 보면 '他們就滿心大怒'와 같이 '怒'로 표현되어

있다. 이러한 현상은 국한혼용문 성경 번역이 사전이나 저본의 표현을 그대로 따르는 방식으로 이루어진 것이 아니고, 집필자들의 한문 실력을 바탕으로, 자의적으로 한자어와 주요 표현이 구사되었음을 추론해 볼 수 있는 단서이다.

게일은 『Korea in Transition』(1909:131)에서, 조상숭배와 부엌의 귀신과 불결함과 무지가 있는 조선에서 누군가에게 성경을 '읽게 하는 것'이야말로 십자가의 길이라고 설명하였다. 이는 게일이 성경 번역에서 무엇을 가장 중요하게 생각하고, 자신이 성경이 어떤 성경이기를 바랐는지, 즉 자신이 번역한 한국어 성경이 '읽히는' 성경으로 발행되기를 바랐을 것임을 짐작할 수 있게 하는 내용이다.

## 6. 게일 번역 성경의 국어학적 가치

지금까지 게일이 번역한 한국어 성경의 문체적 특성을 살피며 국한혼용문 번역 성경이 갖는 국어학적 가치를 생각해 보았다. 어학 분야에서의 국한혼용문에 대한 연구는 그동안 그 구체적인 형성과 변천의 과정을 설명하지 못하고 있는 실정이었다. 나는 이의 가장 큰 원인을 19세기 말~20세기 초의 연구 과정에서 다른 영역의 텍스트보다 많이 간행되고 보급된 한국어 번역 성경에 대한 고찰이 빠져 있었던 데에 두고, 다른 영역의 텍스트들에 대한 기존 연구들의 바탕 위에서 시기별 한국어 번역 성경을 대비·검토하였다.

내가 국한혼용문의 형태와 변천 과정을 가장 잘 확인할 수 있는 문헌이 한국어 번역 성경이라고 보는 이유, 즉 현대 한국어 문체와 한국어 번역 성경의 상관성을 논하고자 하는 데에는 까닭이 있다. 19세기 말 이후 언어의 시대적 변화를 고려하며, 독자를 고려하며, 같은 내용을 전달할 목적으로, 끊임없이 수정·개역·개정의 작업을 반복하며 현대까지 이어지고 있는 문헌으로 개신교 성경만큼 판권의 간행 기록이 확실하고, 많은 부수가 주기적으로 인쇄되고, 적극적으로 유통된 텍스트가 없기 때문이다. 유경민(2011)에서 간이선한문 계열의 국한혼용문이 개역본 문체로 이어지고, 이것이 현대 한국어 문체에 영향을 주었다고 하였던 것을 보완하여, 그 이후에 간행된 게일의 국한혼용문 성경 번역 문체가 현대 한국어 번역 성경에까지 직접적으로 이어지고 있고, 그 영향이 현대 한국어 문체에까지 미치고 있음을 예를 중심으로 설명하였다. 그러나 간이선한문 계열의 국한혼용문과 『寄一新譯 新舊約全書』의 국한혼용문의 차이는 국한문 계열과의 차이만큼 크지 않다.

19세기 말~20세기 초는 국가적 차원에서는 한글 쓰기를 장려하였지만, 한문을 버리지 못했고, 실제적으로는 국한혼용문 쓰기가 활발히 이루어진 시기였다. 국한혼용문 쓰기가 활발해지면서 여러 유형의 국한혼용문에 대한 시도와 모색이 이루어졌는데, 게일의 국한혼용문 번역 성경의 문체는 현대 한국어 문체와 유사한 요소들을 갖춘 것으로, 다음과 같은 특징을 갖는다.

① 독자의 이해도와 활자 텍스트로서의 번역 성경의 위상을 고려하여 국한혼용문 성경의 필요성을 인지한 게일이, 오랫동안 많은 국문 번역 성경 간행을 책임졌던 경험을 바탕으로, 당시 가장 현실적이고 자연스러운 국한혼용문체로 쓴 것임을 자부하고 있다.

② 당시의 다른 번역자들이 아무리 게일 번역본을 외면하려 해도 결국은 기본 자료로 활용하지 않을 수 없었다고 밝히고 있다. 개역자들의 이러한 고백은, 1938년 『성경전셔 개역』이 간행된 이후 1967년 『새번역 신약』이 나오고, 1998년 『성경전서 개역개정판』이 나올 때까지 활용된, 한국어 성경의 개역본에 게일 번역본의 문체가 반영된 사실을 입증하는 가장 직접적인 근거이다.

③ 게일 번역 국한혼용문의 현대성은 기존의 국한문 계열 한국어 번

역 성경과 당대의 일반적인 글쓰기 형태였던 '고유어 一單語에 대한 한자어 一音節化' 방식의 漢字語化 방식에 얽매이지 않고 자연스러운 한자어를 사용한 문체를 구사하였다는 데에 있다. 예를 들면, 헬라어의 'ὑποπόδιόν(휘포포디온, 발판, 마태05:35)'이 영어 성경에서는 'footstool (1611/ 1973/1977)'로, 중국어 성경에서는 '脚几(1823)', '足凳(1852, 1864)', '脚凳(1872)'으로 번역되었고, 일본어 메이지역(1877)에서는 '足凳', 한국어 번역 성경에서는 '足凳(1906)'과 '발도듬(1900)', '발등상(1904/1906)', '발凳牀(1925)'[21] 등의 형태가 확인된다. 한자어를 가능한 한 많이 사용하고자 했던 국한문(1906)에서는 중국어 성경이나 일본어 성경에서 확인되는 '足凳'이라는 단어를 쓰고, 국문 성경을 지향하는 공인역본에서는 '발등상'이라고 한 것이다. 그러나 '발등상'의 '등상'은 한자어이기 때문에 게일 번역본에서는 '발凳牀'과 같이 한자어만 한자 표기하여 자연스럽게 통용되는 단어로 번역문을 완성한 것이다. 이러한 방식이 중세국어 시기의 언해문, 즉 용비어천가 식 국한혼용문과 닮아 있다고 설명하였다. 즉, 실제 통용되는 한자어만 문장에 사용하고, 그 한자어에 대해서만 한자 표기를 한다는 점에서 언해문과 맥이 닿아 있다는 것이다. 차이점은 한자어의 양이 언해문이 더 많다는 정도이다.

④ 한문 번역 투의 문두 지시사가 대부분 생략되었다.

⑤ 기존 번역 성경의 어순을 더욱 한국어스럽게 정비하는 과정에서 많은 어미와 조사가 자연스럽게 수정되었다.

⑥ 의미가 중복되는 문법 요소나 어휘 요소들을 과감히 생략하여 간결한 국한혼용문을 완성하였다. 구체적으로는 '조사 혹은 어미'와 '부사'와의 의미가 중복되면 한 요소를 생략하거나, 수식어와 피수식어를

---

**21** 게일(1925)의 '발凳牀'이라는 표현은 1904년 번역본에서 '발등상'이라고 수정된 어휘를 한자어는 한자 표기화, 즉 바꿔 쓰기를 한 결과이다.

2음절의 한자어로 간단히 표현한 예들이 이에 속한다.

⑦ 특별한 동사나 문맥적으로 꼭 필요하지 않은 경우, 성경의 문체를 현재 시제로, 시제의 통일을 꾀하였다.

⑧ '닐넛스디'와 같이 성경 전체적으로 일관된 표현들을 사용함으로써 단일 텍스트로서의 완성도를 높였다.

⑨ 한문 강독에 익숙해진 한문 번역 투 국한혼용문이 아니라 일상적으로 활용되는 한자어를 중심으로 한자어 표현을 한 국한혼용문을 구사하였다.

⑩ 유의어들의 의미를 구분하여 성경 번역에 적합한 단어를 선별하여 사용하였다.

현대 한국어의 대부분의 문체는 국문이다. 그런데도 현대 한국어 문체의 연원을 19세기 말~20세기 초의 국한혼용문에 두는 것은, 이 시기의 국한혼용문에서 한자로 표기되던 많은 한자어가 토착화되어 한글 표기 혹은 고유어 표현만으로도 그 의미를 파악할 수 있게 되어 국문 전용이 가능해졌다고 보기 때문이다. 나는 이러한 한자어의 토착화 과정에 국한혼용문 번역 성경의 문체와 그 간행의 역사가 적지 않은 영향을 주었음을, 게일의 국한혼용문 번역 성경을 중심으로 설명하였다. 앞으로 한국어 번역 성경의 문장 구조와 문장 구성 요소의 검토, 번역 어휘의 연원에 대한 연구들이 이어지고, 더 많은 연구자들이 더 구체적으로 규명해나갈 수 있기를 기대한다.

10장

# 한국의 속담과 수수께끼를 통해 초기 선교사들이 인식한 한국

# 1. 자료의 의의

『KOREAN REPOSITORY』(1892~1898)는 1892년 1월에 영국인 선교사 올링거(Ohlinger, F.) 부부가 창간한 영문 잡지이다. VOLUME I이 발행되고 올링거 부부의 귀국으로 휴간되다가 1895년 1월에 아펜젤러(Henry Gerhard Appenzeller)와 존스(George Heber Jones)가 발행인으로, 헐버트(Homer Bezaleel Hulbert)가 부편집인으로 편집을 맡아 속간되어 VOLUME V(1898)까지 발행되었다. 잡지에서 다루고 있는 분야는 한국의 정치, 경제, 문학, 풍속, 문화, 언어(음운, 어휘 중심) 등 한국과 관련된 전반이다. 간행의 주요 목적은 미·영국 선교사들에게 한국을 알리기 위한 것이었는데 언어 현상을 비롯한 한국의 근대사 연구를 위한 중요한 정보들이 서양인(Appenzeller, Hulbert, Gale, Underwood, Landis 등)의 관점에서 설명되어 있어 더욱 연구의 가치가 있다. 이 한국 홍보 잡지는 폐쇄적인 한국 사회를 서양에 알리는 데 큰 역할을 하였을 것이며, 한국으로 파견될 후임 선교사들이 한국어 및 한국 문화를 간접 경험할 수 있는 유용한 자료로 활용되었을 것이다. 속담[1]이나 수수께끼는 그 민족의 사고 유형 및 문화를 복합적으로 들여다 볼 수 있는 언어 자료이다. 잡지는 전체적으로는 영문으로 작성된 형태인데, 속담과 수수께끼 목록은 한글로 제시되어 있고,[2] 그

---

1 '함흥차ᄉᆞ', '구밀복검', '조화모락' 등과 같은 4字 漢字語를 'korean proverbs' 라는 제목 아래에서 다루며 그 아래에 설명하는 글에서는 'korean proverbs and pithy sayings'라고 설명한다. 이에 본고에서는 4字 漢字語를 속담과 별도로 다루지 않고 속담의 범주에 포함하여 다룬다. 일반적으로 한자 4음절이 모여 하나의 의미 단위로 활용되는 것을 가리켜 '사자성어(四字成語)'나 '사자숙어(四字熟語)'라고 한다. 그러나 실제 목록들을 검토해 보면, 기존의 成語나 熟語의 개념으로 변별하기 어려운 예도 적지 않다. 남미혜(2007)에서도 이러한 점을 고려하여 4자어와 4자 성어를 구분하였다. 이 글에서 사용한 '4자 한자어'라는 용어는 남미혜(2007)의 4자어와 4자 성어를 포괄하는 개념이다.

의미는 영어로 첨부된 형식을 취하고 있다. 잡지에 수록된 목록은 한국을 이해하고자 하는 외국인에게 한국을 설명해주기 위해 한국에 와 있는 외국인의 입장에서 선별한 것이기에 더욱 의미가 있다.

『KOREA REVIEW』(1901~1906)는 『KOREAN REPOSITORY』[3]가 폐간된 후 이것의 편집을 맡았던 헐버트가 1901년부터 발행하기 시작한 영문 잡지로, 체재와 내용 면에서는 REP와 비슷하다. 유니언 신학대학(Union Theological Seminary)에 재학 중 1886년 육영공원(育英公院)[4]의 영어 교사로 초청을 받아 내한한 헐버트는 순한글 교과서 『ᄉᆞ민필지』(1889)를 저술할 만큼 한국어 습득도 빨랐고, 한문에도 조예가 깊었던 미국인이었다. 조선 정부의 육영공원 축소 운영에 따라 1891년 12월 미국으로 돌아간 헐버트는 1893년 9월 미국 감리교회의 선교사 자격으로 다시 조선에 입국하였고, 미국 감리교 선교회가 배재학당 교사에 만든 삼문출판소(The Trilingual Press)[5]의 2대 사장으로 선임되었다. 헐버트는 삼문출판소의 책임을 맡으며 휴간되었던 REP를 속간하였고, 이것이 폐간된 후 한국의 새로운 시사 잡지 REV를 발행한 것이다. 한국 근대사에서 빼놓을 수 없는 헐버트는 1907년

---

2 『KOREAN REPOSITORY VOLUM』 II(pp.314-316)에서만 한국어 속담을 영역(英譯)하여 제시한 예가 확인된다. 예를 들면, 'He ate so fast that he choked.'와 같이 제시하는데 이는 한국의 '〔급히 먹는 밥이 목이 민다〕'를 소개한 것이다. 이렇게 英譯하여 한국어 속담을 제시하는 것은 외국에서 한국의 언어와 문화를 습득하고자 하는 외국인들에게 별 도움이 되지 못하였던 것으로 보인다. 2년 후 같은 잡지에 헐버트가 같은 속담들을 다시 한글 표기로 제시한 것을 통해 짐작해 볼 수 있다.

3 이하에서 『KOREAN REPOSITORY』는 REP, 『KOREA REVIEW』는 REV로 나타낸다.

4 육영공원은 조선이 미국과 수교 후 상호 협력한 최초의 개화 사업으로, 고종의 서양식 교육에 대한 관심으로 설립된 우리나라 최초의 근대식 국립학교로 학생은 과거에 합격한 관리와 양반집 자제들로 구성되었다.

5 한국어, 영어, 중국어로 인쇄하고 출판하였던 감리교 출판사인데, 1900년 벡크(Beck, S.A.)가 인수하여 '감리교출판사'로 이름을 바꾸었다.

일본으로부터 추방당하였으나 "I would rather be buried in Korea than in Westminster Abbey."라고 말하며 1949년 80세가 넘어 다시 한국에 왔고, 그의 바람대로 조선 땅에 묻힌 한국의 독립운동가이자 한국학 학자로 남게 되었다.

19세기 말~20세기 초에 개신교 선교사가 정리하여 외국에 소개한 한국어 속담과 수수께끼의 목록을 검토하고 그 언어 표현들에 내재된 한국의 언어·문화적 특징을 고찰하는 것이 일차 목적이다. 구체적으로는 REP와 REV에 수록된 영역 한국어 속담 및 문답형 수수께끼를 고찰한다. 비모어 화자[6]를 위한 한국어 교육에서 속담 교육을 크게 표현용 속담과 이해용 속담으로 구분하여 다룰 수 있는데, 두 영문 잡지에 소개된 한국어 속담과 수수께끼는 표현용보다는 이해용 목록, 혹은 습득용 언어 자료라고 할 수 있기에 본고에서는 표현 교육과 관련된 속담 연구는 차치한다. 즉, '글거 부시럼되다'인지, '글거 부스럽이다'인지, '남더문입납'으로 제시할 것인지, '남더문립납이라'로 제시할 것인지 등과 관련된 문제는 본고에서 다루지 않는다는 것이다. 표현 교육용 속담 연구의 주요 과제가 되는 문법 형태소의 문제에 천착하지 않고, 한국어 속담 및 수수께끼에 사용된 어휘 연구를 주목적으로 한다.

속담과 수수께끼는 언어로 표출되는 한 민족의 정신적 문화 유산이다. 한 민족, 한 나라 사람들이 공유하고 즐겨 쓰는 언어 표현에는 그

6 본고에서 '비모어(non-mother tongue)'는 '외국어/제2언어'를 포괄하는 용어로 사용한다. 논자에 따라 'teaching korean as an L2'와 'Non-native Learners'라는 용어를 사용하기도 하는데, 본고에서 'non-mother tongue'라는 용어를 지향하는 배경은 다음과 같다. '母語'는 개인이 나고 자란 언어 사회에서 습득한 언어이고, '母國語'는 개인이 속한 조국/민족어이다. 예를 들어, 미국에서 난 한국인 2세의 모어는 영어이지만 모국어는 한국어인 것이다. 영어에서는 전자를 'mother tongue'라 하고, 후자를 'native language'라고 하는데, 'native language'는 'heritage language'와도 같은 개념이므로 본고에서는 모어(mother tongue)와 비모어(non-mother tongue)라는 용어를 사용한다.

사회의 오랜 일상의 문화가 담겨 있기에 대중 선교에 목표를 둔 개신교 선교사들에게 이 언어 자료는 한국을 알아가는 가장 현실적인 길잡이였을 것으로 보인다. 낯선 외국인들이 'wisdom of the Eastern people'이라고 표현하며 이것을 습득하고자 했던 노력을 엿볼 수 있다는 데에 두 영문 잡지에 실린 한국어 속담과 수수께끼에 대한 연구의 의의가 있다. 서양인의 시각으로, 다른 외국인들에게 한국을 소개하기 위하여 수집하고 정리한 이 목록들은 오늘날 한국인 스스로 한국을 대표할 만한 것으로 판단하고 선택하여 작성하는 교육용 목록들보다 현실적으로 더 효율적인 활용 가치가 있을 것으로 생각한다. 여기에 이 두 잡지에 실린 한국어 속담 및 수수께끼에 대한 연구의 필요성이 있다. 잡지의 필진은 영국과 미국 선교사들이 중심이었고, 한국에서의 불교의 부흥, 조상 숭배와 농경 문화와 관련된 목록이 많다.[7]

REP와 REV를 다룬 기존 연구들이 있기는 하지만 지금까지는 다른 속담집에 실린 목록들과의 대비와 전체적 소개의 차원에 머무르거나(김동언, 2005:118) 잡지에 실린 문학 작품들을 주로 다루었거나(김승우, 2014) 당대의 정치, 경제, 역사, 사회, 문화, 전통 등에 대한 개괄적 보고서가 주를 이룬다. 김동언(2005:270)은 REP와 REV에 한국어 속담이 제시되어 있다는 것을 소개하기는 하였으나 Landis와 Hulbert가 집필한 속담에 대해서만 그 개수[8]와 제시 방식을 밝혔을 뿐 두 잡지에 실린 목록을 전체적으로 고찰하지는 않았다. 나는 두 잡지에 실린 한국어 속담과 수수께끼의 목록과 그 내용 및 어휘적 특징

7 기독교인이 중심이 된 잡지였으나 당시 조선 사회에서 '불교'나 '유교' 및 '토속신앙' 등이 조선인의 사고 체계와 교육의 중심에 있었으므로 이와 관련된 문화적 요소와 이를 반영한 언어 표현들이 주로 다뤄질 수밖에 없었을 것으로 보인다. 이는 개신교의 토착화를 위해서도 선교사들이 반드시 습득해야 할 내용들이었기 때문이다.

8 Hulbert가 제시한 속담을 75개라고 하였으나 REP Ⅳ 371쪽에서 '48' 다음에 '50'으로 넘어가는 실수는 범하였기 때문에 실제로 제시된 속담은 74개이다.

을 꼼꼼하게 살피며 그 과정에서 그동안 잘못 정리된 내용들을 바로 잡고, 그 목록 안에서 서양인의 한국관을 고찰한다.

연구 대상은 REP와 REV에 실린 한국의 속담(proverbs) 264개와 수수께끼(conundrums) 81개이다. REP Ⅰ ~ Ⅴ와 REV Ⅰ ~ Ⅵ에 실린 한국어 속담(proverbs)과 수수께끼(conundrums)의 실제 예를 보이면 〈그림 1〉~〈그림 3〉과 같고, 그 개수와 집필자[9]를 구체적으로 정리해 보이면 〈표 1〉과 같다.

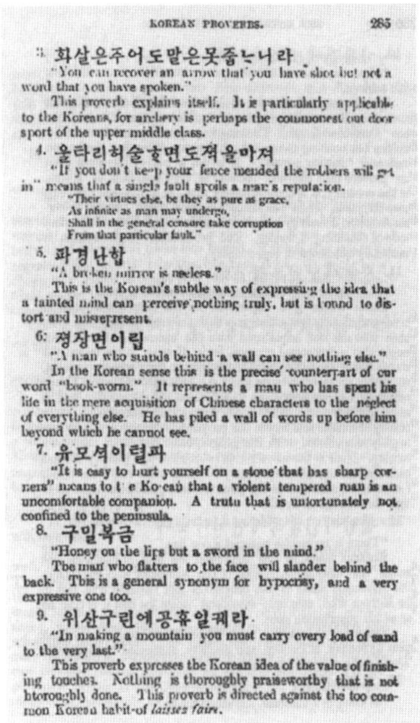

KOREAN PROVERBS. 285

3. 화살은주어도말은못줍느니라

"You can recover an arrow that you have shot but not a word that you have spoken."

This proverb explains itself. It is particularly applicable to the Koreans, for archery is perhaps the commonest out door sport of the upper middle class.

4. 울타리허술ᄒᆞ면도젹을마져

"If you don't keep your fence mended the robbers will get in" means that a single fault spoils a man's reputation.

"Their virtues else, be they as pure as grace,
As infinite as man may undergo,
Shall in the general censure take corruption
From that particular fault."

5. 파경난합

"A broken mirror is useless."

This is the Korean's subtle way of expressing the idea that a tainted mind can perceive nothing truly, but is bound to distort and misrepresent.

6. 졍장면이립

"A man who stands behind a wall can see nothing else."

In the Korean sense this is the precise counterpart of our word "book-worm." It represents a man who has spent his life in the mere acquisition of Chinese characters to the neglect of everything else. He has piled a wall of words up before him beyond which he cannot see.

7. 유모셕이렬파

"It is easy to hurt yourself on a stone that has sharp corners" means to the Korean that a violent tempered man is an uncomfortable companion. A truth that is unfortunately not confined to the peninsula.

8. 구밀복금

"Honey on the lips but a sword in the mind."

The man who flatters to the face will slander behind the back. This is a general synonym for hypocrisy, and a very expressive one too.

9. 위산구린에공휴일궤라

"In making a mountain you must carry every load of sand to the very last."

This proverb expresses the Korean idea of the value of finishing touches. Nothing is thoroughly praiseworthy that is not thoroughly done. This proverb is directed against the too common Korean habit of *laissez faire*.

<그림 1> REP Ⅳ(Hulbert, 285)

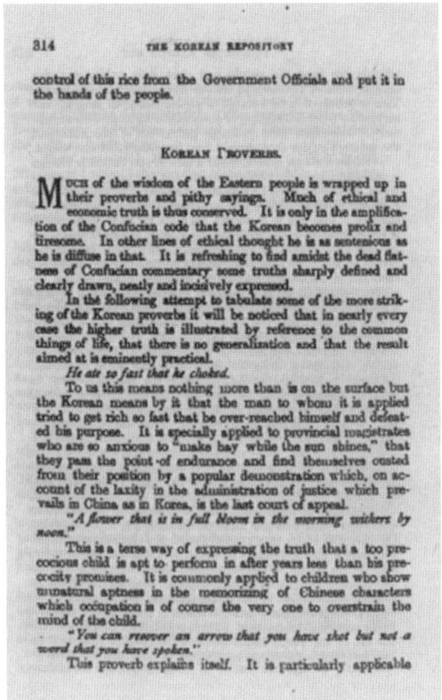

314 THE KOREAN REPOSITORY

control of this rice from the Government Officials and put it in the hands of the people.

KOREAN PROVERBS.

MUCH of the wisdom of the Eastern people is wrapped up in their proverbs and pithy sayings. Much of ethical and economic truth is thus conserved. It is only in the amplification of the Confucian code that the Korean becomes prolix and tiresome. In other lines of ethical thought he is as sentenious as he is diffuse in that. It is refreshing to find amidst the dead flatness of Confucian commentary some truths sharply defined and clearly drawn, neatly and incisively expressed.

In the following attempt to tabulate some of the more striking of the Korean proverbs it will be noticed that in nearly every case the higher truth is illustrated by reference to the common things of life, that there is no generalization and that the result aimed at is eminently practical.

*He ate so fast that he choked.*

To us this means nothing more than is on the surface but the Korean means by it that the man to whom it is applied tried to get rich so fast that he over-reached himself and defeated his purpose. It is specially applied to provincial magistrates who are so anxious to "make hay while the sun shines," that they pass the point of endurance and find themselves ousted from their position by a popular demonstration which, on account of the laxity in the administration of justice which prevails in China as in Korea, is the last court of appeal.

*"A flower that is in full bloom in the morning withers by noon."*

This is a terse way of expressing the truth that a too precocious child is apt to perform in after years less than his precocity promises. It is commonly applied to children who show unnatural aptness in the memorizing of Chinese characters which occupation is of course the very one to overstrain the mind of the child.

*"You can recover an arrow that you have shot but not a word that you have spoken."*

This proverb explains itself. It is particularly applicable

<그림 2> REP Ⅱ(Beza, 314)

9 목록을 제시하고 그 끝에 필자를 밝힌 것도 있고, 그렇지 않은 것도 있는데 〈표 1〉에서는 필자 표기가 없는 것에는 '無名'이라고 표시하였다.

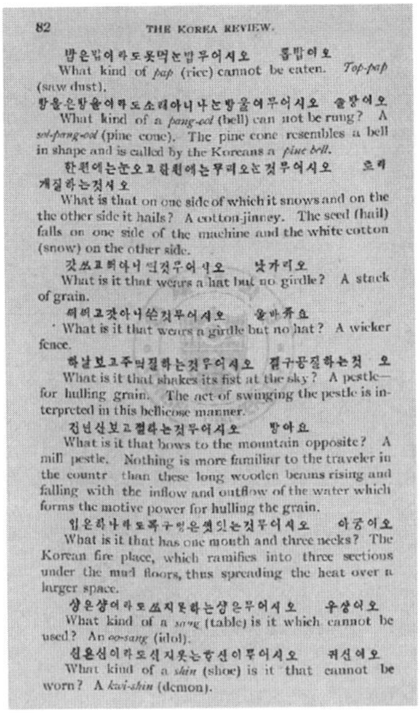

82 THE KOREA REVIEW.

밥은밥이라도못먹는밥무어시오 톱밥이오

What kind of *pap* (rice) cannot be eaten. *Top-pap* (saw dust).

방울은방울이라도소리아니나는방울이무어시오 솔방울이오

What kind of a *pang-ool* (bell) can not be rung? A *sol-pang-ool* (pine cone). The pine cone resembles a bell in shape and is called by the Koreans a *pine bell*.

한편에는눈오고한편에는무리오는것무어시오 [illegible] 질하는것시오

What is that on one side of which it snows and on the the other side it hails? A cotton-jinney. The seed (hail) falls on one side of the machine and the white cotton (snow) on the other side.

갓쓰고띄아니띈것무어시오 낫가리오

What is it that wears a hat but no girdle? A stack of grain.

띄띄고갓아니쓴것무어시오 울바쥬요

What is it that wears a girdle but no hat? A wicker fence.

하날보고주먹질하는것무어시오 절구공질하는것 오

What is it that shakes its fist at the sky? A pestle—for hulling grain. The act of swinging the pestle is interpreted in this bellicose manner.

건너산보고절하는것무어시오 방아요

What is it that bows to the mountain opposite? A mill pestle. Nothing is more familiar to the traveler in the countr than these long wooden beams rising and falling with the inflow and outflow of the water which forms the motive power for hulling the grain.

입은하나라도목구멍은셋잇는것무어시오 아궁이오

What is it that has one mouth and three necks? The Korean fire place, which ramifies into three sections under the mud floors, thus spreading the heat over a larger space.

상은상이라도쓰지못하는상은무어시오 우상이오

What kind of a *sang* (table) is it which cannot be used? An *oo-sang* (idol).

신은신이라도신지못하는신이무어시오 귀신이오

What kind of a *shin* (shoe) is it that cannot be worn? A *kwi-shin* (demon).

<그림 3> REV V 수수께끼

<표 1> KOREAN REPOSITORY와 KOREA REVIEW의 한국어 속담 및 수수께끼 목록

| | KOREAN REPOSITORY | KOREA REVIEW |
|---|---|---|
| VOLUME Ⅰ | 26개(無名, 1892:342-346) | 50개(無名, 1901:50-53/392-396) |
| VOLUME Ⅱ | 14개[10](Beza, 1895:314-316) | |
| VOLUME Ⅲ | 100개(Landis,[11] 1896:312-316·396-403) | |
| VOLUME Ⅳ | 74개(Hulbert, 1897:284-290·369-373·452-455) | |
| VOLUME Ⅴ | | 53개(Bernheisel, 1905:81-87) |
| VOLUME Ⅵ | | 28개(無名, 1906:59-62) |

**10** 김동언(2005:118)에서는 13개라고 밝혔지만 구체적으로 영역(英譯)되어 실제로 " " 안에 제시된 한국어 속담은 14개이다.

**11** Eli Barr Landis(한국명 南得時)는 1890년에야 한국 선교를 시작했던 영국 성공회

〈그림 2〉의 REP Ⅱ에 베자가 집필한 영역(領域) 한국어 속담을 제외하면, REP와 REV에 제시된 모든 속담은 한글 표기 속담을 먼저 제시하고, 그에 해당하는 영역문을 " " 안에 제시한 후, 그것이 의미하는 바를 영문으로 풀이하는 형식이다. 한국어 속담을 제시하고 풀이하는 과정에서 집필자들은 'common in korea', 'korean idea' 등과 같은 표현을 사용함으로써 제시된 한국어 속담들이 한국 사회의 일반적인 인지 구조가 투영된 표현들임을 강조하였다. 수수께끼는 〈그림 3〉에서와 같이 묻고 답하는 식으로 제시되어 있는데 이것이 갖는 한국어 문화 자료로서의 의의와 연구 방법은 속담과 같다. 〈표 1〉에서 음영 표시가 된 부분이 속담에 해당하고, 수수께끼는 음영 표시가 안 된 부분으로, REV Ⅴ와 Ⅵ에서만 확인되며 총 81개가 확인된다.

김동언(2005:121)에서는 '속담들이 겹치지 않는 것으로 보아 집필자들이 직접 독자적으로 수집한 것이었다'라고 설명하였으나 REP Ⅱ에 베자가 제시한 영역(英譯) 속담 14개 중 12개의 속담은 REV Ⅳ에서 헐버트가 똑같은 순서로, 한글로 표기하여 제시하고 설명하였다. 다음은 베자의 영역 한국어 속담을 기준으로 그것과 같은 속담을 제시한 예를 보인 것이다.

<표 2> 영역 속담과 한글 속담의 중복 예

| | KOREAN REPOSITORY Ⅱ (Beza, 1895) | KOREAN REPOSITORY Ⅳ (Hulbert, 1897) |
|---|---|---|
| 1 | He ate so fast that he choked. | 급히 먹는 밥이 목이 민다 |
| 2 | A flower that is in full bloom in the morning withers by noon. | 죠화모락(朝花暮落) |

(聖公會) 소속의 미국인 의료 선교사로서 한국어와 한문의 구사 능력이 뛰어났으며, 자연과학적 연구 자세로 분석이나 견해 제시보다는 자료의 수집과 그 해제에 집중하였다.(김승우, 2014:236-266) 속담도 가장 많은 양을 제시하였음을 확인할 수 있다. 한국에 있는 동안 의료 선교에 힘쓰며 한국학 연구에 많은 업적을 남기다 1898년 4월 과로와 장티푸스에 걸려 순직하였고, 인천 외국인 묘지에 묻혔다.

| 3 | You can recover an arrow that you have shot but not a word that you have spoken. | 화살은 주어도 말은 못 줍ᄂᆞ니라 |
|---|---|---|
| 4 | If you don't keep your fence mended the dogs will get in. | 울타리 허술ᄒᆞ면 도적을 마져 |
| 5 | A dusty mirror is useless. | 파경난합(破鏡難合) |
| 6 | A man who stands behind a wall can see nothing else. | 정장면이립(正牆面而立) |
| 7 | It is easy to hurt yourself on a stone that has sharp corners. | 유모셕이텰파(有모石撤破) |
| 8 | What are birds by day are rats by night. | |
| 9 | Honey on the lips but a sword in the mind. | 구밀복금(口蜜腹劍) |
| 10 | In making a mountain you must carry every load of sand to the very last. | 위산구린에 공휴일궤라(爲山九仞功虧一簣) |
| 11 | If you try to save time by going across lots you will fall in with robbers. | 기름길에 도적 맛는다 |
| 12 | It is better to live on a mountain that in a well. | 산에 사는 것 우물보다 나았소 |
| 13 | There is no fire without some smoke. | 불안이 된 굴둑에 연기 나ᄂᆞ냐 |
| 14 | Dog's dung wrapped in silk. | |

한국에 파견되어 올 후임 선교사 및 한국에 관심을 둔 외국인들은 영어로 번역된 속담을 통해 한국어 속담의 본의(本義)만을 파악하는 것보다 한국인들이 사용하는 어휘와 표현 방식 자체를 습득하기를 원했을 것이다. 이는 의미 전달에 목적을 둔 영역문 한국어 속담이 표제로 제시된 예는 REPⅡ(1895)가 유일하고, 나머지는 모두 한글 표기로 제시하고 있음을 통해서도 가늠해 볼 수 있는 사실이다. 영역 속담을 제외한 250개의 속담 중에는 중복 수록된 속담들도 확인된다. 다음 〈표 3〉에서 음영 표시가 되지 않은 것이 중복 속담의 목록이다.

<표 3> 랜디스가 제시한 목록과 중복되는 한국어 속담의 예

| | 랜디스가 정리한 속담 | 헐버트와 집필자가 정리한 속담 |
|---|---|---|
| 1 | 고릐 싸홈에 싀우 등 터진다 (Landis, 1896:313)[12] | 싀우 싸홈에 고릐가 죽다 (Hulbert, 1897:371) |

| | | |
|---|---|---|
| 2 | 져 먹기ᄂᆞᆫ 실혀도 ᄀᆡ 주기ᄂᆞᆫ 앗갑지 (Landis, 1896:313) | 나 먹자니 슬코 개 주자니 앗갑다 (REV I , 1901:51[13]) |
| 3-1 | 우몰에 안즌 ᄀᆡ고리 (Landis, 1896:315) | 산에 사ᄂᆞᆫ 것 우물보다 나앗소 (Hulbert, 1897:286) |
| 3-2 | | 뎡져와(Hulbert 1897, 373) |
| 4 | 모로 가도 셔울만 가면 쓰지 (Landis, 1896:316) | 모로 가도 셔울만 가지 (Hulbert, 1897:289) |
| 5 | 암ᄃᆞᆰ이 운다(Landis, 1896:316) | 빈계신명(Hulbert, 1897:370) |
| 6 | ᄀᆡ발에 편ᄌᆞ(Landis, 1896:397) | ᄀᆡ발에 편쟈(Hulbert, 1897:372) |
| 7 | ᄀᆡᆨ샤 굴독에 연긔 날가 (Landis, 1896:399) | 불 안이 된 굴둑에 연기 나ᄂᆞ냐 (Hulbert, 1897:286) |
| 8 | 통으로 삼키면 목 걸니지 (Landis, 1896:400) | 급히 먹ᄂᆞᆫ 밥이 목이 민다 (Hulbert, 1897:284) |
| 9 | 셔울 보롬이나 시골 열닷ᄉᆡ나 (Landis, 1896:402) | 셔울 보름이나 시골 열닷ᄉᆡ나 (Hulbert, 1897:289) |
| 10 | 우물을 파도 ᄒᆞᆫ 우물을 파야지 (Landis, 1896:401) | 우물 ᄑᆞ면 하나만 ᄑᆞ (REV I , 1901:395) |
| 11 | ᄉᆡ벽달 보쟈고 쵸져녁ᄣᅢ 안져싯가?[14] (Landis, 1896:398) | ᄉᆡ벽달 보랑으로 어수룸부터 나안저 (Hulbert, 1897:289) |
| 12 | 신션 노롬에 독긔 자로 썩네 (Landis, 1896:396) | 신션 노롬에 독긔자로 썩ᄂᆞᆫ다 (REV I , 1901:51) |
| 13 | 곤 ᄃᆞᆰ알 지고ᄂᆞᆫ 셩 밋희 못 가겟네 (Landis, 1896:401) | 곤알지고 셩밋헤 못가겟다 (Hulbert, 1897:455) |
| 14 | 염통 곪은 쥴 모로고 손톱 곪은 쥴은 안다(Landis, 1896:399) | 염통 밋헤 쉬스ᄂᆞᆫ 주로 모로고 손톱 밋헤 가시ᄂᆞᆫ 안다(Hulbert, 1897:370) |
| 15 | 소ㅣ 귀에 경일기(Landis, 1896:315) | 우이송경(Hulbert, 1897:290) |
| 16 | 강철이 간 ᄃᆡ 가을도 봄이라 (Landis, 1896:403) | 강철이 가ᄃᆡᄂᆞᆫ 봄도 ᄒᆞᆫ가디 각을도 한가지다(Hulbert, 1897:454) |
| 17 | 하늘이 문어져도 소사 나올 구멍 잇지 (Landis, 1896:403) | 하늘이 문어져도 소ᄉᆞ날 궁기 잇다 (Hulbert, 1897:289) |

**12** '고래 싸움에 새우 등 터진다'는 현대에도 많이 활용되는 속담인데, 역사적으로는 『朝鮮俚諺』(1913)에 올라 있고, 『朝鮮俗談』(1922)에 재수록된 속담이다. 『朝鮮俗談』의 풀이를 보면, 19세기 말 Landis가 영문 풀이와 같고, Hulbert가 영문 풀이와는 좀 다르다. '강한 자들끼리 싸우는 통에 아무 상관도 없는 약한 자가 중간에 끼어 피해를

본고에서 '중복 속담'은 표현을 중심으로 분류한다. 즉, 본질적 의미가 같더라도 표면적으로 다른 어휘를 사용하여 다르게 표현한 것들은 다른 속담으로 구분한다. 그 본질적 의미가 같더라도 구현 양상이 다르면, 특히 외국인에게는 다른 습득 과제가 되기 때문이다. 따라서 〈표 3〉에 제시된 35개의 속담 중에서 음영 표시가 되지 않은 11개의 세트를 중복 속담으로 본다. 〈표 3〉에서 3-2, 5, 15와 같이 고유어 속담을 한자 숙어(漢字熟語)로 나타내거나 3-1, 7, 8, 11과 같이 다른 어휘를 사용하여 표현한 경우는 별개의 속담으로 보았다. 속담은 일반문과는 달리 단순히 의미 전달만을 발화의 목적으로 하지 않고, 그 언어 사회

입게 됨을 비유적으로 이르는 말'〈朝鮮俗談, 1922:89〉, '"When whales fight, shrimps' backs are broken." When powerful people have a quarrel and servants or less powerful ones interfere they usually suffer more than the principals.'〈E.B.Landis, 1896:No.10〉, '"Two leviathans fight and even the whale is crushed between them." shows the irony of fate;one man crushed between two others who are quarrelling. An innocent man is injured by a quarrel between two other men, the he himself is not a party to it.'〈H.B.Hulbert, 1897:No.45〉 제시된 바와 같이 풀이된 영역문을 보면, Landis는 강자들의 싸움에 약자들이 피해를 본다는 것을 강조했고, Hulbert는 그 싸움에 아무 관련이 없는 사람이 피해를 본다는 것을 중심으로 풀이한 점이 다르다. 필자는 이것을 다른 의미의 속담이라고 보지 않고, 오류라고 본다. 외국인 선교사들이 '고릭 싸홈에 식우 등 터진다'와 '식우 싸홈에 고릭가 죽다'를 다른 속담으로 인식했을 것 같지는 않다. 다른 의미를 나타내는 표현으로 한국 사회와 문화를 읽어냈을지, 확신이 서지 않는 이유에서다. 선·후행 단어의 교환 배치는 외국인 학습자들에게서도 흔히 볼 수 있는 현상이기 때문이다. 이는 단순히 순간적인 실수일 수도 있고, 목표어인 한국어 속담의 대략적인 의미를 이해하고, 그 표현에 쓰인 어휘와 문형을 기억해 두었다가 활용할 때 나타나는 현상이기도 하다. 이는 한국어 교육의 일차 목표를 정확하고 완벽한 표현 교육에 두지 않고, 성공적인 의사소통에 두고 있기 때문인데, 속담 교육은 다른 일상적인 언어 표현과는 달리 전체를 하나의 덩어리로 습득할 수 있도록 해야 이와 같은 오류를 범하지 않게 된다.

**13** REP에 실린 목록의 보고서는 작성자가 표시되어 있어 출전에 이름을 명시했으나 REV에는 작성자가 표시되어 있지 않아 서명을 적었다.

**14** 본문에서 속담과 수수께끼에 붙인 '?'는 영문 풀이문을 근거로, 풀이문에서 의문문으로 소개하고 있으면 선교사들이 한국어 속담을 의문문으로 이해한 것으로 보고, 한글 속담에 물음표를 붙였다.

의 문화를 함축적으로, 기지 넘치고 다양하게 어떤 어휘를 활용하여 담아내느냐가 중요한 언어 표현이기 때문에 표현 어휘가 다르면 같은 의미를 나타내더라도 다른 속담으로 처리한다.

한국어 속담 및 수수께끼를 살펴보면, 비유 표현이나 대구 표현이 많은데 이러한 특징은 문장이나 구문 표현에서 동사나 형용사보다는 명사의 의미 기능이 커지는 결과를 낳았다. 즉, 한국어의 일반 문장에서는 용언이 문장의 핵이 되지만 속담 및 수수께끼에서는 명사가 표현의 핵이 되는 것이다. 이 때문에 음운론적 분석이나 표기의 문제, 조사나 어미 등과 관련한 통사적 구성 요소의 분석 문제보다는 어휘, 특히 명사-매개체(vehicle)-에 초점을 맞추어 한국어 속담과 수수께끼를 살피고자 한다.

## 2. 속담에 사용된 단어의 의미 부류

본고에서는 239개(264개 속담 중 영역(英譯)속담 14개와 중복 속담 11개 제외)의 한국어 속담과 81개의 수수께끼를 대상으로 명사를 의미 부류별로 나누어 보았다. '불교 관련', '자연물 관련', '인공물 관련', '사람 관련'이 그것이다.

### 1) 불교 관련 명사

REP Ⅰ(1892)에는 'proverbs derived from buddhism'이라는 소재를 달아 26개의 불교 관련 속담이 집필자가 밝혀지지 않은 채 제시되어 있다.

(1) ㄱ. 불샹을 거우지 마라, 그 사ᄅᆞᆷ이 부처님이오, 그 사ᄅᆞᆷ 미력 ᄀᆞᆺ소, 지탓다, 싱불되야고 ᄒᆞ오, 목탁으로 아오, 지밥의만 ᄆᆞᄋᆞᆷ 잇고

염불의 ᄆᆞ음 업소, 권션ᄒᆞ오, 즁되고져 ᄒᆞ오, 졀간 잇소, 법당의 올으고져 ᄒᆞ오, 눈치 잇ᄉᆞ면 졀의 가도 젓국 먹겟소, 사ᄅᆞᆷ 살니는 부쳐 골골마다 잇소, 흙으로 부쳐 ᄆᆞᆫᄃᆞ는 사ᄅᆞᆷ은 부쳐를 공경ᄒᆞ지 못ᄒᆞ오, 흙부쳐가 돌부쳐를 ᄀᆞᄅᆞ치오, 이거 ᄉᆞᆫ 즁의 빗시오

ㄴ. 뎌 연등 고불, 도로 아미타불, 념불, 샹하ᄉᆞ불급, 직드른 즁, 굿 즁모양, 감즁련, 즁의 팔ᄌᆞ, 즁의 샹투, 불쳔지

ㄷ. 즁도 못 밋고 속인도 못 밋지, 즁이 머리 비시가?, 굿ᄒᆞᆫ 곳 무당이오 직 올닐 ᄯᅢ 즁일세

(1ㄱ)에는 REP Ⅰ에 26개의 불교 관련 속담 중 16개의 문장형 속담을 보인 것이고, (1ㄴ)에는 REP Ⅰ에 26개의 불교 관련 속담 중 10개의 어구형 속담을 보인 것이다. (1ㄷ)은 REP Ⅲ(1896)의 랜디스가 작성한 목록에 포함되어 있는 불교 관련 속담이다. (예1)을 보면, '불/불상/부쳐'와 '즁'이 각각 10회로 가장 많이 출현하고, 그 다음 '직'(3), '졀/졀간'(2), '굿'(2) 등의 순으로 고빈도 명사가 확인된다. 서양 선교사들에게 불교나 한국 고유의 신앙은 신(神)보다 '상(象)'이나 '사람'이 중시되며 '재'나 '굿'과 같은 의식이 중시되는, 무속과도 같은 것으로 인식되었으리라는 것을[15] 고빈도어를 통해 짐작해 볼 수 있다.

### 2) 자연물 관련 명사

자연물 관련 명사의 영역에는 '동물명', '식물명', '기상 관련어', '지명(장소) 관련어' 등이 포함된다.

---

15 토착어 '하나님'을 사용하여 『예수셩교젼셔』(1887)를 출간한 후에 로스는 한국인들은 한자어 '신(神)'을 '귀신'으로 번역하기 때문에 '神' 대신 '하나님'을 사용하였다고 설명하였다. 이수정은 현토본과 『신약마가젼복음셔언히』(1885)에서 '神'을 사용하였으나 언더우드는 이것은 한국어에서 예수를 '귀신의 아들'로 오해할 수 있는 소지가 있는 용어라고 비판하였다. 한국에서 초기 개신교 선교사들이 한국 문화 속에 만연해 있는 '귀신'의 개념과 기독교의 '신'의 개념을 구분시키고자 애썼음을 알 수 있다.

(2) ㄱ. ᄭᅯᆼ 먹고 알도 먹고, 잠자리 눈셥 잇시가?, 남 잡은 ᄭᅯᆼ 발 마지기, 모긔 보고 환도 ᄲᅦ기, 암ᄃᆞᆰ이 운다, ᄭᅡ치 ᄇᆡ 바닥 갓다, ᄭᅯᆼ 구어 먹은 자리에 남저지 업지, 가마귀 ᄂᆞᆯ아가자 ᄇᆡ ᄯᅥ러진다, ᄇᆡᆸ시 황ᄉᆡ 다라가면 ᄃᆡ리 지어진다, 무리황ᄉᆡ 주려 죽지, 무리ᄭᅯᆼ ᄆᆡ논이 갓다, 소경 제 닭 잡아 먹ᄂᆞᆫ다, 며ᄂᆞ리 발뒤꿈치 닭의 알 갓다, ᄃᆞᆷ은ᄃᆞᆷ은 가도 황여 거름, 존계관청, 할계(割鷄)[16]에 언용우도(焉用牛刀)리오, 됴족지혈이다

ㄴ. 고ᄅᆡ 싸홈에 ᄉᆡ우 등 터진다, ᄉᆡ우 싸홈에 고ᄅᆡ가 죽다, 게도 구럭도, 암치 ᄲᅧ다귀에 불개야미 덥뷔듯, 쟝마다 망둥이 날가?, 올장이적 ᄉᆡᆼ각ᄒᆞ여라, 멧두기 ᄯᅱ면 망둥이도 ᄯᅱᆫ다, 슈쳥즉무어(水淸則無魚), 향이긔하(香餌之下)에 필유ᄉᆞ어(必有死魚)라, 고기ᄂᆞᆫ 젹더라도 바다ᄉᆞᆺ 다른 ᄃᆡᄅᆞᆯ 본다

ㄷ. 약은 괴 밤눈 어둡다, 져 먹기ᄂᆞᆫ 실혀도 ᄀᆡ 주기ᄂᆞᆫ 앗갑지, 소ㅣ 귀에 경일기, 호랑이 보고 놀ᄂᆞᆫ 사ᄅᆞᆷ 고양이 보고 놀나겟네, ᄆᆞᆯ 머리에 ᄲᅮᆯ이 낫가?, 고양이 목에 방울 단다, 못된 송아지 엉등이에 ᄲᅮᆯ난다, 말 죽은 집에 소금만 업셔지지, ᄒᆞ로 강아지 범 무셔온 쥴 모ᄅᆞᆫ다, ᄒᆞ로 망아지 셔울 ᄐᆞ고 간다, 다라나ᄂᆞᆫ 말을 치질ᄒᆞ네, 말 일코 마구 곳치다, 먹기ᄂᆞᆫ ᄇᆡ지가 먹고 ᄯᅱ기는 파발이 ᄯᅱᆫ다, 고슴도치라도 졔 ᄌᆞ식이 함함ᄒᆞ단다, 사랑ᄒᆞᆫ 개가 발뒤꿈치 ᄭᅴ민다고, 물고 못 먹ᄂᆞᆫ 범이다, 나 먹자니 슬코 개 주자니 앗갑다, ᄒᆞ로개지 호랑이 무서운 줄 모ᄅᆞᆫ다, 소가 기운 만이면 잉금될 수가 잇나?, 룡이 ᄀᆡ의게 물녓다, 네 담 아니면 내 소ᄲᅮᆯ이 부러질가?, ᄀᆡ발에 편ᄌᆞ, 우이송경, 녹비(鹿皮)에 갈월ᄌᆞ(曰字), 무호동즁리작호(無虎洞中狸作虎)라, 할계(割鷄)에 언용우도(焉用牛刀)리오

ㄹ. 우몰에 안즌 ᄀᆡ고리, 디렁이도 드듸면 ᄭᅮᆷ젹ᄒᆞ지, 자라 보고 놀ᄂᆡᆫ 놈이 소도양 보고 놀ᄂᆡᆫ다, ᄋᆡᄆᆡᆫᄒᆞᆫ 드거비 돌에 친다, 삼간집이 다 타도 빈ᄃᆡ 죽ᄂᆞᆫ 것만 시원ᄒᆞ다, 비위는 노락이회 먹겟다, 뎡져와(井底蛙)

16 한글로 표기된 漢字語, 四字熟語 중 일부에는 그 의미를 분명히 하고자 필자가 괄호 안에 한자를 표기해 넣었다.

(2ㄱ)은 날짐승〔禽〕 관련 속담이고, (2ㄴ)은 어류〔魚〕 관련 속담이고, (2ㄷ)은 발이 네 개이고 털이 있는 짐승〔獸〕 관련 속담이고, (2ㄹ)은 이 외의 짐승으로 주로 양서류 관련 속담이다. 날짐승 관련 어휘 중에서는 'ᄃᆞᆰ'(5), 'ᄭᅯᆼ/꿩'(4), '황ᄉᆡ'(2)등이 고빈도어로 확인되고, 어류 중에서는 중복 속담을 제외하면, '망둥이'가 2회로 고빈도어로 확인된다. (2ㄷ)은 전통적으로는 길짐승으로 분류하는 예들로서 고빈도어를 살펴보면, 'ᄀᆡ/강아지'(7), '소/송아지'(6), 'ᄆᆞᆯ/망아지'(5), '호랑이/범'(5), '고양이'(3) 등의 순으로 확인된다. (2ㄹ)에서는 두드러지게 많이 출현하는 어휘가 없는데, 한국인의 삶 속에 개구리나 자라, 지렁이 등이 개, 소, 말, 호랑이, 고양이만큼 친숙한 동물이 아니기 때문일 것이다.

(3) ㄱ. 고초나무 송진 잇시가?, 못 먹을 나물 정월부터 난다, 고초 커셔 ᄆᆡ운가?, 못된 콩나몰 잔털만 난다, 콩 심은 대 콩 나고 팟 심은 대 팟 나지, 열니면 박인가 굿어야 박이지, 먼대 쏫치오 갓가온 공핑이라, 호박쏫슬 함박쏫시란다, 터진 방아공이에 보리알 ᄡᅵ기, 고목이 봉춘

ㄴ. 쉬 자란 나무 단단치 못 ᄒᆞ지, 업더진 나무에 독긔질 ᄒᆞᆫ다, 솔닙이 벗셕ᄒᆞ매 가랑닙흔 훌 말 업다, 밋ᄂᆞᆫ 나무에 곰이 폐인다, 나무 오르라고 ᄒᆞ고 흔든다, 개살구 즈레 터졋다, 남의 졔ᄉᆞ에 감을 노나 ᄇᆡ를 노나, 굴 먹은 벙어리, 죽은 나무에 산 열ᄆᆡ, 송ᄆᆞᄇᆡᆨ열(松茂柏悅)

(3ㄱ)은 농산물 관련 속담이고, (3ㄴ)은 나무나 열매 관련 속담이다. 고빈도어를 살펴보면, 나무(6), 고초(2), 콩나물/콩(2) 등의 순으로 확인된다. 20개의 식물 관련 명사 중에 4개(콩 심은 대 콩 나고 팟 심은 대 팟 나지, 터진 방아공이에 보리알 ᄡᅵ기, 밋ᄂᆞᆫ 나무에 곰이 폐인다, 나무 오르라고 ᄒᆞ고 흔든다)만이 『朝鮮俗談』[17]에서 확인된다. 속

담의 용례를 보면 우리의 일상과 밀접히 관련되는 것들인데 모어 화자들을 대상으로 하는 속담집에서는 다루지 않고 있는 것을 알 수 있다. 이는 19세기 말~20세기 초의 개신교 선교사들이 한국의 언어 자료들을 직접 수집하고 정리하며 외국인의 시각으로 한국의 문화에 접근하고자 하였음을 엿볼 수 있는 반증이기도 하다. 여기에 REP와 REV에 수록된 자료들의 연구 의의가 있는 것이다.

(4) ㄱ. 안긔 뼈 잇시가?, 돌노 치면 돌노 치지, 거셕이홍안(擧石而紅顔), 칼노 물 버히기, 하늘이 문어져도 소사 나올 구멍 잇지, 싀벽달 보쟈고 쵸져녁꽤 안져싯가?, 산에 사는 것 우물보다 나앗소, 우물에서 슝텅 달는다, 논드렁이 쳔자라도 바늘 구멍 잇스면 쓸 딕가 업다, 하늘이 문어져도 소스날 궁기 잇다, 싀벽달 보랴으로 어수룸부터 나안저, 산밋 사룸이 산에 올나 새 달 보는 셰음이라, 물은 건너 보아야 안다, 산이 크지 아니면 골도 크지 못히, 강철이 가딕는 봄도 훈가디 각을도 한가지다, 강철이 간 딕 가을도 봄이라, 전며나리 싀벽달 보기, 샹당하부졍, 작샤도방(作舍道傍)

ㄴ. 셔울 보룸이나 시골 열닷싀나, 동작에셔 욕 먹고 셔빙고에셔 눈흘겨, 모로 가도 셔울만 가지, 모로 가도 셔울만 가면 쓰지, 셔울 보룸이나 시골 열닷싀나, 함흥차스(咸興差使), 남딕문입납(南大門入納)

(4ㄱ)은 기상 관련 자연물과 관련된 속담이고, (4ㄴ)은 지명/장소

---

17 『朝鮮俗談』(이상덕 외, 2013)은 14.5×10.5cm 크기의 구활자본인 『朝鮮俗談』(金相冀, 1922)을 현행 띄어쓰기에 맞춰 전산 입력하여 가나다순으로 재배열한 자료집이다. 현대의 여러 사전 등을 참고하여 속담에 현대식 풀이를 붙이기도 하였다. 『朝鮮俗談』(金相冀, 1922)은 『朝鮮俚諺』(崔瑗植, 1913)에 실린 900여 개의 속담을 모두 재수록하였다. 속담 원문을 표제로 하여 한문식 번역문과 풀이문을 붙이고, 다시 한글로 보충 설명문을 붙인 형식을 취하고 있다.

관련어가 포함된 속담이다. (2ㄹ)의 '우몰에 안즌 ㄱ고리'와 '산에 사는 것 우물보다 나앗소'는 本義는 같은 것이나 그 어휘 표현 양상이 달라 '우물/우몰'의 횟수를 각각 셌는데 총7회가 확인된다. 산(4), 하늘(2) 등의 순으로 고빈도어가 확인된다. 지역명과 관련된 속담은 대부분 '셔울'을 포함하고 있는 것이 특징인데 많은 사람이 모여 사는 곳으로 가장 많은 문화가 형성되고, 많은 사람들에게 가장 중요하고 익숙한 곳이 '셔울'이었음을 알 수 있다. 그리하여 개신교 초기의 선교사들이 대중 선교를 목적으로 서울에 모인 것이다.

### 3) 인공물 관련 명사

(5) ㄱ. 시루에 물 붓기, 졔 칼 남의 칼집에 두기가 어렵지, 칼노 물 버히기, 대쟝의 집이 식칼이 놀다, 모긔 보고 환도 쎄기, 가마귀 놀아가자 ᄇᆡ 써러진다, 업더진 나무에 독긔질 ᄒᆞᆫ다, 불는 ᄃᆡ 키질 ᄒᆞᆯ가?, 어두온 밤에 홍둣개 ᄂᆡ민다, 터진 방아공이에 보리알 씨기, 어더온 독긔나 내 독긔나, 신션노롬에 독긔 자로 썩네, 남의 장도 차니까 시칼 차는 격이지, 구슬이 셰말이라도 꾀여야 쓰지, 우물을 파도 ᄒᆞᆫ 우물을 파야지, 림갈굴졍, 둥둥ᄒᆞ면 굿만 녁이여?, 화살은 주어도 말은 못 줍ᄂᆞ니라, 울타리 허술ᄒᆞ면 도젹을 마져, 불 안이 뙨 굴둑에 연기 나ᄂᆞ냐, 돗ᄃᆡ가 부러지면 ᄇᆡ가 쓸ᄃᆡ업다, 주로션힝(舟路船行), 동냥은 못 주나마 족박조차 ㄱ트린다, 호뮈로 막을 것 가릐로 못 막는다, 거렁이 졔자루 찟다, 안밧긔 도비ᄒᆞᆫ다, 곱비가 길면 듸듸겟다, 씨여진 과긔요 업지른 물이다, 니불 속에서 활개친다, 불 업는 화로, 거죽문에 돌져귀, 독틈에 탕관, 동지섯달 셰 살 붓치, 불이 규구(規矩)면 불능졍방원(不能方圓)이라, 파긔샹죵(破器相從), 작졈금칙

ㄴ. 젹삼 업고 은가락지 씨기, 비단 옷 닙고 밤길 간다, 셩복후(成服後)에 약공론(藥公論)

ㄷ. 냥손에 썩쥐다, ᄇᆡ 주고 속 비러 먹기, 썩으로 치면 썩으로 치지, ᄇᆡ 먹고 니 닥고, 쓸은 다 먹어도 과ᄌᆞ만 다랏스면 쓰지, 죽도 밥

도 안 되엿소, 슯에 슯부나 물에 물부나, 급히 먹는 밥이 목이 민다, 누어 덕 먹기는 눈에 팟고물이나 들지, 군 궤도 디리롤 쩨고 먹어라, 호박시 짜셔 훈 입에 늣타, 소금 먹은 놈이 물켜다, 죽 쩌 먹은 자리다, 국슈 문돌 줄도 모르는 녀편닉가 피안반 나무린다, 곤 둙알 지고는 셩 밋희 못 가겟네, 곤 알 지고 셩 밋헤 못 가겟다, 우물에서 슉링 달는다, 불 고슨 장

(5ㄱ)은 인공물 중에서 생활 도구와 관련된 속담으로 칼(6), 독긔(4), 우물(3) 등의 어휘가 고빈도어로 확인된다. (5ㄴ)은 인공물 가운데 '옷', '장신구' 와 관련된 속담인데, 다른 영역에 비하여 예가 많지 않다. (5ㄷ)은 음식물 관련 속담으로 '썩'(4), '밥'(2), '쥭'(2), '빅'(2) 등이 고빈도어로 확인된다.

### 4) 사람 관련 명사

(6) ㄱ. 짜리는 셔방 뮙지 아니후여도 말리는 시어미 뮙다, 울타리 허술후면 도젹을 마져, 도젹놈 물 길려 가면 대문 잠으고 간다, 키만 크면 어룬 되게?, 봉ᄉ가 기룸갑 날가?, 쇼경이 잠 자나마나, 귀 먹고 말 못 후는 쏠년 어머니 불늘가?, 봄 굿 후는 딕 맛 며ᄂ리 츔추기롤 보기가 실다, 힘 셰다고 왕노릇 홀가?, 너 죽으면 내 못 살가?, 제 삼촌 뫼에 풀 버히기, 전며나리 식벽달 보기, 셩은 피가라도 동지 맛스로 힝훈다, 동닉 쳐녀 밋고 쟝가 아니 갈가?, 남의 졔ᄉ에 감을 노나 빅를 노나, 소금장ᄉ후면 비 오고 가로장ᄉ후면 바룸 분다, 기름길에 도젹 맛는다, 아희 낫키 젼에 포덕이 작만후다, 소경 제 닭 잡아 먹는다, 중퇴식이 동냥 아니 준다, 살진 사룸 부러워 후엿셔 복고창된 셰음이다, 며ᄂ리 발뒤꿈치 닭의 알 갓다, 원님이 아젼의 소매애 드럿다, 동성(셩) 아ᄌ미 술도 싸야 사 먹는다, 항우도 딩딩이 넝쿨에 걸녓다, 대쟝의 집이 식칼이 놀다, 선님이 죵만 업수이 녁인다, 갓밧치 릭일 모레다, 벙어리 넝가심 알듯기, 거지도 승지 불상후다고, 왕우쟝샹의 시가 잇다?, 굴 먹은 벙어리, 쏠 죽은 사회, 아는 놈 동이돗, 업

은 ᄋᆞ히 삼년, 소경 단텽 구경, 거지 잔채, 독쟝ᄉᆞ 구구, 젹반하쟝(賊反荷杖), 독가비 쓸긔 잇시가?, 신션 노롬에 독긔 자로 썩네

ㄴ. 법은 멀고 주먹은 갓갑다, 두 손에 썩 가진다, 염통 곪은 쥴 모로고 손톱 곪은 쥴은 안다, 염통 밋헤 쉬 ᄉᆞᆫ 주로 모로고 손톱 밋헤 가시ᄂᆞᆫ 안다, 주먹 마즌 감투다, ᄒᆞᆫ 몸에 두 지게 질가, 쳣 술에 ᄇᆡ 부를가, 누어 츰 ᄇᆞ앗트면 졔게로 ᄯᅥ러져, 통으로 삼키면 목 걸니지, 냥손에 썩쥐다, ᄇᆡ 먹고 니 닥고, 눈에 안경, 거셕이홍안(擧石而紅顔)

(6ㄱ)은 가족명이나 성씨, 지칭이나 호칭어, 관직명과 관련된 명사가 포함된 속담의 예인데, '도젹'(4), '며ᄂᆞ리'(3), '쇼경/봉사'(3) 등의 순으로 고빈도어가 확인된다. (6ㄴ)은 신체 관련어가 포함된 속담인데 '손/주먹'(4)이 고빈도어로 확인된다.

## 3. 수수께끼에 사용된 단어의 의미 부류

REV에 수록되어 있는 수수께끼에 활용된 명사도 속담의 분류 방식에 맞추어 '자연물 관련', '인공물 관련', '사람 관련', 행위나 현상과 관련된 '추상' 영역으로 나누어 살펴본다. 생성 원리를 중심으로 수수께끼를 분류하면 크게 ① 이름을 이용한 것(말은 말인데 타지 못하는 말은? 양말) ② 특징을 이용한 것(비가 와야 일하는 것은? 우산) ③ 연결어미를 사용하여 對句로 표현한 것(때리면 살고 안 때리면 죽는 것은? 팽이)으로 나눌 수 있다. REV에 제시되어 있는 81개의 수수께끼를 명사의 의미역별로 나누고, 생성 원리를 표시하여 정리해 보이면 다음과 같다.

<표 4> REV에 수록된 한국어 수수께끼의 목록

| 의미 영역 | | 수수께끼 | 답 | 생성 원리 |
|---|---|---|---|---|
| 자연물 | 동물 | 물 속에 버들닙히 무어시오? | 봉어요 | ② |
| | | 나그내 오면 몬져 나아가 인사하는 것 무어시오? | 개요 | ② |
| | | 쇼 갓하도 쐴 업는 쇼가 무어시오? | 숑아지오 | ② |
| | | ᄒᆞᆼ샹 집 지고 단니는 것 무어시오? | 달핑이오 | ② |
| | 식물·과일 | 방울은 방울이라도 소래 아니 나는 방울이 무어시오? | 솔방이오 | ① |
| | | 홍쳔주머니에 금 쳔 빅 닙 너흔 것 무엇이오? | 당추씨요 | ② |
| | | 청치마 닙고 썩구로 서는 것 무어시오? | 솔나무요 | ② |
| | | 옷슨 옷시라도 닙지 못하는 옷시 무엇이오? | 바위옷이오 | ① |
| | | 밤낫 업시 길 가는 것 무어시오? | 물이요 | ② |
| | | 청청밧헤 금졈이 무엇이오? | 하날에 별이오 | ② |
| | | 물아릐 금방셕이 무엇이오? | 해요 | ② |
| | | 하날 보고 입 버리는 것 무어시오? | 밤송이요 | ② |
| | | 졂머셔는 청치마 닙고 늙어셔는 홍치마 닙는 것 무엇이오? | 고초요 | ③ |
| 인공물 | 생활도구 | 늙어가면 살지는 것 무어시오? | 담벽이오 | ② |
| | | 늙어가면 니나는 것 무어시오? | 고리작이오 | ② |
| | | 한 편에는 눈 오고 한 편에는 무리 오는 것 무어시오? | 트라개 질하는 것시오 | ③ |
| | | 갓 쓰고 씌 아니 씐 것 무어시오? | 낫가리오 | ② |
| | | 씌 씌고 갓 아니 쓴 것 무어시오? | 올바쥬요 | ② |
| | | 입은 하나라도 목구멍은 셋 잇는 것 무어시오? | 아궁이오 | ② |
| | | 씨는 씨라도 심우지 못하는 것 무어시오? | 쳘씨오('쳡씨'의 오타) | ① |
| | | 열 세 가지 씨가 무어시오? | 열씨오 삼씨오 | ① |
| | | 문은 여삿이라도 한 문으로 출입하는 것 무어시오? | 신이오 | ② |
| | | 수염 석쟈나 되는 이가 격구로 돌장으로 만단 니는 것 무어시오? | 가래요 | ② |
| | | 먹어도 배부르고 아니 먹어도 배부른 것 무어시오? | 독이오 | ③ |
| | | 한 날개로 사람 잡아 먹는 것 무어시오? | 문이오 | ② |

| | | | | |
|---|---|---|---|---|
| | | 죽은 나무 셔셔가는 것 무어시오? | 배둣대오 | ② |
| | | 나갈 ᄣᅢ는 안고 드러올 ᄣᅢ는 지는 것 무어시오? | 문이오 | ② |
| | | 엽흐로 먹어 엽흐로 나오는 것 무어시오? | 르리개요 | ② |
| | | 슐은 슐이라도 먹지 못하는 슐이 무어시오? | 구슐이오 | ① |
| | | 세 발 가진 것 무어시오? | 청동화로요 | ② |
| | | 집안에서 집이 무어시오? | 갓집이오 | ① |
| | | 불은 불이라도 ᄯᅳ겁지 안은 불이 무어시오? | 반ᄯᅳ불이오 | ① |
| | | 귀는 네시라도 눈은 수빅이나 되는 것 무어시오? | 로뎐이오 | ③ |
| | | 쥬사는 쥬사라도 내음새 아니 나는 쥬ᄉᆞ가 무어시오? | 가쥬ᄉᆞ요 | ① |
| | | 졔아비 귀구멍에 손가락 박고 도라가는 것 무어시오? | 도리ᄭᅵ요 | ② |
| | | 등으로 단니는 것 무어시오? | 배요 | ② |
| | | 귀는 여덟이라도 입은 하나만 잇는 것 무어시오? | 케요 | ② |
| | | 삼 년을 먹이라도 먹지 아니ᄒᆞ는 것 무어시오? | 혼빅상이요 | ② |
| | | 삼시로 목욕ᄒᆞ는 것 무어시오? | 사발이요 | ② |
| | | 아비 갓아둘은 쓰되 아둘의 갓아비는 못 쓰는 것 무어시오? | 솟두겅이요 | ③ |
| | | 하날 보고 주먹질하는 것 무어시오? | 방아요 | ② |
| | | 루 안에 루가 무어시오? | 감투 안에 상투요 | ② |
| | | 짐 시르면 가고 아니 시르면 아니 가는 것 무어시오? | 신이요 | ③ |
| | | 틀은 틀이라도 뵈 못 ᄶᅡ는 틀이 무엇이오? | 논틀이오 | ① |
| | | 밤낫 업시 칼 쓰고 잇는 것 무엇이오? | 등잔밧침이오 | ② |
| | | 입으로 먹고 입으로 토하는 것 무엇이오? | 자루요 | ② |
| | | 외발 가진 것 무엇이오? | 돌져귀 | ② |
| | | 한 벼기에 열 둘이 누은 것 무엇이뇨? | 셕가래요 | ② |
| | | 나갈 ᄣᅢ는 ᄭᅵ고 나가고 드러올 ᄣᅢ는 니고 오는 것 무엇이오? | 물동이오 | ③ |
| | | 죽은 나무의 ᄭᅩᆺ 편 것 무엇이오? | 화등이오 | ② |
| | | 아촘과 저녁에 쉬둥이문 지지고 엇어 먹지 못ᄒᆞ는 것 무엇이오? | 부집개요 | ② |

| | | | | |
|---|---|---|---|---|
| | | 밤낫업시 짐 실은 것 무엇이오? | 션반이요 | ② |
| | | 덥개 업는 왕가마 무엇이오? | 우물이요 | ② |
| | | 저근 연못 안에 실비암이 무엇이오? | 심지요 | ② |
| | | 더우면 한 줌되고 치우면 한 아름 되는 것 무엇이오? | 집횡이오 | ③ |
| | | 등도 배 갓고 배도 등 갓고 왼팔도 바른팔 갓고 바른팔도 왼팔 갓흔 것 무엇이오? | 찬빗이오 | ② |
| | | 다리도 너히오 날리도 너히나 다니지도 못ᄒᆞ고 날지도 못하는 것 무엇이뇨? | 참외막이오 | ③ |
| | | 밥은 밥이라도 못 먹는 밥 무어시오? | 톱밥이오 | ① |
| | 장신구 | 우흐로 먹어 엽흐로 나오는 것 무어시오? | 망이오 | ② |
| | 옷 | 의관은 의관이라도 닙지 못ᄒᆞ는 의관이 무어시오? | 가의관이요 | ① |
| | 음식물 | 차면 록고 더우면 굿어지는 것 무어시오? | 쇼금이오 | ③ |
| | | 참의는 참의라도 먹지 못ᄒᆞ는 참의가 무어시오? | 가참의요 | ① |
| | | 가죽 벗기고 털 뜻는 것 무어시오? | 강랑이요 | ② |
| | | 밧에 머리 풀고 서는 것 무엇이오? | 강랑이오 | ② |
| | | 나무문으로 드러가 쇠문으로 나와 온졍에 드러갓다가 ᄯᅩ 령졍에 단여나온 후에 갈밧헤셔 잠자는 것 무엇이오? | 국슈요 | ② |
| 사람관련 | 지칭·호칭 | 샹은 샹이라도 쓰지 못하는 샹은 무어시오? | 우샹이오 | ① |
| | | 신은 신이라도 신지 못는ᄒᆞ('못ᄒᆞ는'의 오타) 신이 무어시오? | 귀신이오 | ① |
| | | 당 안에 당이 무어시오? | 셩황당 안에 무당이요 | ① |
| | | 감은 감이라도 못 먹는 감이 무어시오? | 령감이오 | ① |
| | 신체 | 됴흐면 아니 됴코 아니 됴흐면 됴흔 것 무어시오? | 상투밋치오 | ③ |
| | | 눈은 눈이라도 보지 못ᄒᆞ는 눈이 무어시오? | 손톱눈이오 | ① |
| | | 이틀에 하로 보는 것 무엇이오? | 외눈통이오 | ② |
| | | 배는 뒤에 잇고 등은 배에 잇는 것 무엇이오? | 죵ᄋᆞ리오 | ② |
| | | 쟝은 쟝이라도 먹지 못하는 쟝이 무엇이오? | 숑쟝이오 | ① |
| | | 세 고개 너머 차동박인 것 무엇이오? | 손톱이오 | ② |
| | | 왼 궁둥이 갓흔 것 무어시오? | 바른 궁둥이오 | ② |

<table>
<tr><td rowspan="5">추상</td><td rowspan="5">행위·현상</td><td>머리ᄂᆞᆫ 젼라도에 잇고 몸은 함경도에 잇고 발은 신재령애 잇ᄂᆞᆫ 것 무어시오?</td><td>생졔오</td><td>②</td></tr>
<tr><td>머리와 입과 코는 셔히오 눈귀팔은 여슷이라도 다리는 넷 되는 것 무어시오?</td><td>승교 타고 가는 것시오</td><td>②</td></tr>
<tr><td>나 갈 ᄯᅢᄂᆞᆫ 새 장구 치고 드러올 ᄯᅢᄂᆞᆫ 북치ᄂᆞᆫ 것 무엇이뇨?</td><td>물통의 소릐요</td><td>③</td></tr>
<tr><td>찬물에 가족 벗기ᄂᆞᆫ 것 무엇이오?</td><td>사틔난 거시오</td><td>②</td></tr>
<tr><td>하날 보고 주먹질하는 것 무어시오?</td><td>방아요</td><td>②</td></tr>
</table>

① 이름을 이용하여 만든 수수께끼 18개, ② 외형 및 기능적 특징을 이용하여 만든 수수께끼 51개, ③ 對句로 표현된 수수께끼 12개를 확인할 수 있다. ①에 해당하는 수수께끼는 오늘날의 그것과 같이 끝음절에 초점이 맞추어져 있는 문제가 대부분인데, 복합어에서는 후행 요소에 문제의 초점이 맞추어져 있기도 하다. '가쥬ᄉᆞ, 가의관, 가참의' 등의 수수께끼가 이에 해당하는 예이다. ②에 해당하는 수수께끼는 '죵ᄋᆞ리, 쇼금, 방아' 등과 같이 모습이나 기능, 움직임을 묘사하여 만들어진 것이다. ③에 해당하는 수수께끼는 '-나, -고, -도' 등의 연결어미를 사용하여 만든 수수께끼로, 주로 두 문장이 연결되어 하나의 속담을 구성하지만 두 對句文이 연결어미로 다시 연결되어, 즉 네 문장이 연결되어 하나의 속담이 만들어지기도 한다. '다리도 너히오 날릐도 너히나 다니지도 못ᄒᆞ고 날지도 못하ᄂᆞᆫ 것 무엇이뇨?'와 같은 문장이 그러한 예이다. 수수께끼의 초점은 답에 놓이기 때문에 속담 연구보다 더 명사 연구의 필요성이 대두된다. 〈표 4〉의 의미 영역은 수수께끼의 문제가 아니라 답을 기준으로 분류된 것인데 문제와 답에 활용된 단어들의 의미 장이 어떻게 만들어지는가에 대한 문제는 또 다른 연구 과제로 남겨둔다.

## 4. 외국인이, 외국인을 위해 수집·정리한 자료

한국어 교육용 속담을 크게 표현용 속담과 이해용 속담으로 나누면, 지금 다루고 있는 것은 이해용 속담이라 할 수 있다. 외국인 선교사들, 한국어가 비모어인 학습자들에게는 '불는 듸 키질흘가?'와 '불 붓는듸 키질도 흐겟다', '빈 먹고 니 닥고'와 '빈 먹고 이닥기라', '소경 제 닭 잡아 먹는다'와 '소경이 졔 닭 잡아 먹기', '소금 먹은 놈이 물켜다'와 '소곰 먹은 놈이 물켠다' 등의 표현과 관련하여 대조적 정보, 즉 조사나 어미, 서법 등이 우선적이고 주요한 문제로 인식되지는 않을 것이다. 그러한 문법 정보들보다는 그들에게 낯선 단어일 '키', '키질', '소경', '(물)켜다'라는 단어나 '배를 먹으면 이가 하얘진다'라고 믿는 한국의 문화적 정보에 대한 관심이 더 앞설 것이고, 이 어휘·문화적 정보에 대한 습득이 우선이라고 생각할 것이다. 19세기 말~20세기 초의 개신교 선교사들도 마찬가지였을 것이다. 문맥 활용 정보나 규범적 표현을 위한 문법적 정보의 습득은 어휘 습득 이후의 문제이다. 이러한 관점에서 본고의 2장과 3장에서는 속담과 수수께끼에 사용된 명사를 의미 영역 별로 살펴보았다. 한국 문화 속에서 의미 영역별 고빈도 명사가 어떤 의미를 갖는지, 속담이나 수수께끼에 어떻게 반영되어 있는지를 검토한 것이다.

한국어 문장에서의 핵은 용언이다. 그런데 본고에서 명사에 초점을 맞추어 논의를 진행한 데에는 이유가 있다. 비유 표현이나 對句 표현이 많은 속담이나 수수께끼에 쓰이는 용언은 경동사나 서술격조사가 대부분이고, 매우 일상적인 용언이 반복적으로 활용되는 것이 특징이다. 한국어 속담을 형식적인 면에서 크게 문장형 속담과 어구형 속담, 혹은 한자 숙어(漢字熟語) 제시형으로 나눌 수 있는데, 어구형 속담은 문장형과 달리 그 자체로는 활용하기 어렵고, 다른 문법적 요소와 결합하여 문장형으로 발화가 된다. 이때 대부분은 서술격조사 '이-'나 경동사와 결합하여 쓰인다. 이러한 속담의 특징 때문에 속담이나 수수께끼에서는 명사가 의미 구성 요소의 핵이 되는 경우가 대부분이다. 이러한 이유로 한국어 속담 및 수수께끼의 명사에 초점을 맞춘 것이다.

### 1) 한자 숙어

REP Ⅰ(26개), Ⅱ(14), Ⅲ(100), Ⅳ(74), REV Ⅰ(50)에 제시된 264개의 속담 중에 영역(英譯)된 14개의 속담을 제외하고 250개의 한국어 속담 중에서 한자 숙어와 관련된 속담이 28개인데,[18] 한자 숙어 그대로, 어구형으로 제시한 것이 21개,[19] 한자 숙어를 문장형으로, '됴족지혈이다'나 '무호동즁리작호라' 등과 같이 제시한 것이 7개이다. 집필자별로 살펴보면, 랜디스는 100개의 속담 중에 1개(함흥차ᄉᆞ)만 한자 숙어와 관련된 속담을 제시하였는데, 이에 반해 헐버트의 집필 부분을 보면, 74개 중에 22개가 한자 숙어와 관련된 속담이고, 이 중 6개를 문장형으로 제시하였다. 〈표 3〉과 같이 랜디스(1896)가 고유어 문장형으로 제시한 것을 헐버트(1897)는 한자 숙어로 제시하기도 하였다. 또, 집필자 미상의 REP Ⅳ의 5개의 한자 숙어 관련 속담 중에는 1개만이 문장형으로 제시되었다.

나는 국어사 연구를 위한 기초 자료의 확대라는 관점에서 특히 어휘사 연구를 위해 초기 한국어 번역 성경과 동시대의 필사본 고소설 자료에서 확인되는 한자 숙어를 살펴볼 필요가 있다고 생각한다. 이를 위해 필사 자료를 대상으로 하여 편찬된 『필사본 고어대사전』의 편찬

---

**18** '왕우쟝샹의 시가 잇다?'와 같은 예는 한자 숙어와 관련된 예로 다루지 않았다. 한자 숙어 자체가 문장화된 것도 아니고, 이 속담에서는 '왕우쟝샹의 시'까지가 주요한 의미 기능을 담당하고 있는데, '시'는 고유어이기 때문이다.

**19** 한자 숙어를 문장형이 아닌 2+2의 형태로 'X에 X(녹비에 갈월ᄌᆞ)'나 'X이 X(거셕이 홍안, 고목이 봉춘, 유모셕이 텰파)' 등의 형태로 제시한 속담도 어구형 속담에 포함시켰다.

과정에서 四字 한자 숙어를 처리한 방식을 살피기도 하였다. 『17세기 국어사전』(1995)의 표제항이 총 27,716개(『17세기 국어사전』, 일러두기:vii), 『한국 고전소설 독해사전』(1999)의 표제항이 18,532개(홍윤표, 1999:299), 『필사본 고어대사전』(2010)의 표제항이 70,615개(『필사본 고어대사전』, 일러두기:26)이다. 그런데 내가 선정한 7종의 필사본 고소설에서 추출한 사자숙어의 수만도 20,700여 개인 것을 보면, 현재 알려진 것보다 훨씬 많은 어휘사 자료가 필사본 고소설에 담겨 있을 것으로 기대된다. 이는 초기 한국어 성경이 번역 되던 시기에 일상적으로 사자숙어가 활용되었다는 의미이기도 하다. 동시대의 고소설에 나타나는 어휘 및 문법 형태소에 대한 이해는 한국어 성경 번역어의 일상성이나 전문성을 가늠하는 하나의 기준점이 될 수 있어 잠시 눈을 돌려 살펴볼 필요가 있다. 사자숙어를 분류하고 그 의미를 헤아리는 과정에서 어려운 점은, 동일한 의미를 나타내는 사자숙어가 다양한 한자로 표기된 경우이다. 이는 근대국어 시기 국어사 자료에서 볼 수 있는 공통적 특징이기도 하다. 그러나 한자어의 표기 변이에 대한 연구는 축적된 것이 그리 많지 않다. 한자어의 표기가 어떻게 달라지는가 하는 문제는 국어사적 관점에서 보면 그리 단순한 문제가 아니다. ㄷ구개음화나 두음법칙의 적용 양상만 보더라도 고유어의 경우와 상당히 다른 양상을 보인다. 한국어 번역 성경에서 확인되는 사자숙어는 필사본 고소설에서 확인되는 사자숙어만큼 많지는 않지만 그 형태·의미적 다양성이 가장 두드러진 유형이기 때문에 어떻게 다루어야 할지 좀더 넓은 시야에서 고민해 볼 필요가 있다.[20] 예를 들면, '두셕플긔

**20** 사자숙어 항목에는 동물명, 식물명, 관직명, 약명, 복식 관련 명칭 등 물보 관련 자료에서 추출된 명사류, 의성·의태어, '가눈사리(艱難-)'류의 '한자어+고유어', '밀기울죽(-粥)'과 같은 '고유어+한자어' 합성명사 등이 포함되어 있어 더욱 연구의 필요성이 있다.

(豆錫糊器)'처럼 '플'을 나타내기 위해 '糊'를 이두식으로 병기한 표제항도 있고, 가게를 나타내는 중국어 차용어 '鋪裏'를 그대로 병기한 四字 한자어들도 많다는 점이다. '션왕푸리, 셔칙푸리, 붓치푸리, 목긔푸리, 모믈푸리, 마안푸리, 긔명푸리, 과실푸리, 곡식푸리, 탕원푸리, 엄식푸리(飮食鋪裏), 죠희푸리(-鋪裏), 칙소푸리(菜蔬鋪裏), 치풍포리(采風鋪裏), 화초푸리(花草鋪裏)' 등을 확인할 수 있다. 또한, '신명예덕(神明睿德)', '신명예덕(이 수저神明睿德)ᄒᆞ-'와 같이 명사로 쓰이는 경우와 용언으로 쓰이는 경우를 어떻게 볼 것이냐도 문제가 될 수 있다. 별개의 것으로 볼 것이냐의 문제 제기가 가능하다. 나는 표기가 달라지는 전자의 예도, 품사가 달라지는 후자의 예도 모두 같은 것으로 관련지어 유연하게 다루는 것이 좋다고 보는 입장이다. 그 까닭은 선교사들의 보고서에서 읽어지는, 그들이 한국어를 인식하는 입장이 그러하기 때문이다. 외국인이 목표로 하는 사용 국면, 즉 표현의 차원에서 생각해 보면, 속담을 시제, 서법 요소들까지 갖춘 완성된 문장형으로 제시하는 것이 바람직하다. 그러나 REP나 REV가 교재 형태의 대화문 체제가 아니라 보고서 형식이기 때문만이 아니라, 한국을 소개하는 언어 문화 자료로서 집필된 것으로, 어구형 제시가 더 많다. 한 나라의 문화와 언어에 대한 이해를 위하여, 선교사들이 이해의 차원에서 한국어를 바라보며 집필한 보고서임을 알 수 있다.

REP와 REV에 제시되어 있는 한국어 속담과 수수께끼는 한국인을 위한 것도 아니고, 한국인이 외국인에게 알려주고 싶은 한국어 속담도 아니다. 한국에 와서 생활하고 있는 외국인이, 한국을 알고 싶어 하는 외국인에게, 혹은 한국을 잘 모르는 외국인에게 한국을 소개하기 위해 작성한 목록이다. 『朝鮮俗談』에 제시된 1,600여 개의 속담과 대비해 보면, REP와 REV에 수록된 250개의 속담 중에 73개만이 『朝鮮俗談』에서 확인된다. 이 결과를 통해 유추해 볼 수 있는 것은, 당시 개신교 선교사들이 이미 만들어진 어떤 자료집을 기준으로 REP와 REV에 실을 목록을 작성한 것이 아니었을 것이라는 점이다. REP와 REV에 수록된 목록은 선교사들의 직접 조사에 의해 수집되고 정리된 속담과 수수께끼일 가능성이 크다. 특히 영국 성공회 소속의 미국인 의료 선교사였던 랜디스의 목록을 눈여겨 볼만하다. 의사였던 랜디스는 한국인들과의 잦은 접촉으로 가장 많은 목록을 모아 소개하였는데, 헐버트나 다른 집필자들이 이미 그가 제시한 목록을 재수록하기도 하고,[21](〈표 3〉 참조) 100개 중 30개만이 『朝鮮俗談』에서 확인될 만큼 새로운(혹은 언중들 사이에서 살아있는) 속담 목록을 제시하였다. 다음은 『朝鮮俗談』에서 확인되지 않는 REP와 REV의 한국어 속담 목록이다.

(7) 가마귀 ᄂᆞᆯ아가자 ᄇᆡ ᄯᅥ러진다, 감즁련, ᄀᆡ발에 편쟈, 개살구 즈레 터졋다, ᄀᆡ샤 굴독에 연긔 날가?, 거동 구경도 만자보나?, 거렁이 졔자루 찟다, 거셕이홍안, 거지잔채, 것지도 못ᄒᆞ고 뛴다, 게도 구럭도, 고기ᄂᆞᆫ 적더라도 바다ᄭᆞᆺ 다른 ᄃᆡ로 본다, 고목이 봉춘, 고양이 목에 방울 단다, 고초 커셔 ᄆᆡ운가?, 고초나무 송진 잇시가?, 구밀복금, 국슈 ᄆᆞᆫ돌 줄도 모ᄅᆞᄂᆞᆫ 녀편ᄂᆡ가 피안반 나무런다, 국이 한강수와 갓지 ᄒᆞ도 수갈 업시ᄂᆞᆫ 못 먹어, 굴 먹은 벙어리, 굿즁모양, 굿ᄒᆞᆫ 곳 무당이오 ᄌᆡ 올닐ᄣᅢ 즁일세, 권션ᄒᆞ오, 귀 먹고 말 못 ᄒᆞᄂᆞᆫ ᄯᆞᆯ년 어머니 불 늘가?, 그 사ᄅᆞᆷ 미력 ᄀᆞᆺ소, 그 사ᄅᆞᆷ이 부처님이오, 기름길에 도적 맛ᄂᆞᆫ다, ᄭᅡ치 ᄇᆡ 바닥 갓다, 씌여진 과긔요 업지른 물이다, ᄭᅮᆯ은 다 먹어도 과ᄌᆞ만 다랏스면 쓰지, ᄭᅯᆼ 구어 먹은 자리에 남저지 업지, ᄭᅯᆼ 먹고 알도 먹고, 남 잡은 ᄭᅯᆼ 발 마지기, 남의 장도 차니ᄭᅡ 시칼 차ᄂᆞᆫ 격이지, 남의 졔ᄉᆞ에 감을 노나 ᄇᆡ를 노나, 냥손에 ᄯᅥᆨ쥔다, 너 죽으면 내 못 살가?, 념불, 논드렁이 쳔자라도 바ᄂᆞᆯ 구멍 잇ᄉᆞ면 쓸 ᄃᆡ가 업다, 누어 ᄎᆞᆷ ᄇᆡ앗트면 졔게로 ᄯᅥ러져, 눈에 안경, 니불 속에서 활개친다, 다라나ᄂᆞᆫ 말을 ᄎᆡ질ᄒᆞ네, 뎌 연등 고불, 뎡져와, 도

21 헐버트(1897)나 다른 집필자(1901)가 랜디스(1896)의 목록을 재수록한 까닭을 추정하기는 어렵다.

젹놈 물 길려 가면 대문 잠으고 간다, 독틈에 탕관, 돗ᄃᆡ가 부러지면 ᄇᆡ가 쓸ᄃᆡ업다, 동ᄂᆡ 쳐녀 밋고 쟝가 아니 갈가?, 동작에셔 욕 먹고 셔빙고에셔 눈 흘겨, 동지섯달 셰 살 붓치, 됴족지혈이다, 듬은듬은 가도 황여 거름, 디렁이도 드듸면 쑴젹ᄒᆞ지, ᄯᅡ리ᄂᆞᆫ 셔방 뭡지 아니 ᄒᆞ여도 말리ᄂᆞᆫ 시어미 뭡다, 룡이 ᄀᆡ의게 물녓다, 림갈굴졍, ᄆᆞᆯ 머리에 ᄲᅮᆯ이 낫가?, ᄆᆞᆯ 일코 마구 곳치다, 먼대 ᄭᅩᆺ치오 갓가온 공펑이라, 멧두기 쒸면 망둥이도 쒼다, 목탁으로 아오, 못 먹을 나물 졍월부터 난다, 못된 송아지 엉등이에 ᄲᅮᆯ난다, 못된 콩나몰 잔털만 난다, 무리궝 믹논이 갓다, 무리황식 주려 죽지, 무호동즁리 작호라, 물고 못 먹ᄂᆞᆫ 범이다, 물은 건너 보아야 안다, ᄇᆡ 주고 속 비러 먹기, ᄇᆡ지도 못 ᄒᆞ고 밧지도 못ᄒᆞ다, 벌거벗고 온칼 찬다, 법당의 올으고져 ᄒᆞ오, 봄 굿 ᄒᆞᄂᆞᆫ ᄃᆡ 맛 며ᄂᆞ리 츔추기롤 보기가 실다, 봉ᄉᆞ가 기룸갑 날가?, 불 고슨 쟝, 불샹을 거우지 마라, 불 안이 딘 굴둑에 연기 나ᄂᆞ냐, 불이 규구면 불능졍방원이라, 불쳔지, 비단 옷 닙고 밤길 간다, 빈계신명, 사랑ᄒᆞᆫ 개가 발뒤꿈치 씨민다고, 사롬 살니ᄂᆞᆫ 부쳐 골골마다 잇소, 산밋 사롬이 산에 올나 새 달 보ᄂᆞᆫ 셰음이라, 산에 사ᄂᆞᆫ 것 우물보다 나앗소, 산이 크지 아니면 골도 크지 못ᄒᆡ, 살진 사롬 부러워 ᄒᆞ엿셔 복고창된 셰음이다, 삼간집이 다 타도 빈 ᄃᆡ죽 ᄂᆞᆫ 것만 시원ᄒᆞ다, ᄉᆡ우 싸홈에 고ᄅᆡ가 죽다, 싱불되야고 ᄒᆞ오, 샹당하부졍, 샹하ᄉᆞ불급, 선님이 죵만 업수이 넉인다, 셔울 보름이나 시골 열닷ᄉᆡ나, 셔울 보롬이나 시골 열닷ᄉᆡ나, 소가 기운 만이면 잉금될 수가 잇나?, 소금장ᄉᆞᄒᆞ면 비 오고 가로장ᄉᆞᄒᆞ면 바롬 분다, 솔닙이 벗셕ᄒᆞ매 가랑닙흔 ᄒᆞᆯ 말 업다, 송ᄆᆞ빅열, 쉬 자란 나무 단단치 못 ᄒᆞ지, 슈쳥즉무어, 슐에 슐부나 물에 물부나, 시루에 물 붓기, 신션노롬에 독긔자로 썩ᄂᆞᆫ다, 신션노롬에 독긔 자로 썩네, 아ᄂᆞᆫ 놈 동이듯, 아ᄒᆡ 낫키 젼에 포덕이 작만ᄒᆞ다, 안ᄀᆡ 쎠 잇시가?, 안밧긔 도비ᄒᆞᆫ다, 암ᄃᆞᆰ이 운다, 암치 쎡다귀에 불개야미 덥뷔듯, 약은 괴 밤눈 어둡다, 어더온 독긔나 내 독긔나, 어두온 밤에 홍둣개 ᄂᆡ민다, 업더진 나무에 독긔질 ᄒᆞᆫ다, 열니면 박인가 굿어야 박이지, 염통 곪은 쥴 모로고 손톱 곪은 쥴은 안다, 염통 밋헤 쉬스ᄂᆞᆫ 주로 모로고 손톱 밋헤 가시ᄂᆞᆫ 안다, 왕우쟝샹의 시가 잇다?, 우몰에 안즌 ᄀᆡ고리, 우물에서 슉렁 달ᄂᆞᆫ다, 우이송경, 울타리 허술ᄒᆞ면 도적을 마져, 원님이 아젼의 소매애 드럿다, 위산구린에 공휴일궤라, 유모셕이텰파, 이거ᄉᆞᆫ 즁의 빗시오, 자라 보고 놀닌 놈이 소도양 보고 놀닌다, 작샤도방, 작졈금칙, 잠서 걸ᄂᆡ 쓰겟다, 잠자리 눈셥 잇시가?, ᄌᆡ드른 즁, ᄌᆡ밥의만 ᄆᆞᄋᆞᆷ 잇고 염불의 ᄆᆞᄋᆞᆷ 업소, ᄌᆡ탓다, 쟝마다 망둥이 날가?, 진며나리 ᄉᆡ벽달 보기, 져 먹기ᄂᆞᆫ 실혀도 ᄀᆡ 주기ᄂᆞᆫ 앗갑지, 젹반하쟝, 젹ᄉᆞᆷ 업고 은가락지 찌기, 졀간 ᄀᆞᆺ소, 졍장면이립, 졔 삼촌 뫼에 풀 버히기, 졔 칼 남의 칼집에 두기가 어렵지, 존계관청, 죠화모락, 주로션힝, 죽은 나무에 산 열ᄆᆡ, 즁도 못 밋고 속인도 밋지, 즁되고져 ᄒᆞ오, 즁의 샹투, 즁의 팔ᄌᆞ, 즁이 머리 비시가?, 즁퇴식이 동냥 아니 준다, 쳣술에 ᄇᆡ 부를가, 취면 것질가 불면 날가, 칼노 물 버히기, 키 크다고 하놀에 별 쏠가?, 키만 크면 어룬 되게?, 통으로 삼키면 목 걸니지, 파경난합, 파긔샹죵, ᄒᆞ로 망아지 셔울 ᄐᆞ고 간다, ᄒᆞᆫ 몸에 두 지게 질가, 할계에 언용무도리오, 향이긔하에 필유ᄉᆞ어라, 호랑이 보고 놀ᄂᆞᆫ 사ᄅᆞᆷ 고양이 보고 놀나겟네, 호뮈로 막을 것 가릐로 못 막ᄂᆞᆫ다, 호박시 까셔 ᄒᆞᆫ 입에 늣타, 호박씃슬 함박씃시란다, 화살은 주어도 말은 못 줍ᄂᆞ니라, 흙부쳐가 돌부쳐롤 ᄀᆞᄅᆞ치오, 흙으로 부쳐 ᄆᆞᆫᄃᆞᄂᆞᆫ 사ᄅᆞᆷ은 부쳐롤 공경ᄒᆞ지 못ᄒᆞ오, 힘 셰다고 왕노ᄅᆞᆺ ᄒᆞᆯ가?

(예7)에서 볼 수 있는 것과 같이 REP나 REV에 실린 목록들이『朝鮮俗談』보다 먼저 나온 속담 자료임에도 불구하고 현대인들에게 익숙한 속담이 많은 것은, 당시 랜디스를 비롯한 외국인 선교사들이 한국인의 일상 속에서 더 생명력 있는 언어 표현들을 직접 수집하였기 때문일 것이다. 랜디스가 제시한 목록을 살펴보면, '떡으로 치면 떡으로 치고 돌로 치면 돌로 친다'라는 한국어 속담을 '25. 돌노 치면 돌노 치지'와 '57. 떡으로 치면 떡으로 치지'라고 각각 별개의 것으로 다룬 것을 볼 수 있다. 이것은 그가 속담의 생산적 활용 가능성까지 염두에 두고 있었음을 엿볼 수 있는 근거이다. 어느 나라, 어느 민족이든 모어화자들은 자신들의 속담을 사용할 때 기본형을 창조적으로 변형해 표현한다. 이때 중요한 것은 랜디스가 25와 57에서 제시한 것과 같이 어휘를 어떻게 교체하여 기지를 발휘하느냐인데 REP나 REV에 속담을

소개한 외국인 선교사들은 이러한 변형과 활용의 가능성까지 염두에 두며 목록을 작성하였던 것으로 보인다.

## 5. 속담과 수수께끼에 담긴 어휘·문화 정보

개신교 선교사들은 선교를 위하여 파송 지역의 사람, 문물, 언어, 사회상을 조사하고 관찰하는 데에 힘을 아끼지 않았다. 그들의 행적은 기록화되었고, 그 기록들은 후임들이 낯선 나라에 대한 견문을 넓히는 데 실질적인 도움을 줄 수 있도록 현실적으로 정리되고, 분석되었다는 점에서 그 활용 가치가 높다. 19세기 말에서 20세기 초에, 한민족의 선교와 계몽을 목표로 한국에 온 개신교 선교사들보다 더 본격적으로, 객관적으로 한국을 연구했던 사람들도 없었을 것이다. 그런데 바로 이 점, 종교적 목적을 최상위로 하여 한국과 한국인에 접근해 왔다는 점 때문에 개신교 선교사들의 성과들은 파리외방전교회의 신부들이나 오구라신페이(小倉進平) 같은 사람들의 업적보다 비학문적인 것으로 여겨졌다. 종교적 편협에 빠져 어휘 사용이나 문장 표현도 비일상적인 형태로 경도된 채 보수성을 가지고 있을 것으로 여겨져 학문적 연구에 많이 활용되지 않았다.

그러나 19세기 말에서 20세기 초에 한국에 파견된 개신교 선교사들은 대부분 서양의 언어·문화는 물론, 몽고어나 중국어(한문)까지도 능숙했던 지식인들이었고, 당시 한국의 계몽과 교육을 위해 그 누구보다 애썼던 사람들이었다. 또, 당시 한국의 지식인들과의 직접적인 교류와 공동 작업이 가능했던 사람들이었다. 개신교 선교사들이 종교적 목적을 최상위에 두긴 하였으나 그들의 종교와 문화를 한국에 정착시키는 데에만 그치지 않고, 한국을 연구하여 서양에 소개하는 데에도 정성을 다하였고, 한국에 관한 학문적 저작 활동도 게을리하지 않았다. REP

와 REV에 수록된 한국어 속담과 수수께끼에는 한국에 파송되어 온 개신교 선교사들이 보기에 한국인의 인간관, 가치관, 세계관 등이 잘 반영된 언어 표현으로, 후임 선교사들이나 한국에 관심을 가지고 있는 외국인들에게 도움이 될 만한 것이었다는 데에 연구의 의의가 있다. 설혹 제시된 목록이 단순히 그들이 한국에 와서 가장 흔히 접한 고빈도 언어 자료들이었다고 하더라도 그 연구 의의는 충분하다.

REP와 REV에 한국어 속담과 수수께끼를 정리하여 수록한 집필자들은 교수-학습용으로 활용할 목적이 아니었고, 한국을 알고자 하는 사람들에게, 혹은 한국을 모르는 사람들에게 한국, 한국인, 한국어와 한국의 문화를 소개하는 것이 목적이었다. 이러한 목적 하에 정리된 한국어 속담과 수수께끼들이기에 시제나 서법 등의 문법 요소들을 완벽하게 갖추고 있지는 않다. 표현 교육용 한국어 자료가 아니기 때문이다. 때문에 제시된 한국어 속담과 수수께끼를 이루는 핵은 명사이다. 용언은 서술격조사나 경동사, 혹은 매우 일반적인 동사가 사용되었을 뿐이다. 이에 필자는 REP와 REV에 실린 한국어 속담과 수수께끼에 활용된 명사를 의미 부류별로 살펴보았다.

한국어 속담과 수수께끼에 활용된 명사와 그와 관련된 문화적인 면면들을 살펴본 결과, 기존의 종교(불교)에 대해서 한국인들은 무속적 개념을 가지고 있다는 것을 알 수 있었고, 개신교 초기의 '하ᄂᆞ님'과 '신'과 '텬쥬'를 둘러싼 용어 논쟁의 배경도 짐작할 수 있었다. 즉, 로스의 주장처럼 '하ᄂᆞ님'은 좋은 용어이지만 한국 사회에서 이미 다른 의식이나 무속과 관련하여 늘 있어 온 개념이기 때문에 개신교의 정체성 확립을 위해 다른 용어가 필요하다고 느껴 용어에 관한 논의가 많을 수밖에 없었을 것이다. 또, 자연물 관련 명사, 인공물 관련 명사들의 고찰을 통해 당시 한국의 문화를 엿볼 수 있었다. ① 수수께끼는 이름을 이용한 것, ② 외형 및 기능적 특징을 부각시킨 것, ③ 對句로 표현된 것으로 나누어 살펴보았는데 ②에 해당하는 수수께끼가 가장 많았다. 의미 부류별로 살펴보면 생활 도구와 관련된 수수께끼가 가장 많다.

REP와 REV에 수록된 속담이 외국인이 외국인을 위해 정리한 것들이라면, 『朝鮮俗談』은 한국인이 한국인을 위해 만든 속담 자료집인데 6배 이상의 방대한 『朝鮮俗談』에 외국인 선교사들이 정리한 많은 속담들이 수록되어 있지 않다는 것을 확인할 수 있었다. 이를 통해 알 수 있는 중요한 사실은, 19세기 말~20세기 초에 한국에 파송되어 와 있던 개신교 선교사들은 텍스트를 통해서만 학습한 것이 아니라 직접 살아 있는 언어 자료들을 수집하고 정리하였다는 점이다. 또, 한국인이 한국의 대표 속담으로 정리하는 목록과 외국인이 외국에 한국을 소개하고, 설명하기 위해 수집하고 선정하여 정리하는 목록이 달랐다는 점도 중요한 사실이다. 이것은 오늘날 한국어 교육에서도 염두에 두어야 할 사항인데, 외국인을 위한 한국어 속담이나 수수께끼에 대한 교육 목록의 선정에 외국인의 시선이 참고되어야 함이 마땅하다.

11장

# 한국어 번역 성경의 외래어 표기 양상

## 1. 고유명사 표기에 대한 연구의 필요성

외국의 인명과 지명의 표기는 현대 사회에서 자료 검색이나 온라인 정보 이용 환경에서 탐색의 속도나 실패율에 영향을 미치는 요인이기도 하다. 따라서 구체적인 외래어 표기의 실태 파악과 정비가 필요하다. 한국어 번역 성경에는 외국의 인명과 지명이 적지 않게 언급되어 있으므로 성경은 외래어 표기에 대한 근본적인 문제와 외래어 표기가 어떻게 변천되고 정착되어 왔는지를 확인해 볼 수 있는 텍스트로서 가치를 지닌다. 한국어 번역 성경은 표기법 제정 이전의 외래어 표기 자료이므로 '원음주의'나 '관용주의' 원칙이 어떻게 적용되었는가를 살피는 차원에서가 아니라 외래어 고유명사를 처음 접한 개화기 집필자들의 고민의 흔적과 외래어를 한글로 표기하기 위한 노력의 결과를 들여다 본다는 차원에서 접근해야 한다. 또, 현대국어 표기법에서는 외래어와 외국어를 구분하여 논의한다. 그러나 외국 문물의 유입 속도나 그와 관련된 단어들의 활용 국면을 생각하면, 외래어와 외국어를 분리하여, '한국어 체계 속에 편입된 단어'만을 '외래어 표기법'의 대상으로 삼는 현행 외래어 표기법은 시대에 맞지 않는 언어 사정(査定) 원칙으로 보인다. 광속의 매체 시대에 살고 있는 우리에게는 우리말 체계로 정착된 외래어뿐만 아니라 새로운 문물과 함께 밀물처럼 들어와 통용되고 있는 신생 외국어에 대한 한글 표기의 문제도 그 경중이 다르지 않다. 이러한 상황은 개화기에도 마찬가지였던 것으로 보인다. 이처럼 외래어와 외국어의 경계를 획정하기 어려우므로 나는 외래어라는 명칭을 쓰되 외국어 개념까지 포함하여 성경에 쓰인 인명과 지명의 표기 예를 다룬다.

번역 성경은 같은 내용에 대한 개정 및 수정이 지속적으로 이루어진 텍스트이기 때문에 언어 표기의 변화를 살펴보기에 적절한 대상이다. 또, 그 어떤 문헌보다 서양의 인·지명 표기가 많이 확인되고, 외국인이 직접 한글 표기에 관여한 텍스트이기 때문에 외래어 표기의 원리를 살펴보기에 더없이 좋은 자료이다. 한국어의 내부적인 체계의 변화나 외래어에 대한 음절 인식의 변화, 음소 중심 표기의 변화 등 외래어 표기의 핵심적인 원리에 대한 변천을 고찰할 수 있다. 한국어 성경을 번역하는 외국인 선교사들이 외래어 표기를 비롯한 표기와 체제 차원의 일관성 유지를 위해 노력한 것은 『켄뮤어 서신』(1904년 4월 29일, 7월 13일)에서 확인되는 수정 항목들에 대한 기록(옥성득·이만열 편역, 2006)을 통해서도 알 수 있다. 이에 나는 개신교 최초의 한국어 번역 성경인 『예수셩교 누가복음 젼셔』(로스, 1882)부터 최초의 공인역 『신약젼서』(1906) 및 현대의 번역본에 이르기까지 통시적으로 살피며 외국의 인·지명 표기의 변화를 고찰하고자 한다. 로스 번역본부터 현대까지 한국어 번역 성경에서 확인되는 인·지명 표기의 변화를 중심으로 고찰하며 구체적으로는 다음과 같은 내용을 살핀다.

① 현행 외래어 표기법에서 외국의 인명과 지명은 원음주의를 따르고 있는데, 표기법이 제정되기 전인 19세기 말의 현실은 어땠는가에 대해 살핀다.

② 음소(평음-격음-경음)표기를 중심으로 언어 간 차이를 극복한 방법을 살핀다.

③ 음절 수의 인식과 관련된 표기법을 살핀다.

④ 외래어 표기의 차이와 저본의 관련성을 살핀다.

## 2. 음운론적 고찰

현행 외래어 표기법은 1986년 문교부에서 제정·고시한 것인데, 외래어를 원음에 따라 한글로 적도록 하는 것을 원칙으로 한다. 외래어 표기법에서 가장 혼란스러운 문제는 '원음에 따라 적는다'는 기본 원칙과 '이미 굳어진 외래어는 관용을 존중한다(제5항)'는 세부 조항의 충돌이다. 'super-'를 '슈퍼'로 쓰고 있는 것이 그 한 예이다. 원어 발음상으로는, 즉 발음기호에서 /j/가 확인되지 않는 이상 이중모음으로 발음하거나 음역할 이유가 없다. 대부분의 영어 사전의 제1 발음에 /j/가 없는데, 한국어에서는 오래 전부터 이중모음으로 표기하고 있는 것이다. 실제 발음상의 문제뿐만 아니라, 음운론적으로도 /s/와 /j/는 발음 위치의 중복성으로 /j/가 탈락하여 /수/로 발음하는 것이 자연스럽다. 따라서 표기상으로도 '슈'가 아니라 '수'라고 적어야 할 것인데 현행 외래어 표기에서는 '슈'로 적도록 하고 있다. 원칙 표기와 관용 표기 사이에서 관용 표기를 존중한 결과이다. 그러나 초기 한국어 번역 성경은 19세기와 20세기의 교체기, 즉 표기법이 제정되기 이전인 동시에 외래어 표기와 관련하여 아직 어떤 '관용'이 만들어지기 전에 작성된 텍스트이므로 원음을 표기에 반영하기 위한 여러 시도들이 확인된다. 『예수셩교 누가복음 젼셔』(1882) 이후 성경의 개정과 수정 과정에서 외래어 표기가 어떻게 변화되고 정착되었는지를 살피는 것은 서양의 인·지명 표기의 정착 과정을 가장 직접적으로 살필 수 있는 방법이다. 서양의 인·지명의 표기와 관련하여 '원음과 한글 표기'의 문제에는 어떤 것들이 있는지 다음과 같은 몇 가지 언어적 특징을 중심으로 살펴본다.

### 1) 음소 인식의 차이와 외래어 표기

음소 체계 전체의 문제를 다루기에 앞서 반모음을 인식하는 언어간 차이의 문제를 살펴보고자 한다. 한국어 음운론서에서는 'j'를 대개 단모음 'ㅣ'와 유사한 반모음이라고 본다. 'w'를 단모음 'ㅜ'와 유사한 '반모음'으로 칭하는 것도 같은 차원이다. 'j'와 'w'을 조음체가 미끄러지듯 발음된다하여 '활음(glide)'이라고도 한다. 그러나 'j'와 'w'를 '반자음'으로 보는 언어권도 적지 않다. 'j'와 'w'를 한국어의 19개의 자음의 조음 위치와 함께 제시해 보면 다음과 같다.

<표 1> /j/와 /w/의 조음 위치

<table>
<tr><th></th><th>兩脣音</th><th>齒莖音/齒槽音</th><th>硬口蓋音</th><th>軟口蓋音</th><th>喉音</th></tr>
<tr><td rowspan="2">障礙音</td><td rowspan="2">ㅂ, ㅃ, ㅍ</td><td>ㄷ, ㄸ, ㅌ</td><td></td><td rowspan="2">ㄱ, ㄲ, ㅋ</td><td rowspan="2">ㅎ</td></tr>
<tr><td colspan="2">ㅅ, ㅆ<br>ㅈ, ㅉ, ㅊ</td></tr>
<tr><td>鼻音</td><td>ㅁ</td><td>ㄴ</td><td></td><td>ㅇ</td><td></td></tr>
<tr><td>流音</td><td></td><td>ㄹ</td><td></td><td></td><td></td></tr>
<tr><td>半子音</td><td>ㅜ/w/</td><td></td><td>ㅣ/j/</td><td></td><td></td></tr>
</table>

〈표 1〉에서는 치조음과 경구개음의 근접성을 나타내기 위하여 점선으로 표시하였다. 경구개음은 치조음과 연구개음 사이에 있으나 치조음에 더 가깝다. 한국어의 음소 배열 제약에서 'j'가 경구개음과 조음 위치가 중복되므로[1] 경구개음 뒤에 'j'로 시작하는 이중모음, 즉 상향 이중모음이 연결되면 'j'가 탈락하는 것이 자연스럽다. 한국어 표준발음법 제5항의 '다만1'에서 용언의 활용형에 나타나는 "'져, 쪄, 쳐'는 〔저, 쩌, 처〕로 발음한다."고 설명하는 것도 이러한 원리가 반영된 것이다. 'j'는 'ㅈ, ㅊ, ㅉ'뿐만 아니라 'ㅅ, ㅆ' 뒤에서도 제약[2]을 받는다. 언어 보편적 현상인 동일요소회피(Obligatory Contour Principle) 현상으로, 'j'나 'w'의 발음 위치를 〈표 1〉에서와 같이 이해하는 데에 근거한 것이다. 따라서 외래어의 'juice', 'super-'는 /주스/, /수퍼/로[3]

---

1 더 정확하게는 전술모음으로, 경구개 근접음이다.

2 다만, '치음〉경구개음〉치조음'과 같은 음가 변화를 겪은 'ㅅ, ㅆ'는 현대국어에서 'j'와 결합될 경우, 즉 '마셔〔마셔〕, 하셔〔하셔〕'와 같이 형태소 경계에서는 'j'가 실현되는 것으로 보고 있다. 'ㅈ, ㅉ, ㅊ'가 형태소 경계에서 'j'와 결합될 경우, 즉 '가져〔가저〕, 쪄〔쩌〕, 다쳐〔다처〕' 등과 같이 'j'가 탈락하는 것과는 다르다. 그러나 형태소 내부에서의 'ㅅ, ㅆ+y'는 '쎠어〔써어〕에서와 같이 'j'를 탈락시켜 발음한다.('표준발음법 제5항 다만 3'과 '한글맞춤법 제9항'에 근거함)

3 〔수퍼〕로 발음하면서도 '슈퍼마켓, 슈퍼맨'이라고 쓰고 있는 것은 외래어 표기법 제5항에

발음하고, '수퍼'로 표기하는 것이 원칙이다. 영어에서 'a year', 'a window'라고 하고, '*an year, *an window'라고 하지 않는 것은 'w'와 'j'를 모음 쪽보다는 자음 쪽으로 인식하기 때문이다. 'w'와 'j'를 모음으로 인식했다면 관사 'an'을 썼을 것이다. 그렇다면 외래어가 유입되던 초기의 한국에서는 'ㅅ'나 'ㅈ'과 'j'의 연결을 인식하였는지, 어떻게 처리하였는지 예를 보도록 하자.

(1) ㄱ. 수라쿠(1887)-셔랍고(1896)-수라구사(1906/1925/개역개정: Syracuse, 敍拉古, Συρακούσας, 수라쿠사스)
ㄴ. 수몬(1887)-셔먼(1896)-시므온(1906/1925/개역개정: Simeon, 西面, Συμεὼν, 수메온)
ㄷ. 수힘(1887)-셔겸(1896)-세겜(1906/1925/개역개정: Shechem,[4] 示劍, Συχέμ, 숙켐)
ㄹ. 스랴(1887)-셔리아(1896)-수리아(1906/1925/개역개정: Syria, 敍利亞, Συρία, 수리아)

ㅁ. 요슈야(1887)-약셔아(1896)-여호수아(1906)-여호수아(1925)-여호수아(개역개정: Joshua, 約書亞, Ἰησοῦς, 이에수스)
ㅂ. 됴누쇼(1887)-투니슈(1896)-듸오누시오(1906/1925)-디오누시오(개역개정: Dionysius, 丟尼修, Διονύσιος, 디오누시오스)

(예1)을 보면, 'ㅅ' 다음에 단모음 표기와 이중모음 표기가 모두 확인되는 것으로 보아 철자를 의식하는 표기보다는 현실 발음에 따라 표기된 것으로 보인다. 'ㅅ'과 'j'의 연음을 의식적으로 인식하지 않고, 선

---

서 설명하듯 이미 굳어진 외래어에 대해서는 관용을 존중하도록 하고 있기 때문이다. 이처럼 한국어에서는 치조음 및 경구개음 뒤의 'j'의 발음 및 표기 문제가 관용의 벽을 넘지 못하고 있다.

4 NIV와 NASB에서는 'Shechem', KJV에서는 'Sychem'로 표기되었는데, 왜 영역본에서 'sh' 표기가 되었는지 알 수 없다.

교사의 발음에 대한 인지력을 따랐을 것으로 추정된다. '수라쿠(Συρακούσας), 수몬(Συμεὼν), 수힘(Συχὲμ), 수리아(Συρίαν)'와 '요슈아('Ιησοῦ), 됴누쇼(Διονύσιος)'가 이에 해당하는 예이다. 또, 이중모음으로 표기되었던 것도 후기 번역본으로 갈수록 점차 단모음으로 표기되고 있음도 특징이다.

### 2) 자음의 표기

음소 표기에 있어서 가장 어려운 문제는 한국어는 '평음-격음-경음'의 3항 구조 체계인데, 대부분의 다른 언어는 유성-무성의 2항 대립 구조 체계라는 데에 있다. 음소 체계의 차이로 인한 한글 표기의 문제를 19세기의 상황에서는 어떻게 인지하였는지, 한글 표기는 어떤 방향으로 정착시켜 왔는지에 대한 고찰이 필요하다. '까페'와 '카페'의 표기가 여전히 문제이고, /김/과 /킴/의 발음이 여전히 문제이기 때문이다. 현행 외래어 표기법에서는 유성 파열음 표기에는 경음을 쓰지 않는 것을 원칙으로 하고 있고, 한국어는 초성에서 유성 파열음은 무성화되기 때문이다. 즉, 한국어에서는 무성음 /k/와 유성음 /g/이 음성학적으로는 /ㄱ/으로 같다. 그러나 음운론적으로는 'ㅋ'와 'ㄱ'로 표기할 수 있는 것이다. 외국어가 대부분 무성음과 유성음으로 2항 대립 체계이기 때문에 서양 선교사들이 그들의 유성음과 무성음을 구분하여 표기하는 것은 어렵지 않은 일이었을 것이다. 그러나 한국어의 'ㄲ'와 'ㅋ'를 구분하는 일은 어려웠을 것이다. 즉, 초기 한국어 성경에 경음 표기가 드물 것으로 예상된다. 그러나 마찰음과 파찰음에 대한 인식은 여전히 애매하다. '버스, 보너스, 가스, 로스, 마사지, 콘서트, 코스모스' 등 마찰음 /s/는 평음으로 발음하기가 어려운데도 현행 외래어 표기법에서는 평음으로 표기하도록 하고 있다. 이러한 문제가 초기 한국어 번역 시기의 서양 선교사들에게 인식되었는지, 그리고 이것이 어떻게 한국어 성경의 고유명사 표기에 어떻게 반영되었는지, 현대로 오면서 어떻게 변화되었는지를 살핀다.

(2) ㄱ. 티투 유쓰투(1887)-유ᄉᆞ도(1896)-듸도 유스도(1906/1925)-디도 유스도(개역개정: Titius Justus, 提多猶士都)
ㄴ. 안티오(1887)-안뎨아(1896)-안듸옥(1906/1925)-안디옥(개역개정: Antioch, 安提阿)
ㄷ. 펄가(1887)-별가(1896)-버가(1906/1925/개역개정: Perga, 別加)
ㄹ. 안티오(1887)-안뎨아(1896)-안듸옥(1906/1925)-안디옥(개역개정: Antioch, 安提阿)

ㅁ. 다마쓰코(1887)-대마식(1896)-다메섹(1906/1925/개역개정: Damascus, 大馬色)
ㅂ. 쓰되카(1887 행17:18)-ᄉᆞ다아(1896)-스도이고(1906/1925)-스토아(개역개정: Stoic, 斯多亞),
ㅅ. 아소토(1887)-아쇄도(1896)-아소도(1906)-아쏘도(1925)-아소도(개역개정: Azotus, 亞鎖都)

(2가~라)는 격음 표기의 예이고, (2마~사)는 외래어 표기에 경음이 쓰인 예이다. 격음으로 표기되었던 것이 점차 평음 표기로 바뀌고, /s/를 'ㅆ'으로 표기한 것을 확인할 수 있다.

현행 외래어 표기법에서는 유성파열음 표기에는 경음을 쓰지 않는 것(제4항)을 원칙으로 하고 있다. 즉, 유성파열음은 평음으로 표기하고, 무성파열음은 격음으로 표기하도록 한 것이다. 초기 한국어 번역 성경은 이러한 표기법이 제정되기 전의 집필 작업이었으므로 외국인 선교사가 전하는 원음의 영향이 컸을 것으로 생각된다. 대부분의 외국어가 무성음과 유성음으로 2항 대립 구조이기 때문에 생기는 이 표기의 문제는, 역으로 생각하면, 한국어처럼 3항 대립 이상의 체계로 구성된 외국어를 한국어로 표기하는 경우나 한국어 자음의 3항 대립 구조상의 발음의 차이를 인식한 외국인이 집필하는 경우라면 한국어의 경음을 서양의 고유명사 표기에 사용할 수도 있다는 가정도 가능하다. 이에 한국어 번역 성경은 그 어떤 텍스트보다 수정과 개정이 끊임없이 계속되었는데, 그 과정에서 평음, 격음, 경음의 표기가 어떻게 변화되었는지를 살피고, 경음 표기로 정착된 인명이나 지명이 있는지를 확인하여 이 가정을 검증해 보고자 한다.

(3) ㄱ. 회당 차디ᄒᆞᄂᆞᆫ 쟈킬잇또가 오은 집이 쥬를 밋으니 코린도 사ᄅᆞᆷ이 만이 도를 듯고 밋어 밥팀례를 밧더라 〈1887행18:08〉
ㄴ. 회당 맛은 혁니사토와 왼 집 사ᄅᆞᆷ이 쥬를 밋으며 ᄯᅩ 가림다 사ᄅᆞᆷ도 도를 듯고 밋어 셰례를 만히 밧더라 〈1896행18:08〉
ㄷ. ᄯᅩ 회당 맛흔 그리스보가 왼 집 사ᄅᆞᆷ으로 더브러 쥬를 밋으며 ᄯᅩ 고린도 사ᄅᆞᆷ이 마니 그 말ᄉᆞᆷ을 듯고 밋어 셰례를 밧더라 〈1906행18:08〉

(4) 킷(1887)-긔ᄉᆞ(1896)-기스(1906), 니코라(1887)-니가랍(1896)-니골나(1906), 말코(1887)-마가(1896)-마가(1906), 류캬(1887)-려가(1896)-루기아(1906), 이코론(1887)-이가념(1896)-이고니온(1906/1925/개역개정: Iconium, 以哥念), 풀우캬(1887)-불려가(1896)- 브루기아(1906/ 1925/개역개정: Phrygia, 弗呂家)

(예3)와 (예4)에서는 초기 한국어 성경에서 확인되는 'ㅋ'과 'ㄱ'의 표기 교체의 예를 확인할 수 있다. 현대국어에서도 외국인들이 한국어를 학습하는 과정에서 한국어의 평음과 격음의 발음과 표기의 문제는 여전하다. 'Chris~'와 관련하여 '키리쓰토', '그리스도', '크리스(마스)' 등에서와 같이 표기가 혼재되어 있다. 같은 부류의 예로, 'ㄷ'과 'ㅌ', 'ㅂ'과 'ㅍ'의 교체가 확인되는데 일부의 예를 제시해 보이면 다음과 같다. 이 표기들의 혼돈과 교체는 외국인들에게 이들의 구분이 어려웠기 때문인 것으로 볼 수 있다.

(5) ㄱ. 티투 유쓰투(1887)-유ᄉᆞ도(1896)-듸도 유스도(1906/1925/개역개정: Titius Justus, 提多猶士都), 푼토(1887)-본도(1896)-본도(1906), 아소토(1887)-아쇄도(1896)-아소도(1906)-아쏘도(1925)-아소도(개역개정: Azotus, 亞鎖都), 안티오(1887)-안뎨아(1896)-안듸옥(1906/1925/개역개정: Antioch, 安提阿), 파타라(1887)-파대날(1896)-바다라(1906/1925/개역개정: Patara, 帕大喇), 이타냐(1887)-이대리(1896)-이달니아(1906/1925/개역개정: Italy, 義大利), 안티파리(1887)-안져픽져(1896)-안듸밧으리(1906/1925)-안디바드리(개역개정: Antipatris, 安提帕底), 안티오(1887)-안뎨아(1896)-안듸옥(1906/1925)-안디옥(개역개정, Antioch, 安提阿)

ㄴ. 발예수(1887)-파야소(1896)-바예수(1906), 미소포타먀(1887)-미소파대미(1896)-메소보다미아(1906), 팔딕(1887)-파뎨아(1896)-바대(1906/1925/개역개정: Parthia, 帕提亞), 파보(1887)-파블(1896)-바보(1906/1925/개역개정: Paphos, 巴耶穌), 팜부랴(1887)-방비리아(1896)-밤빌니아(1906/1925/개역개정: Pamphylia, 旁非利亞), 펄가(1887)-별가(1896)-버가(1906/1925/개역개정: Perga, 別加), 포툐리(1887)-부투리(1896)-보듸을(1906/1925)-보디올(개역개정: Puteoli, 部丟利), 푼토(1887)-본도(1896/1906/1925/개역개정: Pontus, 本都), 풀우캬(1887)-불려가(1896)-브루기아(1906/1925/개역개정: Phrygia, 弗呂家), 픠시댜(1887)-픠셔져(1896)-비시듸아(1906/1925)-비시디아(개역개정: Pisidian, 彼西底), 아료파고(1887)-아략파고(1896)-아레오바고(1906/1925/개역개정: Areopagus, 亞略巴古), 아포로냐(1887)-아파라리아(1896)-아볼노니아(1906/1925/개역개정: Apollonia, 亞波羅尼亞), 옵파(1887)-약파(1896)-욥바(1906/1925/개역개정: Joppa, 約帕)

(예5)에서는 'ㅋ'과 'ㄱ', 'ㅍ'과 'ㅂ', 'ㅌ'과 'ㄷ'의 발음과 표기, 즉 격음과 평음의 교체 표기를 확인할 수 있다. 반면 다음과 같이 평음과 경음의 대립형도 확인된다. 평음과 격음의 대립보다는 그 용례가 적다.

(6) 시몬도(1887행20:04)-셔공도(1896)-세군도(1906)-세군도(1925)-세군도(개역개정: Secundus, 西公都), 쓰되카(1887행17:18)-ᄉ다아(1896)-스도이고(1906)-스도이고(1925)-스토아(개역개정: Stoic, 斯多亞), 알뻬(1887)-아릭비(1896)-알배오(1906)-알페오(1925)-알패오(개역개정: Alphaeus, 亞勒腓), 다마쓰코(1887)-대마식(1896)-다메섹(1906)-다메섹(1925)-다메섹(개역개정: Damascus, 大馬色)

현행 외래어 표기법에서 유성파열음 표기에는 경음 대신 평음으로 표기한다. 개화기의 서양 고유명사 표기에서도 그 용례가 현격히 적은 것을 보면, 한국어의 경음이 외국인들에게는 격음, 혹은 평음과 차별적으로 인지되지 못한다는 것을 짐작할 수 있다. 무성파열음의 격음 표기와 유성파열음의 평음 표기는, 한국인이 유성음을 제대로 소리낼 수 없고, 외국인이 한국어의 격음, 경음, 평음의 발음상의 차이를 제대로 인지하지 못하는 데에서 기인하는 문제라고 볼 수 있다. 한국어의 자음, 즉 격음, 경음, 평음 표기의 혼기 문제는, 무성음과 유성음의 2항 대립 체계의 언어를 사용하는 외국인이 구분하기 어려운 '평음-경음-격음'의 3항 대립 구조의 언어라는 사실과 관련된다. (예6)을 보면, 외래어의 유성파열음은 된소리로 인식되어 'ㅅ'계 합용병서로 표기되었다. 외래어 표기에 있어서 한국어의 3항 대립 체계로 인한 혼기 현상은 앞으로도 계속될 것으로 보인다. 한국어 음운 체계의 범위 내에서 구분하여 표기할 수 있는 경우는 경음 표기도, 조음 위치가 다르게 인식되는 표기도 가능해야 할 것이다. '껌, 빨치산, 빵' 등과 같은 경음 표기 외래어가 이미 허용되고 있기 때문에 표기의 통일을 생각하더라도 인위적으로 경음 표기를 막는 것은 자연스럽지 못한 규정이다.

### 3) 모음 및 음절 인식의 차이와 외래어 표기

한국어 번역 성경의 인명과 지명 표기를 살펴보면, '·의 소실'과 관련된 표기의 변화가 모음 표기 변화의 대부분을 차지한다.

(7) ㄱ. 하느님의 나라를 비ᄒᆞ랴 〈1882눅13:20〉
ㄴ. 하나님의 나라롤 비기리요 〈1887눅13:20〉
ㄷ. 하ᄂᆞ님의 나라롤 비기리요 〈1890눅13:20〉
ㄹ. 하나님의 나라를 엇더케 譬喩할고 〈1935눅13:20〉

『예수셩교 누가복음젼셔』(John Ross, 1882)에서는 '하느님'으로 표기되었던 것이 『예수셩교젼셔』(John Ross, 1887)에서는 '하나님'으로, 『누가복음젼』(Henry Gerhard Appenzeller, 1890)이후 1900년 公認譯本(authorized version) 이후에는 '하ᄂᆞ님'으로, 1935년 『簡易鮮漢文 新約』(大英聖書公會) 이후 개역본에서부터는 모두 '하나님'으로 표기하고 있다. 이처럼 'ㆍ'와 관련된 문제는 고빈도의 주요 어휘들과도 관련되고, 의도적으로 'ㆍ' 표기를 한 예들도 있기 때문에 한국어 번역 성경의 표기를 살펴볼 때 간과할 수 없는 부분이다. 'ㆍ' 표기의 예를 보이면 다음과 같다.

(8) ㄱ. 알쎄(1887)-알배오(1906)-알페오(1925)-알패오(개역개정: Alphaeus, 亞勒腓), 유더(1887)-유대(1896/1906/1925), 홍히(1887)-홍히(1896/ 1906)-紅海(1925)-홍해(개역개정: Red Sea, 紅海)
ㄴ. 예루살임(1887)-예루살넴(1906/1925)-예루살렘(개역개정: Jerusalem, 耶路撒冷), 익피쿠냐(1887)-에비구레(1906)-에비구레오(1925)-에피쿠로스(개역개정: Epicurean, 以彼古羅), 요일(1887)-요엘(1906/1925/개역개정: Joel, 約珥), 나살잇(1887)-나사렛(1906)-나사렛(1925)-나사렛(개역개정: Nazareth, 拿撒勒), 이살일(1887)-이스라엘(1906)
ㄷ. ᄋᆞ나(1887)-아나(1896)-안나스(1906/1925), 아리ᄉᆞ더(1887)-알넥산더(1906/1925)
ㄹ. ᄉᆞ나산(1887)-셔내산(1896)-시내산(1906)-시내山(1925)-시내산(개역개정: Mount Sinai, 西乃山)

(예8)에서와 같이 'ㆍ'는 로스와 아펜젤러 번역본에 주로 쓰이고, 1906까지도 쓰인 것으로 확인된다. (예8)과 같이 'ㆎ>ㅐ', 'ㆎ>ㅔ', 'ㆍ>ㅏ', 'ㆍ>ㅣ' 등의 변화가 확인된다.

또, 모음 아래에 표기된 자음을 음절의 종성으로 닫아서 발음하는지, 후행 음절의 초성으로 발음하는지의 차이와 이에 따른 표기의 문제로 이어진다. 즉, 한국어는 초성이나 종성에 하나의 자음만 발음되고, 종성에는 'ㄱ, ㄴ, ㄷ, ㄹ, ㅁ, ㅂ, ㅇ'만 발음된다는 음절 구조 제약을 갖는 언어이다. 'bus'를 '벗'이라고 표기하지 않는 것은 's'가 한국어에서 종성으로 발음하지 않는 마찰음이기 때문이다. 's'가 받침으로 올 수 없는 소리이기 때문에, 즉 음절 구조 제약을 어기는 외래어이기 때문에 'ㅡ'를 첨가하여 음절 수를 늘려 발음하고, 그 발음을 반영하여 표기한 것이다.

(9) ㄱ. 악립파 왕은 션지ᄅᆞᆯ 밋ᄂᆞᆫ잇가 ᄂᆡ 그 밋ᄂᆞᆫ 줄ᄋᆞᆯ 아노이다 하니 〈1887행26:27〉
ㄴ. 아ᄀᆡ파 뎐하여 션지ᄅᆞᆯ 밋으시ᄂᆞ니잇가 밋으시나나줄 아ᄂᆞ니이다 ᄒᆞ니 〈1896행26:27〉
ㄷ. 아그립바 뎐하여 션지쟈를 밋으시ᄂᆞ잇가 밋으시ᄂᆞᆫ줄 아ᄂᆞ이다 ᄒᆞ니 〈1906행26:27〉
ㄹ. 아그립바 王이여 先知者를 밋으시ᄂᆞ잇가 밋으시ᄂᆞᆫ줄 아ᄂᆞ이다 〈1925행26:27〉
ㅁ. 아그립바 왕이여 선지자를 믿으시나이까 믿으시는 줄 아나이다 〈1998행26:27〉

(10) ㄱ. 다못 도ᄅᆞᆯ 유ᄃᆡ인의게 말ᄒᆞᆯ ᄊᆞᆯ음인ᄃᆡ 그 즁에 굽로와 쿠리ᄂᆡ 사ᄅᆞᆷ이 안티옥에 닐어러 히리니 사ᄅᆞᆷ으로 더부러 말ᄒᆞ여 쥬 예수의 복음ᄋᆞᆯ 뎐ᄒᆞ니 〈1887행11:20〉
ㄴ. 그 즁에 구브로와 구레네 두어 사ᄅᆞᆷ이 안듸옥에 니르러 헬나 사

롬의게 쥬 예수의 복음을 젼ᄒᆞ니 〈1906행11:20〉

ㄷ. 그 中에 구브로와 구레네의 두어 사ᄅᆞᆷ이 안디옥에 니르러 헬나 사ᄅᆞᆷ의게 主 예수의 福音을 傳ᄒᆞ니 〈1925행11:20〉

ㄹ. 그 중에 구브로와 구레네 몇 사람이 안디옥에 이르러 헬라인에게도 말하여 주 예수를 전파하니 〈1998행11:20〉

(11) 돌카(1887)-도르가(1906/1925/개역개정: Dorcas, 多加), 킷(1887)-긔ᄉᆞ(1896)-기스(1906/1925/개역개정: Kish, 基士)

(12) 다마쓰코(1887)-대마식(1896)-다메섹(1906/1925/개역개정: Damascus, 大馬色), 마키도냐(1887)-마게도니아(1906/1925)-마게도냐(개역개정: Macedonia, 馬其頓), 이타냐(1887)-이대리(1896)-이달니아(1906/1925)-이달리야(개역개정: Italy, 義大利), 아긔야(1887)-아가이아(1906)-아가이아(1925)-아가야(개역개정: Achaia, 亞該亞)

위의 예들을 보면, 음절 수를 늘려 발음·표기하면서 'ㅡ' 모음을 첨가한 것을 알 수 있다. 대개는 후대 번역본으로 갈수록 음절 수를 늘려 표기하지만 (예12)의 '다마쓰코〉다메섹'과 같은 예는 음절 수를 줄인 표기로 정착되었다. 또, (예12)의 '-냐〉-니아', '-야〉-이야'와 같은 예는 상향이중모음을 분리하여 표기한 예인데, 이것도 음절 수를 늘리는 방법의 하나로 볼 수 있다. 이중모음에 대한 이러한 발음 방식은 일본어의 음절 인식의 영양을 받은 것으로 볼 수도 있을 것이다. 한국어 번역 성경의 경우를 보면, 일본어나 중국어의 음절 유형의 영향을 받아 표기된 것으로 보이는 예가 적지 않다. 중국어의 음절 구조는 VN이나 CVN 유형으로 종성 자음이 비음(nasals)에 한정된다. 일본어의 음절 구조는 (C)V 유형으로 환경에 따라서는 /N/과 /Q/ 발음이 올 수도 있으나 기본적으로는 열린 음절이다. 이에 비해 한국어는 비개방음화 현상을 보인다. 그래서 McDonald's가 미국인들에게는 3음절인데[5], 한국어에서는 4음절, 일본어에서는 6음절인 것이다. 한국어가 '(C)VC' 유형, 즉 자음 종성을 갖는 음절 구조는 중국어나 일본어와 가장 다른 점이다. 현대국어에서 관용적으로 정착된 외래어 표기 중에 '케이크(*케익), 앙코르(*앙콜), 플루트(*플룻), 네트워크(*네트웍/*넬웍), 마르크스(맑스)' 등과 같은 'CVCV' 표기 유형이 많은 것은 중국어나 일본어의 음절 구조의 영향을 받아 정착된 것으로 보는 것도 이 때문이다. 초기 한국어 번역 성경에서 확인되는 서양[6]의 인·지명 표기를 보면, '숀/시온, 아핫/아하스, 압라함/아브라함' 등과 같이 CVC 유형과 CVCV 유형이 오가는 것을 확인할 수 있는데, 종성에 자음이 어려운 중국어나 일본어의 음절 인식의 영향 때문인 것으로 추정된다.

(13) ㄱ. 오시아는 요아담을 낫코 요아담(Jotham/Joatham[7])은 아핫

5 영어에서는 한국어에서 이중모음으로 발음하는 것을, 앞의 모음을 강하고 길게, 뒤의 모음을 짧고 약하게 붙여 발음하여 1음절로 발음한다.

6 연구자들마다 '서양'과 '서구'의 용어를 선택적으로 사용하고 있어 그 개념이 혼용될 수 있다. '西歐'는 서구라파(西歐羅巴)를 의미한다. '西洋'은 유럽(그리스, 네덜란드, 노르웨이, 덴마크, 독일, 스웨덴, 스페인, 영국, 오스트리아, 아일랜드, 불가리아, 터키, 폴란드, 프랑스, 핀란드, 헝가리 등)과 남아메리카(브라질, 아르헨티나, 칠레 등)와 북아메리카(미국, 캐나다 등 파나마 지협의 북쪽)를 의미한다. 한국어 번역 성경에서의 인명과 지명은 히브리어나 헬라어의 원전과도 관련이 있기 때문에 본고에서는 '서양'이라는 용어를 사용한다.

7 'Joatham'형태가 KJV(The King James Version 1611) 마태복음에서만 확인되고, KJV의 다른 부분과 NIV(New International Version 신약 1973, 구약 1978)와 NASB(New American Standard Bible 1977)에서는 모두 'Jotham'으로 확인된다. 한국어 번역 성경에서도 1887년 로스역본 마태복음에서만 '요아담'이 확인된다. KJV의 마태복음만 다른 원전을 참고했기 때문인지, 번역자가 달랐기 때문인지는 알 수 없다. 여기서 주목되는 것은, 김남숙(2007:17) 등은 한국어 성서 번역시 중국과 일본의 성서를 참고했을 것이라고 추측하지만 이는 정확한 증거가 없거나 몇 몇 공유되는 단어의 예를 보고, 문물 유입과 단어 확장 및 출판 문화의 격변기라는 시대적 특성에 의존한 발상에 불과하다. 한국어 번역 성경을 살피는 많은 연구자들이 한국어 번역 성경이 중국어 성경의 중역(重譯)이었을 것이라고 추측하고 있다. 그러나 초기 번역 성경의 본문을 면밀히 살펴보면 번역본에 따라서 혹은 복음서에 따라서도 다른 특징을 드러내기

(Ahaz)을 낫코 아핫은 이시캬롤 낫코 〈1887마태 01:09〉

ㄴ. 우시야는 요담을 낫코 요담은 아하스를 낫코 아하스는 헤스기야를 낫코 〈1906/1925/1952/개역개정: 마태 01:09〉

(14) ㄱ. 굽류(1887)-거비로(1896)-구브로(1906/1925/개역개정: Cyprus, 居比路)

ㄴ. 니가놀(1887)-니가라(1896)-니가노르(1906/1925/개역개정: Nicanor, 尼迦挪)

ㄷ. 돌카(1887)-다가(1896)-도르가(1906/1925/개역개정: Dorcas, 多加)

ㄹ. 룻슷라(1887)-로ᄉᆞ득(1896)-루스드라(1906/1925/개역개정: Lystra, 路司得)

ㅁ. 악립파(1887)-아긔파(1896)-아그립바(1906/1925/개역개정: Agrippa, 亞基帕)

ㅂ. 킷(1887)-긔ᄉᆞ(1896)-기스(1906/1925/개역개정: Kish, 基士)

ㅅ. 힙릐(1887)-희빅릐(1896)-히브리(1906/1925/개역개정: Hebraic, 希伯來)

(15) ㄱ. 압라함의 자손 다빗(David)의 후에 예수 키리쓰토의 족보라 〈1887마태 01:01〉

ㄴ. 아브라함과 다윗의 ᄌᆞ손 예수 그리스도의 셰계라 〈1906마태 01:01〉

'아핫>아하스', '돌카>도르가', '압라함>아브라함' 등 CVC 음절을 CV

---

도 하기 때문에 일괄적으로 특정 성경의 중역이라고 말하기는 어렵다. 영어 성경에서 'Jotham, Joatham'으로 확인되고, 한국어 번역 성경에서 '요담, 요아담'으로 확인되는 것은 한국어 성경 번역시 영어 성경이 직접적인 저본이 되었을 가능성을 시사(示唆)하는 구체적 증거이다. 그러나 이것 역시 1887년 번역본의 문제인지, 마태복음의 문제로 국한되는 문제인지, 한국어 초기 성경 번역본의 전체적 특징인지는 저본 문제를 중점적으로 좀 더 짚어보아야 알 수 있는 문제이다. 참고로, 'Joatham'의 원전 표기는 Ἰωάθαμ(요아쌈)이다.

CV로 음절로 재표기화한 것이다. (예4)는 모두 같은 종류의 음절 인식의 차이를 보이는 예이다. (14ㄹ)의 '롯슷라〉로스드라'는 한국어 종성 'ㅅ' 표기의 /ㄷ/소리를 확인할 수 있는 예이기도 하다. 또, (예14)의 '1896'의 어형들을 눈여겨 볼 필요가 있다. '1896'은 Henry Gerhard Appenzeller의 번역본인데, 다른 번역본들과 달리 중국어 성경을 번역의 저본으로 하고 있음을 알 수 있다. 한문 성경에 표기된 한자 표기를 한국 한자음으로 읽어 한글로 표기한 예가 확인된다. 즉, 현대국어의 표기법에서도 문제가 되고 있는, 'europe'을 '유럽'이라고 쓸 것인지, 중국어의 영향으로 굴절된 형태인 '歐羅巴'라고 쓸 것인지의 문제에 있어서 초기 한국어 번역 시기에는 후자를 취하고, 중국어의 발음대로 '으우러빠'라고 표기할 수도 있고, 한국 한자음으로 '구라파'라고 표기할 수도 있는데, 이 역시 후자의 형태를 취한 것으로 보인다. 즉, 원음 표기가 기본 원칙이기는 하지만 중국어나 일본어식 한자의 음독법으로 표기해 오지는 않은 것이다. (예14)의 아펜젤러 번역본(1896)과 같이 중국어 성경을 참조하더라도 거기에 표기된 한자를 한국 한자음으로 정착시킨 것이다. 그 결과 지금의 우리말 체계 속에 더 쉽게 편입될 수 있었다. 따라서 한국어 번역 성경의 외래어의 한글 표기가 중국어(한자) 표기의 영향을 받았다고 단정하기는 어렵다. 또, (예14)의 변화 과정을 보면, '1896'의 표기 형태가 후대 번역본의 외래어 표기에 영향을 주지 못하고 있다는 것도 알 수 있다. (예15)의 '압라함〉아브라함' 표기는 구약에서 'ㅎ'이 탈락된 '아브람' 형태도 확인된다. 먼저, '압〉아브' 표기는 음절 인식의 변화 표기이다. '람〉라함'은 한국어 현실 발음에서, 모음과 모음 사이, 'ㄹ'과 모음 사이에서 나타나는 'ㅎ' 탈락 현상으로 볼 수도 있다. 그러나 '압라함〉아브라함'은 음절 인식의 변화나 음운 탈락 현상이 아니라 좀 다른 차원의 문제와 관련되어 있다. 염두에 두어야 할 것은, 초기 번역 성경에서 외국 발음의 영향으로 표기되었던 인·지명의 표기가 다시 한국어 현실음으로 수정되는 경우는 드물다는 것이다. 이 경우는 한국어 현실 발음상의 '람'과 '라함'의 문제가 아니다. 창세기(히브리어) 17장 5절을 기준으로 'אַבְרָם(Abram, 아브람)'이 'אַבְרָהָם(Abraham, 아브라함)'으로 바뀌어 명명되는 내용과 관계된다. 즉, '아브+람' 구성이 '아브+라함'으로, 언어 내적 구성 요소가 변화한 것이다. 히브리어에서 '아브/압'은 〔조상/아버지〕를 의미하고, '람'은 〔존귀〕의 의미를 나타내고, '라함'은 〔다수(多數)〕의 의미를 나타낸다. 따라서 '아브람'은 〔존귀한 아버지〕라는 뜻이고, '아브라함'은 〔다수(많은 민족)의 아버지〕를 의미한다. 이러한 예를 통해 고유명사 표기에 대한 연구도 음성학이나 음운론 외에 저본의 종류나 단어 형성 과정 문제와 관련에 대한 이해가 선행되어야 함을 알 수 있다. '다빗'과 '다윗'도 눈여겨 볼 만하다. 이것을 한국어 내부적으로 /v/와 /w/의 문제로 설명할 수도 있다. 〈표 1〉에서와 같이 두 음은 순음이기 때문이다. 중세국어 시기나 현대 한국어의 방언형에서 '더워', '더버'와 같이 'ㅂ'과 'ㅜ'의 교체형이 나타나는 경우와도 관련된다. 그러나 이 문제는 원전과 관련하여 히브리어의 'David', 헬라어의 'Dauid'와 관련된 문제로 보인다.

이처럼 고유명사의 외래어 표기를 검토할 때, 표기 대상인 외래어에 대한 지식이 온전하지 못하면, 한국어의 내적 음운 변화 현상과만 관련지어 잘못 풀이할 수 있다. 기존 연구(김남숙, 2007:17)에서는 '압라함>아브라함'을 중국어 성서에서의 '亞巴郎'의 영향을 받은 것이라고 설명하기도 한다. 그러나 '아브람>압라함/아브라함'에서 '람'과 '라함'의 변화는 히브리어 원음이 반영된 표기이고, '압'과 '아브'는 음절 인식의 차이다. 또, 번역자 중에서 아펜젤러 외에는 외래어표기에 있어서 중국의 한문 성경의 영향으로 외래어 표기를 한 경우는 찾아보기 어렵기 때문에 단순히 중국어의 영향으로 보기는 어렵다.

## 3. 간접 음역과 직접 음역

번역은 외국 문물과 외국어에 접촉하고, 외국어가 한국어 문장에 섞여 쓰이게 되는 과정이라고 볼 수 있다. 외국의 어휘는 번역 과정에서 음역 차용(음차)의 방식과 의미 번역의 방식으로 한국어에 유입되고 정착된다. 결론부터 애기하자면, 외국어의 한국어로의 유입은 고유명사의 경우와 일반명사의 경우가 다른데, 전자는 음차 방식으로 정착되고, 일반어는 대부분 의미 번역의 방식으로 한국어화된다. 예를 들면, 영어 번역 성경에서의 '(nature a wild) olive tree'는 '(돌)감람나무'로,[8] 'cultivated olive tree, good olive tree'[9]는 '참감람나무'나 '올리브나무'로 번역되는 경우가 대부분이다. 'olive tree-감람나무'와 같이 현지(現地)의 대응어를 찾아 '다시 쓰기' 하여 번역하는 것을 의미 번역이라고 한다. 'harps'를 초기 한국어 번역 성경(1887, 1906, 1925, 1935, 1956)에서 '거문고'로[10] 번역하거나 'poplars'를 '버드나무'로 번역한 것이 의미 번역에 해당하는 예이다. 반면, 'olive tree-올리브나무, Hellas-希臘-희랍'과 같이 번역되는 경우가 있다. 전자는 직접 차용이다. 후자는 서양어가 중국어, 즉 한자로 표기한 것을 가져와 한국식 음으로 정착시킨 간접 차용의 예이다. 직접 차용이든 간접 차용이든 외국어를 한글로 '바꿔 쓰기'한 경우[11]를 음역 차용이라고 한다.

---

8 중국어 성경과 일본어 성경에서는 각각 '野橄欖'과 '自然のままの 野生の オリブ, 野生種である オリ ― ブ の 木'으로 번역되었다.

9 중국어 성경과 일본어 성경에서는 각각 '好橄欖'으로, '栽培された オリ ― ブ の 木, 自然の 性質に 反して 良い オリブ'으로 번역되었다.

10 일본어 성경(口語譯(1954/1955), 新改譯(1970), 新共同譯(1987))에서는 '竪琴'이라고 번역하고 있고, '把琴, 彈琴(중국어 Traditional)'으로 번역되어 있다. 현대 한국어 번역 성경에서 '비파'와 '수금'으로 번역된 것을 보면, 영향 관계를 생각해 볼 수 있다.

11 '다시 쓰기'와 '바꿔 쓰기'에 대한 개념은 유경민(2014:175)에서 설명하고 있다. '깨닷-'이나 '생각ᄒᆞ-'를 '覺ᄒᆞ-'라고 하는 경우를 '다시 쓰기'라고 하고, '슈죵ᄒᆞ-'를 '隨從ᄒᆞ-'라

근대국어 시기의 한국어의 음역 차용은 서양어가 중국이나 일본에서 먼저 한자로 정착되고 그 한자 표기를 그대로 들여오는 경우가 많았다. 삼국의 한자 독음이 다른데도 한자 표기를 그대로 가져다 쓴 것인데, 이는 근대국어 시기의 언어 교류의 한 방식이었던 것이다. 그 결과 한국어에는 서양어가 한자로 표기되어 서양의 본래 발음과 멀어진 고유명사가 많아지게 되었다. 삼국은 각각 오랜 기간 한자를 사용하면서 이룩해 온 고유의 독음을 가지고 있기 때문에 표기 형태가 같아도 다른 음운론적 체계 안에서 다른 독음으로 정착되기 때문이다. 따라서 일차적으로 한자로 음차 표기가 되었어도 중국어나 일본어에서의 발음과는 멀어진 음으로 정착되는 경우가 대부분이었다. 이에 해당하는 예를 보이면 다음과 같다.

(16) ㄱ. 인명: 곽포사(霍布士, 홉스), 나파륜(拿破崙, 나폴레옹), 백납도(栢拉圖, 플라톤), 사격납저(斯格納低, 소크라테스), 사밀아단(斯密亞丹, 애덤 스미스), 사빈색(斯賓塞, 스펜서), 피택고(皮宅高, 피타고라스), 해살(該撒, 케사르)

ㄴ. 지명: 묵서가(墨西哥, 멕시코), 백이의(白耳義, 벨기에), 보로사(普魯斯, 프로이센), 분란(芬蘭, 핀란드), 불란서(佛蘭西, 프랑스),[12] 비율빈(比律賓, 필리핀), 서반아(西班牙, 에스파냐), 서전(瑞典, 스웨덴), 애급(埃及, 이집트), 이태리(伊太利, 이탈리아), 인니(印尼, 인도네시아), 나성(羅城, 로스앤젤레스), 막사과(莫斯科, 모스크바), 백림(伯林, 베를린), 서공(西貢, 사이공), 서백리아(西伯利亞, 시베리아), 선가파(先嘉陂, 싱가포르), 수부(壽府, 제네바), 해아(海牙, 헤이그)

---

고 쓰는 경우를 '바꿔 쓰기'라고 한다.

**12** 1897년 7월 30일 고조 건양대군주의 칙령을 보면, '덕국(德國, 독일), 아국(俄國, 러시아), 의국(義國, 이탈리아), 법국(法國, 프랑스), 오국(奧國, 오스트리아)' 등의 국명이 확인되는데, 이것은 첫 음절만 음차하여 표기한 것으로 볼 수 있다.

한국에 서양의 인명이나 지명을 한자로 들여온 예가 적지 않을 까닭은, 중국이나 일본[13]이 한국보다 서양 문물을 먼저 받아들였기 때문이기도 하고, 한국에서 개화기 이후까지도 한글이 적극적으로 활용되지 않았던 언어적 현실 때문이기도 하다. 그러나 우리는 서양의 고유명사를 한자화된 형태로 받아들이더라도 중국어나 일본어 발음까지 가져와 한국어 체계로 받아들이지는 않았다. 이에 대해서도 많은 해석이 가능하겠지만, 음성 언어보다 문자 언어의 확산성이 더 큰 이유가 가장 클 것으로 보인다. 외국어는 외국의 문물과 함께 유입되는데, 그 과정에서 한자로 적힌 무엇인가가 있었다면 그것을 중국어나 일본어에서의 한자 발음으로 읽을 수 있는 사람보다는 한국식 한자음으로 읽는 사람이 더 많았을 것이다. 그러한 과정에서 자연스럽게 한자로 표기되어 한국에 들어온 무엇인가는 한국식 한자음으로 정착하게 된 것이다. 한국어 성경 번역 과정에서도 중국어 성경에서 한자로 표기한 인명과 지명을 받아들여 원어 성경의 발음과는 먼 형태로, 한국 한자음으로 표현된 예들이 확인된다. 한국어 번역 성경의 경우는 이러한 현상이 단어별 특징이 아니라 번역본마다의 차이로 드러나기 때문에 이를 통해 해당 번역본의 저본이 한문본이었는지의 여부를 알 수 있다.

(17) ㄱ. 이비소(1887)-이불소(1896)-에베소(1906/1925/개역개정: Ephesus, 以弗所)
ㄴ. 예루살일(1887)-야로살링(1896)-예루살넴(1906/1925/개역개정: Jerusalem, 耶路撒冷)

13 중국이나 일본을 경유하여 서양어가 한국어에 유입·정착되는 과정도 면밀히 살펴보면 여러 경로를 통한다. 예를 들어, 'tobacco/tabaco'가 일본을 경유하여 한국어에 유입되고 정착된 경우를 보면, 'ㅁ' 종성을 갖는 형태로 정착된 것이 특이하다. 'tabaco'가 '담바고'가 되고, 이것이 '담배'가 된 것은, 모음 사이에서의 일본어의 유성음 /b/ 발음이 /m/을 동반한 발음이기 때문일 것으로 추정한다. 일본인의 'なべ(나베)'가 '남비/냄비'로 정착된 예도 이를 뒷받침하는 근거가 될 수 있다.

ㄷ. 옵파(1887)-약파(1896)-욥바(1906/1925/개역개정: Joppa, 約帕)

ㄹ. 이코론(1887)-이가념(1896)-이고니온(1906/1925/개역개정: Iconium, 以哥念)

ㅁ. 스랴(1887)-셔리아(1896)-수리아(1906/1925/개역개정: Syria, 敘利亞)

ㅂ. 아리ᄉᆞ딕(1887)-아력산틱(1896)-알넥산더(1906/1925/개역개정: Alexander, 亞力山大)

ㅅ. 아리산디랴(1887)-아력산태(1896)-알넥산드리아(1906/1925/개역개정: Alexandria, 亞力山大)

(예17)에서의 1896년 번역본(Henry Gerhard Appenzeller)을 보면, 한문 성경에서 한자로 표기된 고유명사를 한국 한자음으로 읽고 한글로 표기하였다. 다른 역본들과 달리 1896본이 한문본을 저본으로 중역되었음을 알 수 있다. 한국어 번역 성경을 대상으로 외래어 표기를 연구하는 중요한 의의가 바로 여기에 있다. 언어적으로 다른 영역을 고찰할 때보다 고유명사의 표기 국면을 살펴볼 때, 번역본의 저본 문제를 쉽고 과학적으로 풀어볼 수 있다. 고유명사의 표기는 별도의 의미 전달의 필요성이 없고, 정확한 음가의 표기가 중요한 영역이기 때문이다. 현대국어에서는 중국에서 만들어진 한자어 고유명사를 한국식으로 읽는 예, 즉 '백림'이나 '서반아'라고 하는 경우보다는 '베를린'이나 '에스파냐'로, 서양의 원음을 한글로 표기하여 받아들이는 경우가 더 많다. 서양의 문물이 중국이나 일본을 거치지 않고, 바로 우리에게 유입되고, 한문 중심 언어 생활보다는 한글 중심 언어 생활이 더 보편적인 시대이기 때문일 것이다.

표음문자로서의 한글이 갖는 음역의 또 다른 형태가 있다. 'Ἰησοῦς(이에수스)', 'Iesu(s)/Jesus'를 한문 성경과 일본어 성경, 이수정역에서는 '耶蘇'라고 번역하였지만, 한국어 번역 성경에서는 처음부터 한글로, '예수'라고 정착시켰다. 원음을 직접 음차한 것이다. 초기 한국어 번역 성경에서 원어 성경의 'Ἰησοῦς(이에수스)', 혹은 영어 성경의 'Iesus/Jesus'의 발음이 '耶蘇', 즉 '야소'가 아니라 '예수'로 표기된 것은 외국인 선교사들도 '耶蘇'가 한국어에서는 다르게 읽히고, 이것이 원음과 거리가 멀다는 것을 알고 있었다는 증거가 될 수 있다. 즉, 한국어 성경 번역 과정에서 고유명사는 한글로 표기되어야 한다는 것, 한국어가 훌륭한 표음 문자라는 것을 이미 외국인 선교사들이 알고 활용하였던 것으로 이해할 수 있다. 『新約全書국한문』(1906)이나 『新約全書션한문』(1923) 등과 같이 국한혼용문 번역 성경에서도 인명과 지명은 한글로 표기되었다는 사실을 통해서도 이러한 추론이 증명된다.

## 4. 餘論

외국의 인명과 지명을 한글로 표기하는 과정은 至難한 과정이었을 것이다. 'mood, food, good'을 한글로 표기할 때 일괄적으로 처리할 수 없음을 생각하면 원음을 살려 표기하고 싶었을 외국인 선교사들의 입장에서 외래어를 표기한다는 것이 얼마나 힘든 일이었을지 짐작할 수 있다. 철자 중심 표기가 아니라 원음 표기를 해야 하기 때문에 더욱 복잡하고 어려운 일이었을 것이다. 더욱이 다음과 같은 예는 헬라어의 원음을 이해하지 못하면 쉽게 이해할 수 없는 표기이다.

(18) ㄱ. 졔사 욘나와 긔아파 요안늬와 아리ᄉᆞ딕와 밋 졔사쟝의 일가이 잇는딕로 뎌를 가온딕 셔우고 〈1887행04:06〉

ㄴ. 아나와 히아법과 요한과 아력산딕와 대제ᄉᆞ의 족쇽이 다 야로살렁에 모혀서 〈1896행04:06〉

ㄷ. 션비와 대졔ᄉᆞ 아나와 가야바와 요한과 알넉산드로와 대졔ᄉᆞ의

족쇽이 다 예루살넴에 모혀셔 〈1906행04:06〉

(19) ㄱ. 아솔은 사독을 낫코 사독은 아힘을 낫코 아힘은 일니읏을 낫코 〈1887마태01:14〉

ㄴ. 아소르는 사독을 낫코 사독은 아킴을 낫코 아킴은 엘니웃을 낫코 〈1906/1925/개정개역: 마태01:14〉

(20) 기살(1887)-히살(1896)-가이사(1906/1925/개역개정: Caesar, 該撒), 기요(1887)-히유(1896)-가이오(1906/1925/개역개정: Gaius, 該猶), 아기야(1887)-아히아(1896)-아가이아(1906/1925)-아가야(개역개정: Achaia, 亞該亞)

다른 번역본에서 'ㄱ'으로 표기된 예가 1896년 아펠젤러 번역본에서는 'ㅎ'으로 표기된 것을 확인할 수 있다. 이는 아펜젤러 번역본의 저본이 다른 번역본들과는 달리 중국어 성경(한문본)이었음을 유추할 수 있는 단서가 된다. 비등한 예로, 'Καίσαρος(카이사로스)'에 해당하는 '기살(1887행17:07)-히살(1896)-가이사(1906)', 'Γάϊος(가이오스)'에 해당하는 '기요(1887행19:29)-히유(1896)-가이오(1906)', 'Κλαυδία(클라우디아)'에 해당하는 '킬됴(1887행11:28)-혁노투히살(1896)-글나우듸오(1906)', '카우다(1887행27:16)-혁로져(1896)-가우다(1906)', '기사랴(1887)-히살리아(1896)-가이사랴(1906)' 등이 있다.[14] 이러한 류의 예를 餘論으로 다루는 것은, 다른 번역본에서는 'ㄱ, ㅋ'으로 표기

14 외래어 발음과 관련하여 'ㄱ'과 'ㅎ'의 문제를 원전의 발음의 영향 문제로 이해할 수도 있다. 즉, 헬라어의 'Καϊάφας(카이아파스)'에서의 'K'의 발음을 연구개음이 아니라 목젖음(uvulars)으로 인식한 것으로 볼 수 있다. 즉, 목젖음을 표기하기 위해 'ㅎ'으로 표기하였다는 것이다. 현대국어에서도 '카작스탄'과 '카자흐스탄'의 표기가 공존하는 것을 보면, 이러한 표기가 가능했을 법하다. 그러나 아펜젤러 번역본에서 'ㄱ'과 'ㅎ'의 표기 문제 외의 다른 고유명사 표기의 예에서도 중국음이 반영된 것을 보면, 원음의 반영 차원보다는 저본(한문 성경)의 영향 문제로 보는 것이 더 타당할 것으로 보인다.

하였는데, 아펜젤러 번역본(1896)에서만 'ㅎ'으로 표기하였기 때문이다. 또, 이것을 번역자 개인의 문제로 보아야 할 것인지, 번역사의 한 축으로 잡고 고유명사 표기 원칙의 변화 양상에 포함시켜야 할 것인지를 가늠하는 일이 쉽지 않기 때문이다.

또 다른 여론(餘論)의 대상은, John Ross(1884/1887) 번역본에서 확인되는 '밥팀례'에 관한 문제이다. '밥팀례'는 인명이나 지명이 아닌데도 음역된 것으로 보이는 예이기 때문이다.

(21) ㄱ. John did baptize in the wilderness, and preach the baptism of repentance for the remission of sins. (KJV, 1611)

ㄴ. 約翰在野施洗禮, 傳悔改之洗禮,俾得罪赦。(蘇松上海美華書館藏板, 『新約全書』, 1864)

ㄷ. バプテスマ の ヨハネ が 荒野に 現れて, 罪のゆるしを 得させる 悔改めの バプテスマ を 宣べ 傳えていた. (口語譯, 1880/1917)

ㄹ. 들게 밥팁레를 베풀고 회기의 밥팁레를 젼하여써 죄를 샤케 하난 요안늬 오니 (John Ross, 『예수셩교셩셔 말코복음』, 1884)

ㅁ. 들에 밥팀례롤 베풀고 회기의 밥팀례롤 뎐ᄒᆞ여써 죄롤 샤케 ᄒᆞ는 요안늬 닐으니 (『예수셩교젼서』, 1887)

ㅂ. 요한이 들에셔 셰례롤 베푸러 뉘웃쳐 곳치는 셰례롤 젼ᄒᆞ야 ᄒᆞ여곰 죄샤ᄒᆞᆷ을 엇게 ᄒᆞ니 (Henry Gerhard Appenzeller, 『마가복음』, 1895)

ㅅ. 요한이 와셔 들에셔 셰례를 주고 죄샤ᄒᆞ는 뉘웃쳐 곳치는 례를 젼ᄒᆞ니 (Henry Gerhard Appenzeller & Horace Grant Underwood, 『마가의 젼ᄒᆞᆫ 복음셔 언ᄒᆡ』, 1895)

ㅇ. 요한이 至ᄒᆞ야 曠野에셔 洗禮를 施ᄒᆞᆯ시 悔改ᄒᆞ는 洗禮를 傳播ᄒᆞ야 罪赦ᄒᆞᆷ을 得케 ᄒᆞ니 (兪星濬, 『新約全書 국한문』, 1906)

ㅈ. 요한이 曠野에 니르러 洗禮를 주어 悔改ᄒᆞ는 道를 傳播ᄒᆞ야 罪赦ᄒᆞᆷ을 엇게 ᄒᆞ니 (James Scarth Gale, 『新譯 신구약젼셔』, 1925)

'밥팀례'는 John Ross 번역본(1887)에서 96번 확인된다. 1884년 『신약마가젼복음셔언히』에서는 '밥텝레'로, 1887년 번역본에서는 '밥팀례'의 형태로 확인된다. 헬라어 성경에서는 'ὁ βαπτίζων(the one who baptizes, 호 밥티존)'과 'βάπτισμα(baptism, 밥티스마)'으로 확인되는데, 이것을 '밥팀례'라고 표기한 것에 대하여 두 가지 가능성을 생각해 볼 수 있다. '밥텝레/밥팀례' 전체가 음역일 가능성과 'X禮'일 가능성이다. 그런데 이 단어와 관련하여, 굴절어로서 여러 변화형을 갖는 헬라어형 중에 '-례'와 비슷한 발음은 확인되지 않는다. 또 중국어 번역본과 일본어 번역본에서 모두 '洗禮'라고 한 것을 보면, 음역보다는 의역일 가능성이 커 보인다. 그런데 한국어 성경 번역 과정에서 'baptism(의) 禮' 정도의 의미로, 半음역하여 '밥팀-례'라고 표기한 것이 아닌가 한다. 15세기 이후 'X禮' 형태의 한자어 대부분이 'X례'로 표기되었기 때문에 'βάπτισμα(밥티스마)禮'로 볼 수 있다. 다만, 인명이나 지명이 아닌 것을 번역 과정에서 왜 음역을 하였는지는 의문으로 남는다. 이 단어가 성경에서 고유명사화될 만큼 기독교의 고유성을 드러내는 단어이기 때문에 고유명사처럼 표기한 것이 아닌가 하는 유추가 가능하다. 그렇다면, 한국어 번역 성경에서 고유명사가 아닌데 고유명사처럼 인식하고 표기한 단어의 예로 어떤 것들이 더 있는지 살펴볼 필요가 있다. 이를 과제로 남긴다.

## 5. 서양의 고유명사에 대한 한글 표기 연구의 의의

언어 활동에 있어서 국가 간 장벽이 없는 시대를 살아가는 오늘날 언중의 생활 속에서 외래어 혹은 외국어의 사용은 일상적인 일이다. 이에 국어 문화를 품위 있게 향유할 수 있는 방법을 다각적으로 모색해 가는 과정의 한 방향으로, 나는 서양 외래어의 한글 표기에 대한 문제를 성경 텍스트를 통해 살펴보았다. 1882년 간행된 『예수셩교 누가복음 젼셔』를 비롯한 John Ross의 번역본들과 1906년부터 성서공회의 공인역본으로 간행, 수정, 개정의 과정을 거치며 현대까지 이어지고 있는 『신약젼셔』와 『셩경젼셔』류, 1890년부터 간행되기 시작한 Henry Gerhard Appenzeller의 쪽번역본들, 1925년 개인 번역본으로 간행된 James Scarth Gale의 『奇一新譯신구약전서』 등을 주요 대조 대상으로 삼고, 필요한 경우 영어, 헬라어, 중국어, 일본어 성경을 참조하였다.

한국어 번역 성경의 인·지명 표기와 관련하여 '음소 표기 문제'와 '음절 수 인식' 문제를 중심으로 살펴보았다. 예를 들면, 'Ἰησοῦς(이에수스)'를 한문 성경에서는 '耶蘇'라고 번역하였지만 한국어 성경에서는 '예수'라고 표기하고, 단 한 번도 그 표기가 변하지 않았다. 그 까닭은 'Ἰησοῦς(이에수스)'의 음소와 음절 수를 한글로 표기하는 데에 문제될 것이 없는 단어였기 때문이다. 한국어의 음운론적 특징과 관련하여 살펴본 과정을 정리하면 다음과 같다. 첫째, 한국어 번역 성경의 인·지명 표기는 일반명사(일상어)의 의미 번역 방식과는 달리 음역 표기되었다. 외래어 수용 방식에 있어서 일반명사와 고유명사를 구분하였다는 것이다. 둘째, 한국어 번역 성경의 인·지명 표기가 중국어나 일본어, 심지어 영어 성경보다도 헬라어와 히브리어 원음에 더 가깝게 표기되었다. 셋째, 20세기 초까지도 한국어 번역 성경에는 '・'가 쓰였다. 넷째, 모음 표기의 변화가 심하다. 특히 이중모음과 단모음 표기의 교체, 음절 인식의 문제와 관련된다. 음절 인식의 문제는 'ㅡ'모음 첨가의 문제로 이어진다. '・'나 'ㅗ'를 첨가한 예도 확인할 수 있었다. 또, 상향 이중모음을 분리하여 음절을 늘려 표기한 예도 확인되었다.

또, 초기 번역에서 현대 번역 성경까지를 대상으로 외래어 표기를 검토하는 과정에서 초기 한국어 번역 성경의 저본과 관계된 매우 중요한 사실들을 알게 되었다. ① 후대의 영어 성경보다 KJV가 헬라어 원전에 더 충실하였으며 ② Ross는 KJV(1611)를 저본으로 한국어 번역을 하였고, ③ Appenzeller는 중국의 한문 성경을 저본으로 한국어 성경 번역을 하였으며, ④ 공인역본(1906)은 ERV(1880)나 ASV(1901)를 반영하였고, ⑤ Gale(1925)은 외래어 표기에 있어서는 공인역본을 따랐다는 것이다. 게일이 현지화된 언어 표현과 전달의 효율성을 고려하여 번역위원회의 보수성과 의견 충돌을 일으켜 공인역 간행 이후에 개인 번역본을 내긴 하였으나 공인역이 집필되는 과정을 함께 하였고, 고유명사 표기는 문자와 관련된 이데올로기적 접근이 전혀 필요하지 않은 영역이었기 때문에 공인역의 고유명사 표기를 그대로 따랐을 것으로 여겨진다. 또, 외래어 표기법과 관련하여 한문 성경의 고유명사 표기를 한국어 성경 안으로 가지고 온 ⑥ Appenzeller(1896)의 번역본을 재발견했다는 점이다. 현대 외래어 표기법에서 논란이 되고 있는, 한자 문화권의 한자 표기 외래어를 한국어에서 어떻게 읽고 표기할 것인가의 문제에 시사하는 바가 크다. 외래어 표기에 대한 고찰을 통해 아펜젤러의 번역본이 다른 번역본들과 달리 중국어 성경을 번역의 저본으로 하고 있다는 것을 확인할 수 있었다. 뿐만 아니라, 한자 표기 외래어를 한국식 한자음으로 표기하여 정착시킨 것도 확인하였다. 개화기에도 서양의 고유명사 표기는 원음 표기가 기본 원칙이었지만, 한자어를 중국어나 일본어의 독음으로 표기하지는 않았던 것이다. 아펜젤러 번역본의 외래어 표기를 통해 초기 한국어 번역 성경의 인·지명 표기 중 일부는 중국어 성경에서의 한자 표기를 한국식 한자음으로 읽어 들여온 것이라는 사실이 밝혀졌다. 나아가 아펜젤러 번역본의 저본이 한문본 성경이었음이 외래어 표기를 통해 밝혀진 것은 한국어 성경 번역사와 국어사의 협업의 중요성이 드러난, 매우 의미 있는 일이다. 뿐만 아니라 ⑦ 영어 성경의 표기보다 한글 성경의 표기가 헬라어나 히브리어의 원음과 더 가깝게 음역된 사실도 고유명사의 표기에 대한 대비 연구를 통해 드러났다. 19세기와 20세기의 교체기에 개신교 성경의 번역자들이 인명과 지명을 한글로 표기하는 과정은 지금보다 더 철저하게 원음주의적 입장이었다는 의미이기도 하다. 개신교의 선교는 '문자 선교'에 중점을 두어 예술 작품 제작보다 텍스트 번역 작업을 가장 긴요하게 여겼다는 것은 네비우스 선교 정책의 내용을 통해서도 이미 알려진 바이다. 뿐만 아니라 문맹자들을 위하여 성경을 펴 놓고, 읽을 줄 아는 사람이 다른 사람들에게 낭독해 주는 형식으로 '말씀 선교' 형태로 전파된 것 또한 잘 알려진 사실이다. 이러한 배경으로 초기 성경의 인·지명은 철자별 표기가 아닌 발음에 따른 표기였다는 것을 텍스트의 검토를 통해 분명히 알 수 있었다.

# 結語

나는 이 책의 첫 목차를 '序言'이라 하였고, 마지막 목차를 '結語'라 하였다. '서언-결언', '서어-결어'라고 맞추어 표현하고 싶었으나 국어사전을 보니 '서언'과 '결어'만이 남한의 표준어로 되어 있어 그것을 따랐다. 한국어 성경 번역 과정과 한국어 번역 성경 텍스트를 고찰하며 당대의 사전류를 살펴보았는데 사전적 풀이로 성경 텍스트에 사용된 표현들을 온전히 따라잡기 어려운 경우가 대부분이었다. 사전 풀이와 문법의 틀에서 벗어난 표현이 성경에 적지 않게 사용되었기 때문이다. 당시 사전이 많지는 않았으나 번역자들이 사전 풀이를 염두에 두고 번역 작업을 했더라면 좋았을 텐데 하는 마음이 연구하는 내내 컸기에 근래에 나는 더욱 사전을 뒤적이며 글을 쓰게 되었다. 필자의 직관보다는 독자의 편의를 위함이다.

성경 문체의 이탈성, 혹은 전문 용어적인 면모에 대해 '문법의 의도적인 파기'이며, 성경은 정규화된 문서가 아닌 '문학적인 글'이기 때문에 얼마든지 그런 문법적 파기가 가능하고 더 효과적일 수도 있다고 믿는 사람들이 있다. 그러나 아무리 종교 서적이라도 성경은 결국 문자화된 텍스트이기에 독자는 규범문에서 이탈된 표현으로 점철된 문헌을 해석하느라 곤욕을 치르고, 온전히 문헌의 내용에 빠져들 수 없게 되기도 한다는 사실을 외면해서는 안 된다. 더욱이 기독교는 말씀, 혹은 언어를 통한 소통과 포교를 최우선 목적으로 하는 종교이기에 그 사상을 담은 텍스트는 해당 언어 사용자들의 현실적인 어휘와 문법 체계 안에서 완성되어야 한다. 성경 번역의 초기에는 오히려 이러한 기본기에 충실했다고 볼 수 있다. 성경에 방언이 쓰이기도 하고, 우리 문화를 반영할 수 있는 단어들을 찾아 쓰기도 한 흔적이 확인되기 때문이다. 개역이 되며 점차 기존 번역본의 틀과 원전을 기준으로 그 분량과 분절 형식을 맞춰 나가기 위해 다소 어색하고 비문법적인 표현까지 만들어내는 번역이 이루어지고 있다. 21세기의 한국어 번역 성경에서 19세기적 조사와 어미 표현이 확인되는 것을 보면 그렇다. 성경 번역의 초기에는 맞는 표현이었지만, 지금은 틀린 표현들이 있다면 재고해 보아야 할 것이다. 한국어 번역 성경의 국어사적 변천 과정을 살펴야 할 이유가 여기에 있다. 지금까지의 나의 작업은 성경 텍스트에 대한 연구 방법을 모색하는 과정에 불과하다. 앞으로 더 농밀한 연구가 진행되어야 할 것이다.

나는 한국어를 사랑하는 언어적 존재로서, 한국어 번역 성경 자료를 그 어떤 텍스트보다 가치 있는 국어사적, 국어학적, 언어학적 연구 자료로 부각시키고 싶다. 성경의 언어를 매만져 보고자 했던 나의 의도된 이 초입 과정은 나의 어설픈 문장과 말 속의 잦은 실수와 한계를 깨닫는 여정이기도 했다. 이 책은 언어학적 분석의 결과물이라기보다는 성경의 메시지 전달에 오류를 범하지 않기 위해 단어 선별과 문법 요소 하나하나에 노심초사한 한국어 성경 번역자들에 대한 두터운 사랑의 표현이다.

## 단행본류

국립국어연구원(1991), 『외래어 사용 실태조사』
국립국어연구원(1993), 『외래어 표기 용례집』 동구권 지명·인명편.
국립국어연구원(1995), 『기본 외래어 용례집』
국립국어연구원(1995), 『외래어 표기 용례집』 북구권 지명·인명편.
국립국어연구원(1999), 『국어의 시대별 변천연구 4-개화기 국어』, 국립국어연구원.
국립국어연구원(2005), 『외래어 표기 용례집』
국립국어연구원(2011), 『한국 어문 규정집』
국어연구소(1986), 『외래어 표기 용례집』, 인명, 지명편.
국어연구소(1988), 『외래어 표기 용례집』, 일반 용어편.
그리스도교와 겨레문화연구회 편(1985), 『한글성서와 겨레문화: 천주교와 개신교의 만남』 1집, 기독교문사.
그리스도교와 겨레문화연구회 편(1987), 『그리스도교와 겨레문화: 개화기를 중심으로』 2집, 기독교문사.
그리스도교와 겨레문화연구회 편(1991), 『그리스도교와 겨레문화: 개화기를 중심으로』 3집, 기독교문사.
김광수(1978), 『한국민족기독교백년사』, 기독교문사.
김광해(1992), 『고유어와 한자어의 대응 현상』, 탑출판사.
김병철(1975), 『한국 근대 번역 문학사 연구』, 을유문화사.
김봉희(1987), 『한국 기독교 문서 간행사 연구』, 이화여대 출판부.
김봉희(2006), 『개화기 번역서 연구 : 근대의 첫 경험』, 이화여대 출판부.
김욱동(2010), 『번역과 한국의 근대』, 소명출판.
김종택(1993), 『국어 어휘론』, 탑출판사.
김형철(1997), 『개화기 국어연구』, 경남대출판부.
나채운(1990), 『우리말 성경 연구』, 기독교문사.
노고수(1981), 『한국 기독교 서지 연구』, 예술문화사.
류대영·옥성득·이만열(1994), 『대한성서공회사 II : 번역·반포와 권서사업』, 대한성서공회.

리진호(1996), 『한국성서 100년사 I, II』, 서울 : 대한기독교서회.
민영진(1984), 『국역성서연구』, 성광문화사.
白樂濬(1973), 『韓國改新敎史 : 1832-1910』, 연세대학교 출판부.
박진영(2011), 『번역과 번안의 시대』, 소명출판.
송강호(2007), 『중국어 성경과 번역의 역사』, 도서출판 모리슨.
숭실대학교 기독교 박물관 학예과 편(2007), 『한국 기독교 박물관 소장 기독교 자료 해제』, 숭실대학교 기독교 박물관.
신중진(2007), 『개화기 국어의 명사 어휘 연구』, 태학사.
심재기(1999), 『국어 문체 변천사』, 집문당.
安秉禧(2009), 『國語史 文獻 硏究』, 신구문화사.
양주삼·정태응 편(1937), 『閔休先生實記』, 대영성서공회.
오순방(2008), 『中國 近代의 小說 飜譯과 中韓小說의 雙方向 飜譯 硏究』, 숭실대학교 출판부.
오미영(2011), 『韓日 初期飜譯聖書의 어학적 연구』, 제이엔씨.
옥성득·이만열 편역(2006), 『대한성서공회사 자료집 제2권 : 영국성서공회 한국지부 초대총무 켄뮤어 서신 : 한국(상임실행)성서위원회 회의록(1900~1905)』, 대한성서공회.
왕대일 편(2000), 『말씀의 뜻을 밝혀주시오』, 대한기독교서회.
이광린(1981), 『한국 개화 사상 연구』, 일조각.
이광린(1986), 『한국 개화사의 제문제』, 일조각.
이광린(1989), 『개화파와 개화 사상 연구』, 일조각.
이광린(1999), 『한국 개화사 연구』, 일조각.
이기문(1970), 『개화기의 국문 연구』, 일조각.
이만열 외(1993), 『대한성서공회사 I : 조직·성장과 수난』, 대한성서공회.
李敏子(1989), 『改化期 文學과 基督敎 思想 硏究』, 집문당.
이병근 외(2005), 『한국 근대 초기의 언어와 문학』, 서울대학교출판부.
이병근 외(2007), 『일제 식민지 시기 한국의 언어와 문학』, 서울대학교출판부.
이응호(1975), 『개화기의 한글 운동사』, 성청사.
이정재 역(2005), 페데리코 마시니 저, 『근대 중국의 언어와 역사 : 중국어 어휘의 형성과 국가어의 발전 : 1840-1898』, 소명출판.
이희재 역(1994), 모리스 꾸랑 원저, 『한국서지』, 일조각.
임상석(2008), 『20세기 국한문체의 형성과정』, 지식산업사.

임형택 외(2008), 『흔들리는 언어들: 언어의 근대와 국민 국가』, 성균관대학교 대동문화연구원.
장석만 외(2006), 『한국 근대성 연구의 길을 묻다』, 돌베개.
장원재(2009), 『현대 한일어휘와 그 형성에 관한 대조 연구』, 태학사.
전은경(2009), 『근대 계몽기 문학과 독자의 발견』, 역락출판.
정길남(1987), 『개화기 국역성서의 표기법과 문법형태』, 개문사.
정길남(1992), 『19세기 성서의 우리말 연구』, 서광학술자료사.
정길남(1997), 『개화기 교과서의 우리말 연구』, 박이정.
정선태 역(2003), 코모리 요이치 저, 『일본어의 근대 : 근대 국민국가와 '국어'의 발견』, 소명출판.
최경옥(2005), 『번역과 일본의 근대』, 살림출판사.
최낙복(2009), 『개화기 국어 문법의 연구』, 역락출판.
최현배(1982), 『고친 한글갈』, 정음문화사.
최석우 신부 화갑기념 논문집 간행 위원회 편(1982), 『韓國敎會史論叢』, 한국교회사연구소.
최석우 신부 수품 50주년 기념 사업위원회 엮음(2000), 『민족사와 교회사』, 한국교회사연구소.
하동호 편(1985), 「國文論集成」, 『歷代韓國文法大系 第3部 第3冊』, 탑출판사.
한기형 외(2006), 『근대어·근대매체·근대문학 : 근대 매체와 근대 언어질서의 상관성』, 성균관대학교 대동문화연구원.
한영제 편(1987), 「한국기독교 문서운동 100년」, 『한국기독교 사료전시 자료집』 2, 기독교문사.
한종수(1997), 『개역성경과 헬라어 표준 원문 비교연구 : 서로 다른 점과 삭제된 부분들』, 기독교문서선교회.
洪允杓(1993), 『國語史 文獻資料 硏究 (近代篇 I)』, 태학사.
洪一植 외(1991), 『近代轉換期의 言語와 文學』, 고려대학교 민족문화연구소.
홍종선 엮음(1998), 『근대국어 문법의 이해』, 박이정.
홍종선 외(2000), 『현대 국어의 형성과 변천 1 : 음운, 형태』, 박이정.
홍종선 외(2000), 『현대 국어의 형성과 변천 2 : 통사』, 박이정.
홍종선 외(2000), 『현대 국어의 형성과 변천 3 : 문체·어휘·표기법』, 박이정.
홍종선 외(2006), 『후기 근대국어 형태의 연구』, 역락출판사.
홍종선 외(2006), 『후기 근대국어 통사의 연구』, 역락출판사.

山本秀煌(1911),『日本基督敎會略史 前編』, 日本基督敎會大會事務所出版.
山本正秀(1965),『近代文体發生の史的研究』, 岩波書店.
山本正秀(1981),『言文一致の歴史論考 續篇』, 櫻楓社.
海老澤有道(1981/2006),『日本の聖書-聖書和譯の歴史〈新訂增補版〉』, 日本キリスト教團出版局.
小澤三郎(2006),『幕末明治耶蘇教史硏究』, 日本キリスト教團出版局.
日本聖書協會(1994),『日本聖書協會 聖書圖書館 日本語聖書藏書目錄-1990年末現在』, 財團法人日本聖書協會.
丸山眞男·加藤周一(1998),『翻譯と日本の近代』, 岩波書店.
村田雄二郎, C.ラマール(2005),『漢字圈の近代』, 東京大學出版會.
森岡健二 編(1991),『改訂 近代語の成立-語彙篇』, 明治書院.
飛田良文 編(2004), 語論究 第11集 言文一致運動, 明治書院.
趙維本(1993),『譯經溯源-現代五大中文聖經飜譯史』, 中國神學硏究院.

## 논문류

강경원(2017),「외국 지명 표기의 문제와 과제」,『敎育論叢』54-1, 공주교육대학교 초등교육연구원, 1~21쪽.
권인한(2009),『개정판 중세 한국 한자 음훈 집성』, 제이엔씨.
김남숙(2007),「성서에서 본 한·일 외래어표기의 변화양상: 루카복음 중 한·일·중의 인명·지명을 중심으로」,『번역학연구』8권 2호, 한국번역학회, 9~30쪽.
김동언(2003),「현대 국어 번역 문체 변천 연구 : 천로역정과 성경을 중심으로」,『어문논집』47, 129~159쪽.
김사요(2001),「한국어 개역 성서의 용어가 일본어 번역 성서로부터 받은 영향 : 창세기를 중심으로」,『성경원문연구』8, 216~230쪽.
김선철(2008),「외래어 표기법의 한계와 극복 방안」언어학, 16-2, 대한언어학회, 207~232쪽.
김성은(2009),「선교사 게일의 번역 문체에 관하여:천로역정 번역을 중심으로」,『한국기독교와 역사』31, 199~227쪽.
김영덕(1969),「언해문체와 성서 번역체와의 관계연구」,『한국문화연구원 논총』 14, 55~77쪽.
김영덕(1971), 「한국 초기성서 번역체 연구:전통적이며 개화기의 선구적인 문체로서」, 『한국문화연구원 논총』 18, 9~33쪽.
김완선(2001), 「IT 외래어 표기법 통일 불가능한 일인가 – 아직도 '제각각' 방안은 있다」, 『펜@디지털』 5, 한국정보통신기자협회, 32~33쪽.
김정남(2011), 「AABB형 반복 합성어에 대하여」, 『언어와 언어학』 52, 한국외국어대학교 언어연구소, 1~23쪽.
김정우(2008), 「번역의 관점에서 본 외래어 표기법과 로마자 표기법」, 『번역학연구』 9-2, 한국번역학회, 67~93쪽.
김충효(1985), 「〈성경직해〉의 존대법 연구」, 『논문집』 11, 군산대학교.
김충효(1987ㄱ), 「〈셩경직히광익〉과 〈셩경직히〉의 국어학적 비교 고찰」, 『한국학논집』 11. 한양대학교 한국학연구소.
김충효(1987ㄴ), 「〈셩경직히광익〉과 〈셩경직히〉의 표기법과 문법형태 비교 연구」, 『그리스도교와 겨레문화』. 기독교문사.
김충효(1988), 「〈성경직히광익〉과 〈독립신문〉의 국어학적 비교 고찰」, 『한국학논집』 14, 한양대학교 한국학연구소.
김형철(1994), 「갑오경장기의 문체」, 『새국어생활』 4-4, 국립국어연구원.
김형철(2010), 「개화기의 천주교, 개신교 관련 자료」, 『국어사연구』 13.
남미혜(2007), 「四字成語의 유형과 문법」, 『語文硏究』, 韓國語文硏究會, 139~163쪽.
노명희(2011), 「혼종어 형성과 어종 제약」, 『대동문화연구』 73, 443~472쪽.
민영준(1986), 「죠션크리스토인 회보에 연재된 구약」, 『기독교사상』 12월호.
민영진(1980), 「〈예수셩교젼셔〉에 관한 한 고찰 : 대응어 선택에서 본 번역문의 성격」, 『한글역 성서 연구』 8, 152~161쪽.
민영진(1998), 「로스 역 누가복음서의 서지 사항과 번역의 성격」, 『성경원문연구』 2, 120~167쪽.
민현식(1993), 「개화기 국어사 자료에 대하여」, 『국어사 자료와 국어학의 연구』, 문학과지성사.
민현식(1994ㄱ), 「개화기 국어 문체에 대한 종합적 연구Ⅰ」, 『국어교육』 83·84, 국어교육학회, 113~152쪽.
민현식(1994ㄴ), 「개화기 국어 문체에 대한 종합적 연구Ⅱ」, 『국어교육』 85, 국어교육학회, 101~123쪽.

민현식(2011), 「한국어의 발달과 성서의 영향」, 『한글 성경이 한국 교회와 사회, 국어 문화에 끼친 영향 : 한글 성경 완역 및 출간 100주년 기념논문집』, 188~235쪽.

박상령(2000), 「중국어 成語의 특성」, 『中國人文科學』 20, 47~59쪽.

박영준(2006), 「한국어·중국어·일본어의 외래어 연구 : 상호 영향 관계에 있는 어휘를 중심으로」, 『한국학연구』 24, 고려대학교 한국학연구소, 203~235쪽.

박정진(2008), 「외래어에 대한 된소리 표기 금지 원칙의 문제점과 대안 탐색」, 『문법교육』 9, 한국문법교육학회, 185~205쪽.

박창원(2008), 「외래어 표기법의 된소리 표기에 대하여」, 『새국어생활』 18-4, 국립국어원, 87~103쪽.

박창원·김수현(2004), 「외래어 표기 양상의 변천」, 『새국어생활』 14-2, 국립국어원, 59~102쪽.

박창원·오미영·오은진(2004), 『한영일 음운대비』, 한국문화사.

박창해(1985), 「로스 〈예수셩교젼셔〉에 쓰인 한국어의 문법구조」, 『한글성서와 겨레문화』. 기독교문사.

배현숙(1984), 「조선에 전래된 천주교 서적」, 『교회사논문집』 I -한국천주교창설 200주년 기념.

서정수(1984), 「한국교회사 연구자료 제12집 해제」, 태영사.

서정수(1985), 「초기 우리말 성경의 표기법과 대명사에 관하여 -〈셩경직히〉를 중심으로」, 『한글성서와 겨레문화』, 기독교문사.

서정수(1988), 「서구 외국말의 문제」, 『국어생활』 14, 국어연구소, 35~45쪽.

서정수(1991), 「성경직해 문장의 문체적 특징」, 『그리스도교와 겨레문화』 3, 기독교문사.

서정욱(1986), 「첫 한글성서의 국어학적 특성 연구 -로스 역 〈누가복음〉의 번역론적 고찰」, 『계명어문학』 2, 계명대학교.

서종태(2002), 「정약종의 〈주교요지〉에 대한 문헌학적 검토」, 『교회와 역사』 321호, 한국교회사연구소.

손세모돌(1985), 「〈셩경직히〉에 나타난 서술형 형태 연구」, 『한양어문연구』 3, 한양대학교 한양어문연구회.

송민(1973), 「19世紀 天主教資料의 國語學的 考察」, 『국어국문학』 72·73 합집, 국어국문학회, 291~295쪽.

심재기(2006), 「사자 성어와 한국어 문법」, 『국어사 연구 어디까지 와 있는가』, 연세대학교 국학연구원, 473~500쪽.

안홍균(1985ㄱ, ㄴ), 「한국교회사연구자료 15집, 16집 해제」, 태영사.

안홍균(1986ㄱ, ㄴ), 「한국교회사연구자료 17집, 20집 해제」, 태영사.

양인성(2007), 「성교감략」, 『교회와역사』 383호, 한국교회사연구소.

양인성(2008), 「간언요리와 진교절요」, 『교회와역사』 394호, 한국교회사연구소.

오미정(2007), 『(외국인을 위한) 한국어 외래어』, 월인.

오미정(2009), 「우리말 성경의 번역어 변화 유형 연구 : 『성경전서 개역한글판』(1961) 어휘를 중심으로」, 『한국어 의미학』 29, 한국어의미학회, 153~175쪽.

옥성득·이만열 편역(2006), 『대한성서공회사 자료집 제2권:영국성서공회 한국지부 초대총무 켄뮤어 서신, 한국(상임실행)성서위원회 회의록 1900~1905』, 성인문화사.

유경민(2011ㄱ), 「國漢混用文 聖經의 定着 過程 : 『簡易鮮漢文 新約聖書』(1913/1936)를 중심으로」, 『국어사연구』 13호, 263~301쪽.

유경민(2011ㄴ), 「『新約全書 국한문』의 非漢字語化 要素 硏究」, 『한국어의미학』 36, 229~263쪽.

유경민(2012), 「『新約全書 국한문』(1906)의 용언의 한자어화」, 『국어국문학』 162, 109~142쪽.

유경민(2013), 「『東國新續三綱行實圖』의 언해문의 방언 반사론에 대한 재검토」, 『어문학』 121, 27~52쪽.

유경민(2014ㄱ), 「로스 번역본을 수정한 아펜젤러 『누가복음젼』(1890)의 문법, 음운, 어휘 요소의 수정과 교체」, 『우리말연구』 36, 29~57쪽.

유경민(2014ㄴ), 「최초의 완역본 『신약젼셔』(1900/1904/1906)의 완성 과정에 대한 국어학적 연구」, 『한국언어문학』 90, 67~100쪽.

유경민(2014ㄷ), 「국한혼용문 성경과 현대 한국어 문체의 상관성」, 『반교어문연구』 38, 반교어문학회, 164~194쪽.

유경민(2015), 「제임스 게일의 국한혼용문 번역 성경(1925)의 문체 연구」, 『국어국문학』 173, 국어국문학회, 5~47쪽.

유경민(2015), 「한국어 번역 성경의 문장 구조 및 어휘 연구」, 『국어사연구』 24, 79~108쪽.

유경민(2017), 「한국어 번역 성경의 문장 구조 및 어휘 연구」, 『국어사연구』 24,

79～108쪽.
유경민(2018), 「한국어 번역 성경의 외래어 표기 연구: 인명과 지명 표기를 중심으로」, 『어문학』 140, 35～64쪽.
유경숙(1999), 「KDC 4판(1996)상의 외국인명, 지명 및 외래어의 한글표기 문제」, 『한국도서관정보학회지』 30-4, 한국도서관정보학회, 27～57쪽.
유경숙(2001), 「외국 고유명 표기의 무질서, 무엇이 문제인가」, 『인문학논총』 3, 경성대학교 인문과학연구소, 21～51쪽.
유창균(1967), 「국역 성서가 국어의 발달에 미친 영향」, 『동서문화』 창간호, 계명대학교 인문과학연구소, 59～76쪽.
이덕주(1985), 「초기 한글성서 번역에 관한 연구-특히 성서번역자들의 활동을 중심으로」, 『한글성서와 겨레문화』, 기독교문사, 409～505쪽.
이덕주(1985), 「한글성서 번역에 관한 연구 -1882～1938년 간행된 성서를 중심으로」, 『한국기독교와 민족운동』, 保聖.
이덕주(1987), 「성공회 발췌성서 〈조만민광〉 연구」, 『그리스도교와 겨레문화』, 기독교문사.
이덕주(2002), 「한글 성서 번역사 개관」, 『韓國聖經大全集』 1, 한국교회사문헌연구원, 1～48쪽.
이병영(1976), 「목판본을 중심한 천주성교공과 소고」, 『한국천주교회사논문선집』 1, 한국교회사연구소.
이상규(2011), 「『국어기본법』에 근거한 『외래어 표기법』의 문제」, 『국어국문학』 158, 국어국문학회, 135～181쪽.
이상억(1982), 「외래어 표기법 문제의 종합 검토」, 『외국어로서의 한국어교육』 7-1, 연세대학교 한국어학당, 57～75쪽.
이응호(1983ㄱ), 「최초의 한글성경 〈예수셩교 누가복음젼서〉」, 『국어교육』 44·45, 한국국어교육연구회.
이응호(1983ㄴ), 「한국 초기 천주교회의 한글 성경 번역 사업」, 『신학논문집』 7, 성결교 신학교.
이응호(1990), 「한글 번역 성경에 대하여」, 『한힌샘 연구』 3, 17～31쪽.
이장호(1995), 「우리말 성경과 중국어 성경에 사용된 한자어의 비교 연구」, 『삼육대학교 논문집』 27, 삼육대학교, 125～136쪽.
이하얀(2017), 「국어 외래어 표기법의 문제점과 보완 방향」, 『언어와 정보 사회』 30, 서강대학교 언어정보연구소, 189～205쪽.

이현희(1999), 「개화기 국어자료」, 『국어의 시대별 변천연구 4-개화기 국어』, 국립국어연구원.

이환진(1994), 「한글성서 1887-1993」, 『세계의 신학』 24호, 141~160쪽.

이환진(2000), 왕대일 엮음, 「19세기와 20세기의 중국어 성서」, 413~499쪽.

전무용(2002), 「『新約全書국한문』(1906)의 본문 계보 관계 연구」, 『성경원문연구』 10, 90~103쪽.

전무용(2005), 「『성경전서 개역개정판 간이국한문』의 한자어」, 『성경원문연구』 17, 178~209쪽.

전택부(1985), 「'하나님' 및 '텬쥬'라는 말에 관한 역사 소고 -18세기와 19세기를 중심으로」, 『한글성서와 겨레문화』, 기독교문사.

전혜영(2003), 「한글성서 번역에 나타난 호칭어」, 『성서원문연구』 13, 75~91쪽.

정규훈(2006), 「한글성경번역에 있어 한자어 개념 검토」, 『총신대논총』 26, 237~267쪽.

정길남(1995), 『개화기국어자료집성-성서문헌편 해제』, 박이정.

정병설(2001), 「朝鮮後期 東아시아 語文交流의 한 斷面」, 『한국문화』 27, 서울대학교 규장각 한국학연구원.

정병설(2005), 「18·19세기 일본인의 조선소설 공부와 조선관」, 『한국문화』 35, 서울대학교 규장각 한국학연구원.

정정호(2007), 「개화기 개신교의 번역사역과 한국 어문의 근대화」, 『번역학연구』 제8권 2호, 한국번역학회.

조규태(1992), 「일제시대의 국한혼용문 연구」, 『배달말』 17, 배달말학회, 2~30쪽.

조이제(2002), 「감리교회설교사 - 홍순탁 목사의 설교」, 『세계의 신학』 봄호, 235~238쪽.

조한건(2006), 「〈쥬교요지〉와 한역 서학서와의 관계」, 『교회사연구』 26, 한국교회사연구소.

조한건(2008), 「성경직해광익의 서지적 연구(1) -필사본의 편집방식을 중심으로-」,『교회와 역사』 394호, 한국교회사연구소.

조화선(1985), 「성경직히연구」, 『한글성서와 겨레문화』, 기독교문사.

차재은(2007), 「외래어 표준 발음 문제에 대한 고찰」, 『한국어학』 35, 한국어학회, 363~390쪽,

최석우(1982ㄱ), 「한국교회 교리서의 변천사」, 『한국교회사의 탐구』, 한국교회사연구소.

최석우(1982ㄴ), 「긔히일긔의 몇가지 문제점」, 『한국교회사의 탐구』, 한국교회사연구소.
최태영(1988), 「성경번역이 어문생활에 미친 영향」, 『종교연구』 4, 한국종교학회.
최태영(1990), 「초기 번역성경의 띄어쓰기」, 『숭실사학』 6, 숭실사학회.
최태영(1999), 「기독교의 神名考」, 『국어국문학』 124, 국어국문학회.
최태영(2003), 「교회용어고 3」, 『숭실어문』 19, 숭실어문학회.
최윤환(1976), 「천주성교공과의 원본」, 『논문집』2, 가톨릭대학교.
한영균(2008), 「현대 국한 혼용 문체의 정착과 어휘의 변화」, 『국어학』 51, 국어학회, 229~256쪽.
한영균(2009), 「문체 현대성 판별의 어휘적 준거와 그 변화」, 『구결연구』 23, 구결학회, 305~342쪽.
히로 다카시(2004), 「李樹廷譯 『마가젼』의 底本과 飜譯文의 性格」, 『국어사연구』 4, 국어사학회, 173~234쪽.
히로 타카시(2006), 「『新約全書 국한문』의 저본에 대하여」, 『역학서와 국어사연구』 태학사, 509~549쪽.
李鍾洙(2007), 「韓·日 聖書語彙 對照:漢字語의 代替 및 分布를 中心으로」, 『日本文化學報』 33, 韓國日本文化學會.
Ryu, Hyun-Guk(2009), "Robert Morrison's Influence on Translation, Printing, and Publishing in Asia", *Design Discourse* Vol.Ⅳ No.2.
Ross, Ronald(2007), 「The Contribution of Linguistics to Bible Translation Yesterday and Today:Part 1」, 『성경원문연구』 20, 178~197쪽.
Ross, Ronald(2007), 「The Contribution of Linguistics to Bible Translation Yesterday and Today:Part 2」, 『성경원문연구』 20, 198~222쪽.

## 학위논문

강선아(2009), 「일본어역 성서 번역사」, 감리교 신학대학교 석사논문.
김수현(2003), 「외래어 표기법 연구」, 이화여자대학교 박사논문.
김봉희(1978), 「국역성서의 서지학적 고찰」, 이화여자대학교 석사논문.

김지희(2009), 「성경 번역의 역사에 대한 검토」, 명지대학교 교육대학원 석사논문.
박찬욱(1988), 「개화기 한문 성서의 번역문학적 연구」, 홍익대학교 석사논문.
서수랑(2002), 「초기 한글 성경 〈예수성교젼셔〉의 중국어 대본 연구 : 요한복음을 중심으로」, 한국성서대학교 기독교학과 선교학 석사논문.
서정욱(1991), 「신약 국역의 어휘의미론」, 서울대학교 대학원 언어학과 박사논문.
서정웅(2003), 「우리말 성경 번역에 대한 역사적 연구: 개신교의 성경 번역을 중심으로」, 목원대학교 신학과 역사신학 석사논문.
신대원(1990), 「〈성교절요〉 연구」, 대구카톨릭대학교 대학원.
엄소연(1999), 「개화기 국역 성서 어휘의 의미 통사론적 연구」, 숙명여자대학교 석사논문.
오카와 다이스케(2010), 「한국어와 일본어의 영어 외래어 수용 양상과 변천에 관한 연구」, 한양대학교 박사논문.
옥성득(1993), 「초기 한글성경 번역에 나타난 주요 논쟁 연구(1877-1939)」, 장로회 신학대학교 대학원 석사논문.
원영희(2002), 「한역 성경의 표현 연구」, 성균관대학교 박사논문.
이동철(2010), 「성경 번역의 이론과 실제」, 대구가톨릭대학교 석사논문.
이응범(1992), 「한글 개역 성경의 저본에 관한 고찰」, 총신대학 신학대학원 석사논문.
조태희(1984), 「초기 개신교의 성서 국역에 대한 연구 : Ross Version과 이수정역을 중심으로」, 한양대 교육대학원 석사논문.
진위명(2010), 「韓國 漢字 成語의 槪念과 範圍 硏究」, 성균관대학교 석사논문.
최성규(2006), 「구역(舊譯) 〈신약젼셔〉의 국어학적 연구」, 서울대학교 석사논문.
표성수(1971), 「한국 성서 문체 형성 및 변천과정 소고」, 고려대학교 교육대학원 석사논문.
한미경(1998), 「초기 한국 성서와 중국 성서의 서지학적 연구」, 이화여자대학교 박사논문.
히로 타카시(2005), 「개화기 한국어 성서의 번역어 연구」, 고려대학교 박사논문.

## 성경류

가. 한국어본[1]

정길남 편(1995), 『開化期 國語資料集成 : 성서문헌편』 1~10권, 박이정출판사.
한국교회사문헌연구원 편(2002), 『韓國聖經大全集』 권1~60, 한국교회사문헌연구원.
『예수셩교젼셔』(1887), 대한성서공회 소장, 정길남 편(1995) 및 한국교회사문헌연구원 편(2002) 수록.
『신약젼셔』(1900), 정길남편(1995) 및 한국교회사문헌연구원 편(2002) 수록.
『신약젼셔』(1904), 연세대학교 소장본, 온라인 공개.
『신약젼셔』(1906), 정길남편(1995) 및 한국교회사문헌연구원 편(2002) 수록.
『新約全書 국한문』(1906), 미국성서공회(2종), 연세대학교 소장(2종), 한국교회사문헌연구원 편(2002) 수록.
『新約全書 국한문』(1908), 대영성서공회, 연세대학교 소장본.
『신약젼셔』(1908), 국립중앙도서관 소장본.
『新約全書 국한문』(1909), 대미국성경회, 대영성서공회 (2종), 연세대학교 소장.
『新約全書 국한문』(1910), 대영성서공회, 감리교 신학대 소장.
『新約全書 국한문』(1911), 대미국성서공회/대영성서공회 : 연세대학교 소장본. 온라인 공개.
『簡易 鮮漢文 新約聖書』(1913/1936), 대영성서공회, 대한성서공회 소장.
『新約全書 국한문』(1921), 대영성서공회, 연세대학교 소장(서울 인쇄본), 『開化期 國語資料集成 성서문헌편』 10(요코하마 인쇄본).
『新約全書 국한문』(1922), 대영성서공회, 한국교회사문헌연구원 편(2002) 수록.
『新約全書 션한문』(1923), 대영성서공회, 대한성서공회 소장.
『鮮漢文 貫珠 聖經全書』(1926), 대영성서공회, 연세대학교·대한성서공회 소장, 한국교회사문헌연구원 편(2002) 수록.
『新約全書 션한문』(1926), 대영성서공회, 연세대학교·대한성서공회 소장.

1 한국어 번역 성경 중 대표적인 것들은 한국교회사문헌연구원 편(2002)에 모두 포함되어 있다. 여기에 나열한 것들은 계획서에 언급된 것들 중에서 한국교회사문헌연구원 편(2002)에 누락되었거나, 동일 판본이지만 간행 연대가 다른 것 중에서 필자가 직접 확인하고 수집한 것들을 중심으로 제시한 것이다.

『鮮漢文 貫珠 新約全書』(1926/1931), 대영성서공회, 대한성서공회, 국립중앙도서관 소장.
『鮮漢文 貫珠 聖經全書』(1926/1933), 대영성서공회, 대한성서공회 소장.
『鮮漢文 貫珠 新約全書』(1926/1936), 대영성서공회, 대한성서공회 소장.
『鮮漢文 貫珠 聖經全書』(1926/1937), 대영성서공회, 대한성서공회 소장.
『鮮漢文 貫珠 聖經全書』(1926/1939), 조선성서공회, 대한성서공회 소장.
『鮮漢文 貫珠 聖經全書』(1926/1940), 조선성서공회, 대한성서공회 소장.
『鮮漢文 貫珠 新約全書』(1926/1941), 조선성서공회, 대한성서공회 소장.
『簡易 鮮漢文 新約聖書』(1931/1932), 대영성서공회, 대한성서공회 소장.
『簡易 鮮漢文 新約』(1935), 대영성서공회, 대한성서공회 소장, 한국교회사문헌연구원 편(2002) 수록 .
『簡易 國漢文 新約』(1935/1948), 대영성서공회, 대한성서공회 소장.
『簡易 鮮漢文 新約』(1936), 대영성서공회, 대한성서공회 소장.
『簡易 鮮漢文 舊約 改譯』(1937), 대영성서공회, 대한성서공회 소장.
『신약 개역』(1938), 국립중앙도서관 소장본.
『신약 개역』(1939), 한국교회사문헌연구원 편(2002) 수록.
『新約全書 션한문』(1939), 朝鮮聖書公會, 국립중앙도서관 소장.
『簡易 鮮漢文 舊約 改譯』(1939), 조선성서공회, 대한성서공회 소장.
『簡易 鮮漢文 新約聖書 改譯』(1940), 조선성서공회, 대한성서공회 소장.
『簡易 鮮漢文 新約 改譯』(1940), 조선성서공회, 대한성서공회 소장, 한국교회사문헌연구원 편(2002) 수록.
『簡易 國漢文 新約』(1951), 대한성서공회, 대한성서공회 소장.
『관주성경전서』(1952), 국립중앙도서관 소장.
『簡易 國漢文 新約』(1954), 대한성서공회, 대한성서공회 소장.
『簡易 國漢文 新約』(1954/1967), 대한성서공회, 대한성서공회 소장.
『簡易 國漢文 新約 改譯』(1955), 대한성서공회, 대한성서공회 소장.
『성경전서 개역한글판』(1956), 대한성서공회. 국립중앙도서관 소장.
『簡易 國漢文 新約全書 改譯 附 詩篇』(1956/1958), 대한성서공회, 한국교회사문헌연구원 편(2002) 수록.
『簡易 國漢文 新約全書』(1956/1962), 대한성서공회, 대한성서공회 소장.
『簡易 國漢文 聖經全書 改譯』(1961), 대한성서공회, 대한성서공회 소장.
『簡易 國漢文 聖經全書 改譯』(1962), 대한성서공회, 대한성서공회 소장.

『貫珠 聖經全書 簡易 國漢文 한글판』(1964), 대한성서공회, 대한성서공회 소장.
『貫珠 聖經全書 簡易 國漢文』(1964/1983), 대한성서공회, 대한성서공회 소장.
『簡易 國漢文 聖經全書 改譯』(1980), 대한성서공회, 대한성서공회 소장.
『성경전서 표준새번역』(1993), 대한성서공회.
『貫珠 聖經全書 簡易 國漢文 改譯改訂版』(2006), 대한성서공회, 대한성서공회 소장.
『貫珠 聖經全書 國漢文 改譯改訂版』(2008), 대한성서공회, 대한성서공회 소장.

나. 일본어본

『引照新約全書』(1880/1888), 日本聖書協會刊, 일본국회도서관 소장본.[2]
明治 譯本, 『新約全書』(1881), 美國聖書會社, 일본국회도서관 소장본.
『訓點新約全書』(1881/1883), 국립중앙도서관 소장본.
Hepburn(1886), 『Shinyakuzensho -New Testaments in Japanese』, 일본국회도서관 소장본.
大政譯本, 『新約聖書改譯』(1919), 일본국회도서관 소장본.
『聖書 新共同譯』(1987), 日本聖書協會.

다. 중국어본[3]

모리슨 역본(1823), 『我等救世主耶蘇新遺詔書』, 嗎口六呷英華書院, 호주국립도서관 소장본.[4]
위원회 역본(1852), 『新約全書』, 江蘇松江上海墨海書館印, 호주국립도서관 소장본.
브릿지만 역본(1859/1864), 『新約全書』, 江蘇松江上海墨海書館藏板, 호주국립도서관 소장본.
官話本(1885), 『新約全書 中西字-官話本』, www.bible.fhl.net 공개본.
官話本(1872/1886), 『新約全書-官話本』 연세대학교 소장, 온라인 공개본.
楊格非 重譯 文理本(1886), 『新約全書』, 호주국립도서관 소장본.
楊格非 重譯 官話本(1889), 『新約全書』, 호주국립도서관 소장본.

2 일본 국회도서관 소장본들은 온라인으로 공개된 것이다.(kindai.ndl.go.jp/index.html)

3 중국어본 성경 원전들 중 중요한 것은 bible.fhl.net/ob에서 확인할 수 있다.

4 호주 국립도서관 소장본은 온라인으로 공개된 것이다.(www.nla.gov.au)

셰레쉐프스키역(1902), 『新舊約全書』, 호주국립도서관 소장본.
文理和合本(1919), 『新舊約全書』, 호주국립도서관 소장본.

라. 웹 사이트
대한성서공회(www.bskorea.or.kr)
온라인 성경 원문 사이트(www.bible4u.pe.kr)
(www.biblegateway.com/versions)
일본국회도서관 명치기 자료 라이브러리
(kindai.ndl.go.jp/index.html)
중국어본 성경 사이트(bible.fhl.net/ob)
호주국립도서관(www.nla.gov.au)
헬라어 히브리어 성경 원전 검색
(study.calvinseminary.edu/?verse=Eccl.8.1)
다국어 인터넷 성경 검색(www.holybible.or.kr)
국립국어원 외래어 표기법 용례
(www.korean.go.kr/front/foreignSpell/foreignSpellList.do?mn_id=96)
국립국어원 외래어 표기법 규정
(www.korean.go.kr/front/page/pageView.do?page_id=P000104&mn_id=97)
국립국어원 표준국어대사전(stdweb2.korean.go.kr/main.jsp)
영어성경 검색 사이트(biblehub.com/erv)

사전류

김민수 편(1997), 『우리말 語源辭典』, 태학사.
金履浹 편저(1981), 『平北方言辭典』, 한국정신문화연구원.
南廣祐(1997), 『教學古語辭典』, 教學社.
류형기 편(1960), 『성서사전』, 기독교 대한감리회 총리원.
문세영(1938), 『우리말 辭典』, 조선어사전간행회.
문세영(1940), 『수정증보 朝鮮語辭典』, 조선어사전간행회.

박재연 주편(2010), 『필사본고어대사전』 권1~7, 선문대학교중한번역문헌연구소, 학고방.
백문식(2006), 『우리말의 뿌리를 찾아서 : 한국어 어원사전』, 삼광출판사.
서정범(2000), 『국어 어원사전』, 보고사.
劉昌惇(1964/1990), 『李朝語辭典』, 연세대학교 출판부.
장로교 신학교 교사회 편(1927), 『聖經辭典』, 朝鮮耶蘇教書會.
조선총독부(1920), 『朝鮮語辭典』, 조선총독부.
조영언(2004), 『한국어 어원사전』, 다솜출판사.
한글학회(1991), 『우리말큰사전4 : 옛말이두』, 어문각.
홍윤표·송기중·정광·송철의(1995), 『17세기 국어사전』, 한국정신문화연구원.
Gale, James Scarth(1897), *A Korean-English dictionary*(韓英字典), Yokohama : Kelly & Co.
Gale, James Scarth(1911), *A Korean-English dictionary*(韓英字典(2판)), Yokohama : Fukuin Printing.
Gale, James Scarth(1931), *The Unabridged Korean-English Dictionary*(韓英大辭典), The christian literature society of korea.
Hastings, James(1909), *Dictionary of the Bible*, Edinburgh : T. & T. Clark.
Jones, George Heber(1914) *An English-Korean dictionary*(영한ᄌ뎐), Tokyo, Japan : Kyo Bun Kwan.
Scott, James(1891), *English-Corean dictionary : being a vocabulary of Corean colloquial words in common use*, Corea : Church of England Mission Press.
Ridel, Félix-Clair(1880), *Dictionaire Coréen-Francais*(한불ᄌ뎐), 歷代韓國 文法大系 ; 第2部 第6冊.
Underwood, Horace Grant(1890), *A Concise Dictionary of Korean Language*(한영·영한자전), Kelly & Walsh LTD.
上海廣學會 編譯(1916), 『聖經辭典(Dictionary of the Bible)』, James Hastings 原著, 上海 : 上海廣學會.
相浦忠雄 外(1961), 『聖書辭典』, 東京 : 日本基督教團出版部.

# 성경과 한국어

1판 1쇄 인쇄　2019년 1월 31일
1판 1쇄 발행　2019년 2월 10일

지은이　유경민
발행인　이호인
발행처　전주대학교 출판부
전북 전주시 완산구 천잠로 303
전화　063-220-2189
팩스　063-220-2067
등록번호　제43호

편집인쇄　씨앤씨월드

값 23,000원

ISBN 978-89-8448-179-4 93700